COMO A EUROPA SUBDESENVOLVEU A ÁFRICA

walter rodney

COMO A EUROPA SUBDESENVOLVEU A ÁFRICA

APRESENTAÇÃO
ANGELA DAVIS

TRADUÇÃO
HECI REGINA CANDIANI

© desta edição, Boitempo, 2022
© Verso, 2018
© Walter Rodney, 1972 © Patricia Rodney, 2018
© posfácio, A. M. Babu, 1971, 2018 © apresentação, Angela Y. Davis, 2018
© introdução, Vincent Harding, William Strickland e Robert Hill 1981, 2018

Traduzido do original em inglês *How Europe underdeveloped Africa*

Direção-geral Ivana Jinkings
Edição Thais Rimkus
Coordenação de produção Livia Campos
Assistência editorial João Cândido Maia
Tradução Heci Regina Candiani
Preparação Joice Nunes
Revisão Clara Altenfelder Caratta
Índice (paginação) Clara Altenfelder Caratta e Daniel Aurélio
Capa e diagramação Antonio Kehl, imagem de
Walter Rodney Foundation

Equipe de apoio Elaine Ramos, Erica Imolene, Frank de Oliveira, Frederico Indiani,
Higor Alves, Isabella Meucci, Ivam Oliveira, Kim Doria, Lígia Colares, Luciana Capelli,
Marcos Duarte, Marina Valeriano, Marissol Robles, Maurício Barbosa, Pedro Davoglio,
Raí Alves, Tulio Candiotto, Uva Costriuba

CIP-BRASIL. CATALOGAÇÃO NA PUBLICAÇÃO
SINDICATO NACIONAL DOS EDITORES DE LIVROS, RJ

R595c

Rodney, Walter

Como a Europa subdesenvolveu a África / Walter Rodney ; tradução Heci Regina
Candiani ; apresentação Angela Y. Davis ; introdução Vincent Harding, Robert Hill,
William Strickland ; posfácio A. M. Babu. - 1. ed. - São Paulo : Boitempo, 2022.

Tradução de: How Europe underdeveloped Africa
ISBN 978-65-5717-190-5

1. África - Condições econômicas. 2. Europa - Relações econômicas internacionais
- África. 3. África - Relações econômicas internacionais - Europa. I. Candiani, Heci
Regina. II. Davis, Angela y. III. Harding, Vicent. IV. Hill, Robert. V. Strickland,
William. VI. Babu, A. M.

	CDD: 337.406
22-80357	CDU: 339(4+6)

Meri Gleice Rodrigues de Souza - Bibliotecária - CRB-7/6439

É vedada a reprodução de qualquer
parte deste livro sem a expressa autorização da editora.

1ª edição: novembro de 2022

BOITEMPO
Jinkings Editores Associados Ltda.
Rua Pereira Leite, 373
05442-000 São Paulo SP
Tel.: (11) 3875-7250 | 3875-7285
editor@boitempoeditorial.com.br
boitempoeditorial.com.br | blogdaboitempo.com.br
facebook.com/boitempo | twitter.com/editoraboitempo
youtube.com/tvboitempo | instagram.com/boitempo

Para Pat, Muthoni, Mashaka e família ampliada.

SUMÁRIO

Apresentação – *Angela Y. Davis*..9

Prefácio.. 13

Introdução 15

1. Algumas questões sobre desenvolvimento 31

2. Como a África se desenvolveu antes da chegada
dos europeus – até o século XV 59

3. A contribuição da África ao desenvolvimento
capitalista da Europa – o período pré-colonial........................... 101

4. A Europa e as raízes do subdesenvolvimento
africano – até 1885 119

5. A contribuição da África ao desenvolvimento
capitalista da Europa – o período colonial............................... 175

6. Colonialismo como sistema de subdesenvolvimento
da África.. 233

Posfácio – *A. M. Babu*... 317

Guia de leituras recomendadas 323

Índice remissivo 331

Sobre o autor 351

APRESENTAÇÃO

Angela Y. Davis

Quando Walter Rodney foi assassinado, em 1980, na prematura idade de 38 anos, ele já havia conquistado o que poucos intelectuais conseguem ao longo de carreiras que se estendem por um tempo consideravelmente mais longo. A área de história africana nunca mais seria a mesma depois da publicação de *Como a Europa subdesenvolveu a África*. Ao mesmo tempo, sua meticulosa análise das repercussões permanentes do colonialismo europeu no continente africano radicalizou as abordagens do ativismo antirracista em todo o mundo. Na verdade, a expressão "intelectual militante" adquire seu significado mais robusto quando empregada para capturar a paixão criadora que liga a pesquisa de Walter Rodney à sua determinação em livrar o planeta de todas as consequências do colonialismo e da escravidão. Passados quase quarenta anos de sua morte, certamente precisamos do exemplo lúcido desse intelectual firme, consciente de que o significado fundamental do saber está em sua capacidade de transformar nossos mundos sociais.

Com Walter Rodney e com aquelas pessoas que, antes dele, se engajaram no marxismo ao mesmo tempo que desenvolviam análises históricas do colonialismo e da escravidão, aprendemos que contestar os pressupostos capitalistas, profundamente arraigados na natureza e no progresso humanos, é uma das tarefas mais importantes de teoristas e militantes que planejam desmantelar as estruturas e ideologias do racismo. Ao refutar o argumento de que a subordinação da África à Europa foi consequência de uma propensão natural à estagnação, Rodney também repudia a suposição ideológica de que apenas a intervenção externa seria capaz de estimular o progresso do continente. Embora a colonização tenha durado, oficialmente, apenas cerca de setenta anos – o que, como Rodney destaca, foi um período relativamente curto –, foi durante essa época que aconteceram mudanças gigantescas tanto no mundo capitalista (isto é, na Europa e nos Estados Unidos) quanto no mundo socialista emergente (em especial na Rússia e na China). "Ficar no mesmo lugar", insiste ele, "ou mesmo mover-se lentamente enquanto outros saltam à frente, equivale, na prática, a retroceder"[1]. Em *Como a Europa subdesenvolveu a África*, Walter Rodney argumenta, de forma minuciosa, que o imperialismo e os vários processos que reforçaram o colonialismo criaram obstáculos estruturais impenetráveis ao progresso econômico e, portanto, político e social, do continente. Ao mesmo tempo, a argumentação dele não tem o propósito de eximir os povos africanos da "responsabilidade principal pelo desenvolvimento"[2].

Sinto-me extremamente privilegiada por ter conhecido Walter Rodney em minha primeira viagem ao continente africano, a Dar es Salaam, em 1973. Menciono essa visita porque ela aconteceu pouco depois da publicação da primeira edição de *Como a Europa subdesenvolveu a África* e porque testemunhei, pessoalmente, por um breve período, a premência revolucionária gerada nos círculos intelectuais e militantes à sua volta. Não apenas tive a oportunidade de participar de palestras e discussões que ele organizou na Universidade de Dar es Salaam sobre a relação entre a Libertação da África e as contestações globais ao capitalismo; também visitei campos de treinamento do Movimento Popular de Libertação de Angola (MPLA), onde conheci Agostinho Neto e as forças militares que lutavam contra o Exército português. As análises de Rodney refletiam tanto uma investigação histórica equilibrada, cuidadosa, modelada por categorias marxistas e críticas, como uma profunda percepção da conjuntura histórica definida pelos levantes revolucionários globais, em particular as lutas pela libertação africana na época.

Por ser um intelectual tão metódico, ele não ignorou questões de gênero, mesmo tendo escrito sem o recurso de vocabulários e quadros analíticos feministas que foram desenvolvidos posteriormente. Outras pessoas já destacaram que Rodney teria, sem dúvida, enfatizado mais essas questões se estivesse ativo em época posterior. Não obstante, em diversos momentos estratégicos do texto, ele aborda o papel do gênero e é cuidadoso em destacar que, sob o colonialismo, "os privilégios e os direitos sociais, religiosos, constitucionais e políticos [das mulheres africanas] desapareceram, enquanto a exploração econômica continuou e, muitas vezes, se intensificou"[3]. Ele enfatiza que, na África, o impacto

---

[1] Ver p. 254 neste volume.

[2] Ver p. 58 neste volume.

[3] Ver p. 257-8 neste volume.

do colonialismo na mão de obra redefiniu o trabalho dos homens como "moderno", enquanto constituía o trabalho das mulheres como "tradicional" e "atrasado". "Portanto, a deterioração da condição das mulheres africanas estava ligada à consequente perda do direito de estabelecer padrões originários sobre qual trabalho tinha mérito e qual não tinha."[4]

Na época da publicação de *Como a Europa subdesenvolveu a África*, o ativismo negro – ao menos nos Estados Unidos – não era influenciado apenas por noções culturais nacionalistas de inferioridade intrínseca às mulheres, com frequência atribuída, de forma falaciosa, às práticas culturais africanas, mas também pela noção, promovida oficialmente, de que as comunidades negras estadunidenses eram organizadas a partir de uma estrutura familiar matriarcal – em outras palavras, falha (como no Relatório Moynihan*, de 1965). Este livro foi uma ferramenta importante para aqueles de nós que tínhamos o propósito de contestar tais noções essencialistas de gênero no interior dos movimentos negros radicais da época.

Se as contribuições intelectuais e militantes de Rodney desvelavam o que havia de mais necessário naquele momento histórico específico – ele foi assassinado porque acreditava na possibilidade de uma transformação política radical, inclusive na Guiana, sua terra natal –, as ideias dele são ainda mais valiosas hoje, momento em que o capitalismo impôs tão vigorosamente sua permanência e em que as forças opositoras existentes e organizadas (não apenas a comunidade das nações socialistas, mas também as nações não alinhadas) têm sido praticamente eliminadas. As pessoas que, entre nós, recusam-se a admitir que o capitalismo global representa o melhor futuro para o planeta e que a África e o anteriormente denominado Terceiro Mundo** estão destinados a permanecer para sempre assentados na pobreza do "subdesenvolvimento"

---

[4]   Ver p. 258 neste volume.

*   Nome pelo qual ficou conhecido um estudo feito por Daniel Moynihan por encomenda do governo dos Estados Unidos. O estudo trazia a conclusão de que os problemas sociais e econômicos da população negra eram causados pela estrutura matriarcal das famílias negras e pela ausência de autoridade masculina; foi imensamente criticado, mas impactou políticas públicas dos governos liberais no país. (N. T.)

** A expressão "Terceiro Mundo" foi historicamente desenvolvida e disseminada no contexto da Guerra Fria, momento em que Walter Rodney escreve esta obra, para designar os países não alinhados aos sistemas político-econômicos dos Estados Unidos ou da União Soviética. Hoje em desuso, é frequentemente substituída por "países em desenvolvimento" ou "países emergentes". (N. T.)

estão diante desta questão crucial: como encorajar críticas radicais ao capitalismo – tão essenciais às lutas contra o racismo – e, ao mesmo tempo, avançar no reconhecimento de que não podemos vislumbrar seu desmantelamento enquanto as estruturas racistas se mantiverem intactas? Nesse sentido, cabe a nós seguir, desenvolver e aprofundar o legado de Walter Rodney.

PREFÁCIO

Este livro nasce de uma preocupação com a situação africana contemporânea. Ele investiga o passado apenas porque, sem isso, seria impossível entender como o presente se manifesta e quais são as tendências para o futuro próximo. Na busca por uma compreensão do que hoje é chamado de "subdesenvolvimento" da África, os limites da investigação tiveram de ser fixados em épocas tão distantes quanto o século XV, por um lado, e o fim do período colonial, por outro.

Idealmente, uma análise do subdesenvolvimento deveria se aproximar ainda mais do presente, para além do fim do período colonial, na década de 1960. O fenômeno do neocolonialismo exige uma extensa investigação a fim de formular a estratégia e a tática de emancipação e desenvolvimento africanos. Este estudo não avança tanto, mas certas soluções estão ao menos implícitas em uma avaliação histórica correta – assim como na medicina os remédios são indicados ou contraindicados a partir do diagnóstico adequado da condição do paciente e do histórico preciso do caso. Espero que os fatos e a interpretação que se seguem contribuam para reforçar a conclusão de que o desenvolvimento africano só é possível a partir de uma ruptura radical com o sistema capitalista internacional, que tem sido o principal agente do subdesenvolvimento da África nos últimos cinco séculos.

Como o público leitor observará, a questão da estratégia de desenvolvimento é explorada brevemente na seção final por A. M. Babu, ex-ministro de Assuntos Econômicos e Promoção do Desenvolvimento, que tem estado ativamente envolvido na formulação de políticas nesse sentido na Tanzânia. Não é por acaso que o texto como um todo tenha sido escrito na Tanzânia, onde expressões de preocupação com o desenvolvimento são acompanhadas por uma ação mais positiva que em várias partes do continente.

Muitos colegas e camaradas participaram da preparação deste trabalho. Agradecimentos especiais devem ser dirigidos aos camaradas Karim Hirji e Henry Mapolu, da Universidade de Dar es Salaam, que leram o manuscrito com espírito de crítica construtiva. Mas, ao contrário da tendência da maioria dos prefácios, não vou acrescentar que "todos os erros e falhas são de minha inteira responsabilidade". Isso é puro subjetivismo burguês. Em temas como este, a responsabilidade é sempre coletiva, especialmente no que diz respeito à correção de erros. O objetivo foi tentar chegar às pessoas africanas que buscam se aprofundar na natureza da exploração que as atinge em vez de satisfazer os "padrões" estabelecidos por nossos opressores e seus porta-vozes no mundo acadêmico.

Walter Rodney
Dar es Salaam

INTRODUÇÃO

Antes de mais nada, precisamos confessar como tem sido difícil aceitarmos o fato inegável de que Walter Rodney, nosso irmão, amigo e camarada, está morto. Em 13 de junho de 1980, o autor desta obra de análise histórica sem paralelos tornou-se a vítima mais conhecida de uma campanha sistemática de assassinato e repressão implacável, levada a cabo pelas autoridades que governavam sua terra natal, a Guiana.

O fim era previsível, pois Walter havia determinado que o único caminho para o verdadeiro desenvolvimento humano e a libertação da maioria do povo de seu país passava pela transformação da própria vida em uma luta para substituir e reformular o governo neocolonialista que dominava a sociedade local e regulava sua existência. Porém, Forbes Burnham, então presidente da Guiana, havia evidenciado em muitas ocasiões que, nessa luta por corações e mentes da população, ele desconhecia limites para sua determinação de "exterminar as forças opositoras". Na opinião de muitas pessoas, não há dúvida de que a bomba que tirou a vida de Walter Rodney foi consequência da promessa mortal de Burnham.

Por mais difícil que seja aceitar e assimilar sua morte, temos de começar por esse ponto não por objetivos sentimentais ou de provocação política, mas porque uma nova introdução a *Como a Europa subdesenvolveu a África* não é possível sem um encontro sério e direto com Walter Rodney, o intelectual e revolucionário, o intelectual-revolucionário, o homem de imensa integridade e esperança.

Mais que a maioria dos livros do mesmo gênero, esta obra é nitidamente imbuída do espírito, do intelecto e do compromisso do autor – tanto o homem que produziu o estudo audacioso e abrangente antes dos trinta anos quanto o homem que se adaptou, com uma integridade inabalável, para viver de acordo com as implicações dessa análise em sua vida relativamente breve.

Para Rodney, vida e obra eram uma unidade, e sua vida nos leva a relembrar os temas essenciais deste estudo. Apesar do título, esta não é apenas uma obra sobre opressores europeus e vítimas africanas, servindo principalmente como arma para julgar exploradores e vencê-los em seus próprios jogos intelectuais. (É claro, o texto prestou um serviço valioso nesse sentido.) No entanto, há muito mais nesta pesquisa magistral que, em seus níveis mais profundos, não oferece conforto a nenhum de nós.

Em determinado ponto, logo no início, Rodney resume a mensagem fundamental do livro:

A questão referente a quem e o que é responsável pelo subdesenvolvimento da África pode ser respondida em dois níveis. Em primeiro lugar, a resposta é que o funcionamento do sistema imperialista arca com grande responsabilidade pelo atraso econômico africano, ao drenar a riqueza e ao impossibilitar o desenvolvimento mais rápido dos recursos do continente. Em segundo lugar, é preciso lidar com aqueles que manipularam o sistema e aqueles que são seus agentes ou cúmplices involuntários. Os capitalistas da Europa ocidental ampliaram ativamente a exploração a partir do continente europeu para abranger toda a África.

Nos últimos tempos, foram acompanhados e, em certa medida, substituídos por capitalistas dos Estados Unidos, e já faz muitos anos que até mesmo a classe trabalhadora desses países, as metrópoles, se beneficia da exploração e do subdesenvolvimento da África.[1]

Walter embasou tudo isso com um conjunto farto e criativo de exemplos precisos de várias fontes, períodos e lugares. Ainda assim, ele não estava satisfeito em desferir golpes bem documentados nos opressores – embora fosse mestre nessa atividade. Nem bastava lembrar a muitos de nós que vivemos nos Estados Unidos que nossa negritude não nos isentava da participação voluntária nos benefícios que nosso país tirava da exploração da África. Pelo contrário, o resumo que ele fez dos temas centrais do livro é concluído com palavras que iam além de acusação ou culpa.

Ele disse:

Nenhuma dessas observações tem a intenção de retirar dos ombros dos povos africanos a responsabilidade principal pelo desenvolvimento. Não só a África tem

---

[1] Ver p. 57-8 neste volume.

cúmplices dentro do sistema imperialista, como cada pessoa africana tem a responsabilidade de compreender o sistema e trabalhar para sua derrocada.[2]

Ao contrário de muitos de nós que lemos e escrevemos palavras como essas, Walter as levava a sério. Sabia o que significavam para ele, para os filhos e as filhas da África no Caribe e nos Estados Unidos; para indianos, asiáticos e muitos outros povos que foram vítimas nas mãos do subdesenvolvimento fomentado pela Europa. Aliás, ele sabia que eram palavras igualmente destinadas a todos os europeus e os estadunidenses que se solidarizavam com a luta do Terceiro Mundo por desenvolvimento e libertação.

Rodney conceituou e analisou a hipótese de que o novo desenvolvimento de povos africanos e outros povos dependentes da "periferia" exigiria o que ele chamou de "uma ruptura radical com o sistema capitalista internacional", uma contestação corajosa do "centro" fracassado da ordem mundial vigente. Ele, é claro, também sabia que qualquer ruptura ou contestação séria integraria e precipitaria mudanças revolucionárias profundas no próprio centro. Assim, de seu ponto de vista, o que estava em jogo, o que era extremamente necessário, em última análise, era uma transformação fundamental na disposição das forças políticas, culturais e econômicas que dominaram o mundo por quase meio milênio.

Essa era uma visão impressionante, ainda mais porque Walter ousou dizer e acreditar que uma transformação tão imensa devia ser iniciada por populações africanas e habitantes das outras regiões submetidas à exploração e à subordinação. No entanto, ele não se esquivou das implicações de sua própria análise. Pelo contrário, continuou – em especial com seu exemplo – a encorajar todos nós a nos aproximarmos de uma visão radicalmente transformada de nós mesmos e de nossas capacidades para mudar nossa vida e nossas condições objetivas. De forma discreta e insistente, ele nos encorajou a afirmar nossa plena responsabilidade pelo engajamento na luta por uma nova ordem mundial.

Ninguém poderia ignorar o trabalho de Walter nem questionar seu apelo, pois ele deu o exemplo assumindo a própria parte dessa impressionante responsabilidade. Por isso ele estava na Guiana em junho de 1980. Por isso ele estava lá desde 1974, desenvolvendo a liderança da chamada Aliança da População Trabalhadora (WPA, na sigla em inglês), lutando para sustentar sua família e, de alguma maneira, encontrando tempo para conduzir pesquisas e escrever a

---

[2] Ver p. 58 neste volume.

história da população trabalhadora de seu país e de outras regiões caribenhas. Por isso ele foi assassinado.

Em meio a nossa tristeza e indignação, nenhum de nós que conhecíamos Walter poderia dizer honestamente ter se surpreendido com a notícia de sua morte, pois sua vida envolvia certa consistência e integridade que não podiam ser ignoradas ou renegadas. Na verdade, em sua existência relativamente curta, certos padrões foram estabelecidos desde cedo. Nascido em 23 de março de 1942, Rodney cresceu em Georgetown, a capital da então Guiana Britânica. Fez parte de uma família que assumiu a política transformadora com grande seriedade. Seus pais, em particular seu pai, estiveram profundamente envolvidos no desenvolvimento do Partido Popular Progressista (PPP), um partido multirracial que, na época, era a única organização política de massa no Caribe que expunha o povo ao pensamento marxista/socialista mundial, bem como criava possibilidades de futuros alternativos além da mera instituição da independência no interior da comunidade britânica.

Assim, mesmo antes de entrar na adolescência, Walter já estava engajado na distribuição de panfletos, na participação de reuniões partidárias e na absorção de milhares de horas de discussões políticas que aconteciam em sua casa. Depois, quando entrou no Queens College, a conceituada escola secundária de Georgetown, o jovem ativista político também se tornou um dos "bolsistas" tão familiares no cotidiano das Índias ocidentais na época. Brilhante, enérgico e articulado, destacou-se no desempenho acadêmico e esportivo (quebrou o próprio recorde no salto em altura), e, quando ganhou a cobiçada bolsa da Guiana para a Universidade das Índias Ocidentais em Mona, Jamaica, o caminho tradicional da distinção e do prestígio acadêmicos estava aberto para ele.

Em 1963, Rodney se formou em história com as maiores distinções acadêmicas e recebeu uma bolsa de estudos na Universidade de Londres, onde ingressou na Faculdade de Estudos Orientais e Africanos para realizar seu doutorado em história da África. Os instintos e o precoce aprendizado políticos de Walter não permitiriam que ele se estabelecesse na segurança da vida acadêmica convencional. Ao contrário, os anos passados em Londres (1963--1966) estiveram entre os mais importantes de seu contínuo desenvolvimento político e intelectual.

Ele logo se tornou parte de um grupo de estudos de jovens das Índias ocidentais que se reunia regularmente sob a orientação do homem que, na época, era o exemplo de intelectual revolucionário: C. L. R. James, teórico marxista de Trinidad, mais conhecido por sua obra sobre a Revolução Haitiana, *Os jacobinos negros**.

A experiência com James e o grupo de estudos foi crucial como suplemento à exposição anterior de Rodney ao cotidiano da política radical do Caribe e foi também uma fonte importante de enraizamento na realidade intelectual enquanto ele circulava no mundo – às vezes surreal – da comunidade acadêmica.

Quando deixou Londres rumo à Tanzânia, em 1966, Rodney estava preparado para escrever a história a partir do que ele descreveu depois como "uma perspectiva revolucionária, socialista e centrada nas pessoas". (Dentro dos limites de uma proposição acadêmica, sua excelente dissertação, *A History of the Upper Guinea Coast*: *1545-1800*, abordava o tema a partir dessa perspectiva.)[3]

Durante o ano acadêmico de 1966-1967, Walter ensinou história na Universidade de Dar es Salaam, Tanzânia. Em 1968, retornou à Jamaica para assumir um cargo na universidade em que se graduou e desenvolver o que ele planejava ser um importante programa de estudos africanos e caribenhos. Mas ele queria, principalmente, testar suas convicções sobre a necessidade de que intelectuais revolucionários permanecessem enraizados na vida comum das pessoas. Walter obteve sucesso inicial nos dois desafios, mas foi precisamente essa conquista, em particular em seu trabalho com a população das ruas, colinas e várzeas jamaicanas, que levou a uma redução drástica de seu período de permanência naquele país. Em menos de um ano, Rodney havia conhecido e ajudado a articular o profundo descontentamento e a agitação que preenchiam a vida das pessoas comuns da Jamaica, bem como de um grande número de estudantes das universidades. À medida que começavam a falar e ouvir em grupo – aprendendo uns com os outros – sobre as maneiras de se organizar para a mudança, à medida que escutavam e consideravam as implicações dos poderosos apelos ao levante *black power* no país, ficou óbvio que uma efervescência profunda e imprevisível estava em ação, e o governo conservador jamaicano logo identificou Walter como um elemento estrangeiro indesejável. Assim, em outubro de 1968, enquanto participava de uma Conferência de Escritores Negros em Montreal,

---

* C. L. R. James, *The Black Jacobins* (Nova York, Vintage, 1963) [ed. bras.: *Os jacobinos negros: Toussaint L'Ouverture e a Revolução de São Domingos*, trad. Afonso Teixeira Filho, São Paulo, Boitempo, 2000]. (N. E.)

3 A tese foi publicada pela Clarendon em 1970 e posteriormente reimpressa pela Monthly Review Press.

ele foi oficialmente expulso da Jamaica. A ação do governo provocou vários dias de protestos em Kingston, mas Rodney foi impedido de voltar.

Foi essa atividade política, combinada com a potente participação na conferência de Montreal, que despertou a atenção de muitos de nós, nos Estados Unidos, para o historiador caribenho de 26 anos. Em seguida, após a ação do governo jamaicano, colegas no grupo de estudos de C. L. R. James e outros ativistas caribenhos sediados em Londres pressionaram Walter a publicar algumas das aulas que deu na Jamaica. Com esse propósito, eles formaram a editora Bogle--L'Ouverture e, em 1969, lançaram o primeiro livro amplamente lido de Walter, *Groundings with My Brothers* [Aprendizados com meus irmãos][4].

Walter voltou a Dar es Salaam como professor da universidade (1969-1972), enquanto *Groundings* impressionava muitas pessoas nos Estados Unidos, em especial aquelas, entre nós, envolvidas na luta pela hegemonia em torno das definições da experiência negra (e branca) no país, uma luta que se cristalizou temporariamente no movimento dos estudos negros.

Como esperado, foi em uma das muitas conferências produzidas por esse movimento que Walter Rodney se apresentou a um grande público afro--estadunidense. Em maio de 1970, participou do segundo encontro anual da Africa Heritage Studies Association [Associação de Estudos de Tradições Africanas] da Universidade Howard. Embora um dos colaboradores desta introdução (Robert Hill) já tivesse se encontrado e trabalhado com Walter na Universidade das Índias Ocidentais, para os outros dois a conferência em Howard representou a oportunidade de conhecê-lo.

Como muitas pessoas na conferência, o que primeiro notei no irmão franzino, de fala mansa e pele negra vindo da Guiana foi a capacidade de falar sem consultar anotações – e, sobretudo, sem floreios retóricos – por mais de uma hora e ainda apresentar um conteúdo altamente informativo, organizado de forma tão cuidadosa e convincente que teria sido possível publicá-lo a partir de uma transcrição direta. Com o tempo, descobrimos que essa extraordinária disciplina intelectual (e o instinto político) era acompanhada por uma força de espírito metódica, pelo domínio do materialismo dialético, mas sem escravidão

---

[4] A nova editora recebeu o nome em homenagem a Paul Bogle, líder da revolta de Morant Bay, em 1865, na Jamaica, e a Toussaint L'Ouverture, líder haitiano. Entre as pessoas mais ativamente empenhadas no projeto estavam Andrew Salkey, Jessica e Eric Huntley, Richard Small, John LaRose, Selma James, Earl Greenwood e Chris Le Maitre. Pouco depois do assassinato de Rodney, a Bogle-L'Ouverture Book Store foi rebatizada de Walter Rodney Book Store.

a ele e por um compromisso inflexível com o trabalho coletivo em favor dos condenados da terra. Não havia em Rodney uma pretensão de superioridade pessoal, e isso era perceptível graças a seu senso de humor seco e ágil. Em outras palavras, ficava claro para nós que Walter Rodney era uma força moral, política e intelectual a ser levada em consideração, um dos mais belos filhos da África.

Desde nosso primeiro encontro, soubemos que havíamos conhecido um irmão, professor e camarada. Na época da conferência em Howard, Robert Hill, Bill Strickland e eu estávamos trabalhando com outras pessoas no desenvolvimento do Institute of Black World [Instituto do Mundo Negro – IBW, na sigla em inglês], núcleo de pesquisa, publicação e promoção sediado em Atlanta. Começamos a explorar imediatamente, com Walter, algumas das maneiras pelas quais ele poderia participar conosco dessa experiência de trabalho intelectual coletivo. O resultado foi uma série de visitas em que ele passou períodos tranquilos, sem pressa, entre nós. Também tivemos em casa a companhia de sua esposa, Pat, e das crianças cheias de vida do casal: Shaka, Kanini e Asha.

Enquanto nossos laços se fortaleciam e se solidificavam, a primeira edição de *Como a Europa subdesenvolveu a África* foi publicada em uma parceria entre a Bogle-L'Ouverture e a Tanzanian Publishing House, em 1972. Para todos aqueles que puderam obter exemplares, foi como um sopro poderoso e edificante de ar fresco. Sem romantizar a África pré-colonial, Walter a inseriu no contexto do desenvolvimento humano pelo mundo, traçou suas relações históricas reais com as forças colonizadoras da Europa e sugeriu o caminho para que a África avançasse em direção a uma vida nova para seu povo e a um novo papel na remodelação do mundo.

O livro logo tocou em um ponto instigante e sensível para muitas pessoas nos Estados Unidos. Entre a população negra interessada na política, a obra desempenhou um papel formativo semelhante a *Os condenados da terra*, de Frantz Fanon, publicado quase uma década antes. Na verdade, os dois homens estavam tratando da devastação colonial e neocolonial; os dois apelavam por uma ruptura com o sistema explorador e destruidor para avançar e criar uma nova ordem. Os dois eram exemplos vivos da transformação que exigiam.

Assim como a influente obra de Fanon, a de Rodney partia de uma perspectiva africana/caribenha, mas nós, nos Estados Unidos, logo reconhecemos uma conexão global. Embora tenha terminado sua análise histórica primordial no fim da década de 1950, Walter ainda assim apresentou uma breve e convincente análise do papel contemporâneo dos Estados Unidos na exploração da África, alertando implicitamente contra nossa própria participação, ativa ou passiva, em tal processo danoso. Mas também havia conexões talvez ainda mais diretas com as lutas afro-estadunidenses do início década de 1970, especialmente a análise que ele faz da educação colonial e neocolonial e de seus efeitos na mente e no espírito africanos. Por exemplo, escreveu Walter:

> Em última análise, talvez o princípio mais importante da educação colonial fosse aquele do individualismo capitalista. [...] Na África, tanto o sistema escolar formal quanto o sistema informal de valores do colonialismo destruíram a solidariedade social e promoveram a pior forma de individualismo alienado sem responsabilidade social.[5]

Nós, afro-estadunidenses, reconhecemos de imediato essa condição. Aliás, um dos temas centrais do movimento pelos Estudos Negros e *black power* foi o apelo à solidariedade social entre pessoas negras e a resistência ao individualismo destrutivo do modo de vida estadunidense dominante. Pois estávamos dolorosamente conscientes da crescente alienação entre nossos jovens à medida que se moviam cada vez mais plenamente no fluxo cultural da sociedade de massa dos Estados Unidos com suas poderosas redes informais de deseducação. Assim, era natural que nós, do IBW, convidássemos Walter Rodney para participar conosco de dois projetos diretamente relacionados a essas preocupações. O primeiro, como colaborador de uma antologia de artigos, *Education and Black Struggle* [Educação e Luta Negra], que organizamos e editamos para a *Harvard Educational Review* em 1974. O artigo dele foi intitulado de "Education in Africa and Contemporary Tanzania" [Educação na África e na Tanzânia Contemporânea].

O segundo projeto era de outra natureza. No início de 1974, Walter havia sido nomeado professor e chefe do departamento de história da Universidade da Guiana. A nomeação foi considerada uma vitória patente de Walter e seus apoiadores, um reconhecimento de sua visão. Nós o convidamos a ficar parte do verão em Atlanta conosco antes de seu retorno à Guiana. Ele passou mais de um mês no IBW, desenvolvendo e liderando o Summer Research Symposium [Simpósio de Pesquisa de Verão]. Colegas de outras partes do país e do Caribe se juntaram a nós na tarefa enquanto testávamos modelos para um programa educacional que teria um escopo mais amplo e ofereceria novas alternativas para a juventude

---

[5]   Ver p. 287-8 neste volume.

negra nas faculdades e universidades de todo o país[6]. Ao mesmo tempo, em um ato de visão de futuro e coragem, a Howard University Press publicava a primeira edição estadunidense de *Como a Europa subdesenvolveu a África*.

A permanência de Walter no IBW naquele verão foi muito importante para todos nós. Ajudou-nos a reforçar o que pensávamos sobre o papel da intelectualidade negra em nossa sociedade e o papel que o IBW poderia desempenhar nesse fenômeno. Simultaneamente, ofereceu a Walter a oportunidade de explorar mais a fundo as implicações da singular experiência da população negra dos Estados Unidos. Além disso, nos transformou em uma comunidade junto com um grupo estimulante de estudantes e colegas de trabalho, e tínhamos expectativas quanto às possibilidades de trabalho junto com Walter em seu novo cargo na Universidade da Guiana.

No entanto, antes mesmo de Walter deixar Atlanta, começamos a receber sinais de que nem tudo ia bem com a nomeação na universidade. Quando ele chegou em casa, a palavra oficial foi dada. No último instante, em um movimento inédito, a nomeação foi cancelada, aparentemente por pressão dos mais altos escalões do governo. A partir daí, Walter Rodney, intelectual-revolucionário, começou, mais uma vez, uma profunda investigação sobre sua terra natal. Apesar de convites e demandas de muitos lugares, recusou-se, de forma taxativa, a deixar permanentemente a Guiana.

Ele havia estabelecido para si duas tarefas principais, ambas compatíveis com o modo como ele definia seu papel de intelectual negro comprometido com a libertação e o desenvolvimento de seu povo – e ambas exigiam sua presença na Guiana. A primeira era desenvolver um trabalho de grande porte, em vários volumes, sobre a história da população trabalhadora de seu país. A segunda, de abrangência geral, era mergulhar na vida contemporânea dessas mesmas pessoas e, junto com elas, tentar encontrar uma maneira de resistir a um governo que evidentemente havia traído as esperanças e a confiança delas, um governo que agora criava obstáculos para que se desenvolvessem. Em outras palavras, Walter ainda tentava enfrentar as implicações neocoloniais abordadas em *Como a Europa subdesenvolveu a África* e, sem temores, colocando a busca por soluções no centro de sua própria vida e da vida de sua nação. Ao mesmo tempo, principalmente porque Pat, sua esposa, também foi privada da

---

[6] Entre os colegas que participaram do Summer Research Symposium (SRS) estavam C. L. R. James, St. Clair Drake, Katherine Dunham, George Beckford, Edward Braithwaite, Lerone Bennett, Mary Berry, Tran Van Dinh, Mack Jones e Frank Smith.

oportunidade de trabalhar na própria profissão, assistência social, ele teve de encontrar maneiras de alimentar, vestir e abrigar sua família.

Foi difícil para alguns de nós imaginar como ele fez isso, mas, apesar de uma situação de tensão e riscos em constante escalada, Walter encontrou tempo e energia para passar longas horas nos Guyana National Archives [Arquivos Nacionais da Guiana] e na Caribbean Research Library [Biblioteca de Pesquisa sobre o Caribe] da Universidade de Georgetown. Além de uma série de artigos, o principal fruto desse trabalho disciplinado e devotado surgiu quando a Johns Hopkins University Press publicou *History of the Guyanese Working People – 1881-1905* [História da população trabalhadora da Guiana – 1881-1905]. Também publicou, nesse período de luta redobrada, um importante texto, "Guyanese Sugar Plantations in the Late Nineteenth Century" [Latifúndios monocultores de cana-de-açúcar na Guiana do fim do século XIX].

Enquanto isso, ele continuava as articulações sociais. Antes do fim de 1974, havia ajudado a unificar a Working People's Alliance [Aliança da População Trabalhadora – WPA, na sigla em inglês]. Ela se tornou sua base política na luta implacável para constituir uma força que promoveria a transformação revolucionária da sociedade guianense.

Com a ajuda de muitas pessoas dos Estados Unidos e de outras partes do mundo, Walter encontrou oportunidades para dar palestras e aulas, na tentativa de se manter em contato com seus camaradas fora da Guiana e obter os recursos financeiros de que sua família precisava. (James Turner, diretor do Centro de Estudos e Pesquisa Africana em Cornell, e Immanuel Wallerstein, da Universidade Estadual de Nova York, em Binghamton, foram particularmente prestativos conosco, que estávamos tentando organizar essas atividades.)

Sempre que Walter viajava para o exterior, ainda mais quando a repressão governamental aumentou, muitos amigos o incentivavam a sair da Guiana e partir com a família para algum lugar de relativa segurança. A resposta que ele nos dava em geral tinha duas partes. Primeiro, havia seu sentimento de responsabilidade em relação a camaradas e ao povo da Guiana. Ele dizia que estava trabalhando para encorajá-los em uma luta destemida pela transformação de si mesmos e da sociedade e que não podia partir apenas porque tinha, por casualidade, acesso imediato aos meios de fuga. Em segundo lugar, Rodney dizia que se sentia privilegiado pelos contatos que conseguiu estabelecer a partir de seu trabalho e das viagens que fez por todo o Terceiro Mundo. Para ele, esse privilégio implicava a responsabilidade de continuar a compartilhar com seu povo o teor e o espírito dessa rede internacional de mulheres e homens envolvidos nas lutas pela libertação. Assim, sem qualquer vestígio de um desejo de se tornar mártir, mas claramente reconhecendo a situação que enfrentava, a resposta de Walter era sempre a mesma: "É fundamental que eu fique aqui".

Perto do fim, todos esses perigos, essas esperanças e essas tensões se concentravam nos acontecimentos de uma última torrente, que durou um ano inteiro, de vida e morte. Em junho de 1979, a WPA formalizou que havia se transformado em um partido político e que trabalharia incansavelmente pela derrubada do domínio que o Congresso Nacional do Povo, de Linden Forbes Burnham, estabeleceu no país. No mês seguinte, um prédio do governo em Georgetown foi incendiado; Walter e quatro outros membros da WPA estavam entre as oito pessoas presas e acusadas por incêndio criminoso[7]. Por ser um prédio do governo, a acusação era muito grave. Mas ficou evidente para muitos observadores que a ação foi inteiramente armada como parte das medidas para reduzir a força – pequena, mas influente – da organização de Rodney. No dia das audiências de acusação, o padre Bernard Danke, sacerdote que era repórter do *Catholic Standard*, foi assassinado a punhaladas enquanto observava uma manifestação pró-WPA em frente ao edifício do tribunal. A partir daí, a repressão escalou para o que pode ser chamada de uma longa noite de terrorismo oficial, incluindo bombardeios, violência policial e as ameaças de "extermínio" de Burnham contra Walter e outros líderes da oposicionista WPA.

No fim de fevereiro de 1980, dois dos colaboradores mais próximos de Walter na WPA, Ohene Koama e Edward Dublin, foram mortos pela polícia; outros foram baleados e espancados; outros, ainda, presos, tendo suas casas invadidas, saqueadas e bombardeadas. Até então, alguns dos principais membros da WPA eram mantidos como presos políticos na Guiana – o governo se recusava a permitir que deixassem o país. Rodney, no entanto, conseguiu sair em maio de 1980, aceitando um convite da Frente Patriótica para planejar as cerimônias de independência do Zimbábue. Depois, Walter voltou para a Guiana, continuando a trabalhar nos arquivos e a mobilizar o povo. Em tom nefasto, ele havia dito a alguns de nós, nos Estados Unidos, que talvez não o víssemos mais.

Em 2 de junho, teve início o julgamento por incêndio criminoso, presenciado por observadores receosos do Caribe, dos Estados Unidos e da Inglaterra. Em poucos dias, ficou claro que o governo não tinha base para a acusação e

---

[7] Conhecido como Referendum Five, o grupo incluía Walter Rodney, Rupert Roopnarine, Maurice Omawale, Kwame Apata e Karen de Sousa. Os cinco tiveram o julgamento negado pelo júri.

não poderia processar Rodney e seus colegas de trabalho. Consequentemente, em 6 de junho, a pedido do governo, o julgamento foi adiado até 20 de agosto.

Uma semana após o adiamento, na noite de sexta-feira, 13 de junho, Walter estava sentado no carro de Donald Rodney, seu irmão, e o esperava no banco do motorista. Eles pararam na casa de um homem que, agora, sabemos que havia se infiltrado nas fileiras da WPA. Donald Rodney entrou para pegar o que o homem disse ser um *walkie-talkie* que Walter queria. Enquanto estavam no quintal da casa do infiltrado, por volta das 19h30, o homem disse a Donald para ir embora e aguardar um sinal de teste às 20h. Donald voltou para o carro e foi embora. Quando o sinal chegou, foi a explosão que acabou com a vida de Walter Rodney.

Algumas semanas antes de sua morte, Rodney tinha sido persistentemente questionado sobre os perigos que enfrentava e sobre seus planos para se proteger. Ele dizia:

> Quanto à minha segurança e à segurança de várias outras pessoas dentro da WPA, tentaremos garanti-las pelo nível de mobilização política e ação política dentro e fora do país. Em última análise, é isso, em vez de qualquer tipo de defesa física que garanta a nossa segurança. Nenhum de nós ignora a ameaça que está constantemente colocada. Não nos consideramos aventureiros, mártires ou potenciais mártires, mas achamos que há um trabalho que precisa ser feito e chega o momento em que temos de fazê-lo.*

Mais uma vez, o corajoso senso de compromisso e integridade de Walter evoca fortes lembranças de Fanon. Ele também sacrificou a vida pela libertação de seu povo e morreu antes dos quarenta anos. Ele também convocou os povos filhos da África e todos os condenados pela Europa a tomar a iniciativa e mudar nossos caminhos. Ele também nos pediu para resistir a todas as tentações de viver como vítimas permanentes, acusadores raivosos e imitadores subservientes da Europa. Foi ele quem disse:

> Então, vamos, camaradas, o jogo europeu finalmente terminou. […] Hoje vemos a Europa oscilando entre a desintegração atômica e a espiritual. […] Devemos procurar algo diferente. Hoje podemos fazer tudo, desde que não imitemos a Europa, desde que não fiquemos obcecados pelo desejo de alcançar a Europa

---

* Mantivemos as citações como no original; em alguns casos, apesar de todos os esforços, não foi possível localizar as fontes completas a indicar. (N. E.)

[*tomamos a liberdade de, a partir deste ponto, alterar "Europa" para "Europa e Estados Unidos" – acreditamos que Fanon permitiria isso*].*

O Terceiro Mundo enfrenta a Europa e os Estados Unidos como uma massa colossal cujo objetivo deveria ser tentar resolver os problemas para os quais eles não foram capazes de encontrar soluções.

Portanto, camaradas, não vamos pagar tributos à Europa e aos Estados Unidos criando Estados, instituições e sociedades que se inspirem neles. [...]

Se queremos que a humanidade dê um passo à frente, se queremos levá-la a um nível diferente daquele que a Europa e os Estados Unidos demonstraram, devemos criar e fazer descobertas.

Se queremos viver à altura das expectativas de nosso povo, devemos procurar a resposta em outro lugar que não a Europa e os Estados Unidos. Pela Europa e pelos Estados Unidos, por nós mesmos e pela humanidade, camaradas, devemos iniciar uma nova fase, devemos elaborar novos conceitos e devemos tentar colocar de pé um novo homem.[8]

Da perspectiva de Walter, era esse o "trabalho que tem de ser feito", o desafio que ele e seus camaradas decidiram assumir – experimentando, inventando, arriscando, tentando descobrir novas formas de organização, novos meios de luta, novas visões e novos conceitos para orientá-los e embasá-los, começando em sua terra natal. Para Walter Rodney, a WPA era uma parte do trabalho, e a pesquisa e escrita era outra. Ele não via contradição entre elas; todas as partes da missão eram mantidas coesas pela retidão de sua vida, pela força disciplinada de suas visões e por seu amor eterno pelas pessoas e seu potencial. Assim, ele tratava de fazer o trabalho que precisava ser feito.

Além disso, o que foi dito a respeito de Malcolm X também pode ser dito sobre Walter: "Ele se tornou muito mais do que teve tempo de ser".

Agora, estamos plenamente conscientes do fato de que o tempo que ele não tem mais é, na verdade, nosso; de que está em nossas mãos continuar e redefinir o trabalho que ele assumiu, estejamos nós onde estivermos, sejamos nós quem formos. O chamado ao qual ele tentou responder está aí para todos nós: "Se queremos que a humanidade dê um passo à frente... devemos inventar e fazer

---

*   O trecho em itálico corresponde a uma observação dos prefaciadores sobre a alteração feita no restante da citação. (N. E.)

8   Franz Fanon, *The Wretched of the Earth* (Nova York, Grove, 1963), p. 252-5 [ed. bras.: *Os condenados da Terra*, trad. José Laurêncio de Melo, Rio de Janeiro, Civilização Brasileira, 1968].

28 Como a Europa subdesenvolveu a África

descobertas… devemos iniciar uma nova fase, devemos elaborar novos conceitos e devemos tentar colocar de pé uma nova humanidade"[9].

O LEGADO DE WALTER

É em nossas tentativas corajosas e criativas de responder a tal chamado tão magnífico que começamos a romper as correntes de nosso subdesenvolvimento e a abalar as fundações de toda a exploração humana. E será que já não está claro, a esta altura, que o processo de exploração leva a uma humanidade subdesenvolvida tanto no "centro" quanto na "periferia"? Já não percebemos que o subdesenvolvimento do centro, a pátria dos exploradores, está apenas disfarçado sob bens materiais e armamentos mortais, mas que a nudez e o atraso humanos ainda assim estão ali? Então, quem entre nós não precisa romper as molas do passado para transcender e recriar nossa história?

Talvez seja apenas ao aceitarmos o desafio de Walter e Fanon que estaremos prontos para desistir de todos os jogos mortais do último meio milênio, buscando novos meios de defesa, novas formas de luta, novos caminhos para a revolução, novas visões do que a sociedade verdadeiramente humana exige de nós. Apenas ao começarmos a considerar tais pensamentos, refletir sobre tais ideias, estaremos preparados para reexaminar com atenção e, então, ir além dos admiráveis limites de *Como a Europa subdesenvolveu a África*, avançando – da mesma maneira que Rodney e Fanon – para fazer uma nova pergunta: como devemos desenvolver o mundo novamente?

Começando por nós mesmos, começando por onde estamos, o que devemos derrubar, o que devemos construir, que bases devemos estabelecer? Com quem devemos trabalhar, que visões podemos criar, que esperanças vão se apoderar de nós? Como vamos nos organizar? Como vamos nos relacionar com aqueles que fazem as mesmas perguntas na África do Sul, em El Salvador, na Guiana? Como vamos compartilhar com outros a urgência de nosso tempo? Como vamos idealizar e operar a transformação revolucionária de nosso próprio país? Quais são as invenções, as descobertas, os novos conceitos que nos ajudarão a avançar em direção à revolução de que precisamos nesta terra?

Nem a retórica nem a coerção nos serão úteis agora. Devemos decidir se permaneceremos debilitados e subdesenvolvidos ou se participaremos de nossa própria cura, assumindo o desafio de desenvolvermos novamente a nós mesmos,

---

[9] Ibidem, p. 255.

ao nosso povo, à nossa nação ameaçada e à Terra. Ninguém pode nos forçar a isso. De acordo com os parâmetros tradicionais, não há garantias de sucesso – como o sangue de nossos mártires e heróis, conhecidos e menos conhecidos, como Walter Rodney e Frantz Fanon, Ruby Doris e Fanny Lou, Malcolm e Martin testemunham plenamente.

Mas há um mundo esperando por nós; aliás, muitos mundos nos aguardam. Um é o mundo de nossas crianças, ainda não nascidas ou apenas iniciando a vida e querendo viver, crescer, tornar-se as melhores pessoas possíveis. Isso não acontecerá a menos que, como sugere Walter, o centro seja transformado e fundamentalmente alterado. Isso não acontecerá a menos que *nós* sejamos transformados, nos desenvolvamos outra vez, nos renovemos. O futuro de nossas crianças depende dessas transformações rigorosas.

O DESAFIO AFRO-ESTADUNIDENSE

Além disso, há outro mundo, mais difícil, que nos aguarda: o de filhos e filhas da Europa e dos Estados Unidos que começaram a descobrir o próprio subdesenvolvimento, que reconhecem a deformação e a perda da sensibilidade de seus espíritos. Sem ensaiar todos os velhos argumentos políticos sobre coalizões e alianças, sem nos esquecermos do passado nem ficarmos presos a ele, devemos encontrar maneira de responder a eles e permitir que entrem em contato conosco. Isso não é luxo passageiro, no velho estilo das "boas relações". Pelo contrário, agora percebemos que os filhos e as filhas de oprimidos e opressores estão implicados em uma relação dialética que é mais profunda do que a maioria de nós opta por reconhecer e que não existe novo desenvolvimento para uns sem os outros. Esse é um fardo pesado, mas também representa uma grande possibilidade. Nos Estados Unidos, com nossa história singular, é também uma realidade inegável.

Assim, é por meio dessas questões difíceis que retornamos a Walter e sua grande obra. Agora, o que parece ser exigido de nós quando revisitamos *Como a Europa subdesenvolveu a África* é que desta vez façamos uma leitura à luz da vida e da morte de Walter Rodney; desta vez façamos uma leitura conscientes do perigoso e explosivo centro estadunidense; desta vez façamos uma leitura na companhia de nossos filhos e filhas; desta vez façamos uma leitura na presença do insistente chamado de Fanon a todos nós.

Então é provável que vejamos, mais evidentemente que nunca, que o subdesenvolvimento causado pela Europa na África e em outros mundos exigia que o continente europeu destruísse a si mesmo e a todos – e a tudo – que ficaram sob seu domínio. Portanto, os feridos são todos à nossa volta e entre nós. Agora, abrindo-nos a todos aqueles que reconhecem a dialética brutal do subdesenvolvimento, que reconhecem as forças coesas de nossas necessidades comuns, nossos perigos comuns e nossas possibilidades comuns, podemos começar a nos firmar em uma solidariedade recém-enraizada e nos aproximar uns dos outros, enfrentando o duro, mas belo, fato de que ou devemos desenvolver novamente a nós mesmos e a nosso mundo ou seremos empurrados juntos para dentro de um terrível e explosivo apagar das luzes.

É óbvio que, se escolhermos seguir o caminho de nossa comunidade essencial, não poderemos chegar longe reagindo principalmente à urgência do medo (pois isso repetiria a história em vez de transformá-la e seria desleal com um irmão corajoso como Walter). Pelo contrário, devemos ter como motivação o fato de que há muito a nos atrair. Por exemplo, um dos componentes promissores que se contrapõe aos padrões de dominação/subordinação nos últimos quinhentos anos tem sido a propensão da humanidade a construir redes de comunicação e inter-relação – as quais, por sua vez, possuem grandes possibilidades de formar novas comunidades, superando barreiras tradicionais, nacionais. Reformulados e redirecionados, os mecanismos de exploração podem colocar a nosso alcance alguns meios de renovação do desenvolvimento.

Agora está em nossas mãos superar nossa história, romper os grilhões do passado, renovar nosso próprio desenvolvimento, o de nosso povo, nossa nação e nosso mundo, a fim de encontrar maneiras humanas, criativas e destemidas de lidar com aqueles que atualmente se opõem a tal desenvolvimento. São visões audaciosas e responsabilidades verdadeiramente fora do comum, mas devemos seguir em frente. Na verdade, nos parece evidente que, mesmo sem qualquer garantia de sucesso, devemos seguir o fluxo do que a humanidade tem de melhor, da imaginação mais criativa, rumo a nossos sonhos mais profundamente renovadores.

Qualquer coisa menor que isso é inadequada a momentos arriscados. Qualquer coisa menor seria indigna da memória de nosso irmão, das necessidades de nossas crianças ou de nossas próprias capacidades magníficas e inexploradas.

Março de 1981
Vincent Harding
Robert Hill
William Strickland

1.
ALGUMAS QUESTÕES SOBRE DESENVOLVIMENTO

Em contraste com o crescimento acelerado dos países do campo socialista e com o desenvolvimento, ainda que muito mais lento, em curso na maioria dos países capitalistas, é inquestionável que grande parte dos chamados países subdesenvolvidos estão em total estagnação e que, em alguns deles, a taxa de crescimento econômico é inferior à de crescimento populacional.

Essas características não são fortuitas; elas correspondem estritamente à natureza do sistema capitalista em plena expansão, que transfere para os países dependentes as formas mais abusivas e descaradas de exploração. Deve-se compreender claramente que a única maneira de resolver os problemas que agora afligem a humanidade é eliminar completamente a exploração de países dependentes por países capitalistas desenvolvidos, com todas as consequências que isso implica.

— Che Guevara, discurso proferido em 25 de março de 1964, na Suíça

O QUE É DESENVOLVIMENTO?

Na sociedade humana, o desenvolvimento é um processo multifacetado. No nível do indivíduo, implica aumento de habilidade e capacidade, maior liberdade, criatividade, autodisciplina, responsabilidade e bem-estar material. Algumas dessas categorias são iminentemente morais e difíceis de avaliar, pois dependem da época em que a pessoa vive, de suas origens de classe e de seu código individual sobre o que é errado. No entanto, é incontestável que o êxito em qualquer um desses aspectos do desenvolvimento pessoal está, em grande medida, ligado ao estado da sociedade como um todo. Desde o início dos tempos, o ser humano considerou conveniente e necessário reunir-se em grupos para caçar e garantir a sobrevivência. As relações que se desenvolvem dentro de qualquer grupo social são cruciais para a compreensão da sociedade como um todo. Liberdade, responsabilidade, habilidade têm sentido real apenas em termos de relações humanas em sociedade.

É claro, cada grupo social entra em contato com os outros. As relações entre os indivíduos em duas sociedades quaisquer são reguladas pela conformação de ambas. Suas respectivas estruturas políticas são importantes porque os elementos dominantes dentro de cada grupo são os que iniciam o diálogo, o comércio ou a batalha de acordo com as circunstâncias. No nível dos grupos sociais, portanto, desenvolvimento implica uma capacidade crescente de regular as relações internas e externas. Grande parte da história da humanidade tem sido uma luta para sobreviver a riscos naturais e inimigos humanos, reais e imaginários. No passado, desenvolvimento sempre significou o aumento da capacidade de resguardar a independência do grupo social e efetivamente violar a liberdade dos outros – algo que muitas vezes acontecia sem que se considerasse a vontade das pessoas nas sociedades envolvidas.

Os homens* não são os únicos seres que atuam em grupos, mas a espécie humana iniciou uma linha singular de desenvolvimento porque tinha a capacidade de fazer e usar ferramentas. O próprio ato de criá-las foi um estímulo à intensificação da racionalidade, mais que consequência de um intelecto totalmente amadurecido. Em termos históricos, o homem operário era tão importante quanto o homem pensador, porque o trabalho com ferramentas os libertou da necessidade física completa, de forma que eles pudessem se impor a outras espécies mais poderosas e sobre a própria natureza. As ferramentas com que os homens trabalham e a maneira pela qual organizam o trabalho são dois importantes indicadores do desenvolvimento social.

O termo "desenvolvimento" é quase sempre usado em um sentido exclusivamente econômico – e a justificativa para isso é que o tipo de economia reflete um indicador de outros aspectos sociais. O que é, então, o desenvolvimento econômico? Uma sociedade se desenvolve economicamente quando seus membros aumentam, em conjunto, sua capacidade de lidar com o meio ambiente, e isso depende do conhecimento das leis da natureza (ciência) e de sua aplicação por meio de ferramentas (tecnologia), bem como da maneira como o trabalho é organizado. A partir de uma visão de longo prazo, pode-se dizer que houve

---

* O autor utiliza "homens" no sentido de "seres humanos"; essa formulação foi mantida devido ao contexto em que ele escreve, pouco antes de o debate sobre o uso desse termo ganhar espaço. (N. T.)

um desenvolvimento econômico constante na sociedade humana desde os primórdios do homem, porque ele multiplicou enormemente sua capacidade de ganhar a vida a partir da natureza. Compreende-se melhor a magnitude do empreendimento do homem por meio de uma reflexão sobre a espiral da história da sociedade humana e observando o seguinte: em primeiro lugar, o progresso de ferramentas de pedra bruta para o uso de metais; em segundo lugar, a transição da caça e da coleta de frutos silvestres para a domesticação de animais e o cultivo de alimentos; e, em terceiro lugar, a melhoria na organização do trabalho, que deixa de ser atividade individual e passa a assumir um caráter social, com a participação de muitas pessoas.

Todos os povos demonstraram que é possível aumentar, de forma independente, sua capacidade de ter uma vida mais satisfatória por meio da exploração de recursos da natureza. Todos os continentes participaram, de forma independente, das primeiras eras de ampliação do poder de controle do homem sobre seu ambiente – o que, na verdade, significa que cada continente pode indicar um período de desenvolvimento econômico.

A África, por ser o lar originário do homem, foi, obviamente, protagonista dos processos nos quais os grupos humanos demonstraram uma capacidade sempre crescente de extrair a vida do ambiente natural. Aliás, no período inicial, o continente africano foi o centro do desenvolvimento físico do homem como tal, distinto de outros seres vivos.

O desenvolvimento era universal porque as condições que conduziam à expansão econômica eram universais. Por toda parte, o homem era confrontado com a missão de sobreviver por meio da satisfação de necessidades materiais; e o aprimoramento das ferramentas era uma consequência da interação entre seres humanos e natureza na luta pela sobrevivência. Obviamente, a história humana não é apenas um registro de avanços. Houve períodos, em todas as partes do mundo, em que ocorreram retrocessos temporários e redução real da capacidade de produzir o básico para as necessidades da população. Mas a tendência geral foi no sentido de aumentar a produção; em determinados momentos, o crescimento da quantidade de bens estava associado a uma mudança na qualidade ou na característica da sociedade. Isso será demonstrado mais adiante em relação à África, mas, para indicar a aplicação universal do princípio da mudança quantitativa/qualitativa, um exemplo será extraído da China.

Nos primórdios, o homem vivia à mercê da natureza; lentamente, ele descobriu coisas básicas, como o fato de que era possível produzir fogo e de que as sementes de algumas gramíneas podiam ser plantadas no solo para satisfazer às necessidades alimentares. Na China, essas descobertas ajudaram na construção de comunidades agrícolas simples usando ferramentas de pedra e produzindo o suficiente para a subsistência. Isso foi alcançado vários milhares de anos antes do nascimento de Cristo ou da fuga do profeta Maomé. Os bens produzidos nessa fase eram divididos mais ou menos igualmente entre os membros da sociedade, que viviam e trabalhavam em famílias. Na época da dinastia Tang, no século VII d.C., a China havia expandido sua capacidade econômica não apenas para produzir mais alimentos, mas também para manufaturar uma grande variedade de itens, como sedas, porcelanas, barcos e dispositivos científicos. Isso, é claro, representou um aumento dos bens produzidos; consequentemente, houve mudanças qualitativas na sociedade chinesa. Nesse período posterior, existia um Estado político em que antes havia apenas unidades autogovernadas. Em vez de cada família e cada indivíduo realizar as tarefas de agricultura, construção de casas, costura, surgiu uma especialização das funções. A maior parte da população ainda lavrava a terra, mas havia artesãos hábeis que produziam seda e porcelana, burocratas que administravam o Estado e filósofos religiosos budistas e confucionistas que se especializaram em tentar explicar coisas que estão além da compreensão imediata.

A especialização e a divisão do trabalho levaram ao aumento da produção, bem como à desigualdade na distribuição. Uma pequena parcela da sociedade chinesa passou a deter uma cota desproporcional dos rendimentos de trabalho humano, e essa era a parcela que menos fazia para, de fato, gerar riqueza trabalhando na agricultura ou na manufatura. Eles podiam se dar ao luxo de fazê-lo porque graves desigualdades haviam surgido na propriedade do meio básico de produção, que era a terra. As terras familiares se tornaram menores no que dizia respeito à maioria do campesinato, e uma minoria assumiu a maior parte da terra. Essas mudanças na posse da terra eram parte integrante do desenvolvimento em seu sentido mais amplo. Por isso o desenvolvimento não pode ser visto apenas como uma questão econômica, e sim enquanto um processo social geral que depende do resultado dos esforços humanos para lidar com seu ambiente natural.

Por meio de um estudo cuidadoso, é possível compreender algumas das ligações extremamente complexas entre as mudanças na base econômica e os demais elementos da superestrutura da sociedade – inclusive na esfera da ideologia e das crenças sociais. A transição do modo de produção comunal na Ásia e na Europa levou, por exemplo, a códigos de comportamento específicos do feudalismo. A conduta dos cavaleiros europeus de armadura tinha muito em comum com a dos samurais japoneses, ou guerreiros. Eles desenvolveram noções do chamado cavalheirismo – o comportamento de nobre cavalheiro montado a cavalo. Em contraposição, o camponês tinha de aprender a extrema humildade, a deferência e a subserviência, simbolizadas pela ação de tirar o chapéu e permanecer de cabeça exposta diante de seus superiores. Na África também se descobriu que a ascensão do Estado e das classes superiores levou à prática pela qual sujeitos comuns prostravam-se na presença de monarcas e aristocratas. Quando esse ponto foi alcançado, ficou claro que a igualdade rudimentar da família deu lugar a um novo estado social.

Nas ciências naturais, é conhecido o fato de que, em muitas instâncias, a mudança quantitativa torna-se qualitativa após certo período. O exemplo comum é a forma como a água pode absorver calor (processo quantitativo) até que a cem graus Celsius se transforme em vapor (mudança qualitativa de forma). Igualmente, em sociedades humanas sempre foi comum que, cedo ou tarde, a expansão econômica levasse a uma mudança nas relações sociais. No século XIX, Karl Marx foi o primeiro escritor a considerar esse fato; ele distinguiu, na história da Europa, vários estágios de desenvolvimento. O primeiro grande estágio depois dos grupos de caçadores foi o modo de produção comunal, no qual a propriedade era coletiva, o trabalho era feito em comum e os bens eram divididos igualmente. O segundo foi a escravidão, causada pela expansão de elementos de dominação no interior da família e pela submissão física de alguns grupos por outros. As pessoas escravizadas realizavam várias tarefas, mas seu trabalho principal era produzir alimentos. O estágio seguinte foi o feudalismo, no qual a agricultura continuou sendo o principal meio de subsistência. No entanto, a terra que era necessária para esse fim estava nas mãos de poucos, que ficavam com a maior parte da riqueza. Os trabalhadores (agora chamados de servos) não eram mais propriedade pessoal dos senhores, mas estavam ligados à terra de um feudo ou propriedade particular.

Quando o feudo mudava de mãos, os servos tinham de permanecer ali e fornecer bens para o proprietário, mantendo apenas o suficiente para se alimentar. Assim como o filho de uma pessoa escravizada também era escravizado, os filhos de servos também eram servos. Em seguida, surgiu o capitalismo, sob o qual a maior riqueza da sociedade era produzida não pela agricultura, mas pelas máquinas – em fábricas e minas. Tal qual o feudalismo, o capitalismo foi caracterizado pela concentração da propriedade dos meios de produção de riqueza em poucas mãos e pela distribuição desigual dos produtos do trabalho humano. Os poucos que dominavam eram a burguesia, originada entre mercadores e artesãos no período feudal, e se tornaram industriais e financistas. Ao mesmo tempo, os servos foram declarados legalmente livres para deixar a terra e ir em busca de emprego em empresas capitalistas. O trabalho deles tornou-se, assim, uma mercadoria – algo a ser comprado e vendido.

Previa-se que haveria um estágio posterior, o socialismo, no qual o princípio da igualdade econômica seria restaurado, como no modo de produção comunal. Hoje, no século XX, o estágio do socialismo de fato emergiu em alguns países. Em termos econômicos, cada estágio sucessivo representava desenvolvimento estritamente no sentido de que houve aumento da capacidade de controle do ambiente material e, assim, de criação de mais bens e serviços para a comunidade. A maior quantidade de bens e serviços estava relacionada às habilidades e à inventividade humanas. O homem foi liberado no sentido de ter mais oportunidades de mostrar e desenvolver seus talentos. Se, no sentido moral, o homem se elevou, isso é tema aberto à discussão. O avanço na produção aumentou a variedade de poderes que alguns setores da sociedade exerciam sobre outros setores e multiplicou a violência que fazia parte da competição por sobrevivência e crescimento entre grupos sociais. Não é, de modo algum, evidente que um soldado a serviço do capitalismo na Segunda Guerra Mundial fosse menos "primitivo", no sentido elementar da palavra, que um soldado servindo em um dos exércitos feudais do Japão no século XVI ou que um caçador vivendo na primeira fase da organização humana nas florestas do Brasil. No entanto, sabemos que nesses três períodos respectivos – caça e coleta, feudalismo e capitalismo – a qualidade de vida melhorou. Tornou-se menos perigosa e menos incerta, e a sociedade tinha potencialmente maior margem de escolha sobre seus destinos. Tudo isso está em questão quando se usa a palavra "desenvolvimento".

Na história dessas sociedades que passaram por diversos modos de produção, apresenta-se a oportunidade de observar como as mudanças quantitativas dão origem, em última análise, à expressão de sociedades completamente diferentes. Isso acontece porque, em determinadas conjunturas, as relações sociais já não eram mais efetivas na promoção do avanço da sociedade. Na verdade, elas começavam a atuar como freios às forças produtivas e, portanto, tinham de ser descartadas. Tomemos como exemplo o período da escravidão na Europa. Por mais que tenha sido moralmente indefensável, ela foi útil, durante algum tempo, para a instauração de minas e plantações agrícolas em grande parte da Europa, notadamente no Império Romano. Mas aqueles camponeses que permaneceram livres logo tiveram seu trabalho rebaixado e subutilizado em razão da presença de pessoas escravizadas, as quais não eram colocadas para trabalhar em nenhuma tarefa que exigisse habilidades específicas, de modo que a evolução tecnológica da sociedade corria o risco de ser interrompida. Além disso, as pessoas escravizadas estavam inquietas, e sufocar revoltas escravas custava caro. Os senhores das terras, ao ver suas propriedades sendo arruinadas, decidiram que seria melhor conceder a liberdade pela qual a população escravizada clamava e continuar explorando o trabalho desses servos livres, garantindo que não possuíssem terras para lavrar que não as dos proprietários. Com isso, as relações sociais entre senhor de terras e servo substituíram as antigas relações de senhor e pessoas escravizadas.

Em alguns casos, a transição para um novo arranjo era acompanhada por um ponto crítico da violência. Isso ocorreu quando as classes dominantes estavam ameaçadas no processo de mudança. Os senhores feudais continuaram no poder por séculos, durante os quais ampliaram a sua riqueza e alcançaram poder político e distinção social. Quando as classes são muito bem definidas, alcançam um nível elevado de consciência. Tanto os senhores feudais quanto os capitalistas sabiam o que estava em jogo. Os primeiros lutavam para manter relações sociais que já não correspondiam à nova tecnologia de produção por máquinas e à organização do trabalho por meio da compra de força de trabalho. Os capitalistas, por sua vez, se lançaram em revoluções na Europa durante os séculos XVIII e XIX para romper as velhas relações produtivas.

As noções de revolução e consciência de classe devem ser levadas em consideração quando se trata de examinar a situação das modernas classes operária e camponesa na África. No entanto, na maior parte da história da África, as classes existentes não foram consolidadas de forma completa, e as mudanças foram graduais, não revolucionárias. O que provavelmente é mais relevante para os primórdios do desenvolvimento africano é o princípio de que o desenvolvimento dos territórios do mundo sempre foi desigual.

Embora todas as sociedades tenham passado por esse processo, também é verdade que a taxa de desenvolvimento variou de continente para continente, dentro dos quais as regiões ampliaram seu controle sobre a natureza em ritmos distintos. Na África, 25 séculos atrás, os egípcios eram capazes de produzir riqueza em abundância, em razão do domínio de muitas leis naturais científicas e da invenção da tecnologia de irrigação, cultivo de alimentos e extração de minerais do subsolo. Naquela época, a população da maioria das regiões do continente africano – e em vários outros locais, como nas Ilhas Britânicas – dependia, para sobreviver, da caça com arcos e até com clavas de madeira.

Uma das respostas mais difíceis de dar é exatamente por que povos diferentes se desenvolviam em ritmos diferentes quando deixados sozinhos. Parte do motivo está no ambiente em que os grupos humanos evoluíam e outra parte está na "superestrutura" da sociedade. Ou seja, enquanto lutavam com o ambiente material, os seres humanos criavam formas de relações sociais, formas de governo, padrões de comportamento e sistemas de crenças que, juntos, constituíam a superestrutura – que nunca foi a mesma em duas sociedades distintas. Os elementos da superestrutura interagiam entre si e com a base material. Por exemplo, os padrões políticos e religiosos se afetavam mutuamente, e muitas vezes eram interdependentes. A crença religiosa de que determinada floresta era sagrada era o tipo de componente superestrutural que afetava a atividade econômica, uma vez que aquela floresta não seria desmatada para cultivo. Embora, em última análise, o avanço para um novo estágio do desenvolvimento humano dependa da capacidade técnica de o ser humano lidar com o meio ambiente, é preciso ter em mente que peculiaridades na superestrutura de qualquer sociedade têm impacto na taxa de desenvolvimento.

Muitos observadores ficaram intrigados com o fato de que a China nunca se tornou capitalista. Ela entrou na fase feudal de desenvolvimento quase mil anos antes do nascimento de Cristo, desenvolveu muitas formas de tecnologia e teve muitos artesãos e mestres. No entanto, lá nunca houve a passagem para uma situação em que as máquinas fossem o principal meio de produção de riqueza e os proprietários do capital fossem a classe dominante. A explicação é complexa, mas, em termos gerais, as principais diferenças entre a Europa feudal e a China feudal estavam na superestrutura – isto é, no corpo de crenças, motivações e instituições sociopolíticas que decorrem da base material e, por sua vez, a afetavam. Na China, questões religiosas, educacionais e burocráticas eram de extrema importância e o governo estava nas mãos de autoridades estatais em vez de ser administrado por senhores feudais. Além disso, havia tendências mais igualitárias na distribuição de terras na China que na Europa, e o Estado chinês possuía uma grande quantidade de terra. A consequência era que os donos de terras tinham maiores poderes como burocratas que como proprietários e os usavam para manter as relações sociais dentro do mesmo molde. Seria impossível fazerem isso indefinidamente, mas eles desaceleraram o movimento da história. Na Europa, os elementos de mudança não foram sufocados pelo peso de uma burocracia estatal.

Assim que os primeiros capitalistas apareceram, na sociedade europeia, a atitude dessa classe incentivou um maior desenvolvimento. Nunca antes em qualquer sociedade humana um grupo de pessoas se viu agindo conscientemente a fim de extrair lucro máximo da produção. Para cumprir o objetivo de adquirir cada vez mais capital, os capitalistas se interessaram muito pelas leis da ciência que poderiam ser atreladas às máquinas para o trabalho e o lucro em seu benefício. No plano político, o capitalismo também foi responsável pela maioria das características da hoje conhecida democracia ocidental. Ao abolir o feudalismo, os capitalistas exigiram parlamentos, constituições, liberdade de imprensa. Tudo isso pode ser considerado desenvolvimento. No entanto, o campesinato e o operariado da Europa (e, com o tempo, de todo o mundo) pagaram um preço alto para que os capitalistas pudessem fazer seus lucros ficarem à frente do trabalho humano, o qual se encontra sempre atrás das máquinas. Isso contradiz outras facetas do desenvolvimento, ainda mais quando observado do ponto de vista daqueles que sofreram, e ainda sofrem, para possibilitar as conquistas do capital. Este último grupo é a maioria da humanidade. Pessoas que, para avançar, precisam derrubar o capitalismo; e é por isso que, no momento, o capitalismo atravanca um maior desenvolvimento social humano. Dito de outra forma, as relações sociais (de classe) do capitalismo agora estão obsoletas, assim como as relações escravistas e feudais se tornaram obsoletas em sua época.

Houve um período em que o sistema capitalista aumentou o bem-estar de um número significativo de pessoas como subproduto da busca de lucro para poucos; hoje, a busca por lucro entra em profundo conflito com as demandas materiais e sociais das pessoas. A burguesia não é mais capaz de controlar o desenvolvimento sem limites da ciência e da tecnologia – repetindo, porque esses objetivos agora se chocam com a motivação do lucro. O capitalismo se provou incapaz de superar fraquezas fundamentais, como a subutilização da capacidade produtiva, o desemprego permanente e as crises relacionadas ao conceito de "mercado", que privilegia o poder de compra, não as necessidades das pessoas. O capitalismo criou suas próprias irracionalidades, tais como o racismo branco cruel; o desperdício extremo, associado à publicidade; e a irracionalidade de uma pobreza absurda quando há riqueza e desperdício, mesmo na maior economia capitalista, os Estados Unidos. Acima de tudo, o capitalismo intensificou suas próprias contradições políticas ao tentar subjugar nações e continentes fora da Europa, de modo que o operariado e o campesinato de todas as partes do globo se tornam autoconscientes e estão determinados a tomar seu destino nas próprias mãos. Essa determinação é parte integrante do processo de desenvolvimento.

Pode-se dizer, generalizando, que todas as fases do desenvolvimento são temporárias ou transitórias e estão destinadas a dar lugar, mais cedo ou mais tarde, a algo diferente. É particularmente importante enfatizar isso em relação ao capitalismo porque ele ainda não acabou, e aquelas pessoas que vivem em um momento específico muitas vezes não conseguem perceber que seu modo de viver está em processo de transformação e extinção. Aliás, uma das funções de escritores burgueses que o justificam é provar e alegar que o capitalismo veio para ficar. Um breve olhar para o avanço notável do socialismo nos últimos cinquenta e tantos anos mostrará que os defensores do capitalismo são porta-vozes de um sistema social que está se extinguindo depressa.

O fato de o capitalismo existir ainda hoje ao lado do socialismo deveria nos alertar para o fato de que os modos de produção não podem ser vistos simplesmente como uma questão de estágios sucessivos. O desenvolvimento desigual sempre assegurou que as sociedades entrassem em contato quando estavam em planos diferentes – uma comunal e uma capitalista, por exemplo.

Quando duas sociedades de tipos diferentes entram em conflito prolongado, o ritmo e as características da mudança que acontece em ambas são seriamente afetados à medida que novos padrões são criados. Duas regras gerais podem ser observadas em tais casos. Em primeiro lugar, a sociedade com menor capacidade econômica está fadada a ser negativamente afetada – e quanto maior a diferença entre as duas sociedades em questão, mais prejudiciais são as consequências. Por exemplo, quando o capitalismo europeu entrou em contato com sociedades nativas de caçadores dos Estados Unidos e do Caribe, estas últimas foram praticamente exterminadas. Em segundo lugar, supondo que a sociedade com menor capacidade econômica sobreviva, em última análise, ela só pode retomar o próprio desenvolvimento independente se alcançar um patamar mais alto que aquele da economia que antes a dominava.

Exemplos concretos do funcionamento dessa segunda regra são encontrados nas experiências de União Soviética, China e Coreia.

China e Coreia estavam ambas em um estágio próximo ao feudalismo quando foram colonizadas pelas potências capitalistas Europa e Japão. A Rússia nunca foi legalmente colonizada, mas durante o estágio feudal e antes que seu próprio capitalismo local pudesse ir muito longe, sua economia foi subjugada pelo capitalismo mais amadurecido da Europa ocidental. Nos três casos, foi necessária uma revolução socialista para romper a dominação capitalista, e apenas o ritmo acelerado do desenvolvimento socialista foi capaz de compensar o período de sujeição durante o qual o crescimento foi mal direcionado e atrasado. Na verdade, no que diz respeito aos dois maiores Estados socialistas (União Soviética e China), o desenvolvimento socialista já os catapultou para além de Estados como a Grã-Bretanha e a França, que têm seguido o caminho capitalista durante séculos.

Até o fim da década de 1950 (ponto em que este estudo se encerra), Rússia, China, Coreia e algumas nações do Leste Europeu foram os únicos países a romper de forma decisiva com o capitalismo e o imperialismo. O imperialismo é, em si, uma fase do desenvolvimento capitalista em que os países capitalistas da Europa ocidental, os Estados Unidos e o Japão estabeleceram hegemonia política, econômica, militar e cultural sobre outras partes do mundo que estavam em um patamar mais baixo e, portanto, não podiam resistir à dominação. O imperialismo foi, na verdade, a extensão do sistema capitalista que, por muitos anos, abarcou o mundo inteiro – sendo uma parte exploradora e a outra explorada; uma parte dominada e a outra agindo como senhores supremos; uma parte adotando políticas e a outra permanecendo dependente.

O socialismo avançou sobre os flancos mais fracos do imperialismo – o setor que é explorado, oprimido e reduzido à dependência. Na Ásia e na Europa oriental, liberou as energias nacionalistas dos povos colonizados; desviou o objetivo da produção do mercado financeiro em direção à satisfação das necessidades humanas; erradicou gargalos como o desemprego permanente e as crises periódicas e tem cumprido algumas das promessas implícitas na democracia ocidental ou burguesa ao proporcionar a igualdade de condições econômicas que é necessária antes que se possa fazer uso da igualdade política e da igualdade perante a lei.

O socialismo restabeleceu a igualdade econômica do modo de produção comunal, mas este desmoronou devido à baixa produtividade econômica e à escassez. O socialismo aspira e tem alcançado significativamente a criação da abundância, de modo que o princípio da distribuição igualitária se torne compatível com a satisfação das necessidades de toda a sociedade.

Um dos fatores cruciais para o desenvolvimento mais rápido e a expansão consistente da capacidade econômica sob o socialismo tem sido a implementação do desenvolvimento planejado, o que não ocorreu na maioria dos processos históricos descritos até agora. Ninguém planejou que, em dado estágio, os seres humanos deveriam parar de usar machados de pedra e passar a usar instrumentos de ferro; e, para nos aproximarmos de tempos mais recentes, embora as empresas capitalistas independentes planejem sua própria expansão, seu sistema não é preparado para o planejamento global da economia e da sociedade. O Estado capitalista interveio apenas de forma irregular e parcial para supervisionar o desenvolvimento capitalista. Já o Estado socialista tem como função primordial o controle da economia em favor das classes trabalhadoras – ou seja, o operariado e o campesinato –, as quais se tornaram, agora, a força mais dinâmica da história mundial e do desenvolvimento humano.

Para concluir esta breve introdução ao problema extremamente complexo do desenvolvimento social, é útil reconhecer como são inadequadas as explicações desse fenômeno apresentadas por intelectuais burgueses. Eles raramente tentam lidar com a questão em sua totalidade; tendem a focar estritamente o "desenvolvimento econômico". Conforme definido pelo economista burguês típico, o desenvolvimento é apenas a combinação de determinados "fatores de produção": a saber, terra, população, capital, tecnologia, especialização e produção em larga escala. Tais fatores são de fato relevantes, como está implícito nesta análise até agora, mas as omissões na lista do que intelectuais burgueses consideram importante impressionam. Não é feita nenhuma menção à exploração da maioria, que é subjacente a todo o desenvolvimento anterior ao socialismo. Não é feita nenhuma menção às relações sociais de produção ou de classes. Não é feita nenhuma menção ao modo como os fatores e as relações de produção se combinam para formar um sistema ou um modo de produção, variando de uma época histórica para outra. Não é feita nenhuma menção ao imperialismo como uma fase lógica do capitalismo.

Em contrapartida, qualquer abordagem que tente se basear em princípios socialistas e revolucionários deve introduzir na discussão, quanto antes, os conceitos de classe, imperialismo e socialismo, bem como o papel de povos trabalhadores e oprimidos. Cada novo conceito tem complexidades próprias, e não se deve imaginar que o mero uso de determinada terminologia é resposta para o que quer que seja. No entanto, é preciso ao menos reconhecer as plenas dimensões humanas, históricas e sociais do desenvolvimento antes de considerar o "subdesenvolvimento" ou as estratégias para escapar dele.

O QUE É SUBDESENVOLVIMENTO?

Tendo discutido o desenvolvimento, é mais fácil compreender o conceito de subdesenvolvimento. Obviamente, ele não é a ausência de desenvolvimento, porque todos os povos se desenvolveram de uma forma ou de outra e em maior ou menor grau. O subdesenvolvimento só faz sentido como meio de comparação de níveis de desenvolvimento. Está muito ligado ao fato de que o desenvolvimento social humano tem sido desigual e, de um ponto de vista estritamente econômico, alguns grupos avançaram mais ao produzir mais e se tornar mais ricos.

A partir do momento em que um grupo parece ser mais rico que outros, é preciso investigar os motivos dessa diferença. Quando a Grã-Bretanha tomou a dianteira em relação aos outros países da Europa, no século XVIII, o famoso economista britânico Adam Smith achou necessário pesquisar as causas por trás da "riqueza das nações". Ao mesmo tempo, muitos russos estavam bastante preocupados com o fato de seu país se ver "atrasado" em comparação com a Inglaterra, a França e a Alemanha no século XVIII e, posteriormente, no século XIX. Hoje, nossa principal preocupação é com as diferenças de riqueza entre, por um lado, a Europa e a América do Norte e, por outro, a África, a Ásia e a América Latina. Em relação ao primeiro, o segundo grupo pode ser considerado atrasado ou subdesenvolvido. Em todos os momentos, portanto, uma das ideias por trás do subdesenvolvimento é uma comparação. É possível comparar as condições econômicas de um mesmo país em dois períodos diferentes para determinar se ele se desenvolveu ou não, assim como (o mais importante) é possível comparar a condição econômica de dois países em determinado período de tempo.

Um segundo – e ainda mais indispensável – componente do subdesenvolvimento moderno é que ele expressa uma relação particular de exploração: a saber, a exploração de um país por outro. Todos os países do mundo ditos "subdesenvolvidos" são explorados por outros, e o subdesenvolvimento com o qual o mundo está agora preocupado é produto da exploração capitalista, imperialista e colonialista. As sociedades africanas e asiáticas estavam se desenvolvendo de forma independente até serem tomadas, direta ou indiretamente, pelas potências capitalistas. Quando isso aconteceu, a exploração aumentou e houve a exportação dos excedentes, privando as sociedades de usufruir de seus recursos naturais e de seu trabalho. Esse processo é parte do subdesenvolvimento no sentido contemporâneo. Em algumas regiões, muitas vezes se considera prudente substituir "subdesenvolvido" por "em desenvolvimento", e uma das razões para fazê-lo é evitar qualquer desagrado atrelado ao primeiro termo, que pode ser interpretado como subdesenvolvido no sentido mental, físico, moral ou qualquer outro. Na verdade, se o "subdesenvolvimento" estivesse relacionado a algo além da comparação entre economias, o país mais subdesenvolvido do mundo seriam os Estados Unidos, que praticam a opressão externa em grande escala ao mesmo tempo que, internamente, há uma mistura de exploração, brutalidade e impactos na saúde mental. No entanto, no nível econômico, é melhor manter o termo "subdesenvolvido" em vez de "em desenvolvimento", porque este último cria a impressão de que todos os países da África, da Ásia e da América Latina estão escapando de uma condição de atraso econômico em relação às nações industrializadas do mundo e estão se emancipando quanto à exploração. Certamente isso não é verdade, e muitos países subdesenvolvidos na África e em outras regiões estão se tornando mais subdesenvolvidos em comparação às grandes potências mundiais porque sua exploração pelas metrópoles vem se intensificando de novas formas.

As comparações econômicas podem ser feitas por meio da observação de tabelas ou índices estatísticos sobre bens e serviços produzidos e usados nas sociedades em análise. Economistas falam em renda nacional geral dos países e renda nacional *per capita*. Tais expressões já são de uso comum, utilizadas, inclusive, nos meios de comunicação, e não será apresentada aqui uma explicação detalhada. É suficiente destacar que a renda nacional geral é uma medida da riqueza total do país, enquanto a renda *per capita* é o valor obtido pela divisão da renda nacional geral pelo número de habitantes, para ter uma ideia da riqueza "média" de cada habitante.

Essa "média" pode ser enganosa onde há grandes extremos de riqueza. Um jovem ugandense expressou isso de forma muito pessoal quando disse que a renda *per capita* de seu país camuflou a enorme diferença entre o que foi ganho por seu pai, camponês pobre, e o que foi ganho pelo maior capitalista local, Madhvani. Ao considerar a questão do desenvolvimento separada do estado de subdesenvolvimento, é de extrema importância entender que tal processo exige a supressão das flagrantes desigualdades na distribuição de terras e na retenção de propriedades e renda, camufladas por números da renda nacional. Em determinado estágio histórico, o avanço aconteceu à custa do fortalecimento de grupos privilegiados. Em nossos tempos, o desenvolvimento tem de significar um avanço que dilui os atuais grupos privilegiados nos grupos desprivilegiados correspondentes. No entanto, a renda *per capita* é uma estatística útil para comparar países, e todos os países desenvolvidos têm renda *per capita* muitas vezes maior que qualquer uma das nações africanas que recentemente se tornaram independentes.

A tabela a seguir revela a diferença entre a África e algumas nações medida em renda *per capita*. É essa diferença que permite que se chame um grupo de "desenvolvido" e o outro de "subdesenvolvido". (A informação foi obtida nas publicações estatísticas das Nações Unidas e se aplica ao ano 1968, salvo indicação em contrário.)

A diferença que pode ser vista a partir das evidências não apenas é grande, como está aumentando. Muitas pessoas observaram que os países desenvolvidos estão ficando mais ricos depressa, enquanto os países subdesenvolvidos, na maioria, mostram estagnação ou taxas de crescimento lentas. Em cada país, um valor pode ser calculado para representar a taxa de crescimento da economia. A taxa de crescimento é mais alta nos países socialistas, seguida pelos grandes países capitalistas, com as colônias e ex-colônias muito atrás. A proporção do comércio internacional que está nas mãos dos países subdesenvolvidos está em declínio – era de aproximadamente 30% em 1938 e caiu para menos de 20% na década de 1960. Esse é um indicador importante, porque o comércio é, ao mesmo tempo, um reflexo da quantidade de bens produzidos e uma forma de obter bens que não são produzidos localmente.

As economias desenvolvidas têm características que contrastam com as das subdesenvolvidas. Os países desenvolvidos são todos industrializados. Ou seja, a maioria de sua população trabalhadora é empregada na indústria, não na agricultura, e a maior parte de sua riqueza vem de minas, fábricas e outros setores industriais. Esses países têm uma alta produtividade de trabalho na indústria devido à tecnologia e às habilidades avançadas. Isso é notório, mas também é impressionante que os países desenvolvidos tenham uma agricultura muito mais avançada que o resto do mundo. A agricultura desses países já se tornou uma indústria, e o setor agrícola produz mais, embora seja pequeno. Os países da África, da Ásia e da América Latina são chamados de agrícolas porque dependem da agricultura e têm pouca ou nenhuma indústria, mas sua agricultura não é científica, e os rendimentos são muito menores que os de países desenvolvidos. Em várias das maiores nações subdesenvolvidas houve estagnação e queda na produção agrícola a partir de 1966. Na África, a produção de alimentos por pessoa vem caindo nos últimos anos porque os países desenvolvidos têm uma economia industrial e agrícola mais forte que a do resto do mundo, produzindo muito mais bens que as nações empobrecidas – tanto na categoria dos itens necessários quanto na dos supérfluos. É possível elaborar quadros estatísticos que mostram a produção de grãos, leite, aço, energia elétrica, papel e uma ampla gama de outros bens e, ao mesmo tempo, revelam quanto de cada mercadoria é disponibilizado para cada cidadão (em média). De novo, os números são altamente favoráveis a poucos países privilegiados.

Renda *per capita* em dólares estadunidenses	
Canadá	2.247
Estados Unidos	3.578
França	1.738 (1967)
Reino Unido	1.560 (1967)
ÁFRICA como um todo	140 (1965)
Congo	52
Gana	198
Quênia	107
Malawi	52
Marrocos	185
África do Sul	543
Tanzânia	62
República Árabe Unida	156
Zâmbia	225

A quantidade de aço utilizada em um país é um excelente indicador de seu nível de industrialização. Em um extremo, constata-se que os Estados Unidos consomem 685 quilos de aço por pessoa; a Suécia, 623 quilos; e a Alemanha oriental, 437 quilos. No outro extremo, constata-se que a Zâmbia consome 10 quilos por pessoa; a África oriental, 8 quilos; e a Etiópia, 2 quilos. Quando o mesmo tipo de cálculo é feito para o açúcar, uma amostra dos resultados revela que a Austrália tem um consumo de 57 quilos por pessoa, e a América do Norte e a União Soviética, de 45 a 50 quilos, em média. A África, no entanto, consome apenas 10 quilos de açúcar por pessoa ao ano, e esse número é melhor que o da Ásia, com 7 quilos.

Um dado ainda mais sombrio diz respeito às necessidades nutricionais básicas. Cada indivíduo precisa de certa quantidade de alimento por dia, medido em calorias. O valor desejável é de 3 mil calorias por dia, mas nenhum país africano chega perto desse número. Argelinos consomem, em média, apenas 1.870 calorias por dia, enquanto a Costa do Marfim pode se considerar muito próspera no contexto africano, com média nacional de 2.290 calorias. Além disso, é preciso julgar o teor de proteína da comida, e muitas partes da África sofrem de "fome de proteínas" – o que significa que, mesmo quando as calorias estão disponíveis em alimentos ricos em amido, a proteína não se encontra. Em relação aos países subdesenvolvidos, pessoas de nações capitalistas e socialistas desenvolvidas consomem o dobro de alimentos proteicos que as das subdesenvolvidas. Tais diferenças ajudam a evidenciar quais países são desenvolvidos e quais são subdesenvolvidos.

Os serviços sociais oferecidos por um país são tão importantes quanto a produção material para promover o bem-estar e a felicidade da população. É universalmente aceito que o Estado tem a responsabilidade de construir escolas e hospitais, mas, oferecidos pelo governo ou por agências privadas, a quantidade pode ser estabelecida em relação ao tamanho da população. A disponibilidade de bens e serviços sociais básicos em um país também pode ser medida indiretamente por meio da expectativa de vida, da mortalidade infantil, dos índices de desnutrição, da ocorrência de doenças que poderiam ser prevenidas com vacinas e serviços públicos de saúde e da proporção de pessoas não alfabetizadas. Em todos esses aspectos, a comparação entre os países desenvolvidos e subdesenvolvidos mostra diferenças enormes, até assustadoras. Para cada mil crianças nascidas vivas em Camarões, cem não sobrevivem para completar o primeiro ano de vida, e a cada mil crianças africanas nascidas vivas na zona rural de Serra Leoa, 160 morrem antes de completar um ano. Mas, nos Estados Unidos, no Reino Unido e na Holanda, esses números são de apenas doze e dezoito, respectivamente. Além disso, muito mais crianças africanas morrem antes de atingir os cinco anos. A falta de médicos é uma das maiores desvantagens. Na Itália, há um médico para cada 580 italianos, e na Tchecoslováquia há um médico para cada 510 cidadãos. No Níger, um médico deve cuidar de 56.140 pessoas; na Tunísia, há um médico para cada 8.320 tunisianos; e no Chade, um médico para cada 73.460 pessoas.

É preciso um grande número de pessoas qualificadas para fazer uma economia industrial operar, e os países da África não têm quantidade suficiente de pessoal altamente qualificado. Os números apresentados aqui sobre médicos confirmam isso, e o mesmo problema existe com engenheiros, técnicos, agricultores e até administradores e advogados em alguns lugares. Habilidades de nível médio em áreas como soldagem também estão em falta. Para piorar o cenário, há, atualmente, uma "fuga de cérebros" da África, da Ásia, da América Latina e da Europa ocidental. Ou seja, profissionais, técnicos, administradores de alto nível e trabalhadores qualificados emigram de sua terra natal pela promessa de melhores salários e oportunidades no mundo desenvolvido, e o baixo número de gente qualificada disponível para o mundo subdesenvolvido fica ainda mais reduzido.

Essa natureza assimétrica da atual economia internacional é evidenciada pelo fato de que os países subdesenvolvidos devem, por sua vez, contratar especialistas estrangeiros a um custo extraordinário.

Os principais dados apresentados até agora podem ser descritos como "quantitativos". Eles nos dão medidas da quantidade de mercadorias e serviços produzidos em várias economias. Além deles, é necessário realizar avaliações qualitativas sobre o modo como determinada economia é organizada. Para o desenvolvimento econômico ocorrer, não basta produzir mais bens e serviços. O país tem de produzir mais bens e serviços que provoquem, espontaneamente, o crescimento futuro da economia. Por exemplo, o setor de produção de alimentos deve ser próspero para que os trabalhadores estejam saudáveis, e a agricultura como um todo deve ser eficiente para que os lucros (ou as reservas) do setor estimulem a indústria. A indústria pesada, como siderurgia e produção de energia elétrica, deve estar presente para que seja possível fabricar máquinas para outros tipos de indústria e para a agricultura. Ausência de indústria pesada, produção inadequada de alimentos, agricultura não científica: todas características de economias subdesenvolvidas.

É típico da condição econômica subdesenvolvida não se concentrar (ou não ter permissão para se concentrar) nesses setores da economia que, por sua vez, gerarão crescimento e elevarão a produção a um novo nível, e há poucos vínculos entre um setor e outro para que, digamos, a agricultura e a indústria pudessem ter reflexos mutuamente benéficos.

Além disso, todas as reservas produzidas na economia são enviadas, principalmente, para o exterior ou desperdiçadas no consumo, não redirecionadas a fins produtivos. Boa parte da renda nacional que permanece no país é destinada ao pagamento de pessoas não diretamente envolvidas na produção de riqueza, apenas na prestação de serviços auxiliares – funcionários públicos, comerciantes, soldados, artistas etc. O que agrava a situação é o fato de que há mais pessoas empregadas nessas atividades que as realmente necessárias para prestar um serviço eficiente. Para coroar tudo isso, essas pessoas não reinvestem na agricultura ou na indústria; elas desperdiçam a riqueza criada por camponeses e operários comprando carros, uísques e perfumes.

Já se observou, em tom de ironia, que a principal "indústria" de muitos países subdesenvolvidos é a administração. Não faz muito tempo, 60% da receita interna de Daomé [hoje Benin] ia para o pagamento de salários de funcionários públicos e líderes governamentais. Os salários pagos aos políticos eleitos são superiores aos de um membro do Parlamento britânico, e o número de parlamentares nos países africanos subdesenvolvidos também é relativamente alto. No Gabão, há um representante parlamentar para cada 6 mil habitantes; na França, há um representante parlamentar para cada 100 mil franceses. Muitos outros números indicam que, ao descrever uma economia subdesenvolvida típica, é essencial ressaltar a desproporção da distribuição local de riqueza destinada aos bolsos de poucos privilegiados.

Membros dos grupos privilegiados na África sempre se defendem dizendo que pagam os impostos que mantêm o governo em atividade. Se analisada superficialmente, essa afirmação parece razoável; contudo, olhando de perto, é o mais absurdo dos argumentos e revela total ignorância sobre o funcionamento da economia. Os impostos não produzem riqueza e desenvolvimento nacional. A riqueza deve ser produzida a partir da natureza – o cultivo da terra, a mineração de metais, a derrubada de árvores, a transformação de matérias-primas em produtos acabados para consumo humano. Essas atividades são realizadas pela grande maioria da população, que são camponeses e operários.

Não haveria renda a tributar se a população trabalhadora não trabalhasse.

A renda paga a funcionários públicos, profissionais e comerciantes vem do estoque de riqueza produzido pela comunidade. Além das injustiças na distribuição de riqueza, é preciso descartar o argumento de que o dinheiro "dos contribuintes" é o que desenvolve um país. Na busca pelo desenvolvimento, é preciso começar pelos produtores e, a partir daí, avançar para observar se os produtos de seu trabalho estão sendo racionalmente utilizados a fim de gerar maior independência e bem-estar à nação.

Ao analisar a riqueza criada pelo trabalho humano a partir da natureza, percebe-se de imediato que poucos países subdesenvolvidos carecem de recursos naturais a contribuir para uma vida melhor. Nesses casos, em geral é possível que dois ou três territórios se associem para ter benefícios semelhantes. De fato, pode-se demonstrar que os países subdesenvolvidos são os que possuem a maior riqueza de recursos naturais e, mesmo assim, os mais pobres em termos de bens e serviços prestados por e para seus cidadãos.

A pesquisa das Nações Unidas sobre *Condições econômicas na África* até 1964 revelou o seguinte sobre os recursos naturais do continente:

A África é bem servida de recursos minerais e de energia primária. Com cerca de 9% da população mundial, a região responde por praticamente 28% do valor total da produção mineral mundial e 6% da produção de petróleo bruto. Nos últimos anos, sua participação nesta última está aumentando. Entre dezesseis importantes minerais metálicos e não metálicos, em dez deles a participação da África varia de 22% a 95% da produção mundial.

Na verdade, o potencial africano mostra-se maior a cada dia, com novas descobertas de riquezas minerais. Em relação à agricultura, o solo africano não é tão rico quanto a imagem das florestas tropicais pode levar a crer, mas há outras vantagens climáticas, de modo que, com irrigação adequada, as plantações podem ser cultivadas ao longo de todo o ano na maior parte do continente.

Fato é que a África ainda não chegou a usar o máximo de suas riquezas naturais, e a maior parte da riqueza que agora se produz não está sendo retida no continente em benefício da população africana. Zâmbia e Congo produzem grandes quantidades de cobre, mas para benefício da Europa, da América do Norte e do Japão. Mesmo os bens e os serviços que são produzidos na África e ficam na África ainda caem nas mãos de não africanos. Desse modo, a África do Sul orgulha-se de ter a maior renda *per capita* do continente, mas, como indicação de como essa renda é compartilhada, deve-se observar que, embora o regime do *apartheid* garanta que apenas 24 bebês brancos morrem a cada mil nascidos vivos, ele também se contenta em permitir que 128 bebês africanos morrem a cada mil nascidos vivos. Para compreender as condições da África, é preciso investigar por que o continente realizou tão pouco a partir de seu potencial natural e por que tanto da riqueza atual vai para pessoas não africanas que residem, em sua maioria, fora do continente.

De certa forma, o subdesenvolvimento é um paradoxo. Muitas partes do mundo que são ricas em recursos naturais estão, na verdade, pobres, e outras partes, não tão prósperas em riquezas do solo e do subsolo, estão desfrutando dos mais altos padrões de vida. Quando os capitalistas das regiões desenvolvidas do mundo tentam explicar esse paradoxo, eles geralmente fazem parecer que existe na situação algo "dado por Deus". Em um livro sobre desenvolvimento, certo economista burguês admitiu que as estatísticas comparativas do mundo hoje mostram uma diferença muito maior que antes. De acordo com ele, a diferença entre países desenvolvidos e subdesenvolvidos aumentou de quinze a vinte vezes nos últimos 150 anos. No entanto, o economista burguês em questão não dá uma explicação histórica nem considera haver uma relação de exploração que permitiu aos parasitas capitalistas engordarem e empobrecerem os territórios dependentes. Pelo contrário, apresenta uma explicação bíblica! Ele afirma:

Está tudo dito na Bíblia.

Pois todo aquele que tem terá em abundância: mas daquele que não tem será tirado até mesmo aquilo que tem. (Mateus, 25:29)

A história dos que "não têm" é a história dos modernos países subdesenvolvidos.

Presume-se que o único comentário que se pode fazer sobre isso é "amém". A interpretação de que o subdesenvolvimento é, de alguma forma, ordenado por Deus é enfatizada devido à tendência racista do mundo acadêmico europeu. Ela está de acordo com o preconceito racista ao dizer ou insinuar que os países europeus são mais desenvolvidos porque seu povo é inatamente superior e que a responsabilidade pelo atraso econômico da África reside no atraso genérico da raça de povos africanos negros. Um problema ainda maior é que os povos da África e de outras partes do mundo colonizado passaram por uma crise cultural e psicológica e aceitaram, ao menos em parte, a versão europeia das coisas. Isso significa que o próprio africano tem dúvidas sobre sua capacidade de transformar e desenvolver seu ambiente natural. Com essas dúvidas, ele até desafia aqueles, entre seus irmãos, que afirmam que a África pode e vai se desenvolver por meio dos esforços do próprio povo. Se pudermos determinar quando o subdesenvolvimento surgiu, descartaremos a suspeita arraigada de que ele é predeterminado pela raça ou por algo distinto e de que há pouco que possamos fazer a esse respeito.

Quando os "especialistas" dos países capitalistas não dão uma explicação racista, ainda assim confundem a questão apresentando como causas do subdesenvolvimento elementos que são, na verdade, consequências dele. Por exemplo, argumentam que a África está em uma condição de atraso devido à falta de pessoal qualificado para desenvolvê-la. É verdade que, por falta de engenheiros, a África sozinha não pode construir mais estradas, pontes e usinas hidrelétricas. Mas essa não é uma causa de subdesenvolvimento, exceto no sentido de que causas e efeitos se unem e reforçam uns aos outros. O fato é que as razões mais profundas para o atraso econômico de determinada nação não se encontram nessa nação. Tudo o que podemos encontrar nela são os sintomas do subdesenvolvimento e os fatores secundários que contribuem para a pobreza.

Interpretações equivocadas das causas do subdesenvolvimento geralmente decorrem ou do pensamento preconceituoso ou do erro em acreditar que se podem encontrar respostas olhando para o interior da economia subdesenvolvida. A verdadeira explicação está em buscar a relação entre a África e certos países desenvolvidos e em reconhecer que essa relação é de exploração.

O homem sempre explorou seu ambiente natural para ganhar a vida. Em determinado momento, surgiu também a exploração do homem pelo homem, pela qual algumas pessoas enriqueceram e viveram bem graças ao trabalho dos outros. Depois, alcançou-se um estágio no qual as pessoas de uma comunidade chamada nação exploraram os recursos naturais e o trabalho de outra nação e seu povo. Uma vez que o subdesenvolvimento tem a ver com a comparação das condições econômicas das nações, nosso maior interesse aqui é entender o processo de exploração de uma nação por outra. Um dos principais meios pelos quais uma nação explora outra e que é relevante para as relações externas da África é a exploração pelo comércio. Quando os termos comerciais são definidos por um país de maneira inteiramente vantajosa para si mesmo, esse comércio acaba sendo prejudicial para o parceiro da transação. Em termos específicos, pode-se considerar a exportação de produtos agrícolas da África e a importação de produtos manufaturados da Europa, da América do Norte e do Japão pela África. As grandes nações estabelecem o preço dos produtos agrícolas e o submetem a reduções frequentes. Ao mesmo tempo, o preço dos produtos manufaturados também é fixado por elas, bem como as tarifas de frete necessárias para o comércio em navios dessas mesmas nações. Os minerais da África se incluem na mesma categoria dos produtos agrícolas no que diz respeito ao preço. Toda a relação importação-exportação entre a África e seus parceiros comerciais é de intercâmbio desigual e exploração.

Mais abrangente que apenas o comércio é a propriedade real dos meios de produção de um país pelos cidadãos de outro. Quando os cidadãos da Europa possuem a terra e as minas da África, essa é a maneira mais direta de sugar o continente africano. Sob o colonialismo, a propriedade era completa e respaldada pela dominação militar. Hoje, em muitos países africanos, a propriedade estrangeira ainda está presente, mesmo que os exércitos e as bandeiras de potências estrangeiras tenham sido removidos. Enquanto estrangeiros possuírem terras, minas, fábricas, bancos, companhias de seguros, meios de transporte, jornais e centrais elétricas, a riqueza da África continuará fluindo para as mãos desses sujeitos externos. Em outras palavras, na ausência de controle político direto, o investimento estrangeiro garante que os recursos naturais e o trabalho da África produzam valor que é perdido pelo continente.

Muitas vezes, o investimento estrangeiro assume a forma de empréstimos a governos africanos. Naturalmente, esses empréstimos têm de ser pagos; e, na década de 1960, a taxa de pagamento (amortização) dos empréstimos oficiais aos países subdesenvolvidos subiu de 400 milhões de dólares por ano para cerca de 700 milhões de dólares anuais – e está em constante aumento. Além disso, há juros a ser pagos sobre esses empréstimos, bem como sobre os lucros provenientes do investimento direto na economia. Essas duas fontes são responsáveis pelo fato de que mais de 500 milhões de dólares fluíram para fora dos países subdesenvolvidos em 1965. As informações sobre esses assuntos raramente são completas, pelo motivo óbvio de que quem lucra tenta manter o silêncio, por isso os números apresentados aqui provavelmente estão subestimados. Eles têm a intenção de dar uma ideia de quanto a riqueza da África está sendo drenada por aqueles que investem nela e, portanto, possuem grande parte dos meios de produção de riqueza no continente. Além disso, em tempos mais recentes, as formas de investimento tornaram-se mais sutis e perigosas. Incluem a chamada "ajuda" e o gerenciamento de empresas africanas locais por especialistas do capitalismo internacional.

Embora a África realize trocas comerciais principalmente com países da Europa, com a América do Norte e com o Japão, ela tem diversificado suas transações ao negociar com países socialistas, e caso esse comércio se revele desvantajoso para a economia africana, então os países socialistas desenvolvidos também terão se juntado às fileiras dos exploradores da África. No entanto, é muito importante, nesse estágio, evidenciar uma distinção entre países capitalistas e socialistas, pois estes últimos nunca possuíram qualquer território do continente africano nem investem nas economias africanas de forma a expatriar os lucros da África. Portanto, os países socialistas não estão envolvidos no roubo da África.

A maioria das pessoas que escrevem sobre o subdesenvolvimento e que são lidas nos continentes da África, da Ásia e da América Latina é porta-voz do mundo capitalista ou burguês. Elas tentam justificar a exploração capitalista dentro e fora de seus países. Para criar confusão em torno do tema, colocam todos os países subdesenvolvidos em um campo e todos os países desenvolvidos em outro, independentemente dos diferentes sistemas sociais, de modo que os termos "capitalista" e "socialista" nunca entram em discussão. Pelo contrário, apresentam uma simples separação entre nações industrializadas e não industrializadas. É verdade que tanto os Estados Unidos quanto a União Soviética são industrializados, e é verdade que, quando se observam as estatísticas, países como França, Noruega, Tchecoslováquia e Romênia estão muito mais próximos dos Estados Unidos ou da União Soviética que um país africano. Mas, com certeza, é necessário determinar se o padrão de vida em certo país industrializado é produto de seus próprios recursos internos ou se decorre da exploração de outras nações. Os Estados Unidos têm uma pequena proporção da população mundial e da riqueza natural explorável, mas desfrutam de um grande percentual da riqueza que resulta da exploração do trabalho e dos recursos naturais do mundo todo. As visões equívocas sobre o subdesenvolvimento e a distinção extremamente simplificada entre nações ricas e pobres são criticadas por estudiosos socialistas dentro e fora dos países socialistas. Esses argumentos equivocados também têm sido desmascarados por economistas de países subdesenvolvidos que estão descobrindo que as explicações oferecidas por estudiosos burgueses atendem aos interesses dos países que exploram o resto do mundo por meio de transações comerciais e investimentos. Um socialista francês, Pierre Jalée, propõe que, para construir uma perspectiva adequada das relações entre países desenvolvidos e subdesenvolvidos, duas categorias devem ser definidas: a saber, campo imperialista e campo socialista. O campo socialista inclui todos os países, grandes e pequenos, que decidiram se distanciar do capitalismo internacional. O campo imperialista abrange não apenas os gigantes capitalistas, como Estados Unidos, França, Alemanha ocidental e Japão, mas também as nações fracas em que esses países têm investimentos. Assim, o campo imperialista pode ser subdividido em países exploradores e países explorados. Em sua maioria, os países da África inserem-se no grupo dos explorados dentro do sistema capitalista/imperialista. Em linhas gerais, um terço da população mundial já vive sob alguma forma de socialismo. Os outros dois terços constituem o campo capitalista/imperialista, com a maioria inserida na parcela explorada.

É interessante observar que, apesar dos esforços para confundir a situação, autores burgueses muitas vezes esbarram na verdade. Por exemplo, as Nações Unidas (que é dominada por potências capitalistas ocidentais) nunca teriam enfatizado a exploração pelas nações capitalistas, mas suas análises econômicas se referem, por um lado, às "economias centralmente planificadas", os países socialistas, e, por outro, falam das "economias de mercado" – na verdade, o setor imperialista do mundo. Este último é subdividido em "economias de mercado desenvolvidas" e "economias de mercado em desenvolvimento", ocultando o fato de que mercado significa mercado capitalista. Esse estudo está relacionado à análise das relações entre os países que, juntos, formam o sistema de mercado capitalista.

Os elementos que inserem a África no mercado capitalista são o comércio, a dominação colonial e o investimento capitalista. O comércio existe há vários séculos; o domínio colonial começou no fim do século XIX e quase desapareceu;

e o investimento na economia africana tem crescido de forma constante neste século XX. Ao longo de todo o período em que a África participou da economia capitalista, dois fatores provocaram o subdesenvolvimento. Em primeiro lugar, a riqueza criada pelo trabalho africano e pelos recursos africanos foi tomada pelos países capitalistas da Europa; em segundo lugar, restrições foram impostas à capacidade africana de usar o máximo de seu potencial econômico – é disso que se trata o desenvolvimento. Esses dois processos representam a resposta para as duas perguntas levantadas sobre por que a África alcançou uma parcela tão pequena de seu potencial e por que parte tão grande de sua riqueza atual vai para fora do continente.

As economias africanas estão integradas na própria estrutura da economia capitalista desenvolvida, e de maneira que é desfavorável à África, garantindo que o continente dependa dos grandes países capitalistas. Na verdade, a dependência estrutural é uma das características do subdesenvolvimento. A maioria dos autores progressistas divide o sistema capitalista/imperialista em duas partes. A primeira é a seção dominante ou metropolitana, e os países do segundo grupo são frequentemente chamados de satélites porque estão na órbita das economias metropolitanas. A mesma ideia é transmitida quando se diz simplesmente que os países subdesenvolvidos são territórios dependentes da economia capitalista metropolitana.

Quando um filhote ou jovem de qualquer espécie animal deixa de ser dependente da mãe para alimentação e proteção, diz-se que se desenvolveu e atingiu a maturidade. Nações dependentes nunca podem ser consideradas desenvolvidas. É verdade que as condições modernas forçam todos os países a ser mutuamente interdependentes, a fim de satisfazer às necessidades de seus cidadãos; isso não é incompatível com a independência econômica, pois ela não significa isolamento, mas exige capacidade de exercer a escolha nas relações externas e, sobretudo, demanda que o crescimento de uma nação deva, em algum momento, tornar-se independente e autossustentável. Tais questões estão, obviamente, em direta contradição com a dependência econômica de muitos países em relação à Europa ocidental, à América do Norte e ao Japão.

Também é verdade que as metrópoles são dependentes da riqueza das parcelas exploradas do mundo. Essa é uma das fontes de sua força e de uma potencial fraqueza dentro do sistema capitalista/imperialista, já que camponeses e operários dos territórios dependentes estão percebendo que é possível cortar os tentáculos que o imperialismo estendeu sobre seus países. Há, no entanto, uma diferença substancial entre a dependência das metrópoles em relação às colônias e a sujeição das colônias ao jugo capitalista estrangeiro. Os países capitalistas são tecnologicamente mais avançados e, portanto, constituem o setor do sistema imperialista que determinou a direção da mudança. Um exemplo impressionante desse efeito é o fato de que os tecidos sintéticos fabricados nas metrópoles capitalistas começaram a substituir os tecidos feitos de matéria-prima cultivada nas colônias. Em outras palavras, são as metrópoles tecnologicamente avançadas que, dentro de certos limites, decidem quando pôr fim à própria dependência em relação às colônias em uma esfera específica. Quando isso acontece, é a colônia ou neocolônia que implora, com o chapéu na mão, por uma prorrogação de prazos e por uma nova cota. É por esse motivo que uma nação antes colonizada não tem esperança de se desenvolver até romper efetivamente com o círculo vicioso de dependência e exploração que caracteriza o imperialismo.

Nos níveis social e cultural, há muitos aspectos que ajudam a manter os países subdesenvolvidos integrados ao sistema capitalista e, ao mesmo tempo, agarrados à barra da saia das metrópoles. A Igreja cristã tem sido sempre um dos principais instrumentos da infiltração e do domínio culturais, apesar de, em muitos casos, a população africana buscar estabelecer igrejas independentes. Tão importante quanto tem sido o papel da educação em formar africanos para servir ao sistema capitalista e endossar seus valores. Recentemente, imperialistas têm usado novas universidades na África para manter a si mesmos entrincheirados no nível acadêmico mais elevado.

Algo tão básico quanto a linguagem passou a servir como um dos mecanismos de integração e dependência. O francês e o inglês amplamente usados na África servem mais ao objetivo da comunicação dos africanos com os exploradores que para a comunicação entre africanos. Na verdade, seria difícil encontrar uma esfera que não refletisse a dependência econômica e a integração estrutural. À primeira vista, nada poderia ser menos prejudicial e mais divertido que a música, e ainda assim ela também é usada como arma de dominação cultural. Os imperialistas estadunidenses vão longe a ponto de tomar a música folclórica, o *jazz* e o *soul* dos povos negros oprimidos e transformá-los em propaganda do programa *Voz da América** transmitido para a África.

---

* *Voice of America* é o serviço internacional de radiodifusão e, atualmente, também de televisão, financiado pelo governo dos Estados Unidos, criado durante a Segunda Guerra Mundial para transmitir informações de interesse para a África e a Europa. Hoje, está disponível em mais de sessenta idiomas. (N. T.)

Durante o período colonial, as formas de subordinação política na África eram óbvias. Havia governadores, funcionários e polícia colonial. Nos Estados africanos politicamente independentes, capitalistas das metrópoles tinham de assegurar decisões políticas favoráveis que controlassem à distância. Por isso, colocaram em várias partes da África seus fantoches políticos, e estes concordam vergonhosamente em aceitar o cruel regime do *apartheid* na África do Sul quando seus mestres ordenam. O escritor revolucionário Frantz Fanon tratou de forma abrasadora e detalhada do problema da minoria na África, que opera como intermediária entre os capitalistas das metrópoles e os territórios dependentes no continente africano. A importância desse grupo não pode ser subestimada. A presença de traidores africanos é parte da definição de subdesenvolvimento. Qualquer diagnóstico de subdesenvolvimento na África revelará não apenas a baixa renda *per capita* e deficiências de proteínas, mas também os cavalheiros que dançam em Abidjan, Acra e Kinshasa quando a música é tocada em Paris, Londres e Nova York.

Na África, a instabilidade política se manifesta como sintoma crônico do subdesenvolvimento da vida política no contexto imperialista. Golpes militares seguiram-se um após o outro, geralmente não significando nada para a massa da população e, às vezes, representando um revés reacionário dos esforços de libertação nacional. Essa tendência foi bem exemplificada pela história da América Latina, de modo que seu aparecimento no Vietnã do Sul neocolonial ou na África neocolonial não é surpreendente. Se o poder econômico está centrado fora das fronteiras nacionais africanas, os poderes político e militar também estão, a menos e até que as massas camponesas e operárias se mobilizem para oferecer uma alternativa ao sistema de falsa independência política. Todos esses aspectos são ramificações do subdesenvolvimento e da exploração pelo sistema imperialista. Na maioria das análises dessa questão, tais aspectos são ignorados ou todo o conceito de imperialismo e neocolonialismo é descartado como mera retórica – em especial por "acadêmicos" que se afirmam afastados da "política". Ao longo do restante deste estudo, uma grande quantidade de detalhes será apresentada para indicar a sombria realidade por trás dos chamados lemas do capitalismo, imperialismo, colonialismo, neocolonialismo e assemelhados. Por ora, a posição a ser adotada pode ser resumida nos seguintes termos: a questão referente a quem e o que é responsável pelo subdesenvolvimento da África pode ser respondida em dois níveis. Em primeiro lugar, a resposta é que o funcionamento do sistema imperialista arca com grande responsabilidade pelo atraso econômico africano, ao drenar a riqueza e ao impossibilitar o desenvolvimento mais rápido dos recursos do continente. Em segundo lugar, é preciso lidar com aqueles que manipularam o sistema e aqueles que são seus agentes ou cúmplices involuntários. Os capitalistas da Europa ocidental ampliaram ativamente a exploração a partir do continente europeu para abranger toda a África.

Nos últimos tempos, foram acompanhados e, em certa medida, substituídos por capitalistas dos Estados Unidos, e já faz muitos anos que até mesmo a classe trabalhadora desses países, as metrópoles, se beneficia da exploração e do subdesenvolvimento da África. Nenhuma dessas observações tem a intenção de retirar dos ombros dos povos africanos a responsabilidade principal pelo desenvolvimento. Não só a África tem cúmplices dentro do sistema imperialista, como cada pessoa africana tem a responsabilidade de compreender o sistema e trabalhar para sua derrocada.

2.
COMO A ÁFRICA SE DESENVOLVEU ANTES DA CHEGADA DOS EUROPEUS – ATÉ O SÉCULO XV

Mesmo antes de os britânicos estabelecerem relações com nossa população, éramos um povo desenvolvido, tendo nossas próprias instituições, tendo nossas próprias ideias de governo.

— J. E. Casely-Hayford, 1922
Nacionalista africano (da Costa do Ouro)

UMA VISÃO GERAL

Foi demonstrado que, quando se usam padrões comparativos, a África de hoje é subdesenvolvida em relação à Europa ocidental e a algumas outras poucas partes do mundo e que se chegou à presente posição não por meio de uma evolução separada da África por um lado e da Europa por outro, e sim por meio da exploração. Como é amplamente sabido, a África teve contato prolongado com a Europa, e é preciso ter em mente que o contato entre sociedades diferentes altera suas taxas de desenvolvimento.

Para compreendermos melhor essa ideia, são necessárias quatro operações:

1) Reconstrução da natureza do desenvolvimento da África antes da chegada dos europeus.
2) Reconstrução da natureza do desenvolvimento que ocorreu na Europa antes da expansão no exterior.
3) Análise da contribuição da África à atual condição da Europa como "desenvolvida".
4) Análise da contribuição da Europa à atual condição da África como "subdesenvolvida".

A segunda tarefa já foi amplamente levada a cabo na bibliografia europeia, então a ela apenas referências passageiras precisam ser feitas; porém, as demais merecem atenção adicional.

O continente africano é um exemplo do funcionamento da lei do desenvolvimento desigual das sociedades. Há contrastes marcantes entre o Império Etíope e os grupos pigmeus de caçadores na floresta do Congo ou entre os impérios do Sudão ocidental e os caçadores-coletores coisã no deserto do Kalahari. De fato, havia contrastes marcantes no interior de qualquer área geográfica. O Império Etíope abarcava nobres amáricos feudais alfabetizados, bem como simples lavradores de Kaffa e os pastores gala. Os impérios do Sudão ocidental tinham cidadãos mandinga sofisticados e instruídos, pequenas comunidades de pescadores bozo e pastores nômades fula. Mesmo entre clãs e linhagens que parecem mais ou menos semelhantes, havia diferenças consideráveis. Mas é possível distinguir entre o que era exclusivamente "africano" e o que era universal no sentido de que caracterizava todas as sociedades humanas em determinado estágio de desenvolvimento. Também é fundamental reconhecer o processo de evolução dialética de formas de organização social mais baixas para mais altas; e, ao observar as formações sociais mais avançadas, seria possível avaliar o potencial do continente como um todo e a direção da transformação.

No momento em que o tema do passado africano pró-europeu é levantado, muitos indivíduos interessam-se, por vários motivos, em saber da existência de "civilizações" africanas. Isso decorre, principalmente, de um desejo de fazer comparações com as "civilizações" europeias. Este não é o contexto para uma avaliação das chamadas civilizações da Europa. Basta observar o comportamento de capitalistas europeus do período de escravidão até o colonialismo, o fascismo e as guerras genocidas na Ásia e na África. Essas brutalidades tornam suspeito atrelar o uso da palavra "civilização" à descrição da Europa ocidental e da América do Norte. No que diz respeito à África, durante o período de desenvolvimento inicial, é preferível falar em termos de "culturas", não de civilizações.

Uma cultura é um modo de vida total. Abrange o que as pessoas comem e vestem; o modo como andam e falam; a maneira como lidam com a morte e acolhem os recém-nascidos. Obviamente, em quase todas as localidades surgiram características únicas relativas a todos os detalhes sociais. Além disso, ao sul do grande deserto do Saara, o continente africano formava uma ampla comunidade onde as semelhanças eram nítidas. Por exemplo, a música e a dança tinham papéis centrais na sociedade africana "não contaminada". Estavam sempre presentes em nascimentos, cerimônias de iniciação, casamento, morte, bem como em momentos de diversão. A África é o continente dos tambores e da percussão, e os povos desse continente atingiram o ápice da realização nessa esfera.

Em razão do impacto do colonialismo e do imperialismo cultural (tema que será discutido à frente), no período colonial, os europeus e os próprios africanos não tiveram o respeito necessário com as especificidades da cultura africana. Essas características têm um valor próprio que não pode ser eclipsado pela cultura europeia, seja no período comparável, anterior a 1500, seja nos séculos subsequentes. Não podem ser eclipsados porque não são fenômenos realmente comparáveis. Quem neste mundo tem competência para julgar se uma valsa austríaca é melhor que um ingome maconde? Além disso, mesmo naquelas esferas da cultura que são mais facilmente comparáveis, como "as belas-artes", sabe-se que as conquistas africanas do período anterior à chegada de europeus permanecem como contribuições para o patrimônio de belas criações humanas. A arte do Egito, do Sudão e da Etiópia foi conhecida pelo resto do mundo nos primórdios. A do resto da África ainda está sendo "descoberta" e redescoberta por europeus e africanos contemporâneos. O veredito de historiadores da arte sobre os bronzes de Ifé e do Benin é bem conhecido. Já que datam dos séculos XIV e XV, eles são muito relevantes para qualquer debate sobre o desenvolvimento africano no período que antecede os contatos com europeus. E não deveriam ser vistos como incomuns, exceto no que diz respeito ao material utilizado nas esculturas. As mesmas habilidades e sensibilidades obviamente eram postas em prática na escultura e nas obras de arte em materiais menos duráveis, como a madeira.

De uma forma ou de outra, a dança e a arte africanas estavam quase sempre ligadas a uma perspectiva religiosa do mundo. Como se sabe, há uma grande variedade de práticas religiosas tradicionais africanas. Além disso, é importante ressaltar que tanto o islamismo quanto o cristianismo encontraram seu lar no continente africano praticamente desde os primórdios. As características das religiões tradicionais africanas ajudam a diferenciar as culturas africanas das de outros continentes. No entanto, no atual contexto, é mais importante observar quanto a religião africana tinha em comum com a religião em outros lugares e como isso pode ser usado como indicador do nível de desenvolvimento da África antes do impacto europeu no século XV.

A religião é um aspecto da superestrutura de uma sociedade que decorre, em última análise, do grau de controle e compreensão do mundo material. No entanto, quando o homem pensa em termos religiosos, ele parte do mundo ideal, não do material (que está além de sua compreensão). Isso cria um modo não científico e metafísico de enxergar o mundo, que muitas vezes entra em conflito com a perspectiva científica materialista e com o desenvolvimento da sociedade. As religiões ancestrais africanas não eram melhores nem piores que outras. Mas, com o fim do feudalismo, os europeus começaram a estreitar os âmbitos da vida nos quais religião e Igreja desempenhavam papel. A religião deixou de dominar a política, a geografia, a medicina. Para libertar esses campos das restrições religiosas, era preciso argumentar que a religião constituía uma esfera própria, e as coisas mundanas, uma esfera secular. Essa secularização da vida acelerou o desenvolvimento do capitalismo e, posteriormente, do socialismo. Em contraposição a isso, no período anterior à chegada dos brancos, a religião permeava a vida africana exatamente como permeava a vida de outras sociedades pré-feudais, como a maori, da Austrália, a afegã, do Afeganistão, ou a viking, da Escandinávia.

Como aspecto da superestrutura, a religião pode desempenhar tanto um papel positivo quanto um negativo. Na maioria dos casos, na África antiga, as crenças religiosas estiveram associadas à mobilização e à disciplina de um grande número de pessoas para formar Estados. Em certas instâncias, a religião também oferecia conceitos para a luta por justiça social. Os aspectos negativos em geral surgem da tendência da religião em permanecer inalterada por períodos muito longos, especialmente quando a tecnologia para ganhar a vida muda bem devagar. Foi o caso das sociedades africanas e de todas as outras sociedades pré-capitalistas. Ao mesmo tempo, as próprias crenças religiosas refletem sobre o modo de produção, atrasando ainda mais os progressos nesse sentido. Por exemplo, a crença na oração e na intervenção de antepassados e de várias divindades poderia facilmente ser um substituto de inovações concebidas para controlar o impacto do clima e do meio ambiente.

O mesmo tipo de relação bilateral existe entre os meios de ganhar a vida e os padrões sociais que emergem no processo de trabalho. Na África, antes do século XV, o princípio predominante das relações sociais era o da família e do parentesco associado ao modo de produção comunal. Cada membro de uma sociedade africana tinha sua posição definida em termos de parentes maternos e paternos. Algumas sociedades deram mais importância aos laços matrilineares; outras, aos laços patrilineares. Tais aspectos eram cruciais na rotina dos membros de uma sociedade africana, porque a terra (o principal meio de produção) era propriedade de grupos como a família ou o clã – chefiados pelos genitores e seus descendentes. Em teoria, esse padrão era explicado da seguinte forma: os moradores de qualquer comunidade eram todos descendentes diretos da primeira pessoa que se fixou na terra. Quando um novo grupo chegava, muitas vezes dava a desculpa de que também tinham ancestrais anteriores aos que se fixaram na terra ou garantiam que membros dos grupos de parentesco mais antigos continuassem a realizar as cerimônias relativas à terra e à água da região.

Da mesma forma, a mão de obra que trabalhava a terra era, geralmente, recrutada por família. Uma única família ou agregado familiar cultivaria o próprio terreno e estaria à disposição para compartilhar certas atividades agrícolas conjuntas com outros membros da família ampliada ou do clã. Caçadas anuais e pesca fluvial também eram organizadas por toda uma família ampliada ou comunidade da aldeia. Em uma sociedade matrilinear como a bemba (Zâmbia), o recém-casado passava vários anos trabalhando para o pai da noiva, e os jovens que se casavam com filhas da mesma família em geral formavam equipes de trabalho para ajudar uns aos outros. Em Daomé, o jovem não ia morar com a família da esposa, mas a *dokpwe*, ou equipe de trabalho, permitia que um filho participasse da execução de tarefas de certa magnitude para o pai da esposa dele. Em ambos os exemplos, o direito do sogro de obter a mão de obra e as obrigações do genro para o trabalho era baseado no parentesco. Isso pode ser contrastado com o capitalismo, em que o dinheiro compra o trabalho, e com o feudalismo, em que os servos fornecem o trabalho a fim de obter acesso a uma porção da terra pertencente ao senhor.

Tendo sido produzidas em terras que eram propriedade da família, por meio do trabalho familiar, as colheitas e outros bens resultantes eram distribuídos com base nos laços de parentesco. Se as colheitas de um homem fossem destruídas por alguma calamidade, parentes de sua própria aldeia o ajudavam. Se toda a comunidade estivesse em perigo, as pessoas se mudavam para viver com parentes em outra área onde a comida não era escassa. Na região dos acã (Gana), o sistema de clãs era altamente organizado, de modo que um homem abrom pudesse visitar os fante a muitas centenas de quilômetros de distância e receber comida e hospitalidade de um completo estranho que, por acaso, era de seu próprio clã.

Inúmeros exemplos poderiam ser apresentados para demonstrar o predomínio do princípio da família na fase comunal do desenvolvimento africano. Era o que afetava os dois principais fatores de produção – terra e mão de obra –, bem como o sistema de distribuição de bens. Antropólogos europeus que estudaram as sociedades africanas o fizeram a partir de uma posição muito preconceituosa e racista, mas, ainda assim, suas pesquisas podem fornecer dados abundantes sobre propriedades e arranjos familiares, família ampliada (incluindo membros aparentados por laços matrimoniais que se unem por associação, não por nascimento) e linhagens e clãs que mantinham os princípios das alianças de parentesco por vastas áreas. No entanto, embora os detalhes possam variar, instituições sociais semelhantes foram encontradas entre os gauleses da França, no século XI, entre os viet da Indochina na mesma época e em praticamente qualquer outro lugar do mundo em algum momento – porque o modo de produção comunal é uma fase que todas as sociedades humanas atravessaram.

Em todas as sociedades africanas de eras remotas, o indivíduo tinha, em cada fase da vida, uma série de deveres e obrigações em relação aos demais na sociedade, bem como um conjunto de direitos: a saber, coisas que ele poderia esperar ou reivindicar de outros indivíduos. A idade era o fator mais importante na determinação da extensão dos direitos e dos deveres. Os membros mais antigos da sociedade eram altamente respeitados e, em geral, detinham autoridade; a ideia de posição hierárquica devido à idade refletia-se na existência de faixas etárias ou conjuntos etários em muitas sociedades africanas. A circuncisão significava a iniciação social e a entrada na vida adulta. A partir desse momento, homens e mulheres eram colocados com outros de seu próprio grupo etário. Geralmente havia pelo menos três faixas etárias: correspondendo aproximadamente a juventude, meia-idade e velhice.

Em vastas áreas da Europa, quando o modo de produção comunal entrou em colapso, ele abriu caminho para a escravidão generalizada como nova forma de recrutar mão de obra. Essa escravidão continuou durante toda a Idade Média europeia, e as Cruzadas entre cristãos e muçulmanos adicionaram um pretexto para escravizar pessoas. A escravidão, por sua vez, deu lugar à servidão, pela qual o trabalhador estava vinculado à terra e não podia mais ser vendido e deslocado. Como a transição da escravidão para o feudalismo na Europa levou muitos anos, era comum considerar que muitas pessoas eram mantidas como escravizadas na sociedade feudal. Partes de China, Birmânia e Índia também tinham números consideráveis de pessoas escravizadas quando a sociedade se distanciou do modo de produção comunal elementar, mas nunca houve na Ásia uma época em que a escravidão fosse o modo de produção dominante. Na África, houve poucas pessoas escravizadas, e com certeza não houve período de escravidão. A maioria delas estava no norte do continente e em outras sociedades muçulmanas; nesses casos, um homem e sua família podiam permanecer, dentro da estrutura feudal, na mesma condição por gerações. Em outros lugares da África, as sociedades comunais foram apresentadas ao conceito de posse de seres humanos vindos de fora quando fizeram prisioneiros de guerra. No início, esses prisioneiros estavam em uma situação de desvantagem, comparável à de pessoas escravizadas, mas eles – e seus descendentes – logo se tornaram membros comuns da sociedade, porque não havia espaço para perpetuar a exploração do homem pelo homem em um contexto que não era feudal nem capitalista.

Tanto marxistas quanto não marxistas (por motivos diferentes) apontaram que a sequência de modos de produção observada na Europa não foi reproduzida na África, onde, após o estágio comunal, não houve período de escravidão resultante da evolução interna. Também não houve um modo de produção que fosse uma réplica do feudalismo europeu. O próprio Marx reconheceu que os estágios de desenvolvimento da Ásia produziram uma forma de sociedade que não poderia ser facilmente encaixada em um esquema europeu. Ele deu a isso o nome de "modo de produção asiático". Seguindo essa linha, vários marxistas têm debatido recentemente se a África estava na mesma categoria que a Ásia ou se tinha seu próprio "modo de produção africano". As implicações dos argumentos são muito promissoras, pois dizem respeito às condições concretas da África, não a preconceitos trazidos da Europa. Mas os estudiosos envolvidos parecem empenhados em encontrar um único termo para cobrir uma variedade de formações sociais existentes na África desde aproximadamente o século V até a passagem ao colonialismo. A hipótese que está na base desse estudo é de que a maioria das sociedades africanas antes de 1500 estavam em fase transitória entre a prática da agricultura (além de pesca e pastoreio) nas comunidades familiares e a prática das mesmas atividades dentro de Estados e sociedades comparáveis ao feudalismo.

Em certo sentido, toda a história é a transição de um estágio para outro, mas algumas situações históricas ao longo do processo têm características mais evidentes que outras. Assim, no modo de produção comunal não havia classes, e havia acesso igualitário à terra e igualdade na distribuição – com baixo nível de tecnologia e produção. O feudalismo envolveu grande desigualdade na distribuição da terra e dos produtos sociais. A classe dos senhores e sua burocracia controlaram o Estado, usando-o como instrumento para oprimir camponeses, servos, pessoas escravizadas e até artesãos e comerciantes. Em todos os continentes, a passagem do modo de produção comunal ao feudalismo demorou muitos séculos e, em alguns casos, a interrupção da evolução interna nunca permitiu o amadurecimento do processo. Na África, não há dúvida de que as sociedades que, mais cedo ou mais tarde, atingiram o feudalismo foram pouquíssimas. Enquanto o Estado feudal ainda estava em formação, elementos do modo de produção comunal coexistiram com elementos feudais e com algumas peculiaridades causadas pelas condições africanas. A transição também foi caracterizada por diversas formações sociais: havia pastores e lavradores, sociedades pesqueiras e sociedades mercadoras, invasoras e nômades. Elas eram gradualmente atraídas para relações com a terra, entre si e com o Estado por meio da expansão das forças produtivas e das redes de distribuição.

Em sociedades feudais, havia confrontos entre senhores e massas camponesas e, mais tarde, entre as classes dos senhores e dos mercadores. Sob o capitalismo, a principal contradição de classe dentro da Europa era entre o proletariado e a burguesia. Essas relações hostis entre as classes proporcionaram a força motriz dentro das respectivas sociedades. Sociedades comunais africanas tinham diferenças de grupos etários e entre membros comuns e líderes religiosos, como os fazedores de chuva. No entanto, essas relações não eram antagônicas nem de exploração. O conceito de classe como força motriz do desenvolvimento social ainda não havia surgido e, no estágio comunal, é preciso observar as forças fundamentais da produção para entender o processo de mudança.

Usando vários métodos e conceitos, é possível reconstruir a maneira mais provável pela qual a subsistência familiar isolada entrou em colapso e a produção aumentou. Por exemplo, a ascensão dos grupos etários pode ser vista como resposta à necessidade de maior solidariedade, porque esses grupos incluem e impactam muitas famílias. Da mesma forma, a mão de obra comunal teve a participação de amostras significativas da comunidade para tornar o trabalho mais eficiente. O grupo de trabalho *dokpwe* de Daomé, já mencionado, tinha uma aplicação mais ampla a serviço de toda a comunidade na execução de tarefas pesadas como limpeza de terras e construções de casas. Por meio da oferta de um pouco de comida e cerveja ou vinho de palma, uma equipe de trabalho ou "mutirão" podia ser mobilizada em curto intervalo de tempo na maioria das comunidades africanas, incluindo berberes de pele clara do norte da África.

É claro que, embora a organização do trabalho possa ter ajudado a produzir mais, a principal mudança nas forças produtivas foram as novas técnicas – termo usado em seu sentido mais amplo para incluir ferramentas e habilidades para lidar com o ambiente associadas a novas plantas e espécies de animais. O primeiro pré-requisito para o domínio do ambiente é conhecê-lo. No século XV, os povos africanos de toda parte haviam alcançado uma compreensão considerável da ecologia como um todo – solos, clima, animais, plantas e suas múltiplas inter-relações. A aplicação prática disso residia na necessidade de capturar animais, construir casas, fazer utensílios, encontrar medicamentos e, sobretudo, criar sistemas de agricultura.

Nos séculos anteriores ao contato com os europeus, a atividade preponderante na África definitivamente era a agricultura. Em todas as comunidades agrícolas estabelecidas, as pessoas observavam as peculiaridades do próprio ambiente e tentavam encontrar técnicas para lidar com elas de maneira racional. Métodos avançados foram usados em algumas áreas, como as curvas de nível, a rotação de culturas, a adubação verde, a agricultura mista e o cultivo controlado em áreas alagadas. A única mudança tecnológica relevante por trás do desenvolvimento agrícola africano foi a introdução de ferramentas de ferro, especialmente o machado e a enxada, substituindo ferramentas de madeira e de pedra. Foi com base nas ferramentas de ferro que novas habilidades foram aprimoradas na agricultura e em outras atividades econômicas.

O advento do ferro, a ascensão do cultivo de cereais e a produção de cerâmica foram todos fenômenos intimamente relacionados. Na maioria das partes da África, foi no período posterior ao nascimento de Cristo que essas coisas aconteceram. O ritmo de transformação ao longo de alguns séculos impressiona. O painço e o arroz foram domesticados a partir de gramíneas selvagens, assim como o inhame derivou de raízes selvagens. A maioria das sociedades africanas ampliou o cultivo de seus alimentos básicos a patamares máximos. Mesmo a utilização generalizada do pousio, com queimadas e capinas leves, não era tão imatura quanto os primeiros colonizadores europeus supunham. Essa forma simples de agricultura era baseada em uma avaliação correta do potencial do solo, que não era tão grande quanto a vegetação pesada faz parecer inicialmente; e quando os colonizadores começaram a alterar a camada superficial do solo, o resultado foi desastroso.

As observações anteriores mostram que, quando um estranho entra em um novo sistema ecológico, mesmo que seja mais habilidoso, ele não atua necessariamente de forma tão eficiente quanto aqueles que se familiarizaram com o ambiente ao longo dos séculos, e o recém-chegado provavelmente parecerá mais ridículo se for arrogante demais para perceber que tem algo a aprender com os "nativos". No entanto, não se está sugerindo que a agricultura africana em eras remotas fosse superior à de outros continentes. Pelo contrário, os padrões africanos de atividade agrícola e pecuária não eram tão altos quanto aqueles criados de maneira independente em grande parte da Ásia e da Europa. A fraqueza na África parecia ter sido a falta de interesse profissional em adquirir mais conhecimento científico e em criar ferramentas para aliviar a carga de trabalho, bem como em transformar ambientes hostis em áreas adequadas para a atividade humana. No que diz respeito à agricultura na Europa, esse profissionalismo foi assumido pelas classes com interesse na terra – a saber, os senhores feudais e, posteriormente, os fazendeiros capitalistas.

Afirmou-se anteriormente que o desenvolvimento é, em grande medida, determinado pelas relações sociais de produção (isto é, aquelas que estão associadas às funções das pessoas na produção de riqueza). Em locais onde uma minoria possuía a terra e a maioria era formada por arrendatários, tal injustiça permitiu que, em certo estágio histórico, aquelas poucas pessoas se concentrassem em ampliar suas terras. Em contrapartida, sob o modo de produção comunal, como membro de uma família ou comunidade, todos os africanos tinham garantida a terra suficiente para satisfazer as próprias necessidades. Por isso, e porque a terra era relativamente abundante, havia poucas pressões sociais ou incentivos para mudanças técnicas voltadas ao aumento da produtividade.

Na Ásia, onde grande parte da terra era de propriedade comunal, ocorreram avanços significativos em alguns tipos de agricultura, especialmente a agricultura irrigada. Isso porque o Estado na Índia, na China, no Ceilão e em outras localidades interveio e se envolveu em outras obras de irrigação e hidráulica de grande escala. O que também é valido para o norte da África, que em muitos aspectos seguiu um padrão de evolução semelhante ao da Ásia. O modelo africano de propriedade de terras estava mais próximo ao asiático que ao europeu, mas nem mesmo os Estados africanos mais politicamente desenvolvidos desempenharam o papel de iniciadores e supervisores do avanço agrícola. Entre os motivos para o fato estão a ausência de pressão populacional – ou seja, a natureza dispersa dos assentamentos – e a concentração do Estado na troca comercial de produtos não agrícolas em detrimento de outros artigos. Sem dúvida, quando as sociedades africanas se vincularam a outros sistemas sociais fora do continente por meio das trocas comerciais, pouca atenção foi dada à agricultura.

No que diz respeito à questão da manufatura na África antes do homem branco, é essencial reconhecer que as realizações foram subestimadas. As manufaturas africanas foram tratadas com desprezo ou negligenciadas por autores europeus porque a concepção moderna da palavra aponta para a existência de fábricas e máquinas. Considerando, no entanto, que o termo "manufatura" significa, literalmente, "coisas feitas à mão", a manufatura africana teve avanços significativos. Nesse sentido, a maioria das sociedades africanas satisfazia as próprias necessidades em uma ampla gama de artigos de uso doméstico, assim como de ferramentas agrícolas e armas.

Uma maneira de avaliar o nível de desenvolvimento econômico da África há cinco séculos passa pela qualidade dos produtos. A seguir serão apresentados exemplos de artigos que chegaram a receber atenção do mundo externo.

No norte da África, os europeus se familiarizaram com uma variedade superior de couro vermelho africano, que foi denominada "marroquina". Na verdade, tratava-se de couro curtido e tingido por especialistas hauçá e mandinga do norte da Nigéria e do Mali. Quando se estabeleceu o contato direto entre europeus e africanos nas costas do Oriente e do Ocidente, muitos outros itens impressionantes foram revelados. Assim que os portugueses chegaram ao antigo reino do Congo, por exemplo, mandaram informações sobre soberbos tecidos locais feitos com cascas de árvores e fibras de palmeiras, que tinham acabamento comparável ao do veludo. Os baganda também eram especialistas na produção de tecido de casca de árvore. No entanto, a África tinha algo ainda melhor a oferecer na forma de tecido de algodão, amplamente manufaturado antes da chegada de europeus. Até agora, século XX, os algodões locais da costa da Guiné eram mais resistentes que os algodões de Manchester. Assim que os produtos europeus alcançaram a África, os africanos estavam em posição de fazer comparações entre suas mercadorias e as de fora. Em Catanga e na Zâmbia, o cobre local permanecia o preferido em relação ao importado, o que também se deu com o ferro em locais como Serra Leoa.

Entretanto, no nível da escala as manufaturas africanas não tiveram grandes avanços: os teares de algodão e os fornos de fundição de ferro eram pequenos e a cerâmica era modelada lentamente à mão, não em um torno. Ainda assim, algumas mudanças foram ocorrendo nesse contexto. Sob o modo de produção comunal, cada família supria suas necessidades fazendo as próprias roupas, panelas, esteiras etc. Isso se deu em todos os continentes. No entanto, a expansão econômica a partir daí esteve associada à especialização e à adaptação local da indústria – sendo que as necessidades das pessoas eram atendidas por meio de trocas. Essa tendência foi evidenciada nas principais manufaturas africanas, com destaque para a indústria de tecidos. A fibra de algodão tinha que ser descaroçada (separada da semente), depois cardada e fiada antes de ser tecida. O fio ou o tecido tinham que ser tingidos, e a própria fabricação do corante era um processo complexo. Houve um tempo em que todas essas etapas eram realizadas por uma única família, ou melhor, pelas mulheres de uma única família, como na terra iorubá. Mas o desenvolvimento econômico se refletiu na separação entre tingimento e confecção de tecidos, assim como na separação entre fiação e tecelagem. Cada separação marcava maior especialização e mudanças quantitativas e qualitativas no resultado final.

A indústria europeia tem sido intensamente estudada e, em geral, reconhece-se que, além de novas máquinas, um fator decisivo para o crescimento da indústria foi a passagem da produção doméstica ao sistema fabril, com a guilda marcando um estágio intermediário. A guilda era uma associação de especialistas que transmitiam suas habilidades por meio do treinamento de aprendizes e do trabalho em edificações reservadas a esse fim. A África também teve elementos do sistema de guildas. Em Timbuctu, havia guildas de alfaiataria, enquanto as do Benin, de um tipo de casta muito restrita, controlavam a famosa indústria de latão e bronze. Em Nupe (agora norte da Nigéria), a indústria de vidros e contas operava na base da guilda. Lá cada guilda tinha uma oficina comum e um mestre. O mestre obtinha os contratos, financiava a guilda e dava destino aos produtos. Tanto pessoas de sua família como gente de fora eram livres para entrar na guilda e aprender as várias tarefas da produção de vidro, o que implicava uma crescente especialização e divisão do trabalho.

As economias africanas tradicionais são geralmente denominadas economias "de subsistência". Na maioria dos casos, as pequenas aldeias cultivavam, caçavam, pescavam e cuidavam de si de forma independente, pouco se relacionando com o resto do continente. Ao mesmo tempo, a vasta maioria das comunidades africanas satisfazia ao menos parte de necessidades por meio de trocas comerciais. A África era um continente de inúmeras rotas comerciais. Algumas se estendiam por longas distâncias, como as que atravessavam o Saara ou as ligadas ao cobre de Catanga. Mas, em geral, eram trocas entre sociedades vizinhas ou não muito distantes. Esse comércio sempre dependia do excedente de produção, que poderia ser trocado por itens que faltavam. Dessa forma, a indústria do sal seria estimulada em uma localidade, enquanto a indústria do ferro seria incentivada em outra. Em uma área costeira, lacustre ou fluvial, o peixe seco poderia se tornar lucrativo, enquanto o inhame e o painço seriam cultivados em abundância em outro lugar para servir como base de troca. As trocas comerciais, facilmente encontradas em todas as partes do continente entre os séculos X e XV, serviam como indicadores da expansão econômica e de outras formas de desenvolvimento que acompanhavam um domínio cada vez maior sobre o meio ambiente.

Como parte do processo da ampliação das trocas comerciais, era evidente que o escambo dava lugar a algumas formas de troca monetária, sendo, em geral, praticado quando o volume comercializado era pequeno e apenas algumas mercadorias estavam envolvidas. No entanto, à medida que o comércio se tornava mais complexo, alguns itens passavam a ser usados como padrões para a mensuração de outras mercadorias. Eram itens que podiam ser reservados como forma de riqueza facilmente transformável em outras. Sal, tecido, enxadas de ferro e búzios eram formas populares de dinheiro na África, além de ouro e cobre, muito mais raros e, portanto, restritos à mensuração de coisas de grande valor. Em alguns poucos lugares, como o norte da África, a Etiópia e o Congo, os sistemas monetários eram bastante sofisticados, indicando que a economia estava além do simples escambo e da subsistência.

Houve muitas outras mudanças de ordem sociopolítica acompanhando a expansão das forças produtivas. Na verdade, elementos como práticas agrícolas, indústria, trocas comerciais, dinheiro e estruturas políticas eram inseparáveis, interagiam uns com os outros. As áreas mais desenvolvidas da África eram aquelas nas quais todos esses fatores convergiam, e as duas características sociopolíticas que representavam indicadores consideráveis de desenvolvimento eram o aumento da estratificação e da consolidação dos Estados.

Os princípios da família e de respeito às faixas etárias desmoronaram lentamente ao longo dos séculos que antecederam a chegada dos europeus. Mudanças na tecnologia e na divisão do trabalho tornaram essas alterações inevitáveis. A introdução do ferro, por exemplo, deu força econômica e militar àqueles que eram capazes de produzi-lo e adquiri-lo. Ferramentas melhores significavam mais alimentos e uma população maior, mas esta última tendia a ser superior à quantidade de bens materiais disponíveis, e as possibilidades de riqueza criadas pela posse de ferro foram aproveitadas por uma minoria em benefício próprio. A mão de obra qualificada em ferro, tecido, cerâmica, couro ou fabricação de sal tendia a transmitir suas habilidades em grupos fechados, conhecidos como castas. Isso garantia que a divisão do trabalho operaria em seu favor, pois a posição de cada grupo era privilegiada e estratégica. Os ferreiros se viam particularmente favorecidos em sociedades africanas nas quais se tornaram os grupos governantes ou estavam muito próximos do topo da hierarquia social. A divisão do trabalho também se estendia a esferas não materiais, produzindo menestréis e cronistas profissionais, que tinham certos direitos e privilégios específicos, em especial a possibilidade de criticar livremente, sem medo de represálias. Apenas raramente castas qualificadas eram reduzidas a posições muito baixas, o que, na verdade, não contradiz a afirmação geral de que a tendência era o modo de produção comunal gerar mais e mais estratificação.

A estratificação social era a base para o surgimento de classes e para os antagonismos sociais. Até certo ponto, esta era uma consequência lógica das diferenças anteriores e não antagônicas da sociedade comunal. Por exemplo, os homens idosos podiam usar seu controle sobre a distribuição de terras, os valores de dotes das noivas e outras trocas tradicionais com o objetivo de tentarem se estabelecer como um estrato econômico. Surgiram sociedades secretas na região hoje ocupada por Libéria, Serra Leoa e Guiné, e elas permitiam a transmissão do saber, do poder e da riqueza para o controle dos idosos e, em última análise, para linhagens específicas de idosos.

A contraposição entre homens jovens e idosos não era do tipo que causaria uma revolução violenta. Mas os jovens evidentemente tinham motivos para se ressentir de sua dependência em relação aos mais velhos, em especial quando se tratava de assuntos pessoais vitais como a obtenção de esposas. Quando descontentes, eles podiam sair de suas comunidades e se estabelecer sozinhos ou podiam desafiar os princípios daquela sociedade. Em ambos os casos, a tendência era de que alguns indivíduos e famílias fossem mais bem-sucedidos que outros, o que estabelecia essas famílias como governantes permanentes. Assim, a idade deixou de ser tão importante, dado que mesmo o filho mais novo podia suceder o pai, já que a noção de sangue real ou linhagem real havia sido estabelecida.

No período de transição, embora a sociedade africana mantivesse muitas características indiscutivelmente comunais, também se aceitou o princípio de que algumas famílias, clãs ou linhagens estavam destinados a governar (e outros não). Isso se dava não apenas entre lavradores, mas também entre pastores. Na verdade, o gado tornou-se desigualmente distribuído com muito mais facilidade que a terra, e as famílias com os maiores rebanhos tornavam-se social e politicamente dominantes.

Um aspecto ainda mais importante do processo de estratificação social foi provocado pelo contato entre diferentes formações sociais. Pescadores tiveram que se relacionar com lavradores e, depois, com pastores. Havia até formações sociais como bandos de caçadores e coletores de alimentos que ainda não tinham entrado na fase de cooperação comunal. O relacionamento era quase sempre pacífico. Em muitas partes do continente africano, surgiu o que é conhecido como "simbiose" entre grupos que ganhavam a vida de maneiras diferentes – o que, na verdade, significa que eles concordavam em trocar bens e coexistir em benefício mútuo. No entanto, havia espaço para conflitos consideráveis; e quando um grupo se impunha sobre outro, o resultado era, invariavelmente, a ascensão das classes sociais dos conquistadores sobre a dos derrotados.

Os confrontos mais comuns se davam entre pastores e lavradores. Em alguns casos, os lavradores tinham a vantagem, como na África ocidental, onde lavradores de povos como mandinga e hauçá foram os senhores dos fula, criadores de gado bovino, até os séculos XVIII e XIX. A situação inversa era encontrada no Chifre da África e na maior parte da África oriental. Outro tipo de confronto era aquele em que povos invasores tomaram o poder de agricultores, como aconteceu em Angola e em torno do Saara, onde mouros e tuaregues cobravam tributos e até escravizaram povos mais pacíficos e sedentários. O resultado, nos dois casos, era que uma facção relativamente pequena detinha o controle da terra e (quando relevante) de gado, minas e trocas comerciais de longa distância. Significava também que o grupo minoritário podia fazer exigências sobre o trabalho de seus súditos não devido ao parentesco, mas porque existia uma relação de dominação e subordinação.

Em sociedades verdadeiramente comunais, a liderança se baseava na religião e nos laços familiares. Os membros mais velhos compartilhavam o trabalho com outros e recebiam mais ou menos a mesma parcela do produto total. Certamente, ninguém passava fome enquanto outras pessoas se empanturravam e jogavam fora os excedentes. No entanto, assim que as sociedades africanas começaram a se expandir por meio da evolução interna, da conquista ou das trocas comerciais, o estilo de vida do grupo dominante diferenciou-se a olhos vistos. O grupo dominante consumia mais e o melhor daquilo que a sociedade oferecia, sem, no entanto, estar tão envolvido na produção direta de riqueza pela agricultura, pastoreio de gado ou pesca. A classe dominante – e os reis, em particular – tinha o direito de recorrer ao trabalho do homem comum em certos projetos e por um número de dias ao ano. Isso é conhecido como *corvée* [corveia], devido a um procedimento semelhante adotado na França feudal. Esse sistema significava maior exploração e, ao mesmo tempo, maior desenvolvimento dos recursos produtivos.

A estratificação social, como descrita aqui, andava de mãos dadas com a ascensão do Estado. A noção de linhagens reais e clãs de pessoas comuns não poderia ter qualquer significado, exceto em um Estado político com existência geográfica concreta. É significativo que as grandes dinastias do mundo governassem Estados feudais. Para os povos europeus ou acostumados aos padrões europeus, os nomes Tudor, Bourbon, Hohenzollern e Romanov já eram familiares. O Japão teve seus Kamakura e seus Tokugawa; a China, os Tang e os Ming; a Índia, os Gupta e os Maratha; e assim por diante. Todas essas dinastias feudais existiram em um período de alguns séculos após o nascimento de Cristo. Além disso, houve dinastias que governaram em cada um desses países antes que a posse feudal da terra e as relações de classe tivessem se cristalizado. Isso significa que a transição para o feudalismo na Europa[1] e na Ásia testemunhou

---

[1] Na Europa, o modo de produção comunal cedeu lugar à escravização e, portanto, dinastias e Estados fortes estavam presentes às vésperas do período escravista.

o surgimento de grupos dominantes e do Estado como partes interdependentes do mesmo processo. Nesse sentido, no continente africano não era diferente.

Do ponto de vista político, o período de transição do modo de produção comunal para o feudalismo na África incluiu a formação do Estado. No início (e por muitos séculos), o Estado permaneceu fraco e não desenvolvido. Assumiu fronteiras territoriais definidas, mas, dentro delas, os sujeitos viviam em suas próprias comunidades com quase nenhum contato com a classe governante, até o momento de pagar algum imposto ou tributo anual. Era apenas quando um grupo no interior do Estado se recusava a pagar tal tributo que os primeiros Estados africanos mobilizavam militarmente uma máquina repressiva para exigir dos súditos o que consideravam seu direito. Aos poucos, vários Estados adquiriram maior poder sobre suas muitas comunidades de cidadãos. Cobravam a corveia, alistavam soldados e nomeavam cobradores de impostos e administradores locais. As áreas da África em que as relações trabalhistas estavam extrapolando as restrições comunais correspondiam às áreas em que surgiam Estados políticos mais sofisticados. A ascensão dos Estados era, em si, uma forma de desenvolvimento que ampliava a escala da política africana e fundia pequenos grupos étnicos em identidades mais amplas, antecedentes a nações.

De certo modo, confere-se muita importância ao crescimento dos Estados políticos. Foi na Europa que o Estado-nação atingiu um estágio avançado, e os europeus tendiam a usar a presença ou ausência de sociedades políticas bem organizadas como indicativos de "civilização". Isso não é de todo justificado, porque na África havia pequenas unidades políticas com culturas materiais e não materiais relativamente avançadas. Por exemplo, nem o povo igbo da Nigéria nem os quicuio do Quênia estabeleceram grandes governos centralizados em sua configuração tradicional, mas ambos contavam com sistemas sofisticados de governo político, baseados em clãs e (no caso dos igbo) em oráculos religiosos e "sociedades secretas"; ambos eram povos agricultores e ferreiros eficientes – e os igbo produziam itens de latão e bronze desde o século IX, se não antes.

No entanto, depois dessa ressalva, pode-se admitir que, em geral, os maiores Estados da África tinham estruturas políticas mais eficazes e maior capacidade de produção de alimentos, roupas, minerais e outros artefatos materiais. Pode-se facilmente compreender que as sociedades com classes dominantes se preocupavam em adquirir artigos de luxo e prestígio. Os grupos privilegiados no controle do Estado tinham interesse em estimular as manufaturas, bem como em adquiri-las por meio do comércio. Eram elas que mobilizavam a mão de obra de modo a obter um excedente, para além das necessidades de subsistência e, nesse processo, incentivavam a especialização e a divisão do trabalho.

Intelectuais muitas vezes distinguem entre os grupos africanos que tinham Estado e os que eram "sem Estado". Às vezes, este último termo é usado de forma negligente ou até abusiva, mas descreve, de fato, aqueles povos sem mecanismo de coerção governamental e sem conceito de unidade política mais ampla que a família ou a aldeia. Afinal, se não há estratificação de classes em uma sociedade, entende-se que não há Estado, pois este surgiu como instrumento a ser usado por determinada classe para, de acordo com seus interesses, controlar o restante da sociedade. De modo geral, podem-se considerar as sociedades sem Estado como uma das formas mais antigas de organização sociopolítica na África, embora os grandes Estados representassem uma evolução que se distanciava do modo de produção comunal – às vezes se aproximando do feudalismo.

Deve-se novamente enfatizar que um levantamento do cenário na África antes da chegada dos europeus revelaria uma considerável desigualdade de desenvolvimento. Havia formações sociais representando o trabalho baseado na caça, o modo de produção comunal, o feudalismo e muitas posições intermediárias entre as duas últimas. O restante deste capítulo será dedicado a uma revisão das principais características de diversas sociedades e de Estados mais desenvolvidos da África no último milênio ou mais, antes que o continente entrasse em contato permanente com a Europa. As áreas a ser consideradas são Egito, Etiópia, Núbia, Marrocos, Sudão ocidental, a zona dos grandes lagos da África oriental e o Zimbábue. Cada uma delas serve como exemplo do que o desenvolvimento significava na África antiga e qual era a direção do movimento social. Em maior ou menor grau, tais áreas foram forças propulsoras no continente, no sentido de levar os vizinhos pelo mesmo caminho, fosse absorvendo-os, fosse influenciando-os mais indiretamente.

Alguns exemplos concretos

Egito

Existe uma lógica em começar pela cultura mais antiga da África a alcançar a eminência. As glórias do Egito sob os faraós são bem conhecidas e não precisam ser recontadas. No passado, costumava-se dizer ou supor que o antigo Egito não era "africano" – uma visão curiosa, que já não é mais apresentada de forma séria. Porém, para os propósitos deste texto, é mais relevante examinar o Egito sob domínio árabe e turco, a partir do século VII. Durante esse período, a classe dominante era estrangeira, o que significava que o desenvolvimento interno do Egito estava atrelado a outros países, principalmente Arábia e Turquia. O Egito colonizado exportava muitas riquezas, na forma de alimentos e rendimentos, e isso foi um fator bastante negativo. Mas a tendência dos governantes estrangeiros foi romper com seus próprios senhores imperiais e agir simplesmente como elite governante dentro do Egito, que se tornou um Estado feudal independente.

Um dos primeiros componentes do feudalismo a chegar ao Egito foi o caráter militar. Os invasores árabes, turcos e circassianos tinham, todos, inclinações militares. Em especial os mamelucos [turcos escravizados como soldados] que, a partir do século XIII, assumiram o poder. Desde o século VII, o poder político no Egito estava nas mãos de uma oligarquia militar que delegou as funções governamentais efetivas a burocratas, criando assim uma situação similar à de lugares como China e Indochina. Mais importante ainda era o fato de que as relações de posse de terras estavam passando por transformações, de modo que uma verdadeira classe feudal entrou em cena. Todos os conquistadores faziam concessões de terras a apoiadores e capitães militares. No início, a terra no Egito era propriedade do Estado, que a arrendava a lavradores. Assim, o Estado tinha o direito de se reapropriar da terra e arrendá-la novamente, quase como o chefe de uma comunidade agindo como guardião das terras de famílias aparentadas na aldeia. No entanto, os governantes militares logo se tornaram uma nova classe de proprietários de terras. No século XV, a maior parte da terra do Egito pertencia ao sultão e seus chefes militares.

Se havia uma pequena classe que monopolizava a maior parte da terra, conclui-se que havia uma grande classe de sem-terra. Camponeses lavradores logo foram convertidos em mera mão de obra agrícola, ficando presos ao solo como arrendatários ou vassalos de senhores feudais. Esses camponeses, com pouca ou nenhuma terra, eram conhecidos como felá. Na Europa, há lendas sobre a exploração e o sofrimento dos servos russos, ou mujiques, sob o feudalismo. No Egito, a exploração dos felá foi realizada de forma ainda mais intensa. Os senhores feudais não tinham interesse neles além de garantir que produzissem rendimentos. A maior parte do que os camponeses produziam era tomada sob a forma de impostos, e os cobradores de impostos recebiam ordens para tomar dos camponeses até o que eles não possuíam! Quando as exigências não eram atendidas, os camponeses eram agredidos.

A natureza antagônica da contraposição entre os senhores feudais guerreiros e os felá foi evidenciada por várias revoltas camponesas, em especial no início do século VIII. Em nenhum continente o feudalismo foi idílico para as classes trabalhadoras, mas os componentes do desenvolvimento estavam visíveis na tecnologia e no aumento da capacidade produtiva. Sob o califado da dinastia dos fatímidas (969 a 1170), a ciência floresceu e a indústria atingiu um novo nível no Egito. Da Pérsia, no século X, vieram moinhos de vento e de água. Novas indústrias foram introduzidas: fabricação de papel, refino de açúcar, porcelana e destilação de gasolina. As indústrias mais antigas de têxteis, couro e metal foram aprimoradas. As dinastias subsequentes dos aiúbidas e dos mamelucos também foram muito importantes, em especial por promoverem a construção de canais, barragens, pontes e aquedutos e estimularem o comércio com a Europa. O Egito da época ainda foi capaz de ensinar muitas coisas à Europa e flexível o bastante para acolher novas técnicas como contrapartida.

Embora o feudalismo se baseasse na terra, em geral ele levava ao desenvolvimento de cidades em detrimento do campo. Os pontos altos da cultura feudal egípcia estavam associados às cidades. Os fatímidas fundaram o Cairo, que se tornou uma das cidades mais famosas e eruditas do mundo. Eles também fundaram a Universidade Al-Azhar, hoje uma das mais antigas que existem. Os senhores feudais e os comerciantes ricos foram os que mais se beneficiaram, mas os artesãos e outros habitantes de cidades como Cairo e Alexandria puderam participar, até certo ponto, das comodidades da vida urbana.

Etiópia

No início de sua história como grande potência, a Etiópia também foi governada por estrangeiros. Fundado próximo à costa do mar Vermelho por uma dinastia de origem sabeia vinda do outro lado da margem, o reino de Axum foi um dos mais importantes dos núcleos em torno dos quais a Etiópia feudal emergiu. Mas os reis locais nunca foram agentes de potências estrangeiras e tornaram-se totalmente africanizados. A fundação de Axum remonta ao século I, e sua classe dominante foi cristianizada em poucos séculos. Depois disso, eles se mudaram para o interior e participaram do desenvolvimento do Estado feudal cristão etíope.

A classe dominante etíope, tigré e amárica era orgulhosa, associando sua descendência a Salomão. Como um Estado que incorporou vários outros Estados e reinos menores, tratava-se de um império, da mesma forma que a Áustria ou a Prússia feudais. O imperador da Etiópia era designado "Leão Conquistador da Tribo de Judá, Eleito de Deus, Imperador da Etiópia, Rei dos Reis". Na prática, porém, a linha "salomônica" não foi ininterrupta. A maior parte da consolidação do planalto interior da Etiópia se realizou no século XII por uma dinastia invasora, zagué, que alegava ser descendente de Moisés. Os reis zagués distinguiram-se por construir várias igrejas esculpidas em rocha sólida. As conquistas arquitetônicas atestam o nível de habilidade alcançado pela população etíope, bem como a capacidade do Estado de mobilizar mão de obra em grande escala. Tarefas assim não poderiam ter sido executadas pelo trabalho voluntário e de famílias, apenas pelo trabalho de uma classe explorada.

Conhece-se muito sobre a superestrutura do Império Etíope, especialmente o cristianismo e a cultura letrada. A história foi escrita para glorificar o rei e a nobreza, em especial a dinastia "salomônica" reabilitada, que substituiu a zagué em 1270. Belas iluminuras e manuscritos tornaram-se elementos proeminentes da cultura amárica. Roupas e joias igualmente sofisticadas eram produzidas para a classe dominante e para a Igreja. O alto clero fazia parte da nobreza e a instauração de monastérios foi intensa na Etiópia. A associação entre religião organizada e Estado estava implícita nas sociedades comunais, onde a distinção entre política, economia, religião e medicina mal existia. Sob o feudalismo, em todas as partes, a Igreja e o Estado se encontravam em estreita aliança. Os budistas eram proeminentes no Vietnã feudal, na Birmânia, no Japão e, em menor grau, na China. Na Índia, uma influência budista limitada foi esmagada por hinduístas e muçulmanos; e, na Europa feudal, a Igreja católica, é claro, representou o papel principal, comparável ao da Igreja ortodoxa na Etiópia.

A riqueza da Etiópia assentava-se sobre uma base agrícola. As terras altas e férteis serviam de suporte ao cultivo de cereais. Além disso, havia considerável atividade de criação de animais, incluindo cavalos. As habilidades artesanais eram diversas, e artesãos estrangeiros eram bem recebidos. Por exemplo, no início do século XV, artesãos turcos se estabeleceram no país e produziram armaduras e armas para o Exército etíope. Coptas do Egito também foram levados para ajudar na administração financeira. Ninguém nega que a palavra "feudal" possa ser aplicada à Etiópia daqueles séculos, porque existia uma evidente contradição de classes entre latifundiários e camponeses. Essas relações se desenvolveram a partir do modo de produção comunal que caracterizava a Etiópia, como outras partes da África, muito antes.

A Etiópia feudal incluía terras que eram propriedades comunais de aldeias e comunidades étnicas, bem como terras pertencentes diretamente à coroa; além disso, grandes territórios foram cedidos pelas dinastias amáricas conquistadoras aos membros da família real, soldados e sacerdotes. Aqueles que recebiam grandes extensões de terra se tornavam *ras*, ou príncipes provinciais, e o imperador nomeava juízes para acompanhá-los. Nesses domínios, os camponeses eram reduzidos a arrendatários, que podiam ganhar a vida apenas oferecendo produtos agrícolas ao proprietário e pagando impostos ao Estado (também em produtos). Os proprietários isentavam-se do pagamento de impostos – situação típica das sociedades feudais e que inflamou os fogos da revolução na Europa quando a classe burguesa se tornou poderosa o bastante para desafiar o fato de que os senhores feudais estavam usando o poder político para tributar a todos, exceto a si mesmos. A Etiópia, é evidente, nunca chegou a esse estágio de transição para o capitalismo. O que está claro é que a transição para o feudalismo foi realizada.

Núbia

A Núbia era outra região cristã da África, mas não tão conhecida quanto a Etiópia. O cristianismo foi introduzido no médio Nilo no século VI, em distritos anteriormente governados pelo famoso reino de Kush, ou Meroë. No período anterior ao nascimento de Cristo, Kush rivalizava com o Egito em esplendor e governou o Egito por vários anos. Seu declínio, no século IV d.C., foi levado a cabo por ataques do Axum, então em expansão. Os três pequenos Estados núbios que surgiram algum tempo depois eram, em certa medida, herdeiros de Kush, embora, com a conversão posterior ao cristianismo, essa religião tenha dominado a cultura da Núbia.

Os Estados núbios (que haviam se agrupado em dois por volta do século VIII) chegaram ao auge entre os séculos IX e XI, apesar da intensa pressão de inimigos árabes e islâmicos, e não sucumbiram até o século XIV. O interesse acadêmico na Núbia concentrou-se nas ruínas de grandes igrejas e mosteiros de tijolos vermelhos, com murais e afrescos de excelente qualidade. Várias conclusões podem ser tiradas a partir de tais evidências matcriais. Em primeiro lugar, uma grande quantidade de trabalho foi necessária para construir aquelas igrejas, bem como as fortificações de pedra que muitas vezes as cercava. Assim como as pirâmides do Egito ou os castelos feudais da Europa, os construtores do povo foram intensamente explorados e provavelmente coagidos. Em segundo lugar, a mão de obra qualificada estava envolvida na confecção dos tijolos e na arquitetura.

As pinturas indicam que as habilidades ultrapassavam a mera destreza manual – e o mesmo mérito artístico é perceptível em fragmentos recuperados de cerâmica pintada da Núbia.

Como já indicado, igrejas e mosteiros desempenharam um papel importante na Etiópia. E vale a pena aprofundar essa discussão em relação à Núbia. Os mosteiros eram a principal unidade de produção. Muitas choupanas camponesas se concentravam em torno deles, que funcionavam de forma bem semelhante às mansões dos senhores feudais. A riqueza acumulada nas igrejas era alienada dos camponeses, enquanto os elementos mais sofisticados da cultura não material, como livros, eram acessíveis apenas a uma pequena minoria. Não só porque os camponeses eram iletrados, mas em muitos casos porque nem sequer eram cristãos ou eram apenas nominalmente cristãos – a julgar pelos exemplos mais conhecidos da Etiópia na mesma época. Quando a classe governante cristã da Núbia foi eliminada pelos muçulmanos, poucas conquistas do velho Estado sobreviveram na tessitura da vida cotidiana do povo. Tais reveses no processo histórico não são incomuns ao longo da experiência humana. Em última análise, a dialética do desenvolvimento se confirma, mas alguns altos e baixos são inevitáveis. Os Estados núbios já não existiam no século XV, mas constituem exemplo legítimo das potencialidades do desenvolvimento africano.

Pode-se ir além e compreender que o reino de Kush ainda contribuiu para o desenvolvimento africano muito depois de seu declínio e de dar lugar à Núbia cristã. Kush foi, evidentemente, um centro de difusão cultural para o resto da África, assim como um dos primeiros e mais vigorosos centros de mineração e fundição de ferro do continente. Trabalhos em latão extremamente semelhantes aos de Meroë foram reproduzidos na África ocidental, e a técnica usada por povos africanos ocidentais para fundir o latão geralmente é considerada como tendo se originado no Egito e sido difundida a partir de Kush, certamente uma das origens a partir da qual esse aspecto tecnológico fundamental foi transmitido para o resto do continente. Por isso, considera-se que o médio Nilo foi uma força proeminente do desenvolvimento social, econômico e político da África como um todo.

Magreb

O islamismo foi a grande religião "revelada" a desempenhar papel predominante no período do desenvolvimento feudal do Magreb – as terras da extremidade ocidental dos impérios islâmicos que se estendiam pela África, pela Ásia e pela Europa poucos anos depois da morte do profeta Maomé, no século VII da era cristã. A construção do império árabe sob a bandeira do Islã é um exemplo clássico do papel da religião nesse contexto. Ibn Khaldun, grande historiador do norte da África no século XIV, acreditava no Islã como a força mais importante a possibilitar que os árabes transpusessem as estreitas fronteiras das pequenas comunidades familiares que lutavam constantemente entre si. Ele escreveu:

> O orgulho árabe, a suscetibilidade e o ciúme intenso do poder tornavam impossível o acordo entre elas. Elas só se transformaram quando essa natureza foi permeada por um impulso religioso, de modo que a tendência à anarquia é substituída por um espírito de defesa mútua. Considere-se o momento em que a religião dominou sua política, levando-as a observar uma lei destinada a promover os interesses morais e materiais da civilização. Sob uma série de sucessores do profeta [Maomé], seu império se tornou vasto e se estabeleceu firmemente.

Tais observações de Ibn Khaldun cobrem apenas um aspecto da expansão imperial árabe, mas que certamente foi crucial e atestou o papel fundamental da ideologia no processo de desenvolvimento. Isso deve ser considerado em relação às circunstâncias materiais e para além delas. E, ao julgar as condições materiais que, em dado momento, podem formar as bases para uma maior expansão da produção e um maior crescimento do poder da sociedade, é preciso considerar também o legado histórico. Como o Egito islâmico e a Núbia cristã, o Magreb das dinastias islâmicas herdou uma rica tradição histórica e cultural. Foi a sede da famosa sociedade de Cartago, que vigorou entre 1200 a.C. e 200 a.C., uma mescla de influências estrangeiras do Mediterrâneo oriental com os povos berberes do Magreb. A região foi posteriormente parte importante do Império Romano e dos impérios bizantinos; e, mesmo antes de se tornar muçulmano, o Magreb de fato já se diferenciava como centro não conformista à doutrina cristã que recebia o nome de donatismo.

As impressionantes conquistas do Magreb muçulmano se estenderam às esferas naval, militar, comercial e cultural. Suas forças navais controlavam o Mediterrâneo ocidental, e seus exércitos, a maior parte de Portugal e Espanha. Quando o avanço muçulmano na Europa foi contido, no ano 732, os exércitos do norte da África já haviam se entranhado no interior da França. No século XI, os exércitos da dinastia almorávida reuniram forças do Senegal e da Mauritânia e lançaram-se à travessia do estreito de Gibraltar com o objetivo de reforçar o Islã na Espanha, ante ameaça de reis cristãos. Por mais de um século, o domínio almorávida no norte da África e na península Ibérica foi caracterizado por riqueza comercial e um brilhante desempenho literário e arquitetônico. Depois de expulsos da Espanha na década de 1230, os muçulmanos do Magreb – ou mouros, como eram chamados – continuaram a manter uma sociedade dinâmica em solo africano. Como indicador do padrão de vida social, tem sido destacado que os banhos públicos eram comuns nas cidades do Magreb, numa época em que, em Oxford, ainda se preconizava a doutrina de que a lavagem do corpo era um ato perigoso.

Um dos aspectos mais ilustrativos da história do Magreb é a interação entre as formações sociais para produzir o Estado. Um grande problema que precisava ser resolvido era o da integração dos grupos berberes isolados em comunidades políticas maiores. Havia também a oposição entre grupos sedentários e setores de pastores nômades das populações.

Os berberes eram, em sua maioria, pastores organizados em clãs, grupos de clã e grupos de clãs ligados por um conselho democrático de todos os homens adultos. As terras de pastoreio eram de propriedade comunal, e a manutenção da irrigação também era responsabilidade coletiva dos agricultores. Ainda assim, a cooperação dentro de grupos de parentesco contrastava com a hostilidade entre aqueles que não tinham laços de sangue imediatos, e foi apenas diante dos invasores árabes que os berberes se uniram – tendo o islamismo carijita não conformista como ideologia. A revolta carijita de 739 é, por um lado, considerada nacionalista e, por outro, uma revolta das classes exploradas contra as forças militares, burocráticas e teocráticas árabes, que professavam o islamismo sunita ortodoxo. Essa revolta das massas berberes lançou as bases do nacionalismo marroquino, para três séculos depois a dinastia Almóada (1147--1270) trazer unidade política a todo o Magreb como resultado da síntese entre realizações berberes e árabes na esfera de formação do Estado.

Infelizmente, a nação do Magreb não durou; ao contrário, a região foi deixada como legado aos núcleos de três Estados-nação – Marrocos, Argélia e Tunísia. Em cada uma dessas três áreas, tendências desagregadoras tiveram muita força nos séculos XIV e XV. Por exemplo, na Tunísia, a dinastia haféssida governante estava constantemente envolvida em subjugar rebeliões locais e defender a integridade do Estado. Já foi observado que, na África e em outros lugares, o Estado político foi uma consequência do desenvolvimento das forças produtivas, mas o Estado, por sua vez, também condicionou o ritmo de avanço econômico, porque os dois processos estavam dialeticamente inter--relacionados. Assim, o fracasso do Magreb em estabelecer um Estado-nação e as dificuldades em consolidar o poder do Estado, mesmo no interior de suas três divisões – Marrocos, Argélia e Tunísia –, refrearam um maior desenvolvimento da região. Além disso, a divisão política enfraqueceu o Magreb ante inimigos estrangeiros; e a Europa logo tiraria vantagem dessas fraquezas internas, iniciando ataques a partir de 1415.

A experiência do Magreb exemplifica a natureza prolongada da transição de um modo de produção a outro e o fato de que duas formas diferentes de organização da sociedade coexistiram lado a lado ao longo dos séculos. No período em discussão, grandes quantidades de terras naquela região da África permaneceram como propriedade comunal sob o trabalho familiar. Enquanto isso, ocorreu uma estratificação socioeconômica considerável e surgiram classes antagônicas. Na base da pirâmide estavam os escravizados, ou *harratine*, que eram, em sua maioria, negros africanos do sul do Saara. Depois vinham os *akhamme*, ou camponeses sem-terra, que trabalhavam nas terras dos proprietários e davam a estes quatro quintos de qualquer coisa produzida. Menção especial deve ser feita à posição das mulheres, que não eram uma classe em si, mas sofriam privações nas mãos dos homens da própria família e da classe dominante controlada pelos homens. As mulheres da classe *akhamme*, portanto, estavam em uma condição bastante desfavorecida. No topo da sociedade estavam os grandes latifundiários, que exerciam poder político junto com outros devotos da religião muçulmana.

Nenhuma das sociedades africanas discutidas até agora pode ser considerada propulsora das formas capitalistas até um ponto em que a acumulação do capital tenha se tornado a principal força motriz. No entanto, todas elas tinham setores comerciais florescentes, agiotas e indústrias artesanais fortes, características que finalmente deram origem ao capitalismo moderno por meio da evolução e da revolução. Os mercadores do Magreb eram bastante ricos. Eles se beneficiavam das energias de lavradores, criadores de animais e pastores; mobilizavam direta ou indiretamente a mão de obra em minas de cobre, chumbo, antimônio e ferro; e se apropriavam do excedente das habilidades dos artesãos que fabricavam produtos têxteis, tapetes, couro, cerâmica e artigos de latão e ferro. Esses comerciantes faziam parte de uma classe de acumuladores que, com seu dinamismo, marcaram presença não apenas no Magreb, mas também no Saara e para além dele, na África ocidental. Assim, o desenvolvimento do Magreb atuou como fator de desenvolvimento do que foi chamado de Sudão ocidental.

Sudão ocidental

Para os árabes, toda a África ao sul do Saara era o *Bilad al-Sudan*, ou a Terra dos Negros. O nome sobrevive hoje apenas na República do Sudão no Nilo, mas as referências ao Sudão ocidental da Antiguidade dizem respeito à zona atualmente ocupada por Senegal, Mali, Alto Volta e Níger, além de partes de Mauritânia, Guiné e Nigéria. Os impérios de Gana, Mali e Songai, no Sudão ocidental, tornaram-se sinônimos de luta ilustrativos das conquistas do passado africano. Essa é a área para a qual os nacionalistas africanos e progressistas brancos apontam quando querem provar que os povos africanos também foram capazes de grandeza política, administrativa e militar em épocas anteriores aos homens brancos. No entanto, as demandas de um povo em um momento determinado alteram os tipos de questões para as quais espera-se que os historiadores forneçam respostas. Hoje, as massas da África buscam o "desenvolvimento" e a emancipação total. As questões que precisam ser resolvidas em relação à história do Sudão ocidental são as que iluminam os princípios subjacentes ao desenvolvimento impressionante de alguns Estados no coração da África.

As origens do Império de Gana remontam ao século V, mas o auge se deu entre os séculos IX e XI. Já o Mali teve seu apogeu nos séculos XIII e XIV; Songai, nos dois séculos seguintes. Os três não ocupavam exatamente a mesma área; e a origem étnica das três classes dominantes era diferente; no entanto, devem ser considerados os "Estados sucessores", seguindo essencialmente a mesma linha de evolução e crescimento. Eles têm sido tão frequentemente chamados de Estados comerciais que quase esquecemos que a principal atividade da população era a agricultura. Tratava-se de uma zona em que várias espécies de milheto foram domesticadas, junto com uma espécie de arroz, várias outras plantas alimentícias e ao menos um tipo de algodão. A região testemunhou a introdução relativamente precoce de ferro, no milênio anterior ao nascimento de Cristo, o que possibilitou o surgimento de ferramentas que beneficiaram a agricultura. A savana exposta do Sudão ocidental também favoreceu a criação de bovinos. Alguns grupos, como os fula, eram exclusivamente pastores, mas a criação de bovinos era encontrada, em diferentes graus, por toda a enorme região. Os bovinos eram os animais domesticados mais significativos, seguidos dos caprinos. A criação de cavalos, mulas e burros também era contínua, o que foi possível graças às amplas áreas livres de mosca-tsé-tsé. Além disso, o grande rio Níger propiciava que houvesse pescadores experientes.

A população, fator indispensável de produção, só atingiu a densidade que atingiu devido ao aumento na provisão de alimentos, enquanto os segmentos de produção artesanal e comércio prosperavam principalmente a partir dos produtos da agricultura. O cultivo de algodão conduziu à especialização na confecção desse tipo de tecido, estabelecendo o comércio interno de produtos específicos como o algodão cru de Futa Djalom e os panos azuis de Djenné. O pastoreio fornecia uma variedade de produtos para a manufatura, em especial o couro bovino e a pele de cabra, usados, por exemplo, na confecção de sandálias, jaquetas de couro para uso militar e bolsas de couro para amuletos. Os cavalos serviam como meio de transporte para a classe dominante e foram importantes para a guerra e a expansão territorial do Estado. Para fins de intercruzamento, alguns cavalos foram importados do norte da África, onde o puro-sangue árabe era da melhor qualidade. Para o transporte de carga, os burros eram naturalmente mais bem equipados; e o reino Mossi do Alto Volta especializou-se na criação desses animais, associados ao comércio de longa distância na vasta região. Nos limites do Saara, eles eram substituídos por camelos – outro ativo "tecnológico" vindo do norte.

A mineração era uma esfera importante de produção. Alguns dos clãs reais do Sudão ocidental, como o Kante, eram compostos de ferreiros especializados. Em um período de expansão pela guerra, o controle sobre o suprimento de ferro e sobre as habilidades de forja do metal foi obviamente decisivo. Além disso, os dois mais importantes artigos de comércio de longa distância eram sal e ouro, ambos obtidos principalmente pela mineração. De origem nem o suprimento de sal nem o de ouro estavam dentro dos domínios de Gana, que tomou medidas para integrá-los por meio do comércio ou da expansão. Gana avançou para o norte no Saara e, por volta do fim do século X, tomou Audagoste dos berberes – uma cidade útil para o controle do sal que chegava, extraído no meio do deserto. De forma semelhante, Mali e Songai procuraram assegurar o controle de Tagaza, que foi o maior centro específico de mineração de sal. Songai levou o prêmio, tomando Tagaza dos berberes do deserto e mantendo-o por muitos anos, apesar da oposição do Marrocos. Outro elemento crucial, mas raramente enfatizado no padrão de produção, foram as minas de cobre no Saara, pertecentes tanto a Mali como a Songai.

Ao sul de Gana ficavam importantes reservas de ouro do Alto Senegal e seu afluente, o Falémé. Diz-se que Gana obteve seu ouro por meio de um escambo "silencioso" ou "tolo", assim descrito:

> Os mercadores batiam grandes tambores para convocar os nativos locais, que estavam nus e viviam em buracos no chão. Eles se recusavam a sair desses buracos, que eram sem dúvida as covas de onde tiravam o ouro, na presença de comerciantes estrangeiros. Estes, então, costumavam organizar suas mercadorias em pilhas na margem do rio e se retiravam de vista. Os nativos locais vinham e colocavam

um monte de ouro ao lado de cada pilha e se retiravam. Se os comerciantes estivessem satisfeitos, levavam o ouro e partiam, batendo seus tambores para indicar que a venda fora concluída.

O autor da citação, E. W. Bovill, suposta autoridade europeia sobre o Sudão ocidental, prossegue, então, dizendo que o comércio silencioso ou escambo tolo foi uma característica do comércio de ouro do Sudão ocidental ao longo dos séculos até os tempos modernos. Na realidade, a única coisa tola sobre o comércio é o que ele escreve.

A história do escambo tolo por ouro na África ocidental é repetida em vários relatos, a começar por antigos textos gregos. É claramente uma aproximação grosseira das primeiras tentativas de troca de um povo entrando em contato com estranhos – e não foi um procedimento permanente. Durante o domínio de Gana, as pessoas dos dois principais campos de ouro de Bambuque e Bouré se envolveram em relações comerciais regulares com o Sudão ocidental. Gana provavelmente, e Mali com certeza, exerciam o domínio político sobre as duas regiões, onde a mineração e a distribuição de ouro se tornaram processos muito complexos. Durante os séculos de grandeza do Mali, a mineração em larga escala do ouro se iniciou na floresta da moderna Gana para abastecer o comércio de ouro transaariano. Os sistemas sociais existentes se expandiram e surgiram Estados fortes para lidar com a venda de ouro. Os mercadores saídos das grandes cidades do Sudão ocidental tinham que comprar o ouro por peso, usando uma medida precisa e pequena conhecida como *benda*.

Quando os portugueses chegaram ao rio Gâmbia tiveram um vislumbre de como o ouro era negociado no curso superior do rio e maravilharam-se com a destreza demonstrada pelos comerciantes mandinga. Estes carregavam balanças muito bem equilibradas, incrustadas com prata e suspensas em cordas de seda trançada. O pó e as pepitas de ouro eram pesados com pesos de latão. A perícia dos mandinga na medição do ouro e em outras formas de comércio era, em grande parte, devida ao fato de que nesse grupo étnico havia um núcleo de comerciantes profissionais, comumente conhecidos como diúla. Estes não eram muito ricos, mas se distinguiam pela disposição em viajar milhares de quilômetros de uma extremidade a outra do Sudão ocidental. Eles também chegaram ou se aproximaram muito da costa de Gâmbia, de Serra Leoa, Libéria, Costa do Marfim e Gana. Os diúla lidavam com uma longa lista de produtos africanos – sal da costa atlântica e do Saara; noz-de-cola das florestas da Libéria e Costa do Marfim; ouro da região dos acã na Gana moderna;

couro dos hauçá; peixe seco da costa; tecidos de algodão de muitos distritos e, principalmente, da área central do Sudão ocidental; ferro de Futa Djalom, na Guiné moderna; manteiga de karité do Alto Gâmbia; e uma série de outros artigos locais. Além disso, o comércio do Sudão ocidental envolvia a circulação de mercadorias originárias do norte da África, com destaque para tecidos do Egito e do Magreb e contas de coral de Ceuta, na costa do Mediterrâneo. Portanto, o padrão do comércio do Sudão ocidental e transaariano consistia em integrar recursos de uma vasta área que se estende do Mediterrâneo ao oceano Atlântico.

O comércio de longa distância que cruzava o Saara tinha características únicas. Alguns especialistas se referiram ao camelo como o "navio" do Saara, e as cidades por onde as caravanas de camelos entravam, em ambos os lados do deserto, foram chamadas de "portos". Na prática, o comércio transaariano representou uma conquista tão grande quanto cruzar um oceano. E estimulou, muito mais que o comércio local, cidades famosas da região, como Ualata, Timbuctu, Gao e Djenné, além de atrair a cultura islâmica letrada. O comércio de longa distância também fortaleceu o poder do Estado, o que significava, de fato, o poder das linhagens que se transformaram em uma aristocracia. No entanto, afirmar que foi o transaariano que fortaleceu os impérios sudaneses ocidentais é uma simplificação grosseira de causas e efeitos. Gana, Mali e Songai cresceram a partir de seu meio ambiente e dos esforços de suas próprias populações; foi só depois de terem alcançado certo destaque que suas classes dominantes puderam expressar interesse no comércio e fornecer a segurança para permitir que ele florescesse.

É importante observar que o Sudão ocidental nunca forneceu qualquer capital significativo para o comércio transaariano. O capital vinha de mercadores de Fez, Tremecém e outras cidades do Magreb; e eles enviavam agentes para residir no Sudão ocidental. Em certa medida, tratava-se de uma relação colonial, porque a troca era desigual e favorável ao norte da África. No entanto, o comércio de ouro foi capaz, ao menos, de estimular o desenvolvimento das forças produtivas na África ocidental, enquanto o concomitante comércio de pessoas escravizadas não tinha tais benefícios. Gana, Mali e Songai exportavam um pequeno número de pessoas para escravização, e o Império de Canem-Bornu deu a essas exportações prioridade muito maior, porque não controlava suprimentos de ouro. Canem-Bornu usou seu poder para fazer incursões a fim de apreender cativos no sul até Adamaua, no Camarões moderno. As implicações negativas de tais políticas seriam plenamente trazidas à tona em séculos posteriores, quando o movimento de pessoas escravizadas de algumas partes da África ocidental cruzando o Saara foi associado a um fluxo enorme de pessoas do continente para destinos definidos pelos europeus.

Embora ficando consideravelmente aquém do estágio feudal, a formação do Estado foi mais avançada no Sudão ocidental que na maioria das outras partes da África no período de 500 a 1500. Além de Gana, Mali, Songai e Canem-Bornu, existiram reinos importantes nas terras hauçá, em Mossi, no Senegal, nas montanhas Futa Djalom da Guiné e na bacia do Benué, afluente do rio Níger. As técnicas sudanesas de organização e administração política se espalharam para muitas regiões vizinhas e influenciaram o surgimento de inúmeros pequenos Estados espalhados por toda a região, das margens do rio Senegal às montanhas de Camarões. Algumas características específicas sudanesas foram encontradas em muitos reinos, em especial a posição da "rainha mãe" na estrutura política.

Os pontos fortes e fracos dos Estados do Sudão ocidental demonstram até onde eles chegaram no longo caminho de abandono do modo de produção comunal – no que diz respeito às relações sociais e ao nível de produção. O Estado reuniu formações sociais e grupos étnicos diversos em conflito. No caso de Canem-Bornu, pastores e lavradores foram capazes até de integrar nômades do deserto em seus camelos. Em outros lugares, os nômades tuaregues foram mantidos a distância, de modo que cultivadores e outros grupos sedentários pudessem seguir a vida em paz. Homens, animais domésticos e mercadorias eram livres para se mover por milhares de quilômetros em segurança. No entanto, o Estado ainda não havia derrubado as barreiras entre as diversas formações sociais. O Estado existia como instituição que arrecadava tributos das diversas comunidades e as impedia de entrar em conflito. Em períodos de fraqueza, a superestrutura do Estado quase desaparecia, o que dava margem a tendências políticas e sociais desagregadoras. Cada Estado que sucedia um anterior era mais uma tentativa de garantir a unidade da formação social, algumas vezes de forma intencional e outras como um subproduto contingente da luta pela sobrevivência.

Sob o feudalismo, a classe dominante no Estado destruiu, pela primeira vez, as instituições sociais que impediam os Estados embrionários pioneiros de exercerem ação direta sobre cada súdito. Ou seja, o feudalismo instituiu uma série de vínculos diretos e obrigatórios entre os soberanos das terras e os súditos sem-terra. No Sudão ocidental, essa divisão de classes bem definida não chegou a existir. No período de apogeu do Mali, nos séculos XIII e XIV, havia surgido certo grau de escravização e, no fim do século XV, havia pessoas escravizadas como propriedade pessoal e "escravos domésticos" comparáveis aos servos feudais. No Senegal, por exemplo, comerciantes portugueses descobriram que havia, entre a população, aqueles que trabalhavam a maioria dos dias para seus senhores e alguns dias por mês para si mesmos – uma tendência feudal embrionária. No entanto, uma maioria ainda tinha amplo acesso à terra por meio de parentes, e, em termos políticos, isso significava que a autoridade da classe dominante era exercida sobre chefes de família e clãs, não sobre cada súdito.

Embora o igualitarismo comunal estivesse em vias de extinção, as relações comunais ainda persistiam e haviam se tornado, por volta do século XV, um freio para o desenvolvimento do Sudão ocidental. A produção da sociedade que superava as necessidades de subsistência vinha dos tributos de comunidades coletivas e não ia diretamente do produtor para a classe exploradora. Isso incentivava a manutenção das antigas estruturas sociais que, no entanto, eram incapazes de ampliar a mobilização e a especialização da mão de obra em graus muito superiores. Era improvável que houvesse uma revolução social violenta. Em tais circunstâncias, grandes avanços tecnológicos eram necessários para desencadear mudanças. O grau de integração econômica precisava ser acentuado por uma produtividade maior em várias áreas – levando em consideração um comércio mais intenso, maior especialização na divisão do trabalho e a possibilidade de acumulação de excedentes. Mas os veículos com rodas e o arado se estagnaram no norte da África, bem como a irrigação em grande escala. Aliás, devido à ausência crítica da irrigação em larga escala, a base produtiva do Sudão ocidental realmente diminuiu, ao passo que o Saara avançava. Gana estava em terras agrícolas férteis, mas tanto o Mali como Songai tinham seus centros mais ao sul, porque as terras antigas ao norte de Gana foram tomadas pelo Saara, via dessecação. Técnicas necessárias para o controle desse ambiente hostil e para o aumento da agricultura e da capacidade manufatureira tinham de evoluir localmente ou ser trazidas de fora. Na fase seguinte da história africana, após a chegada dos homens brancos, ambas as alternativas foram praticamente descartadas na África ocidental.

Zona dos grandes lagos

O alto nível de evolução social no Sudão ocidental provocou longos debates para determinar se a região alcançou o feudalismo de variedade europeia, se deveria ser classificada junto com os grandes impérios asiáticos ou se engendrou uma categoria nova e única. Ao leste do continente, o desenvolvimento, no mesmo período, foi definitivamente mais lento. Primeiro, porque o povo da África oriental obteve ferramentas de ferro muito mais tarde que seus irmãos no norte e no oeste; segundo, porque a variedade de tecnologias e habilidades era mais restrita. No entanto, no século XIV, a formação do Estado avançava bem e os princípios de desenvolvimento revelados no processo merecem ser considerados. Uma área de especial interesse é a dos grandes lagos da África, em especial a zona em torno do conjunto de lagos que os britânicos acharam coerente renomear em homenagem a vários membros da família britânica no poder – Victoria, Albert, Edward, George. Naquela zona entre os lagos, vários Estados famosos acabaram surgindo, sendo um dos mais antigos e o maior o de Bunioro-Quitara.

Bunioro-Quitara compreendia, no todo ou em parte, as regiões que hoje [década de 1970] se chamam Bunioro, Ancole, Toro, Buganda e Caragué – todas elas em Uganda, exceto esta última, que fica na Tanzânia. As tradições históricas foram preservadas oralmente pelos vários povos que, no passado, viveram nos limites de Bunioro-Quitara; e as tradições concentravam-se na dinastia governante, conhecida como Bachvezi. Os bachvezi eram supostamente um grupo de imigrantes pastores. Eles introduziram o gado zebu de chifres longos, ou Ankole Watusi, que mais tarde se tornou a principal espécie da zona entre os lagos. A posse desses animais sem dúvida os ajudou a se tornarem uma aristocracia dominante nos séculos XIV e XV, um estrato social superior aos clãs que existiam anteriormente e que tinham bases territoriais estreitas. O período de apogeu bachvezi também está associado à siderurgia, à fabricação de tecidos de cascas de árvores, à técnica de cavar poços em meio a rochas e – o mais impressionante – à construção de extensos sistemas de terraplanagem, aparentemente usados tanto para defesa quanto para o confinamento de grandes rebanhos. A maior das obras de terraplanagem foi realizada em Bigo, com fossos que se estendem por mais de dez quilômetros.

A divisão do trabalho entre pastores e lavradores e a natureza de seus contatos intensificaram o processo de formação de castas e a estratificação de classes na área entre os lagos. As classes sociais surgiram de uma situação de mudança nas relações de trabalho. Os pastores bahima impuseram seu domínio sobre os lavradores, ou *bairu*. Em Bigo e outras localidades, as obras de terraplanagem não foram executadas por mão de obra voluntária familiar, e alguma forma de coerção também deve ter sido usada para fazer com que os lavradores produzissem excedentes para os novos senhores. Por exemplo, diz-se que os bachvezi estabeleceram um sistema pelo qual os jovens eram recrutados a serviço do rei e sustentados pelos *bairu* que ocupavam e cultivavam terras destinadas ao sustento do exército. Eles também introduziram artesãos e administradores escravizados. Quando funcionários administrativos foram designados localmente para governar em nome dos aristocratas, deu-se um primeiro passo para estabelecer propriedades feudais, como na Etiópia; e embora a questão das concessões de terras ainda não tivesse emergido, deve-se ter em mente que a desigualdade na distribuição do gado significava, de fato, acesso desigual aos meios de produção.

Muita incerteza envolve a identificação exata dos bachvezi. É possível que não fossem imigrantes mas, no geral, acredita-se que eram pastores de pele clara vindos do norte. Supondo-se que isso seja verdade, é fundamental ressaltar que tudo o que se alcançou na região entre os lagos nos séculos XIV e XV foi um produto da evolução da sociedade africana como um todo e não o transplante de algo vindo de fora. A fim de colocar os acontecimentos na África oriental no contexto da realização humana universal, pode-se traçar um paralelo com a Índia. Séculos antes do nascimento de Cristo, o norte da Índia também recebeu imigrantes pastores de pele clara conhecidos como arianos. Houve uma época na cultura indiana em que tudo era atribuído aos arianos, mas então um escrutínio cuidadoso revelou que a base da sociedade e a cultura indianas foram estabelecidas por uma população mais antiga, os chamados dravidianos. Por isso, hoje é considerado muito mais sensato ver as conquistas do norte da Índia como produto da síntese ou da combinação entre arianos e dravidianos. Da mesma forma, na África oriental, é preciso buscar os elementos de síntese entre o novo, o antigo e o que de fato foi o caminho do desenvolvimento na zona entre os lagos nos séculos XIV e XV.

Como acabou-se de observar, os bachvezi *foram associados* a técnicas como a siderurgia e a fabricação de tecidos de casca de árvore. Não está claramente estabelecido que eles introduziram tais técnicas, sendo mais provável que tenham conduzido ao *aprimoramento* de tais habilidades. Certamente, as sociedades que utilizavam o ferro eram conhecidas na África oriental vários séculos antes do período bachvezi. Em Engaruka, ao sul da atual fronteira entre o Quênia e a Tanzânia, encontram-se as ruínas de uma pequena, mas impressionante, sociedade da Idade do Ferro, que floresceu algum tempo antes do fim do primeiro milênio depois de Cristo (ou seja, antes de 1000 d.C.). Engaruka era um assentamento agrícola densamente povoado e empenhado na terraplanagem, terraços, irrigação e construção de muros por meio da técnica conhecida como *dry stone*, em que não era necessário usar cal para manter as pedras unidas.

Na área entre os lagos propriamente dita, surgiu uma agricultura que tinha como base a banana, capaz de sustentar uma grande população sedentária. O sedentarismo era o tipo de pré-condição para a passagem do isolamento comunal à condição de Estado.

É significativo que as tradições preservadas oralmente insinuem a existência de reinos em Bunioro e Caragué antes dos bachvezi. A formação do Estado já estava em estágio embrionário quando os forasteiros chegaram, e a hipótese mais provável é de que eles não tenham permanecido forasteiros por muito tempo. Ao contrário dos arianos na Índia, os bachvezi não impuseram sequer a própria língua, mas adotaram o dialeto bantu dos habitantes locais. Isso, em síntese, reflete o domínio de elementos locais sobre os estrangeiros. Em todo caso, o produto cultural era *africano* e fazia parte de um padrão de desenvolvimento que combinava a evolução local com a interação entre formações sociais de escala continental.

Entre as supostas contribuições dos bachvezi aos reinos entre os lagos estava a introdução da religião baseada nas fases da lua. Em todas as situações examinadas até aqui, a religião desempenhou um papel significativo na promoção da instituição do Estado, indo além da simples organização da comunidade familiar. O cristianismo e o islamismo foram mais frequentemente associados a instituições de grande escala, dentro e fora da África, o que se explica não tanto pelas crenças religiosas reais, mas porque a adesão a uma igreja universal dava às classes dominantes de Estados jovens muitas vantagens. Um príncipe cristão ou muçulmano tinha acesso à cultura letrada e a um mundo mais amplo; lidava com comerciantes e artesãos que professam aquela religião; dispunha de administradores e sacerdotes alfabetizados; e podia viajar para partes do mundo, como Meca. Acima de tudo, as religiões universais substituíram as religiões ancestrais africanas "tradicionais" na Etiópia, no Sudão, no Egito, no Magreb e, progressivamente, no Sudão ocidental, porque o cristianismo e o islamismo não estavam enraizados em nenhuma comunidade familiar específica e, portanto, podiam ser usados para mobilizar as muitas comunidades que estavam se fundindo no Estado. No entanto, as crenças religiosas que haviam sido aceitas por um único clã ou grupo étnico podiam ser promovidas da mesma forma ou de forma ligeiramente alterada para se tornarem a religião de todo o Estado. Foi esta a situação na zona entre os lagos e, aliás, em grande parte da África, além das regiões já descritas.

Zimbábue

No Zimbábue, uma das grandes construções de blocos de pedra (datada do século XIV) é muitas vezes referida como "templo" e teria servido a propósitos religiosos. Mesmo a partir de evidências limitadas, fica claro que o aspecto religioso do desenvolvimento social teve a maior importância para consolidar os laços entre os indivíduos naquela emergente sociedade africana. Por exemplo, a classe dominante do Império Mutapa, no Zimbábue do século XV, era a dos pastores, e seus rituais religiosos incluíam objetos que simbolizavam o gado, conforme descoberto nos reinos entre os lagos, como Bunioro e Caragué. Pode-se imaginar que os rituais simbolizavam o domínio dos proprietários de gado, ao mesmo tempo que expressavam o respeito às ideias dos lavradores, promovendo uma síntese estável entre os dois grupos. Os detalhes da situação não estão disponíveis no estágio atual de conhecimento, mas o fundamental é que qualquer discussão sobre a religião africana deve procurar apresentá-la de maneira evolucionária e mutável, além de relacioná-la a formas socioeconômicas e instituições em transformação. Como tal tarefa está além dos limites deste estudo, propõe-se examinar o Zimbábue como mais uma região onde é possível verificar que a base produtiva e a superestrutura política se desenvolveram consideravelmente nos séculos que antecederam o contato da África com a Europa.

No extremo sul do continente, a área em que foram registradas as realizações mais marcantes do século XV estava localizada entre os rios Zambeze e Limpopo, cobrindo os territórios que mais tarde se chamariam Moçambique e Rodésia. Povos que faziam o uso do ferro e que formaram Estados estavam ativos ali desde o início do primeiro milênio depois de Cristo. No século XV emergiu no local o império que os europeus chamaram de Monomotapa. O termo "Zimbábue" é usado aqui para designar as culturas do Zambesi-Limpopo nos poucos séculos que antecederam à chegada dos europeus, pois entre os séculos XI e XIV floresceram ali as sociedades cujo aspecto mais característico foi a construção de grandes palácios de pedra, conhecidos coletivamente como Zimbábue.

Muito se tem escrito sobre as construções que distinguem a cultura do Zimbábue. Elas são uma resposta direta ao meio ambiente de pedras de granito, tendo sido erguidas sobre colinas graníticas a partir de blocos do material. O local mais conhecido onde ainda subsistem ruínas de pedra é o Grande Zimbábue, ao norte do rio Sabi. Uma das principais estruturas de lá tinha 91 metros de comprimento e 67 metros de largura, com muros de 9 metros de altura e 6 metros de espessura. A técnica de colocar os blocos um sobre o outro sem cal para atuar como argamassa era do mesmo estilo observado na descrição de Engaruka no norte da Tanzânia. Tratava-se, de fato, de um aspecto peculiar da cultura material da África, sendo o procedimento amplamente realizado na Etiópia e no Sudão. O estilo de paredes de blocos de pedra em círculos do Grande Zimbábue e outros locais também era tipicamente africano, na medida em que se tratava de um aprimoramento das construções com tijolos de barro, ou *kraals*, de muitos povos de línguas bantu.

Um arqueólogo europeu teria dito que havia tanto trabalho empenhado no Zimbábue quanto nas pirâmides do Egito. Isso é certamente um exagero, pois as pirâmides foram levantadas graças a uma quantidade impressionante de mão de obra escravizada, que não poderia estar à disposição dos governantes do Zimbábue. No entanto, é necessário refletir sobre a quantidade de trabalho necessária para erguer as construções da região do Zimbábue até o século XV. Os trabalhadores podem muito bem ter sido de grupos étnicos específicos, subjugados por outros grupos étnicos, mas no processo de subjugação foram adquirindo o caráter de uma classe social cujo trabalho era explorado. Também não se tratava de trabalho manual puro. Destreza, criatividade e habilidade artística integraram a construção das paredes, em especial no que diz respeito às decorações, aos recessos internos e às portas.

Quando Cecil Rhodes enviou seus agentes para realizar saques e roubos no Zimbábue, eles e outros europeus ficaram maravilhados com as ruínas remanescentes da cultura local e presumiram que eram construções de povos brancos. Ainda hoje existe uma tendência a considerar as realizações com um sentimento de admiração e não com a aceitação tranquila de que se tratava da consequência lógica do desenvolvimento social humano na África, parte do processo universal pelo qual o trabalho do homem abriu novos horizontes. A percepção dessa realidade só pode ser restaurada quando se deixa claro que a arquitetura era consequência de agricultura e mineração evoluídas ao longo dos séculos.

O Zimbábue era uma zona de agricultura mista, com grande importância também para a criação de gado, pois a área é livre de moscas-tsé-tsé. Lá, a irrigação e a terraplanagem atingiram proporções consideráveis. Não havia uma única represa ou um aqueduto comparável àqueles da Ásia ou da Roma antiga, mas inúmeros cursos d'água foram desviados e levados a circundar as colinas, indicando o conhecimento dos princípios científicos que regem o movimento da água. Na verdade, o povo do Zimbábue produziu "hidrólogos" graças à sua compreensão do entorno material. Paralelamente à mineração, é também impressionante que os povos africanos da zona em questão tenham produzido garimpeiros e "geólogos" com uma ideia clara de onde procurar ouro e cobre no subsolo. Quando os colonizadores europeus chegaram, no século XIX, descobriram que praticamente todas as camadas de reservas de ouro e cobre já haviam sido extraídas por povos africanos – embora, é claro, não na mesma profundidade que os europeus conseguiram alcançar com equipamentos de perfuração. Entre a população do Zimbábue surgiram também ourives, que produziam ornamentos de ouro com grande habilidade e leveza de toque.

A presença de ouro, em especial, era um estímulo ao comércio, e a demanda externa, por sua vez, era o que mais contribuía para acelerar a mineração. No primeiro milênio depois de Cristo, de Ingombe Ilede ao norte do Zambeze, havia uma aristocracia que utilizava o ouro e, supostamente, obtinha os suprimentos nas minas mais distantes, no sul. No entanto, o ouro só é necessário em grandes quantidades em uma sociedade que produz muito excedente econômico e pode arcar com a transformação de parte desse excedente em ouro, tendo como propósitos conferir prestígio (no caso da Índia), cunhar moedas ou dispor de meios de transação para promover o capitalismo (como na Europa ocidental). As sociedades pré-feudais africanas não dispunham de tal excedente, e as relações sociais também não tornavam necessária uma intensa circulação interna do ouro. Por isso, foi a presença de comerciantes árabes, que chegaram ao sul de Sofala no canal de Moçambique, que estimulou o Zimbábue a minerar mais ouro para *exportação* praticamente no mesmo período do século XI em que a construção em pedra estava começando. Isso implica a confluência de vários fatores, em especial a intensificação da estratificação de classes, da formação do Estado, das técnicas de produção e construção e de comércio.

Vários grupos étnicos contribuíram para a composição social zimbabuense. As populações mais antigas da região eram caçadores "bosquímanos" e coisã que hoje são encontrados apenas em pequeno número no sul da África. Eles foram incorporados aos recém-chegados de regiões mais distantes do norte, que falavam línguas bantu e, de fato, deram sua contribuição às línguas bantu da região. Entre os falantes de bantu, havia vários grupos distintos, que se dispersaram em momentos diferentes. Evidências materiais reveladas por arqueólogos mostram cerâmicas de vários estilos, formas ou práticas diferentes de posicionar as sepulturas e outras estruturas ósseas entre os esqueletos. Outros artefatos materiais indicam que, ao longo dos séculos, muitas sociedades ocuparam a região do Zimbábue. Grande parte da inter-relação entre grupos aconteceu pacificamente, embora a própria existência de fortalezas no alto das colinas e de defesas de pedra mostrem que os Estados maiores estavam envolvidos em confrontos militares por sobrevivência e primazia. Além disso, alguns grupos étnicos devem ter sido permanentemente relegados a uma condição de inferioridade, de modo a fornecer mão de obra para a agricultura, a construção e a mineração. Outros clãs se especializaram em pastoreio, guerra e controle do aparato religioso, como profetas e fazedores de chuva.

Acredita-se que os habitantes do Zimbábue do século XI ao XIV eram falantes do soto; mas quando os portugueses chegaram, uma dinastia falante do xona havia assumido o controle da maior parte da região. Tratava-se do clã rozwi, que criou o Estado de Mutapa, entre o Zambeze e o Limpopo. O governante era conhecido como Mwene Mutapa, o que, aparentemente, significava "o grande Senhor de Mutapa" para seus súditos, mas acreditava-se significar algo como "o grande saqueador" entre os povos que ele conquistou e controlou sob um império único. O primeiro indivíduo a deter o título Mwene Mutapa governou de 1415 a 1450, aproximadamente, mas a dinastia já vinha se tornando proeminente antes desse período. A capital, de início localizada no Grande Zimbábue, mudou-se mais tarde para o norte. O importante era que Mwene Mutapa nomeava os governantes para dirigir várias localidades fora da capital, de forma semelhante ao que acontecia nos impérios do Sudão ocidental ou dos Estados bachvezi na zona entre os lagos.

Os senhores rozwi de Mutapa fizeram o máximo para incentivar a produção para a exportação, principalmente de ouro, marfim e cobre. Comerciantes árabes passaram a residir no reino, e a região do Zimbábue passou a integrar a rede comercial do oceano Índico, ligando-a à Índia, à Indonésia e à China. Uma das principais realizações dos senhores rozwi de Mutapa foi organizar um sistema único de produção e comércio. Eles cobravam tributos das várias comunidades em seus reinos, o que era, ao mesmo tempo, sinal de soberania e uma forma de comércio, porque o movimento de mercadorias era estimulado. Não há dúvidas de que o comércio exterior fortaleceu o Estado de Mutapa, mas, acima de tudo, fortaleceu as camadas dominantes que detinham o monopólio sobre esse aspecto da atividade econômica. Em comparação com outras elites africanas da época, os rozwi do Zimbábue ainda tinham uma longa trajetória a percorrer. Eles não estavam na mesma categoria da nobreza amárica da Etiópia ou dos senhores feudais árabes-berberes do Magreb. Eles assimilaram algumas influências externas, mas não viajavam, como os governantes do Mali e de Songai, que faziam peregrinações a Meca. Seus trajes ainda eram feitos essencialmente de peles de animais, e os tecidos que utilizavam eram importações recentes de comerciantes árabes, não produtos da evolução das habilidades locais nesse setor. Quanto a isso, o Zimbábue também estava atrás de alguns dos outros Estados africanos pioneiros, como Oió, em Iorubalândia, o Benin, na mesma região, e, no século XIV, o Império do Congo (a que os europeus, no momento de sua chegada, se referiam como maior Estado da África ocidental).

Foi necessário, para fins de ilustração, avaliar algumas (embora não todas) as áreas principais do desenvolvimento da África antes da chegada dos europeus. Também não se deve esquecer que inúmeras comunidades aldeãs emergiram como Estados pequenos em tamanho, mas, muitas vezes, claramente estratificados em seu interior, apresentando um nível impressionante de avanço material. Os casos descritos até aqui devem ser suficientes para comprovar isso. No século XV, a África não era apenas um amontoado de diferentes "tribos". Havia um padrão e um movimento históricos. Sociedades como a Etiópia feudal e o Egito estavam no extremo mais distante do processo de desenvolvimento evolutivo. O Zimbábue e os Estados bachvezi também estavam claramente no ponto mais alto de distanciamento do modo de produção comunal, mas em um nível mais baixo que o dos Estados feudais e de alguns outros que ainda não eram feudais, como os do Sudão ocidental.

Conclusão

Na introdução do conceito de desenvolvimento, chamamos atenção para o fato de que a lenta e imperceptível expansão da capacidade produtiva social correspondia, em última análise, a uma diferença qualitativa, sendo que a chegada a um novo estágio às vezes se anunciava por meio da violência social. Pode-se dizer que a maioria das sociedades africanas não atingiu um estágio marcadamente diferente do modo de produção comunal; daí o uso cauteloso do termo "transitório" neste estudo. Pode-se notar também que em nenhuma localidade chegaram a ocorrer revoluções sociais internas. Estas aconteceram na história europeia e mundial apenas onde a consciência de classe levou à intervenção massiva da vontade do povo no processo socioeconômico que, fora isso, era involuntário. Tais observações ajudam a situar o desenvolvimento africano até o século XV em um nível inferior ao de um feudalismo maduro, governado por uma classe.

Deve-se reiterar também que, como modo de produção, o escravismo não estava presente em nenhuma sociedade africana, embora algumas pessoas escravizadas fossem encontradas em locais onde a decomposição da igualdade comunal havia avançado mais. Essa é uma característica importante, que ilustra a autonomia do caminho africano em um contexto mais amplo de avanço universal. Um dos paradoxos do estudo desse período inicial da história africana é que ele não pode ser plenamente compreendido sem um aprofundamento prévio de nossos conhecimentos sobre o mundo em geral, e, ainda assim, a verdadeira imagem das complexidades do desenvolvimento do homem e da sociedade só pode ser esboçada depois de uma análise intensiva do continente africano, há muito negligenciado. Não há como escapar ao uso de comparações como auxílio à clareza, e, na verdade, os paralelos foram restringidos à Europa, embora possam ser feitos a partir de exemplos da história asiática. É aí que reside o imperialismo cultural, que torna mais fácil para o africano de educação europeia lembrar-se de nomes como os capetianos (franceses) e da casa de Hohenzollern (prussiana), não das dinastias vietnamitas de Id e Tran, pois estas últimas são desconhecidas para ele ou, caso conhecidas, poderiam ser consideradas sem importância ou mesmo muito difíceis de pronunciar!

Muitas pessoas que estudaram a história da África apontaram que, depois de pesquisar as áreas desenvolvidas do continente no século XV e as da Europa na mesma época, a diferença de forma alguma beneficia esta última em detrimento da África. Na verdade, os primeiros europeus a chegarem às Áfricas ocidental e oriental por mar foram os que indicaram que, em muitos aspectos, o desenvolvimento do continente era comparável ao que eles conheciam. Para dar apenas um exemplo, quando os holandeses visitaram a cidade do Benin eles a descreveram assim:

> A cidade parece muito grande. Quando se entra nela, segue-se por uma rua ampla, não pavimentada, que parece ser sete ou oito vezes mais larga do que a rua Warmoes em Amsterdã...
>
> O palácio do rei é um conjunto de construções que ocupa tanto espaço quanto a cidade de Harlem e que é cercado por muralhas. Há um grande número de aposentos para os ministros do príncipe e belas galerias, a maioria delas tão grande quanto a Bolsa de Amsterdã. Elas são sustentadas por pilares de madeira envoltos em cobre, em que se registram suas vitórias e que são mantidos cuidadosamente limpos.
>
> A cidade é composta de trinta ruas principais, muito retas e com cerca de 35 metros de largura, além de uma infinidade de ruas transversais. As casas são

próximas umas das outras, bem ordenadas. Essas pessoas não são em nada inferiores aos holandeses em relação à limpeza; elas lavam e esfregam suas casas tão bem que as deixam polidas e brilhantes como espelhos.

Mesmo assim, seria ilusão imaginar que todas as coisas eram exatamente iguais no Benin e na Holanda. A sociedade europeia já era mais agressiva, mais expansionista e mais dinâmica na produção de novas conformações. Na Europa, o dinamismo restringia-se ao interior da classe mercantil e manufatureira. Nas galerias da Bolsa de Amsterdã sentavam-se os burgueses holandeses – ancestrais da moderna burguesia industrial e financeira. No século XV, essa classe foi capaz de fazer os senhores feudais avançarem ou serem deixados de lado. Ela começou a descartar o conservadorismo e a criar um clima intelectual em que a mudança era vista como desejável. Surgiu um espírito de inovação tecnológica e a transformação do modo de produção se acelerou. Quando a Europa e a África estabeleceram relações próximas por meio do comércio, já havia, portanto, uma tênue margem em favor da Europa – uma margem que representava a diferença entre uma jovem sociedade capitalista e outra que estava emergindo do modo de produção comunal.

3.
A CONTRIBUIÇÃO DA ÁFRICA AO DESENVOLVIMENTO CAPITALISTA DA EUROPA – O PERÍODO PRÉ-COLONIAL

O comércio britânico é uma esplêndida superestrutura do comércio e do poder naval estadunidenses sobre uma base africana.

— Malachy Postlethwayt, *The African Trade, the Great Pillar and Support of the British Plantation Trade in America*, 1745 [O comércio africano, o grande pilar de apoio ao comércio das *plantations* britânicas nos Estados Unidos, 1745]

Se vocês perdessem, a cada ano, os mais de 200 milhões de libras francesas que agora recebem de suas colônias; se vocês não tivessem a exclusividade comercial com colônias para suprir suas manufaturas, sustentar sua marinha, manter sua agricultura operando, pagar por suas importações, suprir sua necessidade de bens de luxo, equilibrar seu comércio com a Europa e a Ásia, então, digo-o com todas as letras, o reino estaria irremediavelmente perdido.

— Bispo Maury (da França); Argumento contra a abolição do comércio escravista e a liberdade às colônias de mão de obra escravizada pela França, apresentado na Assembleia Nacional Francesa, 1791

COMO A EUROPA SE TORNOU O SETOR DOMINANTE DE UM SISTEMA DE COMÉRCIO MUNDIAL

Devido à superficialidade de muitas das abordagens ao "subdesenvolvimento" e às concepções equivocadas que daí resultam, é necessário voltar a enfatizar que o desenvolvimento e o subdesenvolvimento não são apenas termos de uma comparação, que eles mantêm uma relação dialética entre si: isso significa que, por meio da inter-relação, ambos ajudam a produzir um ao outro. Europa ocidental e África tinham uma relação que assegurava a transferência de riqueza da África para a Europa. Essa transferência só foi possível depois que o comércio se tornou propriamente internacional; e isso nos leva de volta ao fim do século XV, quando África e Europa travaram relações pela primeira vez – junto com a Ásia e as Américas. As partes desenvolvidas e subdesenvolvidas do presente setor capitalista do mundo estão em contato contínuo há quatro séculos e meio. O argumento, aqui, é de que, durante esse período, a África serviu ao desenvolvimento da Europa ocidental na mesma proporção em que a Europa ocidental serviu ao subdesenvolvimento da África.

Um primeiro fator significativo sobre a internacionalização do comércio no século XV foi que os europeus tomaram a iniciativa e se deslocaram a outras partes do mundo. Nenhum barco chinês chegou à Europa e, se alguma canoa africana alcançou as Américas (como é, às vezes, sustentado), não se estabeleceu uma via de mão dupla. O que se chamava de comércio internacional nada mais era que a extensão ultramarina dos interesses europeus. A estratégia por trás do comércio internacional e da produção que o sustentava era firmemente controlada por mãos europeias, em especial pelas nações que se lançaram ao mar do Norte e ao Mediterrâneo. Essas nações detinham e comandavam a grande maioria das embarcações marítimas do mundo, assim como administravam financeiramente o comércio entre os quatro continentes. Os africanos tinham poucos indícios sobre as ligações triangulares entre os continentes da África, da Europa e das Américas. Era a Europa que detinha o monopólio do conhecimento sobre o sistema de trocas em sua totalidade, pois sua porção ocidental era o único setor capaz de enxergar o sistema como um todo.

Os europeus usaram a superioridade de seus navios e canhões para obter o controle de todas as vias navegáveis do mundo, a começar pelo oeste do Mediterrâneo e a costa atlântica do norte da África. A partir de 1415, quando os portugueses conquistaram Ceuta, perto de Gibraltar, iniciou-se a ofensiva contra o Magreb. Nos sessenta anos seguintes, eles tomaram portos como Arzila, Alcácer-Ceguer e Tânger e os fortificaram. Na segunda metade do século XV, os portugueses já controlavam a costa atlântica do Marrocos e utilizavam suas vantagens econômicas e estratégicas para se preparar para outras navegações que, por fim, levaram seus navios a contornar o cabo da Boa Esperança em 1495. Depois da chegada ao oceano Índico, os portugueses tentaram, com certo sucesso, substituir os árabes como mercadores que faziam a ligação da África oriental com a Índia e com o resto da Ásia. Nos séculos XVII e XVIII, os portugueses transportavam a maior parte do marfim da África oriental, que era comercializado na Índia, enquanto tecidos e contas indianos eram vendidos nas porções oriental e ocidental do continente africano por portugueses, holandeses, ingleses e franceses. Isso também se aplicava aos búzios das Índias orientais. Assim, por meio do controle dos mares, a Europa deu os primeiros passos para transformar várias partes da África e da Ásia em satélites econômicos.

Quando os portugueses e os espanhóis ainda estavam no comando da maior parte do setor do comércio mundial, na primeira metade do século XVII, eles se dedicaram à compra de tecidos de algodão da Índia para trocar por pessoas na África, que foram escravizadas na mineração de ouro nas Américas Central e do Sul. Parte do ouro das Américas seria, então, usada para comprar especiarias e sedas do Extremo Oriente. Os conceitos de metrópole e dependência passaram automaticamente a existir quando regiões da África foram enredadas pela teia do comércio internacional. Se de um lado os países europeus decidiam o papel a ser desempenhado pela economia africana, do outro a África constituía uma extensão do mercado capitalista europeu. Em relação ao comércio exterior, a África dependia do que os europeus estavam preparados para comprar e vender.

Os europeus exportavam para a África mercadorias que já estavam sendo produzidas e usadas na própria Europa – linho holandês, ferro espanhol, estanho inglês, vinhos portugueses, conhaque francês, contas de vidro venezianas, mosquetes alemães. Os europeus também eram capazes de descarregar no continente africano mercadorias que haviam se tornado não vendáveis no próprio território. Assim, itens como lençóis velhos, uniformes usados, armas de fogo tecnologicamente desatualizadas e várias quinquilharias encontravam mercados garantidos na África. Aos poucos os compradores africanos se conscientizaram da possibilidade de exigir e obter mercadorias importadas de melhor qualidade, pressionando os capitães dos navios europeus; mas, no geral, a variedade de mercadorias exportadas pelos portos europeus de Hamburgo, Copenhague e Liverpool era quase exclusivamente determinada pelo padrão de produção e consumo na Europa, pois, desde o início, os países europeus assumiram o poder de decisões no sistema de comércio internacional. Um excelente exemplo disso é o fato de que o suposto direito internacional, que regulava a conduta das nações em alto-mar, era nada mais, nada menos que o direito europeu. Os africanos não participaram de sua criação e, em muitos casos, eram meramente as vítimas de sua aplicação, pois a lei só os reconhecia como mercadorias transportáveis. Se o africano escravizado fosse lançado ao mar, a única questão jurídica resultante era a possível reivindicação de compensação às seguradoras por parte do navio usado no transporte. O poder de decisão europeu era, sobretudo, exercido na seleção do que a África devia exportar – de acordo com as necessidades europeias.

Os navios dos portugueses deram à busca do ouro prioridade máxima, em parte tomando como base informações bastante conhecidas de que o ouro da África ocidental chegava à Europa atravessando o Saara e em parte baseando--se em suposições. Portugal obteve metal em regiões da África ocidental e no centro-leste da África; e foi a Costa do Ouro que atraiu mais atenção dos europeus nos séculos XVI e XVII, haja visto o número de fortes ali construídos. Entre as nações envolvidas na exploração da Costa do Ouro estavam Escandinávia e Prússia (Alemanha), além de outras potências coloniais como Inglaterra, Holanda e Portugal.

A Europa estava impaciente para obter ouro na África, pois havia uma necessidade premente de moedas desse material no interior da crescente economia monetária capitalista. Mas como, até onde os europeus sabiam na época, o ouro estava restrito a áreas bem pequenas da África, o principal item de exportação eram os seres humanos. Apenas em alguns poucos lugares, em momentos específicos, a exportação de outra mercadoria teve igual ou maior importância. Por exemplo, no Senegal havia goma; em Serra Leoa, madeira vermelha e, em Moçambique, marfim. No entanto, mesmo considerando tudo isso, pode-se dizer que a Europa atribuiu à África o papel de fornecedor de recursos humanos cativos para serem usados como mão de obra escravizada em várias partes do mundo.

Quando os europeus chegaram às Américas, reconheceram no local um enorme potencial em ouro, prata e produtos tropicais, mas esse potencial não poderia ser transformado em realidade sem uma oferta adequada de mão de obra. A população indígena podia não resistir às novas doenças europeias, como a varíola, nem suportar o trabalho pesado e organizado de monoculturas e minas de mão de obra escravizada, pois mal haviam emergido da fase de caça. Por isso, em ilhas como Cuba e Hispaniola, a população indígena local foi praticamente exterminada pelos invasores brancos. Ao mesmo tempo, a própria Europa tinha uma população muito pequena e não podia liberar a mão de obra necessária para explorar a riqueza das Américas. Portanto, voltaram-se para o continente mais próximo, a África – que, aliás, tinha uma população acostumada à agricultura sedentária e ao trabalho disciplinado em muitas esferas. Essas foram as condições objetivas subjacentes ao início do comércio escravista europeu, e esses são os motivos pelos quais a classe capitalista da Europa usou seu controle do comércio internacional para garantir que a África se especializasse na exportação de cativos.

Obviamente, o fato de que a Europa podia dizer aos povos africanos o que exportar era uma demonstração de poder. No entanto, seria um erro acreditar que se tratava de uma força militar esmagadora. Durante os primeiros séculos de comércio, os europeus descobriram ser impossível conquistar os africanos, exceto em pontos isolados da costa. O poder europeu residia em seu sistema de produção, à época um pouco mais alto que o da África. A sociedade europeia estava saindo do feudalismo e caminhando rumo ao capitalismo; e a sociedade africana estava entrando em um estágio comparável ao feudalismo.

O fato de que a Europa foi a primeira parte do mundo a mover-se do feudalismo ao capitalismo deu ao continente uma vantagem sobre outras localidades em relação à compreensão científica do universo, à produção de ferramentas e à organização eficiente do trabalho. *A superioridade técnica europeia não se aplicava a todos os aspectos da produção, mas a vantagem que os povos europeus possuíam em algumas áreas-chave se mostrou decisiva.* As canoas africanas no rio Nilo e na costa do Senegal, por exemplo, eram de padrão elevado, mas a esfera de operações relevante era o oceano, onde os navios europeus puderam assumir o comando. Os povos da África ocidental haviam desenvolvido a fundição de metais a um nível sofisticado de perfeição artística fina em muitas partes da Nigéria, mas, quando se trata do encontro com a Europa, as belas peças de bronze eram muito menos relevantes que o canhão mais grosseiro. Os utensílios de madeira africanos eram, muitas vezes, obras de grande beleza, mas a Europa produzia tachos e panelas que tinham muitas vantagens práticas. Alfabetização, experiência organizacional e capacidade de produzir em uma escala cada vez maior também se somavam a favor dos europeus.

Nos primeiros anos de comércio com a África, os produtos manufaturados europeus eram, muitas vezes, de qualidade sofrível, mas foram considerados interessantes pela novidade. Esteban Montejo, um africano que, no século XIX, fugiu de uma monocultura cubana de mão de obra escravizada, lembrou-se de que seu povo foi atraído para a escravização pela cor vermelha. Disse ele:

> Foi o escarlate que arruinou os africanos; tanto os reis como os demais se renderam, sem luta. Quando os reis viram os brancos tirando aqueles lenços escarlates como se estivessem acenando, disseram aos negros: "Vão em frente, então, vão buscar um lenço escarlate", e os negros ficaram tão animados com o escarlate que correram em direção aos navios como ovelhas e aí foram capturados.*

---

* Citação editada pelo autor de Esteban Montejo, *The Autobiography of a Runaway Slave* (Londres, MacMillan, 1993), p. 35-7. (N. T.)

Essa versão de uma vítima da escravização é muito poética. O que ela significa é que alguns governantes africanos acharam os bens europeus suficientemente desejáveis a ponto de entregar os cativos que haviam aprisionado em guerras. Logo, a guerra começou a ser travada entre uma comunidade e outra com o único propósito de colocar prisioneiros à venda para os europeus, e mesmo dentro de determinada comunidade um governante poderia ficar tentado a explorar seus próprios súditos e capturá-los para venda. Uma reação em cadeia teve início a partir da demanda por mão de obra para escravização (e apenas para escravização) e da oferta de bens de consumo por parte dos europeus – tal processo estava correlacionado às divisões internas da sociedade africana.

Costuma-se dizer, em relação ao período colonial, que divisões políticas verticais na África facilitaram a conquista. Isso é ainda mais verdadeiro em relação ao modo como a África sucumbiu ao comércio escravista. A unificação nacional foi uma consequência do feudalismo maduro e do capitalismo. As divisões políticas na Europa eram muito menores que na África, onde o modo de produção comunal significava fragmentação política, tendo a família como núcleo, e havia apenas alguns Estados que contavam com verdadeira solidez territorial. Além disso, quando uma nação europeia desafiava outra a obter cativos de um governante africano, a Europa se beneficiava, não importando qual das duas nações vencesse o confronto. Qualquer comerciante europeu poderia chegar à costa da África ocidental e explorar as diferenças políticas que ali encontrasse. Por exemplo, no pequeno território que os portugueses mais tarde reivindicaram como Guiné-Bissau, havia mais de uma dezena de etnias. Era tão fácil colocar uma contra a outra que os europeus o chamaram de "paraíso dos traficantes de escravos".

Embora as divisões de classe não fossem pronunciadas na sociedade africana, elas contribuíram para a facilidade com que a Europa se impunha comercialmente em grande parte do continente africano. Os governantes detinham certo prestígio e autoridade e, quando enganados com bens europeus, passaram a usar essa posição para realizar incursões fora de suas sociedades, explorando-as internamente e vitimizando alguns de seus próprios súditos. Nas sociedades mais simples, em que não havia reis, tornou-se impossível para europeus estabelecerem a aliança necessária para realizar um comércio de cativos na costa. Nas sociedades com grupos governantes, a associação com os europeus foi facilmente estabelecida; e, depois disso, a Europa fortaleceu as divisões de classe internas já existentes, além de criar outras novas.

De fato, aspectos específicos da sociedade africana tornaram-se fraquezas quando os europeus chegaram, representando uma fase diferente de desenvolvimento. Ainda assim, a subjugação da economia africana por meio do comércio escravista foi um processo lento no início; e, em alguns casos, a oposição ou o desinteresse africano teve de ser superado. No Estado do Congo, no início do século XVI, o comércio escravista não se realizou sem enfrentar sérias dúvidas e oposição do rei. Ele pediu pedreiros, padres, escriturários, médicos; mas em vez disso foi subjugado pelos navios negreiros enviados de Portugal, e um comércio cruel foi desobstruído ao se colocar uma parte do reino do Congo contra outra. O rei tinha concebido possibilidades de intercâmbio mutuamente benéfico entre seu povo e o Estado europeu, mas este último o obrigou a se especializar na exportação de carga humana. Também é interessante observar que, embora o *oba* (rei) do Benin estivesse disposto a vender algumas poucas mulheres cativas, foram necessárias muita persuasão e muita pressão europeias para fazê-lo vender prisioneiros de guerra africanos do sexo masculino, que, de outra forma, teriam sido integrados às fileiras da sociedade beninense.

Quando o comércio de mão de obra escravizada já havia se estabelecido em todas as áreas da África, ficou claro que estava além da capacidade de qualquer Estado africano mudar a situação. Em Angola, os portugueses empregaram um número incomum de seus próprios soldados e tentaram tomar o poder político dos africanos. O Estado angolano de Matamba, no rio Cuango, foi fundado por volta de 1630 como uma reação direta contra os portugueses. Tendo a rainha Nzinga como dirigente, Matamba tentou coordenar a resistência contra os portugueses em Angola. No entanto, Portugal obteve a supremacia em 1648, o que deixou Matamba isolado. Mas esse Estado não poderia ficar apartado para sempre. Enquanto se opunha ao comércio com os portugueses, foi objeto de hostilidade dos Estados africanos vizinhos que tinham se cedido aos europeus e ao tráfico escravista. Por isso, em 1656, a rainha Nzinga retomou os negócios com os portugueses – uma grande concessão ao papel dos europeus como os responsáveis por tomar decisões na economia angolana.

Outro exemplo de resistência africana durante o período de comércio escravista vem do povo baga, habitante do que hoje é a República da Guiné. Os baga viviam em pequenos Estados, e, por volta de 1720, um de seus líderes (chamado Tomba) tentou garantir uma aliança para deter o tráfico escravista. Ele foi derrotado por comerciantes europeus residentes no local, pela população mestiça e por traficantes de mão de obra escravizada africana. Não é difícil compreender por que os europeus precisaram tomar medidas imediatas para garantir que Tomba e seus súditos baga optassem por não acatar a função atribuída a eles pela Europa. Um paralelo que se apresenta é a maneira como os europeus se uniram para travar a "Guerra do Ópio" contra a China no século XIX a fim de assegurar que os capitalistas ocidentais lucrassem enquanto os chineses se transformavam em dependentes da droga.

As metrópoles capitalistas, é claro, só precisam usar a força armada como último recurso para garantir alcançar políticas favoráveis nas áreas dependentes. Normalmente, as armas econômicas são suficientes. Na década de 1720, Daomé se opôs aos traficantes europeus de mão de obra escravizada e foi privado de importações europeias – algumas das quais haviam se tornado necessárias naquela época. Agaja Trudo, o maior rei de Daomé, considerou que a demanda europeia por pessoas para a escravização e a tentativa de escravizar pessoas no interior e nas redondezas de seu território entravam em conflito com o desenvolvimento local. Entre 1724 e 1726, ele saqueou e queimou fortes europeus e acampamentos de escravizados e reduziu o comércio da "Costa dos Escravos"* a uma quantidade insignificante, bloqueando os caminhos que levavam às fontes desses "recursos" no interior. Os negociantes europeus de pessoas escravizadas eram cruéis e tentaram patrocinar alguns colaboradores africanos contra Agaja Trudo. Eles não conseguiram derrubá-lo nem subjugar o Estado de Daomé, mas Agaja, por sua vez, não conseguiu persuadi-los a desenvolver novas linhas de atividade econômica, como a agricultura comercial local; e, ansioso em adquirir armas de fogo e búzios dos europeus, ele teve de concordar com a retomada do comércio escravista em 1730.

Depois de 1730, a escravização em Daomé foi colocada sob controle real e tornou-se muito mais restrita que anteriormente. Ainda assim, o fracasso desse esforço determinado demonstrou que, na época, um único Estado africano não conseguia se emancipar do controle europeu. A dimensão pequena dos Estados africanos e as numerosas divisões políticas tornaram muito mais fácil para a Europa tomar as decisões quanto ao papel da África na produção e no comércio mundiais.

O comércio escravista produziu muitas consciências pesadas. Os europeus sabem que prosseguiram com a atividade, e os africanos estão cientes de que o comércio teria sido impossível se alguns africanos não cooperassem com os navios negreiros. Para aliviar a culpa, os europeus tentam jogar a maior responsabilidade pelo comércio escravista para os africanos. O autor europeu de um livro sobre o comércio escravista (apropriadamente intitulado *Sins*

---

* Nome dado, no período pré-colonial, à atual costa de Benin, Togo e Nigéria. (N. T.)

A CONTRIBUIÇÃO DA ÁFRICA AO DESENVOLVIMENTO CAPITALISTA DA EUROPA   109

of the Fathers [Pecados dos pais]*) explicou que muitas outras pessoas brancas o encorajaram a afirmar que o comércio era responsabilidade de chefes africanos e que os europeus simplesmente se apresentaram para comprar os cativos – como se, na ausência de demanda europeia, os cativos pudessem ter ficado sentados na praia aos milhões! Questões como essas não são a principal preocupação deste estudo, mas só podem ser abordadas corretamente depois de se compreender que a Europa se tornou o centro de um sistema e que o capitalismo europeu colocou a escravização e o comércio escravista do Atlântico em marcha.

O comércio de seres humanos da África foi uma resposta a fatores *externos*. No início, a mão de obra era necessária em Portugal, na Espanha e em ilhas do Atlântico, como São Tomé, Cabo Verde e Canárias; depois veio o período em que as Grandes Antilhas e a América hispânica precisaram de substitutos para a população indígena, vítima de genocídio; em seguida, as demandas das monoculturas de sociedades do Caribe e do continente tiveram de ser atendidas. Os registros mostram conexões diretas entre os níveis de exportações da África e a demanda europeia por mão de obra escravizada em algumas partes da economia de monocultura do continente americano. Quando os holandeses tomaram Pernambuco, no Brasil, em 1634, o diretor da Companhia Holandesa das Índias Ocidentais imediatamente informou seus agentes na Costa do Ouro de que eles deveriam dar os passos necessários para comercializar pessoas escravizadas da costa adjacente, ao leste de Volta – criando, dessa forma, o deplorável nome de "Costa dos Escravos" para aquela área. Quando as ilhas britânicas das Índias ocidentais iniciaram o cultivo de cana-de-açúcar, a Gâmbia foi um dos primeiros lugares a reagir. Exemplos desse tipo de controle externo podem ser citados indefinidamente, e isso também vale para a África oriental, dado que os mercados europeus nas ilhas do oceano Índico tornaram-se importantes nos séculos XVIII e XIX e a demanda em lugares como o Brasil fez com que moçambicanos fossem enviados, contornando o cabo da Boa Esperança.

A CONTRIBUIÇÃO DA ÁFRICA PARA A ECONOMIA E AS CRENÇAS DOS PRIMÓRDIOS DA EUROPA CAPITALISTA

Os tipos de benefícios que a Europa extraiu do controle do comércio mundial são bastante conhecidos, embora seja curioso que o reconhecimento da

---

* James Pope-Hennessy, *Sins of the Fathers: A Study of the Atlantic Slave Traders, 1441-1807* (Nova York, Alfred A. Knopf, 1968). (N. T.)

importante contribuição da África para o desenvolvimento da Europa encontre-se, quase sempre, em obras especificamente dedicadas a esse tema. Já os estudiosos europeus que se debruçam sobre a Europa, no geral, tratam a economia europeia como inteiramente independente. Os economistas europeus do século XIX com certeza não se iludiam quanto às interconexões entre as economias de seus países e o mundo como um todo. Na condição de porta-voz do capitalismo britânico, John Stuart Mill afirmou que, no que dizia respeito à Inglaterra, "o comércio das Índias ocidentais nem mesmo deve ser considerado comércio exterior e mais se assemelha à circulação entre cidade e interior". Com a expressão "comércio das Índias ocidentais", Mill queria dizer o comércio entre África, Inglaterra e Índias ocidentais, pois, sem trabalho africano, as Índias ocidentais eram desprovidas de valor. Karl Marx também comentou sobre a forma como os capitalistas europeus atavam a África, as Índias ocidentais e a América Latina ao sistema capitalista; e, sendo o crítico mais agudo do capitalismo, Marx acrescentou a observação de que o que era bom para os europeus era obtido à custa do sofrimento incalculável de africanos e indígenas das Américas. Marx assinalou que:

> A descoberta das terras auríferas e argentíferas na América, o extermínio, a escravização e o soterramento da população nativa nas minas, a transformação da África numa reserva para a caça comercial de peles-negras caracterizam a aurora da era da produção capitalista.[*]

Algumas tentativas foram feitas para quantificar os lucros monetários efetivamente obtidos pelos europeus ao se envolverem no comércio escravista. As reais dimensões não são fáceis de determinar, mas os lucros foram incríveis. John Hawkins fez três viagens à África ocidental na década de 1560 e sequestrou africanos, os quais vendeu aos espanhóis na América. Ao retornar à Inglaterra após a primeira viagem, seu lucro era tão atrativo que a rainha Elizabeth I se interessou em participar diretamente do empreendimento seguinte dele e, para isso, cedeu um navio chamado *Jesus*. Hawkins usou a embarcação para sequestrar mais alguns africanos e retornou à Inglaterra com tantos dividendos que a rainha fez dele um cavaleiro. Para seu brasão, Hawkins escolheu a representação de um africano acorrentado.

---

[*] Karl Marx, O *capital. Crítica da economia política*, Livro I: *O processo de produção do capital* (trad. Rubens Enderle, São Paulo, Boitempo, 2011), p. 821. (N. E.)

É claro que havia, inevitavelmente, viagens malsucedidas, navios negreiros que se perdiam no mar. Às vezes, o comércio na África ia bem; em outros momentos, era o lucro nas Américas que se tornava, de fato, substancial. Quando apurados todos os altos e baixos, o nível de lucro tinha que ser suficiente para justificar a participação contínua nessa forma específica de comércio por séculos. Alguns poucos estudiosos burgueses tentaram sugerir que o comércio escravista não teve retornos monetários compensadores. Eles queriam nos fazer acreditar que os mesmos empreendedores a quem elogiam em outros contextos como heróis do desenvolvimento capitalista eram tão estúpidos em relação à escravização e ao comércio escravista que, por séculos, se dedicaram a uma inciativa sem fins lucrativos! Esse tipo de argumento merece ser assinalado mais como exemplo das distorções de que a erudição burguesa branca é capaz que como algo que requer consideração séria. Além disso, independentemente da acumulação de capital, o comércio da Europa com a África ofereceu estímulos ao crescimento europeu.

O ouro e a prata das Américas Central e do Sul – extraídos por africanos – desempenhou papel crucial na expansão da economia monetária capitalista da Europa ocidental, satisfazendo a necessidade de moeda, enquanto o ouro africano ajudou os portugueses a financiar novas navegações pelo cabo da Boa Esperança e pela Ásia a partir do século XV. O ouro africano também foi a principal fonte para a cunhagem da moeda de ouro holandesa no século XVII, ajudando Amsterdá a se tornar a capital financeira da Europa nesse período; além disso, não foi coincidência que, quando os ingleses cunharam uma nova moeda de ouro, em 1663, eles a chamaram de "guinéu". A *Enciclopédia Britânica* explica que o guinéu foi

> uma moeda de ouro corrente no Reino Unido em certa época. Foi cunhada pela primeira vez em 1663, no reinado de Carlos II, com ouro importado da costa da Guiné, na África ocidental, por uma companhia de comerciantes que realizavam o comércio com a autorização da coroa britânica – daí o nome.*

Ao longo dos séculos XVII e XVIII e durante a maior parte do século XIX, a exploração da África e da mão de obra africana continuou uma fonte de acumulação do capital a ser reinvestido na Europa ocidental. A contribuição

---

* Citação original, verbete "Guinea", em *Encyclopaedia Britannica*, v. 12 (11. ed., Encyclopædia Britannica Company, 1910). (N. T.)

africana para o crescimento capitalista europeu estendeu-se por setores tão vitais quanto marinha mercante, seguros, formação de empresas, agricultura capitalista, tecnologia e produção de maquinaria. Os efeitos foram tão amplos que muitos raramente são levados ao conhecimento do público leitor. Por exemplo, a indústria pesqueira francesa de Saint-Malo foi reativada devido à abertura de mercados nas monoculturas escravistas francesas; já os portugueses da Europa dependiam muito de corantes como índigo, sândalo-africano, pau--brasil e cochonilha, importados da África e das Américas. A goma da África também desempenhou um papel na indústria têxtil, um dos motores mais poderosos do crescimento econômico europeu. Em seguida, houve a exportação de marfim da África, enriquecendo muitos comerciantes da Mincing Lane, em Londres, e fornecendo matéria-prima para indústrias na Inglaterra, na França, na Alemanha, na Suíça e na América do Norte, que produziam desde cabos de facas a teclas de piano.

Ao ser atraída para a órbita da Europa ocidental, a África acelerou o desenvolvimento tecnológico europeu. Por exemplo, a evolução da construção naval na Europa, do século XVI ao século XIX, foi uma consequência lógica do monopólio da região sobre o comércio marítimo naquele período. Durante esse tempo, os povos norte-africanos foram contidos no Mediterrâneo – e, ainda que os europeus tenham inicialmente tomado emprestada deles grande parte da instrumentação náutica, os norte-africanos não tiveram maiores avanços. Nos locais onde a vantagem inicial dos europeus não era suficiente para garantir a supremacia, eles deliberadamente minavam os esforços de outros povos. A Marinha indiana, por exemplo, sofreu com a aplicação rígida das leis inglesas de navegação. No entanto, as despesas envolvidas na construção de novos e melhores navios europeus foram pagas com os lucros do comércio exterior com a Índia e a África. Os holandeses foram pioneiros no aperfeiçoamento das caravelas que levaram espanhóis e portugueses a cruzar o Atlântico, e as companhias comerciais holandesas que operaram na Ásia, na África e na América sucessivamente foram responsáveis por testá-las. Em meados do século XVII, os britânicos estavam usando o conhecimento adquirido pelos holandeses como base para superar os próprios holandeses, e o Atlântico se tornou seu laboratório. Costumava-se dizer que o comércio escravista era um campo de treinamento para marinheiros britânicos. Mas é provavelmente mais significativo destacar que o comércio atlântico foi o estímulo para os avanços na tecnologia naval.

A característica europeia mais espetacular associada ao comércio africano foi o surgimento de cidades portuárias – em especial, Bristol, Liverpool, Nantes,

Bordeaux e Sevilha. Direta ou indiretamente ligados a esses portos, muitas vezes surgiram centros manufatureiros que deram origem à Revolução Industrial. Na Inglaterra, o condado de Lancashire foi o primeiro centro da Revolução Industrial, e o avanço econômico local dependeu, sobretudo, do crescimento do porto de Liverpool por meio do comércio escravista.

As conexões entre escravização e capitalismo no crescimento da Inglaterra são adequadamente documentadas por Eric Williams em seu conhecido livro *Capitalismo e escravidão**. Nele, o autor oferece uma imagem clara dos inúmeros benefícios que a Inglaterra extraiu do comércio e da exploração de pessoas escravizadas, além de identificar nominalmente várias das personalidades e empresas capitalistas que foram as beneficiárias. Exemplos extraordinários são fornecidos por meio de David e Alexander Barclay, que se dedicavam ao comércio escravista em 1756 e, mais tarde, usaram o produto do roubo para fundar o Banco Barclays. Houve um avanço similar no caso do Lloyds, que passou de pequena cafeteria londrina a uma das maiores instituições bancárias e seguradoras do mundo após mergulhar nos lucros do comércio escravista e da escravização. Na sequência vinha James Watt, expressando gratidão eterna aos senhores escravistas das Índias ocidentais que financiaram diretamente sua presunçosa máquina a vapor e a levaram da prancheta do projetista para a fábrica.

Um quadro semelhante emergiria de qualquer estudo detalhado sobre o capitalismo francês e a escravização, dado que, durante o século XVIII, as Índias ocidentais representavam 20% do comércio exterior da França – muito mais que toda a África agora no século XX. É claro que os benefícios nem sempre foram diretamente proporcionais ao envolvimento de determinado Estado europeu no comércio atlântico. Os enormes lucros do empreendimento ultramarino português logo saíram da economia portuguesa para as mãos de nações capitalistas mais desenvolvidas da Europa ocidental que forneciam capital, navios e mercadorias a Portugal. A Alemanha estava incluída nesta categoria, junto a Inglaterra, Holanda e França.

O comércio proveniente da África ajudou bastante a fortalecer as ligações transnacionais no interior da economia da Europa ocidental, tendo em vista que a produção das Américas era consequência do trabalho africano. O pau-brasil, por exemplo, era reexportado de Portugal para o Mediterrâneo, o mar do Norte e o Báltico e passou a fazer parte da indústria de tecido continental

---

* Eric Williams, *Capitalismo e escravidão* (trad. Denise Bottman, São Paulo, Companhia das Letras, 2016). (N. T.)

do século XVII. O açúcar do Caribe era reexportado da Inglaterra e da França para outras partes da Europa, a tal ponto que Hamburgo, na Alemanha, se tornou o maior centro de refino de açúcar da Europa na primeira metade do século XVIII. A Alemanha abastecia Escandinávia, Holanda, Inglaterra, França e Portugal de produtos manufaturados para revenda na África. Inglaterra, França e Holanda consideravam necessário intercambiar várias categorias de bens para obter melhores negociações com os africanos em troca de ouro, mão de obra escravizada e marfim. Financistas e comerciantes de Gênova eram as forças por trás dos mercados de Lisboa e Sevilha, enquanto os banqueiros holandeses desempenhavam um papel semelhante em relação à Escandinávia e à Inglaterra.

A Europa ocidental era aquela parte do continente em que, no século XV, tornou-se mais evidente a tendência do feudalismo em ceder espaço ao capitalismo. (Na Europa do Leste, o feudalismo ainda era forte no século XIX.) Os camponeses estavam sendo expulsos da terra na Inglaterra, e a agricultura se tornava tecnologicamente mais avançada – produzindo alimentos e fibras para sustentar uma população maior e oferecer uma base mais eficiente para as indústrias, em especial as de lã e linho. A base tecnológica da indústria, bem como sua organização social e econômica, passava por transformação. O comércio africano acelerou vários processos, incluindo a integração da Europa ocidental, como já observado. É por isso que a conexão africana contribuiu não apenas para o crescimento econômico (relacionado a dimensões quantitativas), mas também para o desenvolvimento real, no sentido de uma maior capacidade de crescimento futuro e independência.

Ao comentar o comércio escravista europeu, devem-se mencionar os Estados Unidos não só porque sua população dominante era europeia, mas também porque a transferência das instituições capitalistas da Europa para a América do Norte se deu de forma mais completa que para qualquer outra parte do globo, estabelecendo uma forma poderosa de capitalismo – depois de eliminar os habitantes originários e de explorar o trabalho de milhões de africanos. Como em outras partes do Novo Mundo, as colônias da coroa britânica nas Américas foram utilizadas como meio de acumulação de capital primário a ser reexportado para a Europa. Mas as colônias do norte também tiveram acesso aos benefícios da escravização na América do Sul e nas Índias ocidentais britânicas e francesas. Tal como na Europa, os lucros obtidos com a escravização e o comércio escravista foram primeiro para os portos comerciais e as áreas industriais, o que significava principalmente o distrito costeiro do nordeste conhecido como Nova Inglaterra e o estado de Nova York. O pan-africanista W. E. B. Du Bois, em estudo sobre o comércio escravista nos Estados Unidos, citou um relatório de 1862 assim:

> O número de pessoas envolvidas no comércio escravista e a quantidade de capital nele aplicado excedem nossos poderes de cálculo. A cidade de Nova York foi, até esta data (1862), o principal porto do mundo para este comércio infame, ainda que as cidades de Portland e Boston estejam em segundo lugar nessa distribuição.

O desenvolvimento econômico dos Estados Unidos até meados do século XIX baseava-se diretamente no comércio exterior, do qual a escravização era um dos eixos. Na década de 1830, o algodão cultivado por mão de obra escravizada representava cerca de metade do valor de todas as exportações dos Estados Unidos. Além disso, pode-se observar que, no caso das colônias do século XVIII ali estabelecidas, a contribuição da África se deu, uma vez mais, de várias maneiras – uma coisa levando a outra. Por exemplo, o comércio com África, Europa e Índias ocidentais, tanto em mão de obra escravizada como em produtos por ela cultivados, forneceu a carga para a marinha mercante da Nova Inglaterra, estimulou o crescimento da indústria de construção naval da região, ergueu povoados e cidades e permitiu que as florestas, a pesca e o solo fossem utilizados de forma mais eficaz. Por fim, o transporte marítimo de mercadorias entre as colônias de mão de obra escravizada das Índias ocidentais e a Europa esteve por trás da emancipação das colônias da América do Norte do domínio britânico, e não foi por acaso que a luta pela independência começou sob a liderança da cidade de Boston, na Nova Inglaterra. No século XIX, a ligação com a África continuou a desempenhar um papel indireto no crescimento político dos Estados Unidos. Em primeiro lugar, os lucros das atividades baseadas na escravização foram para os cofres dos partidos políticos e, o que é ainda mais importante, o estímulo africano e a mão de obra negra desempenharam função vital na ampliação do controle europeu sobre o atual território dos Estados Unidos – em especial no sul, mas incluindo também o "Velho Oeste", onde os caubóis negros eram ativos.

A escravização mostra-se útil para a acumulação primitiva de capital, mas é rígida demais para o desenvolvimento industrial. A mão de obra escravizada trabalhava com ferramentas rudes e inquebráveis que atravancavam o desenvolvimento capitalista da agricultura e da indústria. Isso explica o fato de regiões industriais do norte dos Estados Unidos terem obtido muito mais benefícios com a escravização que o sul, que, na prática, abrigava as instituições escravistas em seu solo. Por fim, chegou-se ao estágio em que, durante a guerra civil, os capitalistas do norte lutaram para acabar com a escravização dentro dos limites dos Estados Unidos, a fim de que o país como um todo pudesse avançar para um estágio superior do capitalismo.

Na verdade, pode-se afirmar que as relações escravistas no sul, na segunda metade do século XIX, entraram em conflito com uma maior expansão da base produtiva dos Estados Unidos como um todo, resultando em um violento confronto antes que as relações capitalistas de mão de obra legalmente livre se generalizassem. A Europa mantinha a escravização em regiões geograficamente distantes da sociedade europeia; e, assim, dentro da Europa em si, as relações capitalistas se estabeleceram sem ser prejudicadas pela escravização nas Américas. No entanto, mesmo na Europa, chegou um momento em que os líderes dos Estados capitalistas concluíram que o comércio escravista e o uso de mão de obra escravizada nas Américas não era mais interessante para o desenvolvimento futuro. A Grã-Bretanha tomou essa decisão no início século XIX – e foi seguida mais tarde pela França.

Uma vez que o capitalismo, como qualquer outro modo de produção, é um sistema total, que envolve um aspecto ideológico, também é necessário voltar a atenção para os efeitos dos laços com a África no desenvolvimento das ideias na superestrutura da sociedade capitalista europeia. Nessa esfera, a característica mais marcante é, sem dúvida, a ascensão do racismo como um elemento generalizado e profundamente enraizado no pensamento europeu. O papel da escravização em estimular o preconceito e a ideologia racistas tem sido cuidadosamente estudado em certas situações, em especial nos Estados Unidos. O fato é que nenhum povo pode escravizar outro por séculos sem desenvolver a noção de que é superior e, no momento em que a cor e outros traços físicos dos povos subjugados eram tão diferentes, essa noção de superioridade assumiu a forma de preconceito racista. Dentro da própria África, o mesmo pode ser dito sobre a situação da província do Cabo, na África do Sul, onde os homens brancos têm estabelecido superioridade militar e social sobre os não brancos desde 1650.

Seria muito ambicioso afirmar que todo o preconceito racial e de cor na Europa deriva da escravização de africanos e da exploração de povos não brancos nos primeiros séculos do comércio internacional. Em período anterior, já havia dentro da Europa o antissemitismo, e há sempre um elemento de suspeita e incompreensão quando povos de diferentes culturas se reúnem.

No entanto, pode-se afirmar, sem reservas, que o racismo branco que passou a permear o mundo era parte integrante do modo de produção capitalista. Não era meramente uma questão de como o indivíduo branco tratava uma pessoa negra. O racismo da Europa era um conjunto de generalizações e suposições que não tinham base científica, mas eram racionalizadas em todas as esferas, da teologia à biologia.

Às vezes, afirma-se erroneamente que os europeus escravizaram os africanos por motivos racistas. Proprietários de terras e minas europeus escravizaram pessoas africanas por motivos econômicos, de modo que o trabalho delas pudesse ser explorado. Na verdade, teria sido impossível desbravar o Novo Mundo e usá-lo como constante produtor de riqueza não fosse a mão de obra africana. Não havia alternativa: a população das Américas (indígena) havia sido praticamente eliminada, e a população da Europa era muito pequena na época para povoamentos no exterior. Então, tendo se tornado completamente dependentes do trabalho africano dentro e fora da Europa, os europeus consideraram necessário racionalizar essa exploração também em termos racistas. A opressão decorre logicamente da exploração, a fim de garanti-la. A opressão dos povos africanos a partir de bases integralmente raciais acompanhou e fortaleceu a opressão por razões econômicas, dela se tornando indistinguível.

C. L. R. James, respeitado pan-africanista *e* marxista, uma vez observou que

> a questão racial é subsidiária da questão de classe no interior da política e pensar no imperialismo em termos de raça é desastroso. Mas negligenciar o fator racial como meramente incidental é um erro menos grave apenas que o assumir como fundamental.*

Pode-se argumentar ainda que, no século XIX, o racismo branco tornou-se tão institucionalizado no mundo capitalista (e principalmente nos Estados Unidos) que, às vezes, se colocou acima da maximização do lucro como motivo para oprimir as pessoas negras.

No curto prazo, o racismo europeu pareceu não ter causado danos aos povos europeus, e eles usaram essas ideias errôneas para justificar o avanço do domínio que exerciam sobre povos não europeus no período colonial. Mas a

---

* C. L. R. James, *The Black Jacobins* (Nova York, Vintage, 1963), p. 283 [ed. bras.: *Os jacobinos negros: Toussaint L'Ouverture e a revolução de São Domingos,* trad. Alfonso Teixeira Filho, São Paulo, Boitempo, 2000]. (N. T.)

proliferação internacional de ideias racistas e não científicas estava fadada a ter consequências negativas no longo prazo. Quando os europeus colocaram milhões de seus irmãos (judeus) em crematórios sob o comando de nazistas, estavam colhendo resultados dos erros passados. Tal comportamento dentro da Europa "democrática" não era tão estranho como às vezes se faz parecer. Sempre houve uma contradição entre a elaboração de ideias democráticas na Europa e a elaboração de práticas autoritárias e criminosas dos europeus em relação aos africanos. Quando a Revolução Francesa se realizou, sob o lema "Liberdade, Igualdade, Fraternidade", este não se estendia aos negros africanos que foram escravizados pela França nas Índias ocidentais e no oceano Índico. Na verdade, a França lutou contra os esforços de libertação desses povos, e os líderes de sua revolução burguesa disseram claramente que não a fizeram em nome da humanidade negra.

Não é verdadeiro dizer que o capitalismo desenvolveu a democracia na Europa nem no exterior. Na Europa, ele foi responsável por certo discurso ou certa retórica de liberdade, que nunca se estendeu da burguesia à classe trabalhadora oprimida; e o tratamento dado aos africanos certamente deve ter transformado essa hipocrisia em um hábito da vida europeia, ainda mais dentro da classe dominante. De que outra forma se pode explicar o fato de que a Igreja cristã participou plenamente da manutenção da escravização e ainda falou sobre salvar almas? A hipocrisia atingiu seus níveis mais altos dentro dos Estados Unidos. O primeiro mártir da guerra nacional de libertação contra os colonialistas britânicos no século XVIII era descendente de africanos, Crispus Attucks; e africanos escravizados e livres desempenharam um papel fundamental nos exércitos de Washington. Ainda assim, a Constituição dos Estados Unidos sancionou a escravização continuada dos africanos. Recentemente, o fato de que os Estados Unidos foram capazes de crimes de guerra da ordem massacre de Mỹ Lai, no Vietnã, tornou-se objeto de preocupação para alguns liberais. Mas fato é que os mỹ lai começaram com a escravização de africanos e indígenas das Américas. Racismo, violência e brutalidade foram concomitantes ao sistema capitalista no momento em que este se estendeu a outros lugares do mundo, nos primeiros séculos do comércio internacional.

4.
A EUROPA E AS RAÍZES DO
SUBDESENVOLVIMENTO AFRICANO – ATÉ 1885

*A relação entre o grau de privação dos povos da África e a extensão
e a natureza da exploração que têm suportado é evidente. A África
permanece marcada pelos crimes dos comerciantes escravistas: até agora,
as potencialidades do continente são cerceadas pelo subpovoamento.*

— Ahmed Sékou Touré, República da Guiné, 1962

O COMÉRCIO ESCRAVISTA EUROPEU COMO FATOR BÁSICO DO SUBDESENVOLVIMENTO AFRICANO

Discutir o comércio entre africanos e europeus nos quatro séculos anteriores ao domínio colonial é, na prática, discutir o comércio escravista. A rigor, o africano só foi escravizado ao chegar a uma sociedade em que trabalhava como escravizado. Antes disso, ele era, primeiro, um homem livre; depois, um cativo. Não obstante, é aceitável falar em comércio escravista quando nos referimos ao embarque de cativos da África para várias outras partes do mundo, nas quais eles deveriam viver e trabalhar como propriedade de europeus. Escolheu-se o título desta seção deliberadamente para chamar atenção ao fato de que os embarques foram todos feitos por *europeus* para mercados controlados por *europeus*, e isso aconteceu em benefício do capitalismo europeu – nada mais. Na África oriental e no Sudão, muitos africanos foram levados por árabes e vendidos a compradores árabes. Tal fato é citado em livros europeus como "comércio escravista árabe". Portanto, deixemos evidenciado que, quando os europeus enviavam africanos para compradores também europeus, realizava-se o "comércio escravista europeu" a partir da África.

Sem dúvida, com poucas exceções, como Hawkins, os compradores europeus adquiriam cativos nas costas da África, e a transação entre eles e os africanos era uma forma de comércio. Também é verdade que muitas vezes um cativo era vendido e revendido enquanto ia do interior ao porto de embarque – e isso também caracterizava atividade comercial. No entanto, o processo pelo qual os cativos eram obtidos em solo africano não era apenas comercial. Dava-se por meio de guerras, fraudes, banditismo e sequestro. Quando se tenta mensurar o efeito do comércio europeu de pessoas escravizadas no continente africano, é essencial perceber que se está apontando o efeito da violência social, e não do comércio, em qualquer sentido da palavra.

Muito permanece incerto em relação ao comércio escravista e suas consequências para a África, mas o quadro geral de destrutividade é nítido, e a destrutividade pode ser demonstrada como consequência lógica da forma de recrutamento de cativos na África. Uma das incertezas diz respeito à questão básica de quantos africanos foram transportados do exterior. Esse tem sido um tema de especulação, com estimativas que variam de alguns milhões a mais de 100 milhões. Um estudo recente sugeriu que aproximadamente 10 milhões de africanos desembarcaram vivos nas Américas, nas ilhas atlânticas e na Europa. Por ser um número baixo, já vem sendo usado por estudiosos europeus apologistas do sistema capitalista e de seu longo histórico de brutalidade na Europa e em outros países. A fim de dissimular o comércio escravista, acham conveniente minimizar os números em questão. A verdade é que qualquer número de africanos levados para as Américas, baseado estritamente nos registros de sobreviventes, está fadado a ser baixo, porque havia muita gente, na época, com interesse velado em desviar pessoas para a escravização (e omitir os dados). No entanto, se o baixo número de 10 milhões for aceito como base para avaliar o impacto da escravização na África como um todo, as conclusões que daí poderiam ser legitimamente tiradas confundiriam aqueles que tentam menosprezar a experiência de violação dos africanos entre 1445 e 1870.

A partir do número básico de pessoas africanas desembarcadas vivas nas Américas, devem-se fazer vários acréscimos, começando com um cálculo para abranger a mortalidade no trajeto. A travessia do Atlântico, ou "passagem Atlântica", como era chamada pelos comerciantes escravistas europeus, era conhecida pelas mortes sofridas – em média 15% a 20%. Também havia perdas na África, entre o momento da captura e o embarque, especialmente nos casos em que os cativos tinham de viajar centenas de quilômetros até a costa. E, mais importante (dado que a guerra era o principal meio de obter cativos), é necessário estimar o número de pessoas mortas e feridas com o objetivo de capturar os milhões que foram levados vivos e sadios. O resultado seria muitas vezes maior que os milhões que desembarcaram vivos fora da África e representa o número de africanos diretamente retirados da população e da força de trabalho da África devido à instituição, pelos europeus, da produção baseada em mão de obra escravizada.

A perda massiva de força de trabalho na África tornou-se mais crítica porque era composta de homens e mulheres jovens, fisicamente fortes. Os compradores de pessoas para escravização optavam por vítimas que tivessem entre 15 e 35 anos, preferivelmente no início da casa dos 20; a proporção era de cerca de dois homens para uma mulher. Os europeus muitas vezes aceitavam crianças africanas, mas raramente pessoas mais velhas. Eles enviavam as mais saudáveis para onde fosse possível, dando-se ao trabalho de escolher aquelas que já haviam sobrevivido à varíola – imunes, portanto, a novos surtos da doença, uma das que mais matavam no mundo à época.

A ausência de dados sobre o tamanho da população da África no século XV dificulta a realização de qualquer análise científica sobre as consequências da retirada da população, mas nada sugere que tenha havido qualquer aumento populacional ao longo dos séculos de escravização – embora essa tenha sido a tendência em outras partes do mundo. Obviamente, nasceram menos bebês, já que milhões de pessoas em idade reprodutiva foram eliminadas. Além disso, é essencial reconhecer que o comércio escravista através do oceano Atlântico não foi a única rota que os europeus estabeleceram com a escravização na África. O comércio escravista no oceano Índico tem sido chamado de "comércio escravista da África oriental" e de "comércio escravista árabe" há tanto tempo que chega a esconder que também se tratava de uma atividade europeia. Quando o comércio escravista da África oriental estava em seu auge, no século XVIII e no início do século XIX, o destino da maioria dos cativos eram latifúndios monocultores de economias como Maurício, Reunião e Seychelles – bem como as Américas, através do cabo da Boa Esperança. Além do mais, africanos trabalhando como mão de obra escravizada em alguns países árabes nos séculos XVIII e XIX estavam servindo, em última análise, ao sistema capitalista europeu, que constituiu a demanda por produtos obtidos da escravização, como o cravo cultivado em Zanzibar sob a supervisão de controladores árabes.

Ninguém foi capaz de chegar a uma cifra que represente as perdas totais sofridas pela população africana devido à supressão de mão de obra, em todas as áreas, para ser escravizada nos locais de destino, ao longo dos muitos séculos de existência do comércio escravista. No entanto, em todos os outros continentes, a partir do século XV, a população apresentou crescimento constante, às vezes extraordinário. É surpreendente que o mesmo processo não tenha se dado na África. Um estudioso europeu apresentou as seguintes estimativas da população mundial (em milhões de pessoas) de acordo com os continentes:

	1650	1750	1850	1900
África	100	100	100	120
Europa	103	144	274	423
Ásia	257	437	646	857

Nenhum dos números estimados é exato, mas eles indicam o consenso, entre pesquisadores de demografia, de que o enorme continente africano tem um registro anormal de estagnação populacional, e não há outro fator causal que chame atenção além do comércio escravista.

Tamanha perda populacional impacta profundamente o desenvolvimento socioeconômico. O crescimento populacional desempenhou papel importante no desenvolvimento europeu ao fornecer mão de obra, além de demanda e consumo maiores, que conduziram a mais expansão econômica. No Japão, o crescimento populacional teve efeitos positivos semelhantes, e, em outras partes da Ásia, que permaneceram pré-capitalistas, o tamanho da população levou a uma exploração muito mais intensiva da terra, nunca alcançada no continente africano, ainda escassamente povoado.

Com a densidade populacional baixa, os seres humanos, vistos como unidades de mão de obra, eram muito mais importantes que outros elementos da produção, como a terra. De uma extremidade a outra do continente, é fácil encontrar exemplos que mostram que os povos africanos estavam cientes de que a população era, dadas as circunstâncias, o fator mais importante de produção. Entre os bemba, por exemplo, a população numerosa era considerada mais importante que a terra. Entre os sambala da Tanzânia, o mesmo sentimento era expresso no ditado: "Um rei é um povo". Entre os balante da Guiné-Bissau, a força da família é representada pelo número de mãos que há para cultivar a terra. É certo que muitos governantes africanos aquiesceram com o comércio escravista europeu por motivos que consideravam ser de interesse próprio, mas, em qualquer escala racional, a remoção da população só poderia ser avaliada como desastrosa para as sociedades africanas.

A atividade econômica africana foi afetada, direta e indiretamente, pela perda populacional. Por exemplo, em determinados locais em que a mosca-tsé-tsé estava presente, quando os habitantes alcançavam número inferior a certo patamar, os poucos que restavam tinham de abandonar a área. Na verdade, a escravização estava levando essas pessoas a perderem a batalha de domar e dominar a natureza – batalha esta que se encontra na base do desenvolvimento. A violência significava quase sempre insegurança. A ação de negociantes europeus de mão de obra escravizada tornou-se o principal, embora não o único, estímulo a uma intensa violência social entre diferentes comunidades africanas – e também no interior delas. Além disso, assumiu mais a forma de invasão e sequestro que de guerra regular, e tal fato aumentou o medo e a incerteza.

De forma aberta ou implícita, todas as potências europeias do século XIX indicaram ter consciência do fato de que as atividades relacionadas à apreensão crescente de cativos eram incompatíveis com outras atividades econômicas. Foi nessa época que a Grã-Bretanha, em particular, quis que os africanos coletassem produtos da palma e da borracha e cultivassem plantações para a exportação agrícola em substituição ao comércio escravagista, pois evidenciou-se que as invasões de captura conflitavam violentamente com esse objetivo nas Áfricas ocidental, oriental e central. Muito antes dessa data, os europeus já haviam aceitado esse fato, quando seus interesses próprios estavam em jogo. Por exemplo, no século XVII, portugueses e holandeses chegaram a desencorajar o comércio escravista na Costa do Ouro, pois o reconheciam como atividade incompatível com o comércio de ouro. No entanto, no fim daquele século, esse metal já havia sido descoberto no Brasil, reduzindo a importância dos suprimentos de ouro da África. No contexto do Atlântico, a mão de obra africana escravizada se tornou mais importante que o ouro, e o ouro brasileiro era oferecido em troca de cativos em Uidá (Daomé) e Acra. A essa altura, a escravização começava a minar a economia da Costa do Ouro e a destruir o comércio do metal. As invasões para captura e sequestro de cativos tornaram inseguro minerar e viajar com ouro e se mostraram mais lucrativas que a mineração do ouro. Um europeu observou, diante desse cenário, que, "como um saque bem-sucedido torna um nativo rico em um dia, eles se esforçavam mais na guerra, no roubo e na pilhagem que na antiga atividade de cavar e coletar ouro".

A mencionada transição da mineração de ouro para a invasão de captura de pessoas com fins de escravização ocorreu entre 1700 e 1710, quando a Costa do Ouro chegou a fornecer entre 5 mil e 6 mil cativos por ano. No fim do século XVIII, um número muito menor de pessoas capturadas embarcava da Costa do Ouro para o exterior, mas o prejuízo já estava feito. Vale a pena notar que os europeus buscaram partes diferentes das Áfricas ocidental e central em momentos diferentes para desempenharem o papel de grandes fornecedoras de mão de obra escravizada para as Américas. Isso significa que praticamente todas as seções da longa costa oeste entre os rios Senegal e Cunene havia experienciado alguns anos de comércio escravista intensivo – com todas as suas consequências.

Além disso, na história do leste da Nigéria, do Congo, do norte de Angola e de Daomé, houve períodos – que se estenderam por décadas – em que os embarques permaneceram em uma média de muitos milhares por ano. A maioria dessas áreas também apresentava um desenvolvimento relativamente elevado no contexto africano. Eram potências importantes dentro da África, cujas energias, em condições diferentes, teriam se concentrado no próprio aperfeiçoamento e na melhoria do continente como um todo.

A transição para atividades bélicas e sequestros deve ter afetado todos os ramos da atividade econômica, em especial a agricultura. Às vezes, em certas localidades, a produção de alimentos era ampliada para fornecer suprimentos para os navios negreiros, mas as consequências da escravização nas atividades agrícolas das Áfricas ocidental, oriental e central foram negativas. A mão de obra era retirada da agricultura, e as condições tornavam-se instáveis. Daomé, que no século XVI era conhecido por exportar alimentos para regiões do atual Togo, sofreu ondas de fome no século XIX. A presente geração de africanos se recordará imediatamente de que, no período colonial, homens saudáveis deixaram suas casas como trabalhadores migrantes, o que perturbou a rotina agrícola nos distritos onde viviam e, muitas vezes, resultou na escassez de alimentos. O comércio escravista significava a migração de mão de obra, mas de forma centenas de vezes mais brutal e destrutiva.

Para obter desenvolvimento econômico, uma condição essencial é aproveitar ao máximo a mão de obra e os recursos naturais do país. Em geral isso exige condições pacíficas, mas houve momentos históricos em que grupos sociais se fortaleceram atacando vizinhos para tomar mulheres, gado e bens, a fim de usar o "espólio" da invasão em benefício da própria comunidade. A escravização na África não teve sequer esse valor compensatório. Os cativos eram enviados para o exterior em vez de serem empregados dentro de determinada comunidade para a criação de riqueza a partir da natureza. Apenas de forma imprevista e em certas áreas os africanos que recrutavam cativos para os europeus perceberam que seria melhor manter alguns cativos para si. De qualquer forma, a escravização impedia a população restante de se envolver efetivamente na agricultura e na indústria e empregava caçadores de cativos e guerreiros profissionais para destruir em vez de construir. Muito além do aspecto moral e do imenso sofrimento que causou, o comércio escravista europeu era de uma irracionalidade econômica completa do ponto de vista do desenvolvimento africano.

Para certos objetivos, é necessário ser mais específico e não falar sobre o comércio escravista em termos de continente, e sim em relação ao impacto variável em regiões diversas. A intensidade relativa das invasões de captura em diferentes áreas é bastante conhecida. Alguns povos sul-africanos foram escravizados pelos bôeres, e alguns muçulmanos do norte da África, por cristãos europeus, mas esses foram episódios isolados. As zonas mais conhecidas pelo embarque de seres humanos foram, em primeiro lugar, a África ocidental, do Senegal a Angola, ao longo de um cinturão que avança cerca de 320 quilômetros para o interior; em segundo lugar, a parte do centro-leste da África, que hoje abrange Tanzânia, Moçambique, Malawi, norte da Zâmbia e leste do Congo. Além disso, no interior de cada uma dessas amplas áreas, podem ser feitas distinções mais sutis.

Assim, talvez pareça que o comércio escravista não afetou o desenvolvimento de algumas partes da África simplesmente porque o embarque de pessoas ali era inexistente ou pequeno. No entanto, deve-se defender a alegação de que o comércio escravista europeu foi fator de subdesenvolvimento para o continente africano como um todo, porque não se pode concluir que um distrito africano sem comércio com europeus estivesse inteiramente livre de quaisquer influências exercidas pela Europa. Os bens comerciais europeus infiltraram-se no interior mais profundo; além disso – o que é mais significativo –, o direcionamento de grandes áreas do continente para o envio de pessoas para o exterior fez com que outras interações positivas fossem, desse modo, descartadas.

Essa proposição pode ser mais bem compreendida a partir de algumas comparações. Em qualquer economia, diversos elementos se influenciam; portanto, crises num setor se transferem, em certa medida, para os outros. Da mesma forma, quando há vitalidade em um setor, outros se beneficiam. Recorrendo às ciências biológicas, vê-se que os estudantes de ecologia reconhecem que uma só mudança, como o desaparecimento de uma espécie de caracol, poderia desencadear reações negativas ou positivas em esferas que, de um ponto de vista superficial, pareceriam desconectadas. As regiões da África que permaneceram "livres" das modalidades de tráfico de cativos para o exterior devem ter sido afetadas pelos grandes deslocamentos de várias formas que não são fáceis de compreender porque é algo que depende do que poderia ter acontecido.

Perguntas hipotéticas – "o que poderia ter acontecido se…?" – às vezes levam a especulações absurdas. Mas é inteiramente legítimo e necessário fazer tais questionamentos. O que poderia ter acontecido em Barotselândia (sul da Zâmbia) se não houvesse um comércio escravista generalizado em todo o cinturão da África central localizado imediatamente ao norte de Barotselândia? O que teria acontecido em Buganda se o povo de Catanga tivesse se concentrado em vender cobre para os baganda, não cativos para os europeus?

Durante a época colonial, os britânicos obrigaram os africanos a cantar:

Rule Britannia, Britannia rule the waves
*Britons never never never shall be slaves.**

Os próprios britânicos começaram a cantar a música no início do século XVIII, no auge da escravização de africanos. Qual seria o nível de desenvolvimento da Grã-Bretanha se milhões de seus habitantes tivessem sido colocados para trabalhar como escravizados, longe de sua terra natal, durante quatro séculos? Além disso, supondo que aqueles sujeitos maravilhosos nunca, nunca, nunca tivessem sido escravizados, pode-se ir além e especular que efeitos seriam prováveis sobre seu desenvolvimento caso a Europa continental tivesse sido escravizada. Fosse esse o caso, os vizinhos mais próximos da Grã-Bretanha se veriam excluídos do frutífero comércio britânico. Afinal, o comércio entre as ilhas britânicas e lugares como o Báltico e o Mediterrâneo é unanimemente considerado pelos estudiosos como o primeiro estímulo à economia inglesa no período feudal tardio e no início do capitalismo, mesmo antes da era da expansão ultramarina.

Uma tática que agora está sendo empregada por certos estudiosos europeus (e também estadunidenses) é afirmar que o comércio escravista europeu era, sem dúvida, uma perversidade moral, mas que foi economicamente benéfico para a África. Aqui, daremos uma breve atenção a alguns desses argumentos para indicar como são absurdos. Um dos argumentos enfatizados é o de que governantes africanos e outras pessoas obtiveram mercadorias europeias em troca de cativos, e foi assim que os africanos obtiveram "riquezas". Tal insinuação ignora o fato de que várias importações europeias competiam com a produção africana e a estrangulavam; ignora o fato de que nenhum dos muitos artigos listados pela Europa eram do tipo que atendiam às necessidades do processo produtivo, e sim itens a ser rapidamente consumidos ou inutilmente

---

* A Grã-Bretanha governa, a Grã-Bretanha governa as ondas/ A gente britânica nunca, nunca, nunca há de ser escravizada. (N. T.)

guardados; e ignora, ainda, o fato de que a maioria das importações era da pior qualidade, mesmo como bens de consumo – gim barato, pólvora barata, potes e chaleiras furados, contas e outras bugigangas.

Do que foi apresentado, sugere-se que certos reinos africanos se fortaleceram econômica e politicamente em razão do comércio com os europeus. Os maiores reinos da África ocidental, como Oió, Benin, Daomé e Axanti, são citados como exemplos. Oió e Benin eram grandes muito antes de estabelecer contato com os europeus; e tanto Daomé quanto Axanti se fortaleceram durante o período do comércio escravista europeu, sendo que as raízes de suas realizações remontam a anos muito anteriores. Além disso – e esta é uma grande falácia da apologia ao comércio escravista –, o fato de que determinado Estado africano se tornou politicamente mais poderoso ao mesmo tempo que se envolveu na venda de cativos aos europeus não pode ser automaticamente atribuído ao comércio escravista. Uma epidemia de cólera pode matar milhares de pessoas em um país e, ainda assim, é possível que sua população aumente – *apesar da*, e não devido à, cólera. Essa lógica simples escapa a quem afirma que o comércio escravista europeu beneficiou a África. A tendência destrutiva do comércio de mão de obra para escravização pode ser estabelecida assim: onde quer que um Estado tenha, aparentemente, progredido no período do tráfico escravista, a conclusão simples é que isso se deu apesar dos efeitos adversos de um processo mais danoso que a cólera. Esse é, por exemplo, o quadro que emerge de um estudo detalhado sobre Daomé; em última análise, embora esse reino tenha feito o máximo possível para se expandir política e militarmente enquanto ainda estava preso ao comércio escravista, essa forma de atividade econômica prejudicou muito sua base econômica, deixando-o em situação muito pior.

Alguns dos argumentos sobre os benefícios econômicos que o comércio escravista europeu teria proporcionado à África resumem-se a afirmar que o envio de milhões de cativos para o exterior era uma forma de evitar a fome no continente africano! Tentar responder a isso seria uma dolorosa perda de tempo. Talvez, porém, uma versão um pouco mais sutil do mesmo argumento exija resposta: o argumento de que a África teve ganhos porque, no processo de comércio escravista, novas culturas alimentares foram introduzidas no continente, tornando-se a base da alimentação. As culturas em questão são de milho e mandioca, que se tornaram alimentos básicos na África no fim do século XIX e no século XX. Mas a propagação de culturas alimentares é um dos fenômenos mais comuns na história humana. A maioria das culturas origina-se num continente e é transferida para outras partes do mundo a partir do contato social. O comércio escravista não tem nenhuma influência especial sobre a disseminação dos cultivos – formas mais simples de comércio teriam alcançado o mesmo resultado. Hoje, os italianos têm derivados do trigo (de grão duro), como macarrão, como base alimentar, enquanto a maioria dos europeus usa a batata. Essa adoção italiana de alimentos como o espaguete do macarrão chinês ocorreu depois que Marco Polo voltou das viagens que fez para lá, enquanto o restante do continente adotou a batata dos povos originários das Américas. Em nenhum desses casos europeus foram escravizados antes que pudessem obter um benefício que representava um legado de toda a humanidade, mas aos africanos deve-se dizer que o comércio escravista europeu promoveu nosso desenvolvimento ao nos trazer milho e mandioca.

Todos os pontos mencionados até aqui foram retirados de livros e artigos publicados recentemente e resultam de pesquisas realizadas nas principais universidades britânicas e estadunidenses. Provavelmente não constituem os pontos de vista mais comuns mesmo entre estudiosos burgueses europeus, mas são representativos de uma tendência crescente que pode vir a se tornar a nova ortodoxia aceita nos países capitalistas metropolitanos. Isso coincide consideravelmente com a luta da Europa contra uma maior descolonização da economia e da mentalidade africanas. Em certo sentido, é preferível ignorar tais absurdos e afastar nossa juventude desses insultos; mas, infelizmente, um dos aspectos do atual subdesenvolvimento africano é que editores capitalistas e estudiosos burgueses dominam a cena e ajudam a moldar as opiniões em todo o mundo. Por esse motivo, textos que justificam o comércio escravista devem ser expostos como propaganda racista burguesa, sem qualquer ligação com a realidade ou a lógica. É uma questão não apenas de história, mas de luta pela libertação na África hoje.

Estagnação técnica e distorção da economia africana no período pré-colonial

Já foi mencionado que a tecnologia europeia do século XV não era de todo superior à de outras partes do mundo. Havia algumas características específicas muito vantajosas para a Europa – como transporte marítimo e (em menor grau) armas. Os europeus que negociavam com a África precisaram utilizar bens de consumo asiáticos e africanos, mostrando, assim, que seu sistema de produção não era superior. Fica especialmente evidente que, nos primeiros séculos de comércio, os europeus dependiam muito de tecidos indianos para revendê-los na África, assim como compravam tecidos em várias partes da costa da África ocidental para revenda em outros locais. Marrocos, Mauritânia, Senegâmbia, Costa do Marfim, Benin, Iorubalândia e Loango foram todos exportadores para outras partes da África, por meio de intermediários europeus. No entanto, quando o continente africano entrou na era colonial, concentrou-se quase inteiramente na exportação de algodão em estado bruto e na importação e tecidos de algodão manufaturados. Esse notável revés está ligado ao avanço tecnológico da Europa e à estagnação da tecnologia da África, causada pelo comércio com o continente europeu.

A manufatura de tecidos no mundo passou por um estágio de produção artesanal de pequena escala, com uso de teares manuais. Até o século XVI, esse era o padrão geral na África, na Ásia e na Europa, sendo os asiáticos os fabricantes mais habilidosos do mundo. A Índia é o exemplo clássico de lugar onde os britânicos usaram todos os meios à disposição para eliminar a indústria de tecidos, para que o tecido britânico fosse comercializado em todos os lugares, inclusive na própria Índia. Na África, a situação não era tão bem definida, e também não foi necessário tanto esforço consciente, por parte dos europeus, para destruir a manufatura de tecidos africana, mas o caminho foi o mesmo. A Europa se beneficiou tecnologicamente de seus contatos comerciais externos, ao passo que a África não conseguiu se beneficiar ou acabou perdendo. Invenções e inovações vitais surgiram na Inglaterra no fim do século XVIII, depois do reinvestimento dos lucros do comércio externo. Na verdade, o novo maquinário representou o investimento do capital primitivo acumulado a partir do comércio e da escravização. Os comércios africano e indiano fortaleceram a indústria britânica, que, por sua vez, esmagou qualquer atividade industrial que existisse naqueles agora chamados países "subdesenvolvidos".

A demanda africana por tecidos estava aumentando depressa nos séculos XV, XVI e XVII, de modo que havia mercado para todos os tecidos produzidos localmente, bem como espaço para importações da Europa e da Ásia. Mas, sendo dirigida por uma classe capitalista ambiciosa, a indústria europeia aumentou sua capacidade de produção em larga escala aproveitando a energia de vento, água e carvão. A indústria de tecidos europeia foi capaz de copiar padrões indianos e africanos da moda e acabou por substituí-los – em parte, estrangulando a distribuição de tecido ao redor das costas da África e, em parte, sobrepujando os produtos africanos por meio de importações de tecidos a granel; dessa forma, os comerciantes europeus acabaram com a expansão da manufatura de tecidos africanos.

Há vários fatores sociais que se combinam para definir quando uma sociedade faz um avanço decisivo a partir de tecnologia artesanal de pequena escala rumo a equipamentos projetados para aproveitar a natureza de modo que o trabalho se torne mais eficaz. Um dos principais desses fatores é a existência de demanda por mais produtos do que podem ser feitos à mão, de modo que a tecnologia seja instada a reagir diante de uma necessidade social definida – como no caso das roupas. Quando o tecido europeu se tornou dominante no mercado africano, os produtores africanos foram cortados da demanda crescente. Diante do tecido europeu disponível a custo baixo, os produtores artesanais abandonaram suas atividades ou continuaram realizando o mesmo trabalho artesanal, de pequena escala, feito com instrumentos manuais, para criar estampas e peças para mercados localizados. Portanto, houve o que se pode chamar de "suspensão", ou estagnação tecnológica; em alguns casos, um verdadeiro retrocesso, já que as pessoas esqueceram até as técnicas simples de seus antepassados. O abandono da fundição tradicional do ferro na maior parte da África provavelmente é o mais importante exemplo de retrocesso tecnológico.

Desenvolvimento significa capacidade de crescimento autossustentado. Significa que uma economia deve registrar avanços que, por sua vez, promoverão mais progressos. A perda da indústria e das habilidades africanas foi extremamente pequena, se medida pela perspectiva das realizações científicas modernas ou mesmo por padrões da Inglaterra no fim do século XVIII. No entanto, deve-se ter em mente que a retenção em um estágio significa a impossibilidade de entrar no estágio seguinte. Se uma pessoa foi forçada a abandonar a escola depois de apenas dois anos de educação básica, não é sobre ela que recai a acusação de ser acadêmica ou intelectualmente menos desenvolvida que alguém que teve a oportunidade de ser escolarizado até o nível universitário. O que a África viveu nos primeiros séculos de comércio foi precisamente a perda da oportunidade de desenvolvimento, e isso é da maior importância.

Uma das características associadas ao avanço tecnológico é um espírito de investigação científica estreitamente ligado ao processo de produção. Isso leva à inventividade e à inovação. Durante o período de desenvolvimento capitalista na Europa, a tendência foi precisamente essa, e analistas colocam grande ênfase no espírito inventivo dos ingleses no século XVIII. Sociedades socialistas não deixam as invenções ao acaso ou à boa sorte, mas cultivam ativamente tendências para a inovação. Por exemplo, na República Democrática Alemã, jovens fundaram uma "feira de jovens inovadores" em 1958, apelando à criatividade intelectual da juventude socialista, de modo que, em dez anos, mais de 2 mil novas invenções foram apresentadas no evento. A ligação entre África e Europa a partir do século XV levou ao bloqueio desse espírito de inovação, direta e indiretamente.

O comércio escravista europeu operou como um bloqueio direto, removendo milhões de adolescentes e adultos jovens, que são os agentes humanos dos quais a inventividade emerge. Os que permaneceram em áreas duramente atingidas pela captura de mão de obra para escravização estavam preocupados com sua liberdade, não com melhorias na produção. Além do mais, mesmo o africano mais ocupado das Áfricas ocidental, central ou oriental estava preocupado mais com o comércio que com a produção, devido à natureza dos contatos com a Europa – e essa situação não era propícia à introdução de avanços tecnológicos. Os grupos mais dinâmicos de uma grande área da África associaram-se ao comércio exterior – notadamente, os intermediários afro-portugueses da Alta Guiné, as mulheres do mercado dos acã, os comerciantes aro de Moçambique, e os suaíli e nyamwezi da África oriental. O comércio que realizavam era voltado ao mercado externo, como cativos e marfim, que não exigiam a invenção de maquinaria. Além disso, eram agentes de distribuição das importações europeias.

Enquanto a Grã-Bretanha era a principal potência econômica do mundo, era habitualmente citada como uma nação de lojistas: mas a maioria das mercadorias em suas lojas eram produzidas por eles mesmos, e foi por lidar com os problemas impostos pela produção que seus engenheiros conceberam tantas invenções. Na África, os grupos comerciais não poderiam dar nenhuma contribuição para aprimorar o desenvolvimento tecnológico porque seu papel e suas preocupações impossibilitavam que dedicassem a mente e as energias à produção.

Além da inventividade, devemos considerar o empréstimo de tecnologia. Quando uma sociedade se encontra tecnologicamente atrasada em relação a outras, independentemente do motivo para isso, a atualização se dá não tanto por invenções, mas por empréstimos. Aliás, entre as principais descobertas científicas do homem, poucas se deram de modo isolado, em lugares diferentes por pessoas diferentes. Assim que um princípio ou um instrumento se torna conhecido, ele se espalha ou se difunde para outros povos. Por que, então, a tecnologia europeia não conseguiu adentrar a África durante os muitos séculos de contato entre os dois continentes? A razão básica é que a própria natureza do comércio afro-europeu foi altamente desfavorável ao intercâmbio de ideias e técnicas positivas do sistema capitalista europeu para o sistema de produção pré-capitalista africano (comunal, feudal e pré-feudal).

A única sociedade não europeia que efetivamente fez empréstimos da Europa e se tornou capitalista foi a japonesa, sociedade feudal altamente desenvolvida, que progrediu para formas capitalistas próprias no século XIX. Seu povo não foi escravizado nem colonizado pela Europa, e suas relações comerciais externas eram bastante vantajosas. Por exemplo, os fabricantes têxteis japoneses tiveram o estímulo de seu próprio e crescente mercado interno e de alguns mercados externos na Ásia e na Europa. Nessas circunstâncias, a nova classe capitalista japonesa (incluindo muitos ex-proprietários feudais) tomou emprestada a tecnologia europeia e a adaptou com sucesso antes do fim do século XIX. Esse exemplo pretende enfatizar que, para a África ter recebido tecnologia europeia, a demanda teria de vir de dentro da África, muito provavelmente de uma classe ou grupo que visava a lucrar com a nova tecnologia. Era necessário que houvesse tanto vontade, por parte dos europeus, de transferir sua tecnologia quanto estruturas socioeconômicas africanas capazes de fazer uso dessa tecnologia e internalizá-la.

A caçada a elefantes ou cativos não produzia na África demanda por outra tecnologia que não as armas de fogo. As atividades econômicas vinculadas ao comércio exterior eram destrutivas, como o era a escravização; ou, na melhor das hipóteses, eram puramente extrativistas, como no caso da obtenção do marfim e do corte de árvores de madeira vermelha. Portanto, não houve motivo para recorrer às competências europeias. As economias africanas teriam pouco espaço para desenvolver tais habilidades, a menos que as exportações desses itens fossem interrompidas por completo. Um fato interessante, raramente trazido à luz, é que vários governantes africanos, em diferentes partes do continente, enxergaram a situação e buscaram a tecnologia europeia para o desenvolvimento interno, destinado a substituir o comércio escravista.

Os europeus deliberadamente ignoraram as solicitações desses africanos para que a Europa colocasse certas habilidades e técnicas à sua disposição, o que foi um fator decisivo na situação do Congo no início do século XVI, conforme mencionado. E aconteceu também na Etiópia, embora nesse caso não tenha se estabelecido o comércio de cativos com os europeus. Uma missão oficial portuguesa chegou à corte em 1520. Tendo examinado espadas, mosquetes, roupas, livros e outros objetos portugueses, o imperador Lebna Dengel sentiu a necessidade de introduzir conhecimentos técnicos europeus na Etiópia. Existe troca de correspondências entre o imperador e governantes europeus, como os reis Manuel I e João III de Portugal e o papa Leão X, com pedidos de assistência europeia à indústria etíope. Até o fim do século XIX, petições etíopes nesse sentido foram repetidas com pouco ou nenhum sucesso.

Na primeira metade do século XVIII, houve mais exemplos de governantes africanos apreciando a tecnologia europeia e estabelecendo sua preferência por habilidades, não por navios negreiros. Quando Agaja Trudo de Daomé tentou interromper o comércio de cativos, ele fez um apelo aos artesãos europeus e enviou um embaixador a Londres para esse fim. Um europeu que permaneceu na corte de Daomé no fim da década de 1720 disse a seus compatriotas que, "se algum alfaiate, carpinteiro, ferreiro ou qualquer outro tipo de homem branco livre estiver disposto a vir para cá, encontrará um incentivo muito bom". O soberano de Axanti, Opoku Ware (1720-1750), também pediu aos europeus que montassem fábricas e destilarias em seu território, mas não obteve resposta.

Considerando a história do Japão, deve-se notar que os primeiros pedidos de apoio técnico vieram dos impérios da Etiópia e do Congo, que, no século XVI, estavam em um nível comparável ao da maioria dos Estados feudais, com a importante exceção de que não produziram as sementes do capitalismo. Durante o século XVIII, os grandes Estados africanos de Daomé e Axanti tornaram-se proeminentes. Eles haviam saído do modo de produção comunal e tinham uma estratificação de classe quase feudal, além da especialização em várias atividades, como ourivesaria, fundição de ferro e produção têxtil. A sociedade Axanti, sob o governo de Opoku Ware, já havia demonstrado capacidade de buscar inovações ao enfrentar o problema de utilizar a seda importada e desmanchá-la a fim de combinar os fios com os de algodão e, assim, produzir o famoso tecido *kente*. Em outras palavras, para essas sociedades africanas não teria sido difícil dominar as competências técnicas europeias e estabelecer a ponte sobre a lacuna bastante estreita que existia entre elas e a Europa naquela época.

Em um momento já avançado do século XIX, os europeus demonstraram a mesma indiferença em relação aos pedidos de assistência prática da África, embora tanto os governantes africanos quanto os capitalistas europeus já falassem, nesse período, em substituir o comércio escravista. No início do século XIX, um rei de Calabar (no leste da Nigéria) escreveu aos ingleses solicitando uma refinaria de açúcar; por volta de 1804, o rei Adandozan, de Daomé, foi ousado o suficiente para solicitar uma fábrica de armas de fogo! Na época, muitas partes da África ocidental iam à guerra com armas de fogo e pólvora europeias. Surgiu em Daomé o ditado: "Aquele que faz pólvora vence a guerra", reconhecimento perspicaz de que os povos africanos estavam fadados a sucumbir diante da superioridade dos europeus no campo da tecnologia armamentista. Obviamente, os europeus também estavam conscientes de que sua tecnologia bélica era decisiva e não havia a menor chance de concordarem em ensinar os africanos a fabricar armas de fogo e munições.

As circunstâncias do comércio africano com a Europa eram desfavoráveis à criação de uma demanda africana consistente por tecnologias relevantes para o desenvolvimento e, quando essa necessidade se apresentou, também foi ignorada ou rejeitada pelos capitalistas. Afinal, não teria sido do interesse do capitalismo promover o desenvolvimento da África. Em tempos mais recentes, os capitalistas ocidentais se recusaram a construir a represa do rio Volta para Gana sob o governo de Kwame Nkrumah, até perceberem que os tchecoslovacos o fariam; eles também se negaram a construir a represa de Assuã para o Egito, e a União Soviética teve de ir em socorro; em situação semelhante, criaram obstáculos à construção de uma ferrovia da Tanzânia para a Zâmbia, tendo o Estado socialista da China expressado sua solidariedade com o campesinato e o operariado africano de forma prática. Dar a toda essa questão uma perspectiva histórica nos permite perceber que o capitalismo sempre desencorajou a evolução tecnológica africana e bloqueou o acesso da África à sua própria tecnologia. Como veremos em seção posterior, o capitalismo só introduziu na África aspectos muito limitados de sua cultura material que fossem essenciais para uma exploração mais eficiente; a tendência capitalista tem sido, em geral, manter subdesenvolvida a tecnologia da África.

O comércio escravista europeu e o comércio ultramarino em geral tiveram o que é conhecido como "efeito multiplicador" no desenvolvimento da Europa, em um sentido muito positivo. Isso significa que os benefícios dos contatos externos se estenderam a muitas áreas da vida europeia não diretamente ligadas ao comércio exterior, e toda a sociedade tornou-se mais equipada para seu próprio desenvolvimento interno. O oposto ocorreu na África – não apenas na esfera crucial da tecnologia, mas também no que diz respeito ao tamanho e ao propósito das economias africanas. Nos processos regulares de evolução, uma economia cresce cada vez mais, de modo que, depois de um tempo, duas economias se fundem em uma. Foi exatamente assim que as economias nacionais foram estruturadas na Europa ocidental, por meio de uma combinação gradual do que antes eram economias provinciais separadas. O comércio com a África realmente ajudou a Europa a estreitar a união entre suas diferentes economias nacionais, mas na África houve ruptura e desintegração no nível local. Ao mesmo tempo, cada economia local deixou de ser dirigida de forma exclusiva e primordial no sentido da satisfação das necessidades de seus habitantes, e (quer africanos específicos reconheçam isso, quer não) seu esforço econômico serviu a interesses externos e os tornou dependentes de forças externas sediadas na Europa ocidental. Dessa forma, a economia africana, entendida como um todo, foi desviada de sua linha anterior de desenvolvimento e se viu desfigurada.

Já é de conhecimento geral um dos principais motivos pelos quais a verdadeira industrialização não pode ser facilmente realizada na África hoje: o mercado de manufaturados em qualquer país africano é muito pequeno e sem integração com os mercados de grandes áreas de África. O tipo de relacionamento que a África teve com a Europa desde o início tem operado contra a integração da economia local. Certas ligações estabelecidas entre os territórios no continente foram interrompidas a partir do século XV pelo comércio europeu. Vários exemplos surgiram na costa da África ocidental até Angola, porque naquelas localidades o comércio europeu foi o mais volumoso e os registros escritos conservados também são mais extensos.

Quando os portugueses chegaram à região da moderna Gana, na década de 1470, eles tinham poucas mercadorias para oferecer aos habitantes em troca do ouro cobiçado pela Europa. No entanto, foram capazes de transportar do Benin, na atual Nigéria, suprimentos de tecidos de algodão, contas e mulheres escravizadas, que eram vendáveis na Costa do Ouro. Os portugueses estavam respondendo a uma demanda específica da Costa do Ouro, de modo que deve ter existido um comércio anterior entre o povo do Benin e os da Costa do Ouro, particularmente os acã. Estes eram produtores de ouro, enquanto a população do Benin era de artesãos especializados que tinham excedentes de tecidos e contas de fabricação própria. Como se tratava de um Estado expansionista com grande exército, o Benin também teve acesso a prisioneiros de guerra, enquanto os acã pareciam preocupados em formar sua própria população e força de trabalho, de modo que adquiriram cativas do Benin e rapidamente as integraram como esposas. Quando os portugueses intervieram, essa troca foi subordinada a interesses comerciais europeus. Assim que Portugal e outras nações europeias adquiriram bens suficientes para não depender da reexportação de certas mercadorias do Benin, só restaram as conexões entre a Costa do Ouro e a Europa, por um lado, e entre Benin e Europa, por outro.

Os produtos do Benin provavelmente chegaram à Costa do Ouro pelos riachos do interior do que hoje são Daomé e Togo. Portanto, esse trânsito teria se tornado mais conveniente quando os europeus estabeleceram uma ligação direta através do mar aberto. Como já apontado, a superioridade dos europeus no mar tinha grande valor estratégico, assim como sua capacidade organizacional. Isso foi exemplificado em vários lugares, começando com

Magreb e Mauritânia. Depois que os portugueses tomaram o controle da costa atlântica do noroeste da África, eles foram capazes de obter cavalos, artigos de lã e contas, que enviaram para a África ocidental, mais ao sul, em troca de ouro e mão de obra para escravização; até o início do século XVI, o artigo mais importante trazido pelos portugueses para comércio na Senegâmbia tinha sido o cavalo, pelo qual recebiam até quinze cativos. Lãs e contas do norte da África também foram utilizadas pelos portugueses na compra de ouro no rio Gâmbia e até no sul de Serra Leoa.

Vale relembrar que o Sudão ocidental tinha ligações com a costa da África ocidental e com o norte da África. Muito antes da chegada dos europeus, os cavalos eram transportados para o norte da África a fim de serem cruzados com manadas locais da África ocidental. Muito antes da chegada dos europeus, árabes e mauritanos viajavam até o rio Senegal e a regiões mais ao sul para encontrar comerciantes diúla e mandinga para entregar-lhes produtos como contas feitas em Ceuta e tecidos feitos de lã de ovelhas do norte da África. Com a vantagem da rapidez do transporte por mar em oposição ao terrestre, cruzando o deserto, os portugueses estavam, de fato, rompendo a integração econômica da região. Tal como no exemplo do povo do Benin e dos acã, o ponto a ser observado é que, depois de se tornarem intermediários, os portugueses tiveram a oportunidade de desenvolver um novo padrão de comércio pelo qual tanto o noroeste da África quanto a porção ocidental olharam para a Europa e se esqueceram um do outro.

Situação semelhante surgiu na costa da Alta Guiné, e desta vez a exploração europeia foi auxiliada pela presença de colonos brancos nas ilhas de Cabo Verde. Os colonos portugueses e cabo-verdianos invadiram o padrão do comércio local da Alta Guiné já na década de 1470. Eles interferiram nas transferências de algodão cru e corante índigo de uma comunidade africana para outra, e os colonos cabo-verdianos estabeleceram uma próspera plantação de algodão e uma indústria têxtil de algodão. Usando mão de obra e técnicas do continente, exportaram os produtos acabados ao longo da costa até Acra.

Os portugueses assumiram também o comércio de búzios no Congo e suas ilhas marítimas, além do comércio de sal ao longo da costa angolana e de tecidos de palma de alta qualidade entre o norte e o sul de Angola. Em alguns casos, dominaram não apenas por causa de seus navios e suas habilidades comerciais, mas também pelo uso da força – contanto que estivessem operando na costa e pudessem colocar seus canhões em uso. Na África oriental, por exemplo, os portugueses usaram a violência para capturar o comércio de árabes e suaíli. A interrupção do comércio africano entre a Costa do Marfim e a Costa do Ouro seguiu um padrão. Havia um intenso comércio costeiro por canoas entre essas duas regiões, com a população do cabo Lahou (moderna Costa do Marfim) navegando para além do cabo Três Pontos até o leste de Acra a fim de vender seu tecido. Os portugueses montaram um forte em Axim perto do cabo Três Pontos para manutenção do comércio de ouro com o interior; e uma de suas funções era deter o comércio africano costeiro entre o leste e o oeste. Proibiram que residentes de Axém fossem ao cabo Lahou e impediram que as canoas da Costa do Marfim viajassem a leste de Axém. O objetivo era, obviamente, transformar as duas áreas em entidades econômicas exclusivamente ligadas à Europa.

O comércio aqui descrito provou ter raízes profundas. Quando ocuparam Axém, em 1637, os holandeses descobriram que ele ainda ocorria. Os funcionários da Companhia Holandesa das Índias Ocidentais, que operava na Costa do Ouro, quiseram impedir por completo o comércio africano e, como não conseguiram, tentaram obrigar a população da Costa do Marfim a comprar uma quantidade determinada de bens da Holanda. Os holandeses determinaram que cada canoeiro de Axém que seguisse para o cabo Lahou transportasse ao menos 113 gramas de ouro em bens holandeses. O objetivo era converter um intercâmbio exclusivamente entre africanos em um comércio entre África e Europa.

Duplamente prejudicial para as tentativas africanas de integrar suas próprias economias foi o fato de que, quando os europeus se tornaram intermediários das redes de comércio local, eles o fizeram com o principal objetivo de facilitar a retirada de cativos e, assim, tornaram toda a economia subordinada ao comércio escravista europeu. Na Alta Guiné e nas ilhas de Cabo Verde, os portugueses e seus descendentes mestiços se envolveram em grande variedade de trocas, incluindo algodão, corantes, noz-de-cola e produtos europeus. O objetivo era encher os porões dos navios negreiros. No Congo e em Angola, deu-se o mesmo quadro. Sal, búzios e tecidos pintados que chegavam por mãos portuguesas compensavam a escassez de bens comerciais desses locais e serviam para comprar cativos em diferentes partes da costa e no interior.

O aspecto de subordinação e dependência é crucial para compreender o subdesenvolvimento africano hoje, e suas raízes remontam à era do comércio internacional. Também vale observar que existe um tipo de falsa ou pseudointegração como camuflagem para a dependência. Na era contemporânea, ela assume a forma de áreas de livre-comércio em regiões anteriormente colonizadas do mundo. Essas áreas de livre-comércio são criadas para a entrada de corporações multinacionais. A partir do século XV, a pseudointegração emergiu sob a forma de atrelamento de economias costeiras distantes da costa, de modo a permitir a passagem de cativos e marfim de determinado ponto do interior para determinado porto no oceano Atlântico ou no Índico. Por exemplo, os cativos eram transferidos do Congo atravessando o que hoje é a Zâmbia e o Malawi até Moçambique, onde se viam apropriados por compradores portugueses, árabes ou franceses. Isso não foi uma integração verdadeira entra as economias dos territórios africanos em questão – na verdade, representou apenas a ampliação ou a interiorização da presença estrangeira, aplacando, assim, os comércios locais.

O comércio de ouro da África ocidental não foi destruído, mas tornou-se diretamente dependente de compradores europeus, sendo desviado das rotas que atravessavam o Saara rumo ao norte. No cinturão de savana do Sudão ocidental, o comércio transaariano de ouro tinha sustentado uma das zonas políticas mais desenvolvidas de toda a África desde o século V. Contudo, era mais conveniente para a Europa obter seu ouro na costa oeste que por meio de intermediários norte-africanos, e cabe apenas especular o que teria se passado no Sudão ocidental caso tivesse ocorrido um aumento constante no comércio de ouro durante os séculos XVII e XVIII. No entanto, há algo a ser dito em favor do comércio africano com a Europa no caso dessa mercadoria em especial. A produção de ouro envolvia a mineração e um sistema de distribuição ordenado dentro da África. A região dos acã e partes do Zimbábue e de Moçambique sustentaram o sucesso do sistema sociopolítico até o século XIX, principalmente por causa da produção de ouro.

Certos benefícios também derivam da exportação de marfim. A busca por esse material tornou-se, em algum momento, a atividade mais importante em várias sociedades da África oriental – às vezes combinada com o comércio de cativos. Os nyamwezi da Tanzânia eram os comerciantes mais conhecidos da África oriental, conquistando reputação por transportarem mercadorias por centenas de quilômetros entre o lago Tanganica e o oceano Índico. Quando os nyamwezi se dedicaram à exportação de marfim, houve benefícios como o aumento do comércio de enxadas, alimentos e sal entre eles e seus vizinhos.

No entanto, o marfim era um bem que se esgotava depressa em qualquer região, e o esforço para garantir novos suprimentos podia levar a uma violência comparável àquela associada à busca de cativos humanos. Além disso, a limitação mais decisiva ao comércio de marfim foi o fato de que ele não se enraizava de forma lógica nas necessidades e na produção locais. Grandes quantidades de marfim não eram necessárias a nenhuma sociedade da África, e nenhuma sociedade africana se dedicou à caça de elefantes e à coleta de marfim em grande escala até o surgimento de demandas da Europa ou da Ásia. Qualquer sociedade africana que levasse a sério as exportações de marfim na época tinha de reestruturar sua economia para que esse comércio tivesse êxito. Isso, por sua vez, levava a uma dependência excessiva e indesejável do mercado e da economia externos. Poderia haver crescimento no volume de comércio e o surgimento de alguns efeitos secundários positivos, mas se diminuía a capacidade de alcançar a independência econômica e o progresso social autossustentável. Além disso, deve-se sempre ter em mente a oposição dialética do comércio na África, ou seja, a produção na Europa ou na América sob controle europeu. Os poucos subprodutos socialmente desejáveis da caça de elefantes na África eram insignificantes em comparação com os lucros, a tecnologia e as habilidades associadas ao produto na Europa. Dessa forma, o abismo entre os continentes aumentava constantemente; e é em função desse abismo que chegamos ao desenvolvimento e ao subdesenvolvimento.

Desenvolvimentos político-militares contínuos na África – 1500 a 1885

Historiadores nacionalistas contemporâneos da África enfatizam corretamente que o continente tinha um passado expressivo muito antes da chegada dos europeus. Eles também destacam que os africanos seguiram fazendo a própria história depois de entrar em contato com a Europa e, aliás, até mesmo durante o período da colonização. Essa forma centrada na África de abordar o passado do continente é bastante compatível com outra que enfatiza igualmente o papel transformador das forças externas, como o comércio ultramarino de pessoas para escravização, de ouro e de marfim. A reconciliação das duas abordagens é facilitada quando se tem em mente os três fatores a seguir:

1) O impacto externo (principalmente europeu) até 1885 era muito desigual em termos geográficos, sendo que as costas estavam obviamente mais expostas.

2) O comércio com os europeus afetou diferentes aspectos da vida africana, em diversos graus, sendo que o aparato político, militar e ideológico ficou praticamente intocado.

3) As características dinâmicas da evolução e do desenvolvimento africanos (como ilustrado no capítulo 2) *continuaram* a operar depois de 1500.

Já argumentamos que seria enganoso tentar dividir a África em áreas que foram e não foram afetadas pelo comércio escravista, pois o continente como um todo teve de arcar com os custos da atividade. No entanto, para os propósitos deste estudo, é suficiente fazer uma distinção rudimentar entre as partes da África diretamente enredadas em atividades geradas pela Europa e as que, ao que tudo indica, prosseguiram com as práticas tradicionais.

Em certas áreas, como o centro-sul da África, os desenvolvimentos prosseguiram porque a população ali era livre para buscar caminhos ditados pela interação entre o povo e o meio ambiente de localidades específicas. Além disso, houve conquistas mesmo nas sociedades sob o mais pesado bombardeio da escravização. O comércio escravista conduziu a África à dominação pela Europa no contexto do comércio internacional. Em pouquíssimos casos, os europeus conseguiram também remover autoridades políticas nos diversos sistemas sociais da África. Por isso, ainda assim, os Estados africanos em estreito contato com a Europa no período pré-colonial tinham margem para manobras políticas – e sua evolução pôde continuar (e continuou).

A conquista militar da África esperou pelos anos de disputa imperialista. Nos séculos de contato pré-colonial, havia exércitos africanos, com todas as implicações sociopolíticas inerentes a um setor armado da sociedade. Igualmente importante foi o fato de que as importações diretas da Europa nas esferas culturais e ideológicas eram, na prática, nulas. O cristianismo tentou, de forma esporádica e ambivalente, impactar algumas partes do continente, mas a maioria dos poucos missionários em lugares como Congo, Angola e Alta Guiné limitava-se a abençoar os africanos quando eles estavam prestes a ser lançados na travessia do Atlântico rumo à escravização. O cristianismo, por assim dizer, continuou apenas na Etiópia, onde tinha raízes nativas. Em outras localidades, o islã e outras religiões, que não tinham relação com o comércio europeu, prosperaram. Assim como antes, a religião continuou a operar como elemento da superestrutura crucial ao desenvolvimento do Estado.

Enquanto há poder político, enquanto um povo pode ser mobilizado para usar armas e enquanto a sociedade tem a oportunidade de definir sua própria ideologia e cultura, as pessoas têm algum controle sobre seus próprios destinos, a despeito de constrangimentos como os que foram impostos quando o continente africano entrou em órbita como um satélite da Europa capitalista. Afinal, embora o desenvolvimento histórico seja inseparável das condições materiais e das condições tecnológicas, ele também é parcialmente controlado pela consciência do povo em vários estágios. Isso é parte da interdependência entre base e superestrutura mencionada de início.

A revolução é a manifestação mais dramática de um povo ou de uma classe consciente em certo estágio histórico; mas, em maior ou menor medida, em qualquer sociedade, a classe dominante está envolvida no processo de desenvolvimento como instrumento consciente de mudança ou de conservadorismo. Neste trecho, a atenção será voltada à esfera política e ao poder que a acompanha, o militar. Nessas áreas, os africanos foram capazes de se destacar mesmo enfrentando o comércio escravista.

O desenvolvimento político-militar da África de 1500 a 1885 demonstra que as coletividades africanas tinham se tornado mais capazes de defender seus interesses, em oposição aos de pessoas de fora. Também significava que, em Estados politicamente maduros e militarmente fortes, o indivíduo estava livre de ameaças externas de remoção física, tendo mais oportunidades de aplicar sua própria habilidade sob a proteção do Estado em campos tão diversificados quanto a arte dos menestréis e os trabalhos em bronze. Também podia usar criatividade e inventividade para aprimorar a religião de seu povo, elaborar uma Constituição mais administrável, contribuir com novas técnicas de guerra ou fazer avançar a agricultura e o comércio. É verdade, é claro, que os benefícios de todas essas contribuições favoreceram principalmente uma pequena parcela da sociedade africana, tanto dentro como fora da zona de escravização, pois, à medida que o modo de produção comunal retrocedeu, o princípio da distribuição igualitária foi negligenciado. Esses pontos podem ser ilustrados por exemplos históricos concretos, encontrados em todo o continente durante o período pré-colonial em questão.

Os iorubá

Em discussão anterior, o Estado iorubá de Oió foi apenas listado como um dos principais representantes do desenvolvimento africano até as vésperas da chegada dos europeus no século XV. As notáveis realizações artísticas de Oió nos séculos XV e XVI, do Estado do qual se originou, Ifé, e do Estado associado do Benin foram bastante estudadas, devido à preservação de esculturas de marfim, terracota e bronze. Fica claro que os bronzes mais antigos eram melhores e que houve uma deterioração da execução e da sensibilidade do século XVI até o século XVIII. No entanto, politicamente, Estados como Oió e Benin continuaram a prosperar por muito tempo depois da chegada dos europeus na costa da África ocidental. Como Oió e seu povo, os iorubá, estavam em uma área de intenso comércio escravista, o destino que tiveram, entre 1500 e 1885, é de importância considerável.

O reino de Oió manteve-se bem afastado de qualquer envolvimento com o comércio escravista até o fim do século XVIII. Sua população se dedicava à produção e ao comércio local, além da consolidação e da expansão do comércio. Na verdade, embora o núcleo do reino já estivesse estabelecido no século XV, foi durante os três séculos seguintes que ele se expandiu até controlar a maior parte do que mais tarde foi denominado Nigéria ocidental, grandes zonas ao norte do rio Níger e todo o território de Daomé. Tratava-se, de fato, de um império, governado por um Alafim em conjunto com uma aristocracia. Foi nos séculos XVI, XVII e XVIII que os sutis mecanismos constitucionais que regulavam as relações entre o Alafim e seus principais súditos, bem como entre a capital e as províncias, foram cristalizados.

O interesse de Oió na costa era mais como saída para os tecidos que para mão de obra escravizada. Fixados a alguma distância do litoral, os iorubá de Oió concentraram-se nas relações com o interior, conectando-se, assim, com o comércio da região do Sudão ocidental. Foi no norte que Oió obteve os cavalos que fizeram com que seus exércitos fossem temidos e respeitados. Oió é um excelente exemplo do desenvolvimento africano que tinha raízes profundas no passado, nas contradições entre o homem e o meio ambiente. Seu povo continuava se desenvolvendo a partir de forças que não manipulava conscientemente, bem como por meio do uso deliberado de técnicas políticas.

No início do século XIX, Oió e a Iorubalândia em geral começaram a exportar números consideráveis de cativos, obtidos, em parte, por meio de campanhas militares realizadas fora de Iorubalândia, mas também por intermédio da aquisição local de pessoas escravizadas, processo que envolvia sequestros, ataques armados, incertezas e desunião. Essas características, junto com as tensões constitucionais internas e uma ameaça externa vinda do norte islâmico, promoveu a queda do Império Oió por volta de 1830. A famosa terra natal ancestral iorubá de Ifé também foi saqueada, e seus cidadãos se tornaram refugiados devido aos conflitos entre os iorubá causados pelo sequestro de pessoas a serem vendidas para escravização.

Uma prova do nível de desenvolvimento naquela parte da África é que, em poucos anos, os habitantes conseguiram reconstruir novos Estados políticos, em especial Nova Oió, Ibadã, Ijaiye, Abeocutá e Ijebu – cada um centrado em uma cidade e com terra suficiente para uma agricultura bem-sucedida. Até que os britânicos chegassem para, *gentilmente*, impor "ordem" na Nigéria, o povo iorubá continuou experimentando várias formas políticas, com forte ênfase na militarização, e manteve a religião de seus antepassados.

Conscientes dos limites territoriais, os habitantes e os governantes de qualquer Estado invariavelmente se envolvem em confrontos com Estados vizinhos.

O Estado da era feudal na Europa e na Ásia estava especialmente preocupado com sua capacidade militar. A classe dominante era composta, no todo ou em parte, pelas forças bélicas profissionais do Estado. E um raciocínio que justificava o acesso à maior parte ou ao excedente de produção da sociedade era oferecer proteção armada aos camponeses ou servos. Essa generalização era tão verdadeira para a Iorubalândia do século XIX quanto para a Prússia e o Japão. Sem dúvida, os africanos naquela região seguiam a linha de desenvolvimento que conduzia a uma organização social comparável ao feudalismo na Europa, na Ásia e em partes da África, como a Etiópia e o Magreb, que já estavam nessa fase alguns séculos antes.

No Império Oió, o poder civil era dominante, e os generais militares eram servos do rei. Tempos depois, no entanto, os militares assumiram o poder político efetivo. Por exemplo, o Estado de Ijaiye foi fundado por Kurunmi, que, segundo consta, era o maior general iorubá daqueles tempos conturbados após a queda de Oió. Ele estabeleceu uma soberania militar pessoal em Ijaiye. Em Ibadá o caso era um pouco diferente, pois lá havia um grupo de oficiais militares que formava a elite política coletivamente. Os esforços para fazer os civis voltarem ao poder foram apáticos e fracassaram. Afinal, a própria cidade cresceu a partir de um acampamento militar.

A cidade-estado de Abeocutá talvez tenha feito o esforço mais consistente para tornar os militares um braço do Estado civil. No entanto, o que mais importava era a defesa das vilas dentro das muralhas fortificadas de Abeocutá, que se tornaram famosas como o lugar onde muitos exércitos rivais encontraram a derrota, num contexto em que os *ologuns*, ou chefes guerreiros, exerciam o poder social e político.

Enquanto a militarização da política estava em curso em Iorubalândia, ocorriam mudanças na estrutura da sociedade, o que provocou uma estratificação de classe mais nítida. Grandes números de cativos eram levados para a guerra, e a maioria deles foi vendida para os europeus, de modo que Iorubalândia se tornou uma famosa região fornecedora de pessoas escravizadas até os anos 1860. Mas muitos prisioneiros de guerra foram detidos localmente, em condições que se aproximavam bastante da escravização ou da servidão, dependendo se eram da primeira geração de cativos ou não. Às vezes, refugiados de cidades destruídas também não tinham opção a não ser se tornarem subalternos ou servos de outros iorubá livres. Tais refugiados eram obrigados a prestar serviço aos novos senhores, cultivando a terra em troca de proteção armada. No entanto, os servos também eram usados como soldados, o que significa que tinham acesso aos meios de produção (a terra) apenas mediante o cumprimento de uma obrigação em serviço militar. Isso permite avaliar em que medida o princípio do parentesco foi enfraquecido e indica que, em contraste com a típica aldeia do modo de produção comunal, Estados como os de Iorubalândia, no século XIX, atribuíam funções e recompensas aos cidadãos por meio de obrigações recíprocas características do feudalismo.

Durante o período em discussão, a divisão do trabalho entre os iorubá foi ampliada com o surgimento de soldados profissionais, ou "meninos de guerra", como eram chamados. Estes eram filhos de aristocratas e desdenhavam da agricultura, deixando-a para prisioneiros e servos – cujo grande número assegurava a abundância agrícola. Outros ramos da atividade econômica também se revigoraram, notadamente a produção de tecidos e óleo de palma, além do comércio de diversos produtos. Esses processos eram concretos, apesar do fato de que naquela época parte do trabalho estava sendo perdida tanto na forma de mão de obra enviada para escravização no exterior quanto na forma de força de trabalho dedicada a capturar pessoas para o mesmo fim. Visitantes europeus em Iorubalândia em meados do século XIX ainda puderam admirar o nível da cultura material local, juntamente com aspectos coloridos e esplêndidos de sua cultura não material, como os "festivais do inhame" e os rituais dos cultos religiosos de Xangô e Ogboni, entre outros.

Um artigo de tecnologia europeia ansiosamente procurado pelos africanos e bastante fácil de obter dos europeus era a arma de fogo. A partir da década de 1820, os iorubá adquiriram armas europeias em grande quantidade e as integraram em seu padrão de comércio, política e estratégia militar. Na véspera do domínio colonial, generais iorubá estavam entrando em contato com espingardas de carregamento pela culatra e até com foguetes, mas a Europa interveio bem depressa para que esse movimento não chegasse muito longe. Por meio de uma série de ações que começaram já em 1860 em Lagos – e que incluíam a infiltração missionária, bem como a invasão armada –, os britânicos conseguiram subjugar aquela região da África ao domínio colonial.

O desenvolvimento econômico envolve uma capacidade crescente de produção e está ligado a padrões de posse da terra e relações de classe. Esses fatos básicos estiveram bem expressos, tanto positiva quanto negativamente, na história iorubá, nas décadas anteriores à perda da independência. Enquanto a produção agrícola não foi interrompida, todo Estado iorubá permaneceu em uma posição forte. Ibadá já foi o maior poder militar de Iorubalândia, vendendo cativos e retendo muitos deles para serem usados como mão de obra em benefício da própria região. As áreas de cultivo agrícola de Ibadá, no entanto, foram atingidas pela guerra, e os governantes de lá também começaram a remover prisioneiros que cultivavam a terra para vendê-los aos europeus. Isso foi necessário porque Ibadá precisava de armas de fogo, e estas só podiam ser obtidas com a venda de pessoas para escravização. Foi nesse ponto que o efeito debilitante da presença de compradores escravistas europeus na costa tornou-se vital.

Vendendo os próprios cativos e servos, Ibadá estava minando sua base socioeconômica. Se os prisioneiros chegassem a formar uma verdadeira classe de servos, teriam garantido o direito de permanecer fixados no solo e estariam protegidos da venda. Esse foi um dos motivos pelos quais o modo de produção escravista na Europa teve de dar lugar à servidão e ao feudalismo; e, sob circunstâncias normais, a sociedade iorubá garantiu rapidamente a impossibilidade de remoção dos cativos que estavam integrados ao padrão de produção local. A presença de compradores escravistas europeus, no entanto, desencadeou grandes forças às quais era difícil resistir, e qualquer esperança de resolver o problema desapareceu com a perda do poder político sob o colonialismo.

Muito frequentemente, historiadores dão ênfase indevida ao fracasso dos Estados iorubá do século XIX em se unir e produzir uma entidade tão grande quanto o antigo Império Oió. Mas, em primeiro lugar, o tamanho de uma unidade política não é o critério mais importante para avaliar a conquista de seus povos. Em segundo lugar, um povo pode se desintegrar politicamente e depois se integrar de forma ainda mais efetiva. Os Estados iorubá de Ibadá, Abeocutá e Ijaiye tinham populações de mais de 100 mil cidadãos – tão grandes quanto as de cidades-estados, principados e palatinados da Alemanha feudal. Essa é uma comparação que vale a pena trazer à luz e que impressionou observadores europeus que, por acaso, haviam visitado Iorubalândia em meados do século XIX.

Há muito que a Alemanha tem uma cultura e uma língua comuns, e existiu uma forma de unidade política sob o Sacro Império Romano-Germânico do século XII ao XV. No entanto, após a Reforma e a dissolução do Sacro Império Romano, o povo alemão foi dividido em tantas entidades políticas quanto há dias no ano, algumas delas sendo pouco maiores que um parque público. Mas as relações internas de classe e as forças produtivas continuaram a se desenvolver por todo o território alemão e, finalmente, em 1870, a unidade foi outra vez alcançada, com o feudalismo dando lugar a um poderoso Estado-nação capitalista. De forma similar, os iorubá eram uma entidade cultural amplamente dispersa e com uma língua única.

Após a queda do Império Oió, os processos de desenvolvimento foram desacelerados, tanto por fatores internos quanto externos, mas não se viram interrompidos. Foi necessária a chegada do colonialismo europeu para fazer isso. Dentro da esfera da escravização nas Áfricas ocidental e central, a formação de Estados prosseguiu com graus variados de sucesso. Por exemplo, o sistema estatal dos acã cresceu de maneira tão impressionante quanto a do Império Oió. Felizmente para os acã, o tráfico escravista só atingiu proporções alarmantes na primeira metade do século XVIII. Naquela época, um Estado como Axanti tinha fincado raízes profundas o suficiente para resistir aos efeitos adversos da escravização, que continuou a ser incorporada às terras centrais do Sudão ocidental.

Na década de 1870, quando os britânicos tentaram impô-la, esse famoso povo africano não cedeu sem uma luta armada heroica. A conexão de Axanti com a exportação de mão de obra escravizada no século XVIII levou seus governantes a se concentrarem em um expansionismo do tipo que trazia cativos por meio de guerras, invasões, tributos e como artigos de comércio das regiões onde tinham sido capturados. Além disso, desde o século XV, os acã estavam formando e não traficando recursos humanos. Os cativos eram incorporados à sociedade local; e, às vésperas do colonialismo, uma proporção substancial da sociedade Axanti era composta de *Odonko-ba* – descendentes de antigos cativos, que formavam a população de trabalhadores agrícolas. O desenvolvimento se deu não por meio de tráfico e perda de mão de obra, e sim por seu aumento e maximização.

Daomé

O vizinho oriental de Axanti, para além do rio Volta, era Daomé. Como Daomé estava mais profundamente envolvido no comércio escravista, e havia mais tempo, suas experiências devem ser mais extensamente mencionadas.

Ao longo dos séculos XVIII e XIX, Daomé teve uma população estagnada, quando não em declínio, e uma economia que praticamente não tinha pilares além do envio de mão de obra para escravização. O que Daomé fez, apesar de tudo isso, é um tributo às conquistas do homem no continente africano. Deve-se evidenciar que as bases para o desenvolvimento sociopolítico dos povos ajá ou fom, ou de Daomé, foram assentadas no período anterior à influência da Europa na África ocidental. No século XV, os Estados de Aladá e Uidá, de população ajá, existiam e tinham uma vaga conexão com os iorubá de Ifé. No século XVI, Daomé era uma ramificação de Aladá e, no início do século XVIII, expandiu-se para incorporar Aladá e Uidá.

Os reis de Aladá e Uidá falharam em proteger os próprios cidadãos da escravização ou de serem realmente coniventes com a escravização. Daomé nunca seguiu tal política, diretamente antagônica à própria manutenção do Estado. Pelo contrário, Daomé acabou se tornando o clássico Estado invasor da África ocidental, depois de não conseguir que os europeus aceitassem outros produtos que não seres humanos. Para se tornar invasor, Daomé teve de, primeiro, estabelecer um Estado militar, cujo monarca chegou muito mais próximo de um ditador ou de um déspota que o Alafim de Oió ou o Axantiene de Axanti. Em segundo lugar, Daomé investiu muito tempo e inventividade em seu exército, de modo a proteger seus próprios cidadãos e guerrear no exterior.

Na história europeia, o Estado de Esparta se destacou por se dedicar totalmente à arte da guerra. Os europeus estabelecidos na África nos séculos XVIII e XIX invariavelmente se referiam a Daomé como uma Esparta negra. Ao longo do século XVIII, os cavalos de Oió foram a combinação perfeita para os soldados de infantaria de Daomé, que permaneceu como território que pagava tributos ao Império Oió. Porém, com a queda de Oió, Daomé tornou-se o maior Estado militar naquela região – e, aliás, vingou-se de seus antigos soberanos iorubá. A guerra era necessária para a obtenção de pessoas escravizadas *fora* de Daomé e para a aquisição de armas de fogo. Na verdade, era essencial para a sobrevivência.

Essa profunda preocupação de Daomé com as atividades militares pode ser ilustrada de diversas maneiras. O sistema de valores local recompensava aqueles que tinham coragem e conquistavam vitórias, menosprezando impiedosamente, e até liquidando, os covardes e os malsucedidos no campo de batalha. Os dois principais ministros do rei eram os comandantes dos exércitos de "esquerda" e "direita", e outros oficiais militares dominavam as nomeações políticas. Além disso, os meios de produção artística abordavam constantemente o tema da guerra. Belos mosaicos e pinturas ocuparam as paredes dos palácios de Abomei – todos com vitórias militares. Os relatos históricos, conforme apresentados por recitadores profissionais, reproduziam o mesmo viés, com os trabalhadores têxteis se ocupando da criação de emblemas, "cores" e guarda-chuvas para generais e regimentos.

Duas inovações singulares diferenciaram Daomé de seus vizinhos e até lhe conferiram um direito especial no contexto da organização militar feudal ou semifeudal. A primeira: Daomé encorajava os meninos a se tornarem aprendizes de guerra. Por volta dos onze ou doze anos de idade, eles seriam vinculados a um soldado veterano, ajudando-o a carregar seus suprimentos e observando a batalha. A segunda inovação (que foi mais comentada) foi o emprego da população feminina de Daomé no exército. Aparentemente, as esposas dos membros do palácio real começaram como integrantes da guarda cerimonial no século XVIII; depois avançaram até se tornarem parte da máquina de guerra de Daomé, em completa igualdade nas adversidades e nas recompensas. No século XIX, a população de Daomé provavelmente não ultrapassava 200 mil pessoas, e o Estado conseguia enviar um efetivo de 12 a 15 mil pessoas em suas campanhas anuais. Desses, estimou-se, em 1845, que cerca de 5 mil eram mulheres – as chamadas amazonas de Daomé, temidas pela ferocidade em batalha.

No longo prazo, o comércio escravista arruinou Daomé. As campanhas de captura eram caras e nem sempre recompensadoras em número de cativos. Os compradores europeus não apareceram por alguns anos, devido às condições europeias (por exemplo, durante a Guerra de Independência dos Estados Unidos, a Revolução Francesa e as guerras revolucionárias subsequentes, houve uma trégua no envio de pessoas para escravização por Daomé, porque um número muito menor de navios europeus pôde ser dedicado ao comércio escravista). Sem vender cativos para obter armas de fogo e continuar as guerras de captura, Daomé viu sua glória e sua honra militar declinarem. O recurso ao sacrifício humano foi uma tentativa de compensar a diminuição da reputação do Estado e de seu monarca, como no caso da *oba* do Benin no século XIX.

Ainda assim, os relatos da famosa brutalidade de Daomé foram exagerados. O Estado produziu requintes como um censo populacional; exerceu a diplomacia por toda parte, com sutilezas e protocolos que geralmente só são associados aos Estados europeus "civilizados"; e estabeleceu um sistema de espionagem e inteligência que foi elemento essencial de sua própria segurança. Atenção deve ser dada, sobretudo, ao menos brevemente, ao papel do artista na sociedade daomeana. Grande parte da arte africana surge da elaboração de objetos funcionais, como cerâmica e tecido, mas tanto a religião quanto o poder estatal também a estimularam. Por exemplo, latões e bronzes de Ifé foram produzidos para cultos religiosos e associados ao *oni*, primeiro rei divino, e Ifé e à família real. Na verdade, um fenômeno bastante difundido foi que a classe dominante feudal deu proteção, sustento e reconhecimento a artistas. Isso foi verdade no caso de ceramistas e de artistas de teatro protegidos por mandarins na China; foi verdade na Itália do Renascimento, no século XVI; e foi verdade em Daomé nos séculos XVII a XIX.

Não se sabe quem ali deveria receber o crédito por qualquer realização artística do período independente pré-colonial. Naquela época, no entanto, dava-se a cada indivíduo a oportunidade de autodescoberta, autodesenvolvimento e de servir à sociedade como um todo. A missão dos artistas era alegrar e capturar esperanças e ambições do povo em pinturas murais do palácio, em esculturas de ferro forjado, na padronagem das estampas de tecidos feitos à mão para a realeza, nas intrincadas cabeças esculpidas nos cajados de salvo-conduto dos embaixadores do rei e nas entusiasmadas narrativas sobre como o fundador do reino de Daomé saiu do ventre de um leopardo. Era uma arte que girava em torno da realeza e das famílias nobres, mas era também um produto nacional e uma mensagem de identidade para o povo como um todo. Mais tarde, tais habilidades artísticas desapareceram ou foram degradadas para atender à curiosidade de colonialistas incultos.

Ainda se sustenta, em alguns lugares, que o desenvolvimento de Daomé em determinadas esferas deve ser atribuído ao comércio escravista. Para demonstrar, de forma conclusiva, que o desenvolvimento das forças políticas e militares africanas até o século XIX foi a extensão de um alicerce já preparado em época anterior, é melhor nos voltarmos às zonas onde a influência estrangeira era inexistente. A zona dos grandes lagos da África oriental é uma delas.

Os Estados da zona dos grandes lagos da África oriental

Em discussão anterior, concentrou-se atenção em Bunioro-Quitara como a formação sociopolítica mais avançada da África oriental até o século XV. A dinastia governante Bachvezi entrou de declínio por razões que não são evidentes, e a população foi subjugada a imigrantes recém-chegados do norte. Embora reste alguma dúvida sobre se a dinastia Bachvezi tinha origem etíope, está estabelecido que os imigrantes do século XVI eram povos luo de um trecho do Nilo que atravessa o Sudão.

Seguindo as migrações dos luo, uma nova linhagem, conhecida como dinastia Babito, dominou Bunioro propriamente dito. Outros ramos da mesma dinastia foram entronizados em vários lugares, às vezes separando-se da linhagem principal. Muito tempo depois, já no século XIX, um reino babito autônomo conquistou Toro. Enquanto isso, os bachvezi, ou bahima, haviam reaparecido em regiões ao sul, na forma de um clã conhecido como bahinda, que era um dos clãs compostos de pastores do antigo Estado de Bunioro-Quitara e, a partir do século XVI, seu baluarte estava em Ancole e Caragué.

Obviamente, a nova classe dominante babito logo tentou assumir o controle da terra e, de acordo com os costumes africanos, projetar-se como proprietária original da terra, não como usurpadora. Em Busoga, onde havia vários pequenos reis babito, um pesquisador relatou ter ocorrido o seguinte diálogo entre um membro de um clã real e um plebeu a respeito da terra:

Membro do clã real – Encontramos este lugar vazio e o transformamos. Vocês, gente comum, chegaram depois, implorando por terra, então fomos generosos e lhes demos uma parte. Naturalmente, agora vocês são nossos escravos.
Plebeu – Ahá! Que mentira! Estávamos aqui *muito* antes de vocês. Vocês tomaram o poder com trapaça. Vocês, príncipes, sempre foram canalhas!

Em nenhum momento da história independente desses Estados da zona dos grandes lagos a terra se tornou um bem puramente pessoal, monopolizada por determinada classe, como no clássico exemplo feudal europeu. Os estudiosos com frequência utilizam esse fator para admitir que o feudalismo se constituiu, mas não levam em conta a realidade de que a distribuição e o usufruto (ou produção) da terra podem estar nas mãos de poucos, tampouco percebem que, onde o gado era a forma predominante de riqueza, a propriedade privada dos rebanhos também fazia parte de um processo pelo qual os produtores eram separados dos meios de produção. Em termos mais específicos, quem possuía os rebanhos eram geralmente bahinda, outros bahima ou as novas famílias babito, enquanto aqueles que cuidavam deles eram subalternos e praticamente servos dos proprietários. No que diz respeito à terra, o camponês que a cultivava pagava um pesado imposto sobre as colheitas aos chefes dos clãs e às autoridades governantes para permitir que estes vivessem sem recorrer ao trabalho agrícola.

É necessário lembrar que, no processo de evolução independente em todos os continentes, o aumento da capacidade produtiva foi acompanhado por uma crescente desigualdade em todas as fases, exceto no socialismo. Dizer que a zona dos grandes lagos continuou se desenvolvendo ininterruptamente até as vésperas do colonialismo é destacar a ampliação da capacidade produtiva dos Estados e, ao mesmo tempo, reconhecer com franqueza que foi a exploração resultante ou crescente não só dos recursos naturais, mas também do trabalho da maioria das pessoas. Estas foram privadas de direitos e oprimidas a fim de trabalharem arduamente e satisfazer o interesse da minoria que vivia em palácios.

Os reinos da zona dos grandes lagos ocuparam principalmente o que é, hoje, Uganda, Ruanda e Burundi. No nordeste da Tanzânia ainda existem representantes do complexo de Estados da zona dos grandes lagos. Essa área foi a porção mais desenvolvida da região no período pré-colonial porque o restante do território da Tanzânia era composto de numerosos pequenos reinos que definitivamente não haviam abandonado o estágio do modo de produção comunal. Mas o nordeste da Tanzânia foi também a região em que os problemas surgiram quando uma nova ideologia de igualitarismo começou a ser pregada após o fim da era colonial, porque já havia ali um regime de desigualdade na distribuição de terras, de produção, e nos direitos concedidos aos indivíduos. Na verdade, em qualquer sentido político relevante, a área era feudal.

Há certo dissenso quanto às origens do importante Estado de Buganda, na zona dos grandes lagos. Algumas tradições atribuem a ele a mesma origem luo de Bunioro, enquanto outras tendem a destacar que foi um remanescente da dinastia Bachvezi. A estrutura social certamente se assemelhava bastante à dos babito de Bunioro. Ao contrário da situação em Ancole, em Buganda, os bahima não tinham as rédeas do poder político. Eles apenas estavam associados à criação do gado da classe dominante, muitas vezes na função inferior de pastores. Em todo caso, a história de Buganda foi de expansão gradual e consolidação em detrimento de Bunioro e outros Estados vizinhos – até que, no século XVIII, tornou-se a potência dominante em toda a região.

O Estado dos baganda tinha uma sólida base agrícola, com bananas como um alimento básico e subprodutos da criação de gado disponíveis. Os artesãos locais fabricavam telas para exportação, e a produção local de ferro e panelas era complementada por importações de comunidades africanas vizinhas. A falta de sal foi um grande estímulo à ampliação de sua rede comercial, e, como aconteceu com o Sudão ocidental, a extensão da rede de comércio estava, de fato, integrando os recursos produtivos de uma grande área. Carl Peters, o representante pioneiro do colonialismo alemão na África oriental, observou que, "ao analisar as relações políticas e comerciais da região, coloca-se muito pouca ênfase no comércio interno entre as tribos. O escambo de Buganda desafia todos os cálculos diretos"*. No caso de Buganda, a ausência de comércio escravista deve ter sido importante para a expansão da produção e do comércio internos, fornecendo, portanto, uma base sólida para a superestrutura política.

Os reis de Buganda montaram uma pequena força armada permanente, que servia como guarda-costas; o resto do exército nacional era mobilizado quando necessário. A administração política centralizava-se nas mãos do

---

* Carl Peters, *How German East Africa Was Founded: With a Map* (Dublin, Athol, 2001). (N. T.)

cabaca, e os governantes distritais eram nomeados por ele e seu conselho, em vez de serem apresentados pelos clãs numa base familiar hereditária. Muita inventividade contribuiu para a elaboração dos planos administrativos desse grande reino por meio de uma rede de oficiais locais. As maiores homenagens à sofisticação política de Buganda talvez tenham vindo dos britânicos, quando encontraram Buganda e outros regimes feudais da África oriental no século XIX. Isso porque tais honrarias foram relutantemente extraídas de racistas brancos e colonialistas culturalmente arrogantes que não queriam admitir que os africanos eram capazes de nada.

Na verdade, os europeus ficaram tão impressionados com o que viram na zona entre lagos que inventaram a tese de que aqueles Estados políticos não poderiam ter sido obra de africanos, deviam ter sido formados pelos brancos hamita em períodos anteriores. Tal mito parecia se sustentar no fato de que se dizia que os bachvezi tinham pele clara. Porém, em primeiro lugar, se os bachvezi vinham da Etiópia, eles seriam africanos pretos ou pardos. Em segundo lugar, como observado, as culturas da África oriental eram sínteses de desenvolvimentos locais e de colaborações africanas de fora daquelas localidades específicas. Não eram, certamente, importações estrangeiras.

Supondo-se que os bachvezi ou os bahima fossem da Etiópia, eles perderam sua língua e se tornaram falantes de bantu tal qual seus súditos. A mesma coisa aconteceu com os babito de origem luo, indicando que foram absorvidos pela cultura local. Além disso, do século XVI ao XIX, os babito e os bahima/bahinda também estabeleceram conexões estreitas entre si. Na verdade, entre os diferentes grupos étnicos, castas e classes, várias "nacionalidades" estavam surgindo. O grupo "nacional" é entendido como aquela formação social que precede imediatamente o Estado-nação, e a definição se aplica aos povos de Buganda, Bunioro, Ancole, Caragué e Toro, bem como aos de Ruanda e Burundi.

Ruanda

A porção mais ocidental da zona dos grandes lagos compreendia os reinos de Ruanda e Burundi. Os dois países que hoje têm esses nomes têm como base antigos reinos. As experiências de Ruanda serão citadas aqui.

Assim como o antigo reino Bunioro-Quitara e seu vizinho do nordeste em Ancole, Ruanda era dividida em dois grandes grupos sociais. Embora a grande maioria da população fosse de agricultores conhecidos como hutu, o poder político estava nas mãos dos pastores tutsi, que compreendiam cerca de 10% da população. Uma minoria ainda menor eram os tua (cerca de 1%), que se encontravam em um nível muito baixo de organização social pré-agrícola.

O porte físico de cada um dos três segmentos sociais em Ruanda oferece um comentário interessante sobre o desenvolvimento dos seres humanos como espécie. Os tutsi são um dos grupos humanos mais altos do mundo; os hutu são baixos e atarracados; e os tua são pigmeus. As diferenças podem ser explicadas em grande parte em termos de ocupação social e dieta. Os tua não viviam em comunidades agrícolas estabelecidas; pelo contrário, eles vagavam em pequenos bandos, caçando e extraindo raízes, deixando de garantir para si alimentos abundantes ou ricos. No outro extremo, os pastores tutsi subsistiam com uma dieta rica em leite e carne. Os hutu eram socialmente mais avançados que os tua e comiam mais e com mais regularidade porque sua agricultura garantia que não dependessem inteiramente dos caprichos da natureza, em busca de caça exígua, como no caso tua. No entanto, a qualidade de sua comida era inferior à dieta tutsi, rica em proteínas. Assim, o desenvolvimento físico do homem também está ligado, em sentido amplo, à expansão da capacidade produtiva e à distribuição de alimentos.

De qualquer forma, do ponto de vista histórico, foram as conquistas políticas e militares, e não a altura, que distinguiram os tutsi. Sua contribuição para o reino de Ruanda remonta ao século XIV, período contemporâneo aos bachvezi. De fato, havia impressionantes paralelos e conexões reais entre Ruanda e Ancole e entre Caragué e Burundi. Mas, ao contrário de Bunioro-Quitara, nos séculos XIV e XV Ruanda estava longe de ser uma entidade política única. Havia várias pequenas chefaturas, e foi a expansão de um clã tutsi central em Ruanda que gradualmente formou um Estado pequeno, compacto, no século XVII. Mais tarde ainda, esse Estado central de Ruanda estendeu suas fronteiras – e ainda estava nesse processo quando os colonialistas chegaram. Por exemplo, os governantes de Mpororo (Ancole) já estavam pagando tributo a Ruanda, que crescia à custa de Ancole.

No comando do reino de Ruanda estava o *mwami*. Assim como acontecia com muitos outros governantes africanos, seus poderes eram sancionados por crenças religiosas e sua pessoa era cercada por rituais religiosos. Os reis feudais na Europa muitas vezes tentavam fazer com que seus súditos acreditassem que a autoridade real emanava do deus cristão e que o rei, portanto, governava por "direito divino". Os súditos de reis africanos, como o *mwami* de Ruanda, muitas vezes aceitavam algo bem próximo a essa proposição. É claro que, além disso, a autoridade do rei tinha de ser baseada em um poder real, e o *mwami* de Ruanda não ignorava esse fato.

Rujugira foi um famoso *mwami* do século XVIII e o último da linhagem independente foi Rwabugiri (conhecido também como Kigeri IV), que morreu em 1895. Gahindiro foi outro louvado pelos músicos da corte e historiadores. Cada um deles contribuiu para redefinir e elaborar a estrutura de poder do Estado, o que significava incorporar certas forças históricas, de classe e nacionais.

No século XVIII, o *mwami* Rujugira decidiu colocar as fronteiras sob autoridade exclusiva de um comandante militar e nelas posicionar fortes contingentes de soldados. A medida foi significativa porque em qualquer Estado jovem e em crescimento as áreas mais inseguras são as fronteiras, conhecidas como "marchas", na terminologia feudal europeia. Rujugira estava, na verdade, colocando as marchas sob lei militar e posicionou acampamentos militares permanentes em lugares estratégicos.

No início do século XIX, o *mwami* Gahindiro reformulou a administração civil. Em cada província passou a haver um chefe da terra e um chefe do gado – o primeiro, responsável pelos arrendamentos agrícolas, e o outro, pelas taxas do gado. Além disso, havia autoridades distritais menores, ou "chefes de colina", em todas as províncias; todos eram membros da aristocracia tutsi. Intencionalmente ou não, fato é que os administradores responsáveis por diferentes áreas e assuntos tinham inveja uns dos outros, e isso os impedia de se unir para conspirar contra o *mwami*. Por muito tempo, os postos de "chefes das colinas" foram hereditários no interior de determinados clãs ou linhagens tutsi, mas, sob Rwabugiri, passaram a ser ocupados por nomeação – outra medida que fortaleceu o governo central. Enquanto isso, os servidores públicos e conselheiros (conhecidos coletivamente como *Biru*) recebiam concessões de terras livres da intervenção dos chefes de terra e de gado, o que consolidava a lealdade do *Biru* ao trono.

O sistema de relações sociais que surgiu em Ruanda era mais hierárquico e feudal que na maioria das outras partes da África. A hierarquia e a interdependência social e jurídica entre classes e indivíduos eram características encontradas no exército, na administração civil e no próprio tecido social. O vital em todos os outros aspectos era o controle sobre o gado por meio de uma instituição conhecida como *ubuhake*. Ou seja, as pessoas pobres (em gado) e as de baixo prestígio social (por nascimento) podiam se aproximar de qualquer outra com mais gado e prestígio mais elevado para oferecer seu trabalho físico em troca de gado e proteção. O gado nunca era dado como propriedade definitiva, só era entregue a um subalterno para seu usufruto. Assim, o subalterno poderia usufruir do gado desde que retribuísse entregando leite e carne a seu senhor e desde que permanecesse leal. Obviamente, o camponês da terra também tinha de realizar trabalho físico e pagar tributos na forma de alimentos.

A aristocracia tutsi cumpria parcialmente sua função de oferecer "proteção" representando seus dependentes na corte do *mwami* ou defendendo-os em processos judiciais. A proteção, no entanto, se dava, sobretudo, pela especialização na arte militar. Desde o século XV, havia serviço militar obrigatório para certas linhagens tutsi. Filhos da aristocracia tutsi tornavam-se pajens reais, recebendo toda a educação profissional em um contexto militar. Cada novo *mwami* somava novos recrutas às forças existentes. Alguns hutu eram associados a regimentos específicos para fornecer suprimentos, e os tua também eram incorporados como arqueiros especializados (com flechas envenenadas).

É evidente que a proteção que os tutsi davam aos hutu era um mito; eles, em realidade, vigiavam a exploração dos hutu. Eles os defendiam de inimigos externos, de modo que a população se tornou densa e abundante. Além disso, mantinham os hutu a fim de que pudessem exercer seus conhecimentos agronômicos altamente desenvolvidos e produzir excedentes. O estrato superior dos tutsi era formado pelos proprietários de gado, que deixavam os animais aos cuidados dos tutsi de níveis inferiores, explorando, assim, o trabalho e o profundo conhecimento empírico que os criadores de gado comuns possuíam. De modo semelhante ao que acontecia na Europa e na Ásia, essa base socioeconômica sustentava uma vida de lazer e intriga entre a aristocracia tutsi.

Havia poucos casamentos mistos entre tutsi e hutu e, portanto, são considerados castas. Os tua podem ser categorizados de forma similar, mas como as castas estavam organizadas hierarquicamente, tratava-se de uma situação de classe, e havia certa mobilidade de uma classe para outra, para cima ou para baixo. Ao mesmo tempo, tutsi, hutu e tua juntos evoluíram como a nação de Ruanda, compartilhando interesses de se defenderem até mesmo contra os tutsi, os hutu e os tua que compunham o reino de Burundi. O povo de Ruanda não foi o único a desenvolver um Estado e um senso de consciência nacional e a vivenciar, ao mesmo tempo, o surgimento de classes e castas mais acentuadamente diferenciadas. O importante é que eram livres para se desenvolver, relativamente livres da influência estrangeira e certamente livres da devastação direta do comércio escravista.

Ama-Zulu

A mesma liberdade em relação ao comércio escravista vigorava na África austral, pois os embarques de cativos da África ocidental começavam em Angola e os da África oriental saíam de Moçambique e zonas mais ao norte. A área ao sul do Limpopo foi uma das que teve algumas das formações sociais mais simples na África até o século XV. O lado leste foi esparsamente povoado até uma data tardia por pastores khoi-khoi, que lentamente foram eliminados pelos falantes de bantu. Quando os navios europeus aportaram na costa de Natal no século XVI, ainda era uma região de propriedades rurais muito dispersas, mas nos anos seguintes a população se adensou e ocorreu um importante desenvolvimento político-militar.

Qualquer pessoa com conhecimento superficial do passado africano já ouviu o nome de Shaka, líder zulu que melhor personificou as mudanças sociais e políticas que ocorreram no leste da África austral. Um biógrafo (europeu) disse o seguinte sobre Shaka:

> Napoleão, Júlio César, Aníbal, Carlos Magno... homens como esses surgiram de tempos em tempos ao longo da história do mundo para liderar o caminho da glória que os ergueu acima do nível comum. Um desses homens foi Shaka, talvez o maior de todos.

Essa canção de louvor apareceu na contracapa da biografia em questão; e, como as editoras capitalistas tratam os livros como caixas de sabão em pó, deve-se suspeitar de qualquer anúncio destinado a vendê-la. No entanto, todos os comentadores de Shaka (tanto africanos como europeus) com frequência o comparam favoravelmente aos "grandes homens" da história europeia. Portanto, convém analisar a sociedade Ama-Zulu até o século XIX visando à compreensão do papel do líder em relação ao desenvolvimento da sociedade como um todo.

Shaka nasceu por volta do ano 1787, e, aqui, as impressionantes conquistas atribuídas a ele em seus quarenta anos de vida podem ser enumeradas apenas brevemente. Em 1816, ele era chefe de um pequeno clã Ama-Nguni, o Ama-Zulu. Em poucos anos, reorganizou militarmente o clã – tanto em armas como em táticas e estratégias de guerra – para transformá-lo em uma temida força de combate. Por meio de guerras e manobras políticas, uniu e comandou os ama-nguni, que antes haviam sido divididos em dezenas de clãs independentes ou parcialmente independentes. A certa altura, Shaka parecia prestes a unir sob um só governo toda a região hoje compreendida por Natal, Lesoto e Suazilândia. Quando ele morreu, em 1828, essa missão não havia sido cumprida, e seus sucessores não se mostraram capazes de manter o domínio de Shaka. Porém, o território que pertencia à nação Ama-Zulu era cem vezes maior no fim do século XIX que os 260 quilômetros quadrados originais, quando o clã Ama-Zulu foi herdado por Shaka em 1816. Em 1876, um território ama-zulu diminuído e menos poderoso foi capaz de infligir aos britânicos uma das derrotas mais esmagadoras de sua história de aventuras de além-mar, na batalha de Isandhlwana.

Shaka foi criado em uma época em que as questões de unidade e de exércitos efetivos eram seriamente discutidas pela primeira vez entre os ama-nguni. Antes, os clãs (que em geral concordavam com os chefes) demonstravam tendência a se segmentar ou se dividir em unidades cada vez menores. Quando o filho mais velho de um chefe de clã chegava à idade adulta, ele partia para estabelecer seu próprio *kraal** e originava um novo clã júnior, pois o clã de seu pai permanecia sênior e a liderança passava para o filho mais velho da "grande esposa". Esse padrão, ou segmentação, era possível enquanto a densidade populacional se mantivesse baixa e a terra fosse abundante para agricultura e pastagem. Nessas circunstâncias, havia pouca competição por recursos ou poder político, e as guerras raramente eram mais perigosas que um jogo de futebol na América Latina. Um clã costumava ter uma rivalidade tradicional com outro. Eles se conheciam bem e seus campeões lutavam pelo espírito festivo. Um ou dois talvez fossem mortos, mas depois todos voltavam para casa até a revanche.

No início do século XIX, o ritmo casual da vida e da política ama-zulu mudou consideravelmente. O adensamento populacional significou um espaço cada vez menor para os jovens "fazerem um ninho" por conta própria. Significou menos pastagens para o gado e estabeleceram-se disputas por gado e terras. À medida que os ama-zulu começaram a lutar com mais frequência, passaram a sentir a necessidade de fazê-lo de forma mais eficaz. Ao mesmo tempo, os chefes sêniores dos clãs começaram a reconhecer a necessidade de uma estrutura política para assegurar a unidade, a maximização dos recursos e a minimização dos conflitos internos.

Shaka se dedicou aos problemas militares e políticos da Zululândia, que ele enxergava como os dois lados da mesma moeda. Ele acreditava que o núcleo

---

* O termo *kraal* tem origem na língua africâner e era usado pelos colonizadores para se referir às aldeias características dos povos de língua nguni. (N. T.)

político centralizador deveria alcançar a superioridade militar e demonstrá-la aos outros setores. Isso, via de regra, levaria à aceitação pacífica do Estado político superior – do contrário, os dissidentes seriam completamente subjugados.

No início do século XIX, um período de conflito e guerra colocou as tropas da Zululândia frente a frente com muito mais frequência, mas o padrão de confronto militar ainda era o arremesso de longa distância de um leve *umkhonto*, uma lança. Para o combate corpo a corpo, uma arma empunhada nas mãos é muito mais danosa – como os exércitos feudais descobriram na Europa e na Ásia; eles, portanto, recorreram à espada e ao pique. Enquanto atuava como jovem soldado, Shaka encontrou a solução ao conceber uma azagaia curta e pesada, usada apenas para apunhalar, não para arremessar. Além disso, descartou as sandálias frouxas para obter mais velocidade na aproximação com o inimigo e mais agilidade em curtas distâncias. Por meio de experimentação, Shaka e seus jovens companheiros descobriram técnicas específicas para usar escudos e azagaias de forma mais eficiente.

Obviamente, a guerra compreende não apenas o confronto de soldados um a um, mas também, e sobretudo, um padrão de táticas e estratégias em relação às forças opostas entendidas como um todo. Esse aspecto atraiu a atenção de Shaka e sua inovação mais importante veio na forma de *izimpi* (regimentos) mobilizados de modo a permitir que uma reserva, que vinha atrás da tropa dianteira, e duas alas laterais ou "chifres" fossem capazes de cercar as divisas do inimigo. Por fim, o que é mais importante: um exército deve ser treinado, disciplinado e organizado para ser uma unidade significativa na paz e na guerra. Shaka criou novos regimentos que incluíam homens de até quarenta anos de idade. Ele treinou seus *izimpi* com exercícios e "fadigas" constantes, de modo que cada soldado estivesse em forma e preparado, enquanto o exército como um todo se mantinha em sincronia, de acordo com a vontade dos comandantes.

O exército zulu era mais que uma força de combate; era uma instituição educacional para os jovens e um instrumento de construção de lealdades que transcendiam os clãs e podiam ser consideradas nacionais. A promoção se dava por mérito, não por clã ou origem regional. O uso obrigatório do ramo zulu da família das línguas nguni também operou no sentido de formar uma consciência nacional. Em uma área de 30 mil quilômetros quadrados, os cidadãos passaram a se chamar de ama-zulu, relegando os nomes de seus clãs a segundo plano. Em uma área ainda maior, a influência zulu foi profundamente sentida. Medidas como a contenção dos excessos de clarividentes (*izanusi*) e a libertação da Zululândia de lutas internas levaram a um influxo de população vinda de fora dos limites territoriais – contribuição positiva para os recursos do Estado zulu.

Os viajantes europeus que deixaram relatos escritos da Zululândia nos tempos de Shaka ficaram impressionados com a limpeza (como no Benin no século XV) e com a ordem social, a ausência de roubo e a sensação de segurança (o que também impressionou os árabes que viajaram pelo Sudão ocidental durante seu período de grandeza imperial). Na verdade, tanto a limpeza quanto a segurança para a vida e a propriedade faziam parte da vivência zulu desde muito antes, e sob Shaka a escala desses aspectos tornou-se impressionante. Eram as pessoas da Europa que mais se impressionavam, e esse é o dado mais relevante, dado que dificilmente uma impressão europeia pode ser considerada propaganda pró-africana. Um visitante branco que testemunhou a marcha de quinze regimentos de Shaka escreveu que "foi uma cena muito emocionante, surpreendente para nós, que não poderíamos imaginar que uma nação chamada 'selvagem' fosse tão disciplinada e organizada".

Muito mais poderia ser acrescentado sobre as instituições políticas ama-zulu e seu exército. Mas o que interessa aqui é entender por que uma figura como Shaka era possível na África no século XIX, antes da chegada do domínio colonial.

Se Shaka fosse escravizado por algum plantador de algodão no Mississippi ou algum plantador de açúcar na Jamaica, talvez ele tivesse uma das orelhas ou das mãos cortadas por ser um "negro recalcitrante"; na melhor das hipóteses, talvez se distinguisse por liderar uma revolta dos escravizados – pois, entre homens *não livres*, só são grandes os que lutam para *destruir* o opressor. Em uma monocultura de mão de obra escravizada, Shaka não teria criado um exército zulu e um Estado zulu – isso é certo. E nenhum africano pôde *criar* nada durante o período colonial, por mais genial que fosse. Shaka, por assim dizer, era um pastor e um guerreiro. Quando jovem, cuidou do gado nas planícies abertas, estando *livre* para desenvolver seu próprio potencial e aplicá-lo ao ambiente.

Shaka foi capaz de aplicar seus talentos e suas energias criativas em um esforço de criação que valeu a pena. Ele não estava preocupado em lutar a favor ou contra os comerciantes escravistas; ele não estava preocupado em como revender mercadorias feitas na Suécia e na França. Ele estava preocupado em desenvolver a região zulu dentro dos limites impostos pelos recursos de seu povo. É preciso reconhecer que fatores como técnicas militares eram respostas a necessidades reais, que o trabalho do indivíduo se origina e é apoiado pela ação da sociedade como um todo e que tudo o que foi alcançado por

160 Como a Europa subdesenvolveu a África

qualquer líder deve ter sido buscado de acordo com as circunstâncias históricas e o nível de desenvolvimento, que determinam até que ponto um indivíduo pode, em primeiro lugar, descobrir seu potencial, depois aumentá-lo e, em seguida, exibi-lo.

Para comprovar isso, pode-se observar que Shaka foi desafiado a criar a pesada azagaia de golpe quando percebeu que a lança de arremesso quebrava ao ser usada como arma de golpe. Mais importante ainda, o que ele inventou dependeu do esforço coletivo dos ama-zulu. Shaka pedira que se forjasse uma azagaia melhor, porque os ama-nguni trabalhavam havia muito tempo com o ferro e surgiram ferreiros especializados dentro de certos clãs. Poder alimentar e manter um exército permanente de 30 mil homens, reequipá-los com armas de ferro e entregar a cada soldado o escudo zulu de corpo inteiro feito de couro de gado foi um tributo à capacidade organizacional e agrícola da sociedade como um todo.

Como faltavam à sociedade zulu a base científica e as pré-condições experimentais, Shaka não poderia ter inventado uma arma de fogo, por maior que fosse sua genialidade. Mas ele pôde levar seu povo a forjar armas melhores, como já explicado, e encontrou receptividade às melhores práticas de criação seletiva quando montou rebanhos reais especiais, porque o povo já tinha um vasto conhecimento empírico sobre o gado e amor pela profissão de criação de gado.

Na esfera político-militar, Shaka seguia os passos de seu protetor original, Dingiswayo, e, em certo sentido, os de Zwide, que era rival de Dingiswayo e Shaka. Em 1797, Dingiswayo estabeleceu o comércio (principalmente de marfim) com os portugueses na baía da Lagoa e estimulou as artes e ofícios. Sua inovação mais conhecida foi no exército, quando instituiu um sistema de recrutamento de regimentos de acordo com faixas etárias. Antes, cada localidade tendia a dominar internamente determinado regimento e as pessoas estavam acostumadas a lutar lado a lado com membros de seu próprio *kraal*, localidade e clã. No entanto, quando todos os homens de determinada faixa etária foram levados para o mesmo regimento, isso enfatizou um sentimento nacional e aumentou o poder de Dingiswayo perante os chefes de clãs menores.

Dingiswayo era o chefe do importante clã Ama-Mtétua e conseguiu estabelecer sua supremacia no que mais tarde se tornou a porção sul da Zululândia. No norte, Zwide, do clã Ama-Ndwandwe, também estava envolvido na consolidação política. Shaka serviu em um dos regimentos juniores de Dingiswayo e permaneceu fiel a seu poder centralizador até que Dingiswayo encontrou sua morte nas mãos de Zwide em 1818. Depois disso, Shaka adotou e melhorou muitas das técnicas militares e políticas do mentor. Isto é desenvolvimento: criar a partir do que você herdou, avançando aos poucos, desde que ninguém venha "civilizá-lo".

As regiões de Iorubalândia, Daomé, os reinos da zona dos grandes lagos e a Zululândia, discutidos até aqui, são exemplos de forças protagonistas do desenvolvimento político que estava ocorrendo na África até as vésperas da colonização. Não eram as únicas forças protagonistas, e mesmo onde os Estados eram territorialmente muito menores houve avanços observáveis na organização política.

As áreas da África que estavam mais avançadas no século XV em geral mantiveram seus padrões, com uma ou outra exceção, como o Congo. No norte da África e na Etiópia, por exemplo, as estruturas feudais permaneceram intactas, ainda que sob a ausência do crescimento contínuo. No Sudão ocidental, os Estados hauçá foram herdeiros da tradição política e comercial dos grandes impérios após a queda de Songai, no século XVII, e, no início do século XIX, surgiu o Califado Islâmico de Socoto, com seu centro na Hauçalândia. O Império Socoto foi uma das maiores unidades políticas já estabelecidas no continente africano – e sofreu muitos cismas internos por falta de mecanismos adequados para integrar um território tão vasto. Experimentos para lidar com o problema da unidade eram contínuos no Sudão ocidental, tendo no islã um esperado fator unificador. Um Estado teocrático islâmico foi estabelecido na curva do Níger por Amadu Amadu em meados do século XIX, enquanto outro foi criado por Alhaje Omar, no Alto Níger. O mais destacado de todos foi o Estado Mandinga, formado sob a liderança de Samori Turé na década de 1880. Samori Turé não era erudito como os renomados Usmã dã Fodio e o Alhaje Omar, criadores de Estados islâmicos anteriores. Porém era um gênio militar e um inovador político que foi mais longe que os outros na criação de uma administração política onde um sentimento de lealdade pôde prevalecer sobre os clãs, localidades e grupos étnicos acima mencionados.

O Zimbábue também progrediu, sofrendo apenas uma leve interferência dos europeus. Localmente, o centro do poder passou de Mutapa para Xangamir e, por fim, no século XIX, grupos nguni (fugindo do poder dos zulu) invadiram o Zimbábue. Como bandos de guerreiros em marcha, os nguni se mostraram destrutivos; mas, em meados do século XIX, já haviam estendido suas próprias técnicas de *formação estatal* a Moçambique e ao que hoje é a Rodésia do Sul, unindo-se às populações locais para estabelecer reinos novos e maiores – infundidos do senso de nacionalidade, como foi o caso na Zululândia.

Enquanto isso, em vastas áreas da África central, mudanças políticas marcantes também ocorriam. Até o século XV, o nível de organização social era baixo na região entre Congo e Zimbábue. Exatamente nessa área, surgiu o conjunto de Estados conhecido como complexo Luba-Lunda. Foram as estruturas políticas, e não a extensão territorial, que os tornaram significativos, e suas conquistas se deram sob constantes ameaças das atividades escravistas.

Na grande ilha de Madagáscar, os vários pequenos Estados de um período anterior haviam, no fim do século XVIII, dado lugar ao poderoso reino feudal de Merina. Na maioria das vezes, Madagáscar é ignorada nas análises gerais sobre o continente africano, embora, geográfica e culturalmente, a África seja composta, em grande parte, pelo povo malgaxe, que também sofreu com a perda de população devido ao tráfico escravista. O reino de Merina se saiu melhor, entretanto, que a maioria dos Estados escravistas, porque o alto rendimento do cultivo intensivo de arroz inundado e a criação de gado compensaram a perda de mão de obra. Essa situação deve servir como lembrete de que o desenvolvimento *acompanhado pelo* comércio escravista não deve ser *atribuído*, de forma superficial e ilógica, ao envio de pessoas para o exterior e ao deslocamento resultante das invasões para captura de pessoas para escravização. As bases do desenvolvimento político do reino Merina e de todos os outros (envolvidos ou não na escravização) estavam em seu próprio ambiente – nos recursos materiais, humanos e tecnológicos e nas relações sociais. Quando as sociedades africanas puderam ao menos manter as vantagens herdadas, decorrentes de muitos séculos de mudança evolucionária, a superestrutura continuou a se expandir e a dar mais oportunidades a grupos inteiros de pessoas, classes e indivíduos.

No início desta seção, chamou-se atenção para a necessidade de conciliar o reconhecimento do desenvolvimento africano até 1885, com a consciência das perdas simultaneamente sofridas pelo continente naquela época devido à natureza do contato com a Europa capitalista. Essa questão também deve ser explicitamente abordada neste momento. É um absurdo afirmar que os contatos com a Europa construíram ou beneficiaram a África no período pré-colonial. Tampouco condiz com a realidade sugerir, como o presidente Léopold Senghor fez uma vez*, que o comércio escravista varreu a África como um incêndio florestal, sem deixar nada de pé. A verdade é que uma África em desenvolvimento entrou no comércio escravista e nas relações comerciais europeias como quem enfrenta uma forte ventania, que causou o naufrágio de algumas sociedades,

---

* Léopold Sédar Senghor (1906-2001), presidente do Senegal de 1960 a 1980. (N. T.)

desviou muitas outras do curso e, no geral, diminuiu o ritmo de avanço. No entanto, e levando a metáfora além, deve-se observar que os capitães africanos ainda estavam tomando as decisões até 1885, embora as forças que levaram os capitalistas europeus a persistirem e conseguirem assumir o comando já estivessem em ação.

A CHEGADA DO IMPERIALISMO E DO COLONIALISMO

Nos séculos anteriores ao domínio colonial, a Europa aumentou sua capacidade econômica de forma vertiginosa, enquanto a África pareceu estar praticamente estagnada. No fim do século XIX, o continente africano ainda podia ser descrito como parcialmente comunal e parcialmente feudal, embora a Europa ocidental tivesse passado completamente do feudalismo para o capitalismo. Para elucidar a tese principal deste estudo, é necessário acompanhar não apenas o desenvolvimento da Europa e o subdesenvolvimento da África, mas também entender como ambos se combinaram em um único sistema – o imperialismo capitalista.

A economia europeia estava produzindo muito mais bens por utilizar os próprios recursos e mão de obra, assim como recursos e mão de obra do resto do mundo. Houve muitas mudanças qualitativas na economia europeia que acompanharam e possibilitaram o aumento da quantidade dos bens. Por exemplo, as máquinas e as fábricas, não a terra, forneciam a principal fonte de riqueza; o trabalho havia muito deixara de ser organizado de modo familiar. O campesinato havia sido brutalmente destruído, e o trabalho de homens, mulheres e crianças era cruelmente explorado. Esses foram grandes males sociais do sistema capitalista, que não devem ser esquecidos; mas, na questão da economia comparada, o fato relevante é que algo que representava uma pequena diferença quando os portugueses partiram para a África ocidental em 1444 se transformou em uma grande lacuna quando os estadistas europeus usurpadores se reuniram em Berlim, 440 anos depois, para decidir qual país deveria roubar que parte da África. Tal lacuna deu à Europa tanto a necessidade quanto a oportunidade de entrar na era imperialista, colonizando e subdesenvolvendo ainda mais a África.

A crescente lacuna tecnológica e econômica entre a Europa ocidental e a África fazia parte da tendência do capitalismo de concentrar ou polarizar a riqueza e a pobreza em dois extremos opostos. Dentro da própria Europa ocidental, algumas nações enriqueceram à custa de outras. Grã-Bretanha, França e Alemanha eram as nações mais prósperas; a pobreza prevalecia na Irlanda, em Portugal, na Espanha e no sul da Itália. Nas economias britânica, francesa e alemã, a polarização da riqueza se dava entre capitalistas de um lado e trabalhadores e alguns camponeses do outro. Os grandes capitalistas tornaram-se ainda maiores, enquanto os pequenos foram eliminados. Em muitos setores importantes – como as manufaturas de ferro, aço e têxteis e, em especial, nas operações bancárias –, ficou perceptível que duas ou três empresas monopolizavam a maior parte dos negócios. Os bancos também ocupavam uma posição de comando na economia como um todo, fornecendo capital para as grandes empresas industriais monopolistas.

As empresas monopolistas europeias operavam em competição constante para obter controle sobre matérias-primas, mercados e meios de comunicação. Também competiam para ser as primeiras a investir em empreendimentos novos e lucrativos relacionados a seu ramo de negócios, dentro ou fora de seus países. Na verdade, depois que o campo de expansão se tornou limitado dentro de suas economias nacionais, elas voltaram a atenção principalmente para aqueles países cuja economia era menos desenvolvida e que, portanto, ofereceriam pouca ou nenhuma oposição à infiltração do capitalismo estrangeiro. Essa infiltração do capitalismo estrangeiro em escala mundial, a partir do fim do século XIX, é o que chamamos de "imperialismo".

Imperialismo significou expansão capitalista. Significou que os capitalistas europeus (e estadunidenses e japoneses) foram forçados, pela lógica interna de seu sistema competitivo, a buscar no exterior, em países menos desenvolvidos, oportunidades para controlar a oferta de matérias-primas, encontrar mercados e setores lucrativos de investimento. Os séculos de comércio com a África contribuíram muito para o estado de coisas em que os capitalistas europeus foram confrontados com a *necessidade* de se expandir muito além de suas economias nacionais.

Havia certas áreas da África em que o investimento europeu deveria obter superlucros imediatos. As minas da África austral, os empréstimos aos governos do norte da África e a construção do canal de Suez também garantiram maior lucratividade do investimento europeu e do comércio com a Índia. No entanto, o maior valor da África para a Europa, no início da era imperialista, servia como fonte de matérias-primas como produtos de palma, amendoim, algodão e borracha, cuja necessidade surgiu da expansão da capacidade econômica da Europa, com máquinas novas e maiores, além de uma crescente população assalariada nas cidades. Todas essas coisas haviam se desenvolvido ao longo dos quatro séculos anteriores; e, mais uma vez, é preciso repetir que um dos fatores importantes nesse processo foi o comércio desigual com a África.

O imperialismo é, em essência, um fenômeno econômico – e não conduz necessariamente ao controle político direto ou à colonização. No entanto, a África foi vítima da colonização. No período da famigerada "Disputa pela África", os europeus se apoderaram do que pensavam significar lucros na África e até adquiriram conscientemente muitas áreas que não seriam para exploração imediata, mas com vistas ao futuro. Cada nação europeia que tinha esses interesses econômicos de curto e longo prazo hasteou sua própria bandeira em diferentes partes da África e estabeleceu o domínio colonial. A lacuna surgida no período de comércio pré-colonial deu à Europa o *poder* de impor a dominação política à África.

O comércio pré-colonial de mão de obra para escravização, marfim, ouro e outras mercadorias era realizado nas costas da África. Nas costas, os navios europeus podiam dominar a cena, com a possível construção de fortes. Antes do século XIX, a Europa era incapaz de penetrar no continente africano, porque o equilíbrio de forças à sua disposição era inadequado. Mas as mesmas mudanças tecnológicas que criaram a necessidade de avançar para o interior da África também deram condições para a conquista da África. As armas de fogo da era imperialista representaram um salto qualitativo. Rifles e metralhadoras de carregamento pela culatra diferiam muito das carregadas pela boca do cano e das espingardas de pederneira da era anterior. Os imperialistas europeus na África se gabavam do fato de que tinham a metralhadora Maxim e os africanos, não.

Curiosamente, os europeus muitas vezes extraíam a justificativa moral para o imperialismo e o colonialismo das características do comércio internacional, conforme conduzido até as vésperas do domínio colonial na África. Os britânicos foram os principais porta-vozes da visão de que o desejo de colonizar era, em grande medida, baseado em suas boas intenções de pôr fim ao comércio escravista. É bem verdade que, no século XIX, os britânicos eram tão contrários ao comércio escravista quanto já haviam sido favoráveis a ele. Muitas mudanças dentro da Grã-Bretanha transformaram a necessidade de mão de obra escravizada do século XVII na necessidade de eliminar o que restara da escravização na África para organizar a exploração da terra e do trabalho local no século XIX. Portanto, a escravização passou a ser rejeitada à medida que se tornava um grilhão para o desenvolvimento capitalista; isso foi particularmente verdadeiro na África oriental, onde a escravização árabe persistiu até o fim do século XIX. Os britânicos extraíram um prazer especial e hipócrita ao pôr fim ao comércio escravista árabe e ao depor governantes sob a alegação de que eram traficantes de mão de obra para escravização. No entanto, naqueles mesmos anos, também subjugaram líderes políticos na Nigéria, como Jaja [de Opobo] e Nana [Olomu], que àquela altura haviam interrompido o envio de pessoas para serem escravizadas no exterior e se concentravam em comercializar produtos como óleo de palma e borracha. De forma semelhante, os alemães na África oriental fingiam ser mais contrários a governantes como Abushiri, envolvidos no comércio escravista, mas eram igualmente hostis aos governantes africanos com pouco interesse em escravizar. O fator comum subjacente à derrubada dos governantes africanos nas Áfricas oriental, ocidental, central, do Norte e do Sul foi que eles estavam no caminho das necessidades imperialistas da Europa. Esse era o único fator que importava, sendo os sentimentos antiescravistas, na melhor das hipóteses, superficiais e, na pior, hipocrisia calculada.

O rei Leopoldo II, da Bélgica, também usou a desculpa antiescravista para introduzir no Congo o trabalho forçado e a escravização moderna. Além disso, todos os europeus elaboraram ideias de superioridade racial e cultural entre os séculos XV e XIX, enquanto se dedicavam ao genocídio e à escravização de povos não brancos. Mesmo Portugal, na era imperialista uma nação empobrecida e retrógrada, ainda presumia ter o destino de civilizar os nativos da África!

Há uma curiosa interpretação da disputa e da partilha do continente africano que praticamente equivale a dizer que o colonialismo surgiu em razão das necessidades da África, não da Europa. O continente africano, segundo tal análise, precisava da colonização europeia para avançar além do estágio alcançado no fim do século XIX. Obviamente, essa interpretação não considera que tal linha de raciocínio sugeriria que a África se desenvolveria se recebesse doses ainda maiores da poção europeia que já havia iniciado seu subdesenvolvimento; que a África se desenvolveria se perdesse o que restava de sua liberdade de escolha, que havia sido nítida e seriamente solapada pelo comércio pré-colonial; que a África se desenvolveria se sua economia se tornasse mais integrada à da Europa em termos inteiramente ditados pela Europa. Essas implicações e falácias estariam claras para qualquer pessoa que tentasse entender o processo de desenvolvimento antes de fazer pronunciamentos sobre qualquer época específica do desenvolvimento humano na África.

Ao longo do século XIV, os governantes africanos mostraram grande iniciativa na busca das mais amplas formas de contato cultural com a Europa. No caso da África ocidental, isso significou buscar substitutos para o comércio escravista. Daomé, um dos mais envolvidos no tráfico de pessoas, estava entre os Estados que usaram muitos de seus últimos anos de independência para encontrar uma base saudável para o intercâmbio cultural com os europeus.

Em 1850, o rei que governava Daomé, Guezô, decretou que todas as palmeiras-de-óleo jovens deveriam estar livres dos parasitas que as cercavam e que severas penalidades deveriam ser impostas ao corte de palmeiras. Guezô, que governou de 1818 a 1857, foi um reformador e fez esforços sinceros para responder às críticas de grupos como missionários e ativistas antiescravistas a suas políticas; mas logo ficou claro que os europeus não estavam empenhados em ver Daomé ressurgir como um Estado forte e que estavam criando desculpas e condições subjetivas para justificar sua proposta de colonização de seu povo. Nessas circunstâncias, o último monarca de Daomé, Glelê, retirou-se para a capital, Abomei, e adotou as políticas que considerou mais condizentes com a dignidade e a independência de Daomé. Glelê invadiu Abeocutá, que continha convertidos que já eram "pessoas protegidas pelos britânicos", ordenou aos franceses que saíssem de Porto-Novo e resistiu até ser derrotado militarmente pelos franceses em 1889.

Grupos africanos que tinham pouco ou nenhum envolvimento no comércio escravista também intensificaram seus esforços de integração a um mundo mais amplo no século XIX. Ngungunhane, o governante nguni de Gaza em Moçambique, pediu um médico missionário suíço e o manteve em sua corte por vários anos, até que os portugueses conquistaram seu reino em 1895. Depois que Portugal impôs o domínio colonial, demorou muito até os africanos verem outro médico!

É particularmente instrutivo recorrer ao exemplo do Egito sob Muhammad Ali, que governou de 1805 a 1849. A Europa capitalista havia abandonado o norte da África feudal ao longo dos séculos XVII e XVIII, fato que era do conhecimento do governante, que conscientemente pretendia superar a Europa. Instituiu uma série de reformas, sendo as mais importantes de natureza econômica. O Egito cultivou e fabricou o próprio algodão, fez vidro, papel e outros produtos industriais. O Egito não queria ser usado como lixeira para produtos europeus que prejudicariam a indústria local e estabeleceu barreiras tarifárias para proteger suas "incipientes indústrias". Isso não quer dizer que ficou isolado do resto do mundo. Pelo contrário, Muhammad Ali tomou emprestados especialistas da Europa e aumentou o comércio exterior egípcio.

Os ideais do governante poderiam ser descritos, nos termos da ciência social contemporânea, como a criação de uma economia viável e autopropulsora para estabelecer a base da independência nacional. Tais ideais eram diametralmente opostos às necessidades do capitalismo europeu. Os industriais britânicos e franceses queriam ver o Egito não como fabricante têxtil, mas como produtor de algodão cru para exportação e importador de bens manufaturados da Europa. Os financistas europeus queriam que o Egito fosse uma fonte de investimento e, na segunda metade do século XVIII, transformaram o sultão em um pedinte internacional, já que hipotecou todo o país a financistas monopolistas internacionais. Por fim, os estadistas europeus queriam que o solo egípcio servisse de base para a exploração da Índia e da Arábia. Para isso, o canal de Suez foi escavado naquele solo, pelos próprios egípcios, mas se tornou propriedade da Grã-Bretanha e da França, que nesse momento estenderam seu domínio político sobre o Egito e o Sudão.

A educação é inegavelmente uma das facetas da vida europeia que se desenvolveram mais perceptivelmente na era capitalista. Através da educação e do uso abrangente da palavra escrita, os europeus tiveram condições de transmitir aos outros os princípios científicos do mundo material que haviam descoberto, bem como um conjunto de reflexões filosóficas variadas sobre o homem e a sociedade. Os africanos logo reconheceram as vantagens decorrentes da educação letrada. Em Madagáscar, o reino Merina fez muito para patrocinar a leitura e a escrita. Eles usaram a própria língua e um sistema de escrita árabe, e acolheram a ajuda de missionários europeus. Esse empréstimo consciente de todas as fontes relevantes só foi possível quando havia liberdade de escolha. A colonização, longe de surgir das necessidades malgaxes, na verdade ergueu uma barreira para o sucesso da "modernização" iniciada pelos reis merinos nas décadas de 1860 e 1870. Um exemplo semelhante pode ser encontrado na história da Tunísia antes do golpe de machado da partilha.

Em muitas partes do mundo, o capitalismo, em sua forma imperialista, aceitou que certo grau de soberania política deveria ser deixado nas mãos da população local. Foi assim na Europa oriental, na América Latina e, de forma mais limitada, na China. No entanto, os capitalistas europeus decidiram que a África deveria ser colonizada diretamente. Há evidências que sugerem que esse curso de ação não foi inteiramente planejado. Até as décadas de 1850 e 1860, a Grã-Bretanha e a França teriam preferido dividir a África em "esferas de influência" informais, o que implica a possibilidade de ter havido um acordo de cavalheiros em que a Nigéria seria explorada pelos comerciantes britânicos, enquanto o Senegal seria explorado pelos franceses. Ao mesmo tempo, tanto ingleses quanto franceses faziam negócios, em menor escala, nos impérios informais um do outro. Mas, em primeiro lugar, houve desacordo sobre quem devia sugar quais regiões da África (especialmente porque a Alemanha quis se juntar à apropriação); em segundo lugar, no momento em que uma potência europeia declarou certa área da África como seu protetorado ou colônia e impôs tarifas contra comerciantes europeus de outras nacionalidades, isso forçou seus rivais a, por sua vez, terem colônias e tarifas discriminatórias. Uma coisa levou à outra, e logo seis nações capitalistas europeias estavam atropelando umas às outras para estabelecer um domínio político direto sobre partes específicas da África. Cavalheiros como Carl Peters, Livingstone, Stanley, Harry Johnston, De Brazza, General Gordon e seus senhores na Europa estavam literalmente disputando a África. E, a duras penas, evitaram uma grande conflagração militar.

Além dos fatores que causaram a reação em cadeia da partilha, como descrito aqui, os europeus tiveram motivações raciais para buscar a dominação política sobre a África. O século XIX viu o racismo branco ser expresso de forma mais violenta e aberta nas sociedades capitalistas, com os Estados Unidos como ponto focal e a Grã-Bretanha assumindo a liderança entre as nações capitalistas da Europa ocidental. A Grã-Bretanha aceitou conceder a condição de domínios a suas antigas colônias de colonos brancos no Canadá, na Austrália e na Nova Zelândia; mas retirou o autogoverno das Índias ocidentais quando os fazendeiros brancos foram expulsos das assembleias legislativas pelos negros (ou pardos). No que diz respeito à África, os ingleses se opuseram violentamente ao autogoverno negro, como a Confederação Fante na Costa do Ouro na década de 1860. E também tentaram corroer a autoridade do povo negro krio em Serra Leoa. Em 1874, quando a Fourah Bay College procurou e obteve afiliação junto à Universidade de Durham, o jornal *Times* declarou que Durham deveria se afiliar ao Zoológico de Londres! O racismo generalizado e cruel estava presente no imperialismo como uma variante independente da racionalidade econômica. Foi a economia, aliás, que determinou que a Europa deveria investir na África e controlar as matérias-primas e a mão de obra do continente. Foi o racismo que confirmou a decisão de que a forma de controle deveria ser a autoridade colonial direta.

Por toda parte, os africanos combateram o domínio político estrangeiro e tiveram de ser subjugados por força superior. Mas uma minoria considerável insistiu que as conexões comerciais com a Europa deveriam permanecer ininterruptas, o que indicava em que medida já dependiam do continente europeu. A ilustração mais dramática dessa dependência foi a determinação com que alguns africanos resistiram ao fim do comércio escravista europeu.

Para a maioria dos Estados capitalistas europeus, a escravização de pessoas africanas havia cumprido seu propósito em meados do século XIX; mas, para os africanos que negociavam com cativos, a interrupção abrupta do comércio a qualquer momento representava uma crise de grande magnitude. Em muitas áreas, grandes mudanças sociais ocorreram para colocar as regiões específicas efetivamente a serviço do comércio escravista europeu – uma das mais significativas foi o surgimento da "escravização doméstica" e várias formas de subjugação de classes e castas. Governantes e comerciantes africanos viram sua existência social ameaçada pelos primeiros decretos-lei – como a lei britânica de 1807 contra o comércio escravista – e encontraram formas de fazer contato com europeus que ainda queriam pessoas para escravização.

Na África subsaariana e especialmente na África ocidental, a exportação de escravos diminuiu mais depressa nas regiões onde os europeus estavam dispostos a comprar outras mercadorias.

Assim que os habitantes de qualquer região descobriam que havia um produto que os europeus aceitavam, em substituição ao antigo comércio escravista, esforçaram-se enormemente para organizar as alternativas, em especial marfim, borracha, produtos derivados de palma, amendoim. Novamente, esses esforços demonstravam a determinação de uma pequena, mas decisiva, proporção de africanos. Era uma determinação baseada no desejo de obter bens comerciais europeus, muitos dos quais haviam deixado de ser meras curiosidades ou luxos e passaram a ser vistos como necessidades.

Os primeiros quatro séculos de comércio entre África e Europa representam, concretamente, as raízes do subdesenvolvimento africano. O colonialismo floresceu depressa, do ponto de vista europeu, porque várias de suas características já haviam sido enraizadas anteriormente no continente africano. Uma das características mais decisivas do sistema colonial foi a presença de africanos servindo como agentes econômicos, políticos e culturais dos colonialistas europeus. Esses agentes, ou "*compradors*", já serviam aos interesses europeus no período pré-colonial. O impacto do comércio com a Europa havia reduzido muitos governantes africanos à condição de intermediários comerciais; havia elevado os africanos comuns ao mesmo papel e criado um novo grupo comercial de sangue misto – os filhos de pais europeus ou árabes. Todas essas categorias podem ser chamadas de "*compradors*" e desempenharam papel fundamental no prolongamento da atividade europeia do litoral para o interior assim que os europeus pensaram em assumir o poder político. Um exemplo impressionante disso é a maneira como os colonialistas franceses usaram pessoas africanas ou miscigenadas na costa senegalesa como agentes para ampliar o controle por milhares de quilômetros em áreas agora cobertas por Senegal, Mali, Chade, Alto Volta e Níger. Aquelas pessoas negras e pardas viviam nos portos comerciais de Gorée, Dacar, St. Louis e Rufisque e tinham ligações de longa data com o comércio atlântico.

Os africanos que conduziam negócios em nome dos europeus não eram apenas agentes comerciais, mas também agentes culturais, pois era inevitável que sofressem forte influência do pensamento e dos valores europeus. A busca pela educação europeia começou na África antes do período colonial. Governantes e comerciantes da costa reconheceram a necessidade de se envolver mais profundamente com o modo de vida do homem branco que cruzava o mar. Os filhos mestiços de comerciantes brancos e os filhos de governantes africanos foram os que mais se esforçaram para aprender os costumes do homem branco. Isso os ajudou a conduzir os negócios com mais eficiência. Um governante de Serra Leoa, no século XVIII, explicou que desejava aprender o livro para ser malandro tão bom quanto o homem branco; e havia quem enxergasse as vantagens práticas da alfabetização. No entanto, o processo educacional também significou a assimilação de valores que levaram a uma maior subjugação africana. Um africano ocidental educado nesse período inicial escreveu uma tese de doutorado em latim justificando a escravização. Isso não era surpresa. O reverendo Thomas Thompson foi o primeiro educador europeu na Costa do Ouro e escreveu, em 1778, um panfleto intitulado *The African Trade for Negro Slaves, Shewn to be Consistent with Principles of Humanity, and with the Laws of Revealed Religion** [O comércio africano de escravos negros demonstrou ser consistente com os princípios de humanidade e as leis da religião revelada].

Uma das características mais marcantes da história da África ocidental do século XIX é o modo como os africanos que voltaram da escravização ajudaram seus senhores europeus a estabelecer domínio colonial. Isso se aplica aos africanos que retornaram das Índias ocidentais e da América do Norte para Serra Leoa ou que foram libertados de navios negreiros e desembarcaram em Serra Leoa. Em menor grau, também se aplicou aos que já haviam estado no Brasil. Essas pessoas tinham assimilado os valores capitalistas e, como a maioria dos missionários europeus, promoveram atividades que cooperavam com o domínio colonial. Em um contexto bastante diferente, pode-se argumentar que os árabes de Zanzibar e da costa leste africana também se transformaram em agentes do colonialismo europeu. No início, eles resistiram, porque o colonialismo europeu afetou suas próprias ambições expansionistas na África

---

*   Thomas Thompson, *The African Trade for Negro Slaves, Shewn to be Consistent with Principles of Humanity, and with the Laws of Revealed Religion* (Londres, Gale Ecco, 2010). (N. T.)

oriental, mas logo chegaram a um acordo que deu aos europeus os poderes supremos. Estes reduziram o pequeno grupo árabe a instrumentos políticos e econômicos do imperialismo.

A superioridade europeia sobre os árabes no leste e no norte da África e no Oriente Médio demonstra de forma conclusiva que o imperialismo moderno é inseparável do capitalismo e ressalta o papel da escravização no contexto capitalista. Os árabes haviam adquirido africanos para ser escravizados durante séculos, mas os exploraram em um contexto feudal. Africanos escravizados por mãos árabes tornaram-se trabalhadores domésticos, soldados e servos agrícolas. Qualquer excedente que produzissem não era reinvestido na multiplicação de capital, como nos sistemas escravistas das Índias ocidentais ou da América do Norte, mas era usados para consumo da elite feudal. Na verdade, as pessoas escravizadas eram mantidas mais em função do prestígio social que pelo benefício econômico.

As principais exceções a essa regra foram Zanzibar e o Egito no século XIX, sob Muhammad Ali. Nos dois casos, a mão de obra africana estava sendo explorada para produzir lucro nas grandes propriedades monocultoras, e isso também pode ter se aplicado à produção de tamareiras na Arábia. Mas a Europa já vinha explorando a mão de obra africana para maximizar o excedente havia três séculos, e a contribuição que o sistema de latifúndios monocultores deu ao desenvolvimento capitalista europeu foi tão grande que a Europa ocidental no século XIX havia engolido sistemas de exploração menores de Zanzibar e da Arábia, assegurando rígido controle da economia egípcia depois da morte de Ali, em 1849. Em outras palavras, o cravo, o algodão e as tâmaras que, antes da colonização, eram produzidos em Zanzibar, Egito e Arábia, respectivamente, ajudaram a fortalecer o comércio e a produção da Europa. Com o tempo, os comerciantes escravistas capitalistas europeus não tiveram dificuldade em estender a dominação política sobre os comerciantes escravistas feudais árabes nem em fazer deles agentes do colonialismo na África oriental.

Voltando à questão dos africanos nativos agentes do domínio colonial europeu na África, deve-se reconhecer que foram recrutados para servir nos exércitos que efetivamente conquistaram a África no sangrento período que se estendeu da década de 1880 até a Primeira Guerra Mundial, iniciada pelos europeus em 1914. Uma característica típica do colonialismo é encontrar agentes de repressão entre suas próprias vítimas. No entanto, sem os séculos anteriores de comércio entre a África e a Europa, não teria sido possível recrutar facilmente os *askaris*, ou soldados, carregadores e outros agentes que viabilizaram a conquista colonial.

Os africanos que residiam nas regiões dos portos senegaleses já mencionados foram os mesmos que vestiram o uniforme do Exército da França e lutaram para estabelecer o domínio francês no interior e em outras partes da costa, como Daomé. Quando os britânicos derrotaram Axanti, em 1874, eles tinham integrado em suas forças soldados africanos das cidades costeiras ao redor dos fortes da Costa do Ouro. Esses africanos estiveram em contato com europeus por tanto tempo que, desde o século XVII, se identificavam como "holandeses", "dinamarqueses" ou "ingleses", dependendo do forte que os empregava. Eles travaram batalhas em nome de uma nação europeia contra outra e, no fim do século XIX, foi fácil fazê-los lutar contra outros africanos em nome do poder colonial conquistador da Grã-Bretanha.

Nos territórios portugueses, as origens da polícia e do exército coloniais negros remontam também ao período do comércio "pré-colonial". Em torno dos fortes de Luanda e Benguela, em Angola, e também de Lourenço Marques e Beira, em Moçambique, cresceram comunidades de africanos, mestiços e até indianos que ajudaram a "pacificar" grandes áreas para os portugueses após a Conferência de Berlim. Os comerciantes em Moçambique e no resto das Áfricas oriental, ocidental e central que tinham experiência com europeus anteriores ao colonialismo foram aqueles que forneceram carregadores para transportar as metralhadoras pesadas, os canhões e os equipamentos de apoio; foram eles que forneceram aos europeus aspirantes a colonialistas a informação e a inteligência militar que facilitaram a conquista; e foram eles os intérpretes que atuaram como porta-vozes dos europeus em solo africano.

Também é verdade que muitos africanos que pouco ou nada tinham a ver com o comércio pré-colonial se aliaram aos europeus recém-chegados. Quanto a isso, a diferença nos níveis de organização política entre a Europa e a África foi bastante crucial. O desenvolvimento da unidade política na forma de grandes Estados vinha avançando em ritmo constante na África. Mesmo assim, na época da Conferência de Berlim, a África ainda era um continente com grande número de agrupamentos sociopolíticos sem propósito comum. Assim, foi fácil para o intruso europeu lançar mão do clássico jogo de dividir para conquistar. Desse modo, certos africanos tornaram-se aliados *involuntários* da Europa.

Muitos governantes africanos buscaram uma "aliança" europeia para lidar com seus próprios vizinhos africanos, com quem estavam em conflito. Poucos desses governantes avaliaram as consequências de suas ações. Eles não tinham como saber que os europeus estavam ali para ficar; eles não tinham como saber que os europeus queriam conquistar não alguns, mas todos os africanos. Essa visão parcial e inadequada do mundo era, em si, um testemunho do subdesenvolvimento africano *em relação* à Europa, que, no século XIX, buscava, de forma presunçosa, o domínio em todas as partes do globo.

As divisões políticas na África não eram evidência de inferioridade ou atraso inatos. Esse era o estado em que o continente se encontrava à época – um ponto em uma longa estrada que outros haviam percorrido e pela qual a África estava avançando. O impacto do comércio com a Europa desacelerou o processo de união e expansão política; em contraposição, o comércio com a África fortaleceu os Estados-nação da Europa. Quando o capitalismo europeu assumiu a forma de imperialismo e começou a subjugar politicamente a África, os conflitos políticos *normais* da situação africana pré-capitalista se transformaram em *fraqueza*, o que permitiu a dominação colonial.

No geral, fica evidente que, para compreender a chegada do colonialismo ao continente africano, é preciso considerar a evolução histórica anterior da África e da Europa – em especial, as maneiras pelas quais os contatos comerciais entre os dois continentes os influenciaram mutuamente, fazendo com que aquilo que foi chamado de comércio "pré-colonial" demonstrasse ser uma etapa preparatória para a era do domínio colonial.

É amplamente aceito que a África foi colonizada por causa de sua fraqueza. Tal conceito de fraqueza deve ser compreendido de modo a incorporar a inferioridade militar e a capacidade econômica insuficiente, bem como certas insuficiências políticas: a saber, o estabelecimento incompleto dos Estados-nação, que deixou o continente dividido, e o baixo nível de consciência sobre o mundo como um todo, que a expansão das relações capitalistas já havia transformado em um sistema único.

5.
A CONTRIBUIÇÃO DA ÁFRICA AO DESENVOLVIMENTO CAPITALISTA DA EUROPA – O PERÍODO COLONIAL

As colônias foram criadas para a metrópole pela metrópole.

— ditado francês

As operações de vendas nos Estados Unidos e a administração das catorze fábricas (da Unilever) são dirigidas da Lever House na elegante Park Avenue de Nova York. Você olha para essa estrutura alta e imponente de vidro e aço e se pergunta quanto custa, em horas de trabalho mal pago de pessoas negras e em toneladas de óleo de palma, amendoim e cacau subvalorizados, para construí-la.

— W. Alphaeus Hunton

EXPATRIAÇÃO DE EXCEDENTES AFRICANOS DURANTE O COLONIALISMO

O capital e o trabalho assalariado africano

A África colonial se inseria naquela parcela da economia capitalista internacional cujo excedente era extraído para alimentar o setor metropolitano. Como já visto, a exploração da terra e do trabalho é essencial para o avanço social, mas apenas se a produção se tornar acessível na região onde essa exploração acontece. O colonialismo não foi só um sistema de exploração, mas um sistema de exploração cujo objetivo fundamental era enviar os lucros à metrópole. Do ponto de vista africano, isso representou a constante expatriação do excedente produzido pela mão de obra africana a partir de recursos locais. Além disso, significou o desenvolvimento da Europa como parte do mesmo processo dialético pelo qual a África se tornava subdesenvolvida.

Segundo qualquer critério, a mão de obra era barata na África, e a quantidade de excedente extraída do trabalhador africano era grande. Sob o colonialismo, o empregador pagava um salário extremamente baixo – em geral insuficiente para a sobrevivência física do trabalhador, que, portanto, tinha de cultivar alimentos para sobreviver. Isso se aplicava, em particular, ao trabalho agrícola no sistema de grandes propriedades monocultoras, ao trabalho nas minas e a certas formas de emprego urbano. Quando o domínio colonial europeu foi imposto, os africanos eram capazes de tirar a subsistência da terra. Muitos mantiveram algum contato com ela nos anos seguintes, trabalhando fora de suas *shambas** para pagar impostos ou porque foram forçados a isso. Após o fim do feudalismo na Europa, o trabalhador não tinha absolutamente nenhum meio de sustento além da venda de seu trabalho aos capitalistas. Portanto, até certo ponto, lá o empregador era responsável por garantir a sobrevivência física do trabalhador, pagando a ele um "salário digno". Na África, não. Os europeus ofereciam os salários mais baixos possíveis e confiavam que a legislação, respaldada pela força, faria o resto.

Houve vários motivos pelos quais o trabalhador africano foi mais brutalmente explorado que o europeu neste século XX. Em primeiro lugar, o Estado colonial estrangeiro deteve o monopólio do poder político depois de eliminar qualquer oposição por meio da força armada superior. Em segundo lugar, a classe trabalhadora africana era bem pequena, dispersa e instável, em razão das práticas migratórias. Em terceiro lugar, embora os capitalistas estivessem dispostos a explorar a classe trabalhadora em todos os lugares, na África os europeus tinham justificativas raciais adicionais para lidar injustamente com o trabalhador africano. A teoria racista de que o homem negro era inferior levava à conclusão de que ele merecia salários mais baixos; curiosamente, as populações árabes e berberes de pele clara do norte da África foram tratadas como "negras" pelos brancos racistas franceses. A combinação desses fatores, por sua vez, tornou extremamente difícil para os trabalhadores africanos se organizarem. E é apenas a organização e a determinação da classe trabalhadora que a protege da tendência natural do capitalista de explorá-la até o limite. Por isso, em todos os territórios coloniais, quando os trabalhadores africanos perceberam a necessidade da associação solidária, numerosos obstáculos foram colocados em seus caminhos pelos regimes coloniais.

Os salários pagos aos trabalhadores na Europa e na América do Norte eram muito mais altos que os salários pagos aos trabalhadores africanos em categorias

---

* O termo suaíli *shamba*, ou "plantação", designa um sistema agrícola de policultura adotado principalmente no leste da África. O cultivo combinado de raízes, verduras, grãos, ervas medicinais e madeira, entre outros produtos, garantia o sustento das comunidades e causava menos impacto ao meio ambiente que o sistema de monoculturas. (N. T.)

comparáveis. Em Enugu, o mineiro de carvão nigeriano recebia um xelim por dia trabalhando no subsolo e nove pence por dia por trabalhos na superfície. Essa miséria estaria além da compreensão de um mineiro de carvão escocês ou alemão, que poderia ganhar em praticamente uma hora o que o mineiro de Enugu recebia em seis dias. A mesma disparidade existia entre os trabalhadores portuários. Registros da grande empresa de navegação estadunidense Farrell Lines mostram que, em 1955, do valor total gasto em carregamento e descarregamento de cargas que se deslocavam entre a África e os Estados Unidos, cinco sextos foram para trabalhadores estadunidenses – e um sexto, para africanos. No entanto, a quantidade de material carregado e descarregado em ambas as extremidades era a mesma. Os salários pagos ao estivador estadunidense e aos mineiros de carvão europeus ainda eram suficientes para garantir que os capitalistas tivessem lucro. A questão aqui é apenas ilustrar em que medida a taxa de exploração dos trabalhadores africanos era maior.

Quando discrepâncias como essas foram indicadas, durante o período colonial e depois, aqueles que justificavam o colonialismo logo responderam que o padrão e o custo de vida eram mais elevados nos países capitalistas. O fato é que o padrão mais alto era possível devido à exploração das colônias, e não havia justificativa para manter os padrões de vida africanos tão rebaixados em uma época em que um padrão mais elevado era possível devido ao trabalho dos próprios africanos. O tipo de vida que podia ser sustentado pelo trabalho africano dentro do continente é facilmente ilustrado pelos salários e pelo estilo de vida que os brancos tinham na África.

Os governos coloniais se opunham, de forma discriminatória, à contratação de africanos para cargos de categorias superiores; e, sempre que um branco e um negro ocupavam o mesmo cargo, o primeiro recebia muito mais. Isso se dava em todos os níveis, dos postos de serviço público ao trabalho nas minas. Assalariados africanos nas colônias britânicas da Costa do Ouro e da Nigéria estavam em melhor situação que seus irmãos em muitas outras partes do continente, mas, em relação ao serviço público, ficavam limitados ao nível de "funcionários subalternos". No período anterior à Segunda Guerra Mundial, os funcionários públicos europeus na Costa do Ouro recebiam em média quarenta libras por mês, com alojamento e outros privilégios, enquanto os africanos recebiam um salário médio de quatro libras. Havia casos em que um único europeu de uma repartição recebia o mesmo que seus 25 assistentes africanos juntos. Além do serviço público, os africanos conseguiam trabalho em projetos de construção, em minas e como trabalhadores domésticos – todos empregos de baixa remuneração. Tratava-se de uma exploração irresponsável e irreparável. Em 1934, 41 africanos morreram no desastre de uma mina na Costa do Ouro, e a empresa capitalista ofereceu apenas três libras de indenização aos dependentes de cada um desses homens.

Em locais onde colonos europeus eram encontrados em números consideráveis, a diferença salarial era imediatamente percebida. No norte da África, os salários de marroquinos e argelinos variavam entre 16% e 25% dos salários dos europeus. A situação era muito pior na África oriental, especialmente no Quênia e em Tanganica. A comparação com os ganhos e os padrões dos colonos brancos mostra, em nítido contraste, como os salários africanos eram inacreditavelmente baixos. Enquanto lorde Delamere controlava 40 mil hectares de terra do Quênia, o queniano tinha de portar um passe, o *kipande*, em seu próprio país, para suplicar por um salário de quinze ou vinte xelins mensais. O limite absoluto da exploração brutal foi encontrado nas partes meridionais do continente; e na Rodésia do Sul, por exemplo, os trabalhadores agrícolas raramente recebiam mais de quinze xelins por mês. Os mineiros recebiam um pouco mais se fossem semiqualificados, mas com condições de trabalho mais intoleráveis. Os trabalhadores não qualificados das minas da Rodésia do Norte muitas vezes ganhavam apenas sete xelins por mês. Um motorista de caminhão no famoso cinturão do cobre era semiqualificado. Em uma mina, os europeus realizavam esse trabalho recebendo trinta libras por mês, enquanto em outra, pelo mesmo trabalho, os africanos recebiam três libras mensais.

Em todos os territórios coloniais, os salários foram reduzidos durante o período de crise que abalou o mundo capitalista durante a década de 1930 – e não foram restaurados nem aumentados até depois da Segunda Guerra Mundial. Na Rodésia do Sul, em 1949, os africanos empregados em áreas municipais recebiam salários mínimos de 35 a 75 xelins por mês. Tratava-se de um aumento considerável em relação aos anos anteriores, mas os trabalhadores brancos (com jornadas de oito horas por dia, em comparação às dez ou catorze horas dos africanos) recebiam um salário mínimo de vinte xelins *por dia*, além de alojamento gratuito e outros benefícios.

Os rodesianos viveram uma versão em miniatura do sistema de *apartheid* da África do Sul, que oprimiu a maior classe trabalhadora industrial do continente. Na União da África do Sul, os trabalhadores africanos atuavam em subterrâneos profundos, sob condições desumanas, que não seriam toleradas pelos mineiros da Europa. Consequentemente, os trabalhadores negros sul-africanos extraíam ouro de jazidas que, em outros lugares, seriam consideradas não comerciais. E, no entanto, era a parcela branca da classe trabalhadora que recebia quaisquer benefícios disponíveis em termos de salários e ganhos. As autoridades admitiram que as mineradoras podiam pagar aos brancos mais que aos mineiros de qualquer outra parte do mundo, graças aos lucros muitos elevados, obtidos justamente porque trabalhadores negros recebiam uma mixaria[1].

Em última análise, foram sobretudo os acionistas das mineradoras que se beneficiaram. Eles permaneceram na Europa e na América do Norte arrecadando, anualmente, os dividendos fabulosos do ouro, dos diamantes, do manganês, do urânio etc., que foram levados do subsolo sul-africano pelo trabalho africano. Durante anos, a própria imprensa capitalista louvou a África austral como investimento que gerava lucros muito elevados. Desde o início da disputa pela África, grandes fortunas foram feitas com ouro e diamantes na África austral, por pessoas como Cecil Rhodes. Neste século XX, tanto o investimento quanto a saída de excedentes aumentaram. O investimento concentrou-se principalmente nos setores de mineração e finanças, que geravam lucros maiores. Em meados da década de 1950, os investimentos britânicos na África do Sul foram estimados em 860 milhões de libras e renderam lucros estáveis de 15%, ou 129 milhões de libras por ano. A maioria das empresas de mineração obteve retornos bem acima dessa média. A De Beers Consolidated Mines atingiu lucros fenomenais e constantes – entre 26 e 29 milhões de dólares ao longo da década de 1950.

O complexo de concessões de mineração da África austral não operava apenas na África do Sul, mas também no sudoeste do continente, Angola, Moçambique, Rodésia do Norte, Rodésia do Sul e Congo. Este último foi fonte de imensas riquezas para a Europa, porque desde o início da colonização até 1906, o rei Leopoldo II, da Bélgica, lucrou pelo menos 20 milhões de dólares com a borracha e o marfim. O período de exploração mineral começou bem cedo e ganhou força depois que o controle político passou do rei Leopoldo para o Estado da Bélgica, em 1908. O total de entrada de capital estrangeiro no Congo entre 1887 e 1953 foi estimado pelos belgas em 5,7 bilhões de libras. Consta que o valor da saída de capital no mesmo período foi 4,3 bilhões de libras, excluindo os lucros retidos no Congo. Como em todos os outros lugares do continente, a expatriação de excedentes lá aumentou à medida que o período colonial se prolongava. Nos cinco anos anteriores à independência, a saída líquida de capital do Congo

---

[1] Como se sabe, essas condições ainda perduram. No entanto, este capítulo apresenta os fatos no passado para se referir ao período colonial.

para a Bélgica atingiu proporções substantivas. A maior parte da expatriação do excedente foi feita por um grande monopólio financeiro europeu, a Société Générale, que tinha como subsidiária mais importante a Union Minière du Haut-Katanga – esta monopolizava a produção congolesa de cobre desde 1889 (quando era conhecida como Compagnie de Katanga); sabe-se que a Union Minière obteve lucro de 27 milhões de libras em um único ano.

Não é de estranhar que mais de um terço do total da riqueza produzida no Congo, em qualquer ano do período colonial, tenha saído na forma de lucros para as grandes empresas e de salários para seus funcionários expatriados. Na Rodésia do Norte sob domínio britânico, esse montante chegava à metade. A Union Minière ao menos tinha a reputação de deixar que parte dos lucros ficasse em Catanga, na forma de serviços como moradias e maternidade para trabalhadores africanos. Já as companhias do cinturão de cobre da Rodésia expatriavam os lucros sem escrúpulos.

Não se deve esquecer que fora da África austral também ocorreram importantes operações de mineração durante o período colonial. No norte da África, o capital estrangeiro explorou recursos naturais como fosfatos, petróleo, chumbo, zinco, manganês e minério de ferro. Em locais como Guiné, Serra Leoa e Libéria, foram importantes as explorações de ouro, diamantes, minério de ferro e bauxita. A tudo isso devem-se acrescentar o estanho da Nigéria, o ouro e o manganês de Gana, o ouro e os diamantes de Tanganica e o cobre de Uganda e de Brazzaville, no Congo. A compreensão de cada um desses casos deve começar por uma análise do grau de exploração dos recursos e do trabalho africanos e, em seguida, realizar um acompanhamento do excedente até seu destino fora da África – as contas bancárias dos capitalistas que controlam a maioria das ações dos grandes grupos multinacionais de mineração.

O excedente para exportação produzido pela classe trabalhadora africana para as empresas do setor agrícola foi menos impressionante. As plantações predominaram nas Áfricas do norte, do leste e do sul; e também surgiram na África ocidental, em menor grau. Seus lucros dependiam dos salários incrivelmente baixos e das duras condições de trabalho impostas aos trabalhadores rurais africanos, além do fato de bem pouco capital ser investido na obtenção da terra, já que grandes extensões foram usurpadas dos africanos pelas potências coloniais e, depois, vendidas aos brancos a preços nominais. Por exemplo, depois que os planaltos do Quênia foram declarados "Terras da Coroa", os britânicos entregaram a lorde Delamere 40 mil hectares do melhor solo ao custo de três centavos por hectare. Lorde Francis Scott comprou mais de

140 mil hectares, a East African Estates Ltd. obteve outros 140 mil hectares, e o East African Syndicate ficou com 100 mil hectares adjacentes à propriedade de lorde Delamere – tudo a preços irrisórios. Obviamente, essas propriedades deram grandes retornos, ainda que as taxas de lucro fossem menores do que a de uma mina de ouro sul-africana ou de uma mina de diamantes angolana.

Durante o período colonial, a Libéria foi, em tese, independente, mas, na prática, tratava-se de uma colônia dos Estados Unidos. Em 1926, a Firestone Rubber Company dos Estados Unidos conseguiu adquirir mais de 400 mil hectares de terras florestais na Libéria a um custo de quinze centavos por hectare e 1% do valor da borracha exportada. Por causa da demanda e da importância estratégica da borracha, os lucros da Firestone com a terra e o trabalho da Libéria a levaram à 25ª posição entre as maiores empresas dos Estados Unidos.

As empresas comerciais europeias versus o camponês africano

Até agora, este capítulo tem tratado do excedente produzido pelos assalariados africanos nas minas e nas plantações. Mas a classe trabalhadora africana sob o colonialismo era muito pequena e, sob o colonialismo, a maioria dos africanos envolvidos na economia monetária colonial era formada por camponeses independentes. Como é possível, então, afirmar que esses camponeses autônomos contribuíam para a expatriação do excedente africano? Defensores do colonialismo argumentam que eles se beneficiaram da oportunidade de produzir excedentes cultivando ou coletando produtos como cacau, café e óleo de palma. É fundamental esclarecer tal distorção.

Um camponês trabalhando no cultivo ou na coleta comerciais tinha seu trabalho explorado por uma longa cadeia de indivíduos, a começar pelos empresários locais. Às vezes, estes eram europeus; muito raramente, africanos. Na maioria das vezes, pertenciam a um grupo minoritário trazido de fora e que fazia o papel de intermediário entre os colonialistas brancos e o camponês africano explorado. Na África ocidental, os libaneses e os sírios desempenharam esse papel; na África oriental, foram os indianos que ascenderam a esse posto. Os árabes também estavam na categoria de intermediários em Zanzibar e em alguns outros lugares da costa leste africana.

Os camponeses do cultivo comercial nunca tiveram qualquer capital próprio. Sobreviviam de uma colheita à outra, dependendo de boas safras e bons preços. Qualquer quebra de safra ou queda nos preços fazia com que os camponeses tomassem empréstimos para pagar impostos e comprar certos bens de primeira necessidade. Como garantia, eles hipotecavam colheitas futuras a agiotas da categoria dos intermediários. O não pagamento das dívidas podia fazer, e muitas vezes fez, com que suas terras fossem tomadas por agiotas. As taxas de juros dos empréstimos eram sempre exorbitantes, chegando ao que é conhecido como "usura". Na África oriental, a situação tornou-se tão grave que o governo colonial britânico teve de intervir e decretar uma "ordem de crédito para os nativos", com o objetivo de proteger os africanos dos empresários asiáticos.

No entanto, apesar de alguns conflitos menores entre os colonialistas e os intermediários, os dois faziam parte do mesmo aparato de exploração. Em linhas gerais, os libaneses e os indianos realizavam as tarefas menores com as quais os europeus não podiam se preocupar. Os intermediários possuíam coisas como descaroçadores de algodão, que separavam as sementes das fibras, enquanto os europeus, é claro, contavam com fábricas de tecidos de algodão na Europa. Os intermediários também iam para as aldeias, enquanto os europeus preferiam ficar nas cidades. Nas aldeias, indianos e libaneses assumiam praticamente todas as compras e vendas, canalizando a maior parte dos lucros para os europeus nas cidades e no exterior.

A parcela dos lucros que ia para os intermediários era insignificante em comparação com o montante obtido pelos grandes interesses empresariais capitalistas, ou pelos próprios governos colonialistas. A instituição capitalista em contato mais direto com os camponeses africanos era a empresa de comércio colonial, ou seja, especializada no trânsito de mercadorias de e para as colônias. As mais conhecidas eram as francesas: Compagnie Française d'Afrique Occidentale (CFAO) e Société Commerciale Quest Africaine (Scoa), além da United Africa Company (UAC), de controle britânico. Essas foram as responsáveis por expatriar grande parte da riqueza da África produzida pelo trabalho árduo dos camponeses.

Várias das empresas de comércio colonial já tinham sangue africano nas mãos por causa da participação no comércio escravista. Mercadores franceses de Bordeaux que fizeram fortuna com o comércio escravista europeu transferiram esse capital para o comércio de amendoim do Senegal e da Gâmbia em meados do século XIX. As empresas em questão continuaram a operar no período colonial, embora tenham mudado de mãos e tenha havido muitas fusões. Em Senegal, Mauritânia e Mali, os nomes de Maurel & Prom, Maurel Brothers, Buhan & Teyssere, Dalmas & Clastre eram bem conhecidos. Vários deles acabaram incorporados à Scoa, que era controlada por um consórcio de financistas franceses e suíços. Um processo semelhante no porto francês de Marselha levou à transferência do capital do comércio escravista para o comércio direto entre a

África e a França. Após o fim da Primeira Guerra Mundial, a maioria das pequenas empresas de Marselha foi absorvida pela gigante CFAO, que, na África ocidental sob domínio francês, importava quaisquer bens europeus aceitos pelo mercado e exportava a produção agrícola gerada, em grande parte, pela mão de obra camponesa. A CFAO também tinha capital britânico e holandês, e suas atividades se estendiam até a Libéria e as colônias britânicas e belgas. Diz-se que a Scoa e a CFAO obtinham lucros de até 90% nos anos bons e 25% nos anos ruins.

Na Grã-Bretanha, o famoso porto de comércio escravista de Liverpool foi o primeiro a transferir suas atividades para o óleo de palma, no início do século XIX, quando o comércio escravista se tornou difícil ou impossível. Isso significava que as empresas de Liverpool não estavam mais explorando a África por meio da remoção física da mão de obra local para outras partes do mundo. Em compensação, elas passaram a explorar o trabalho e as matérias-primas da África *dentro* da África. Ao longo do século XIX e até a era colonial, Liverpool concentrou-se, principalmente, na importação da produção de camponeses africanos. Com o apoio dos industriais de Manchester e Cheshire, esse porto britânico controlou grande parte do comércio da Grã-Bretanha e da Europa com a África no período colonial – assim como havia feito na época do comércio escravista. Glasgow também tinha grande interesse no comércio colonial, assim como mercadores e grandes empresas de Londres, cidade que em 1929 substituiu Liverpool como o principal porto de importação e exportação de produtos africanos.

Conforme mencionado, a UAC, a mais conhecida entre as empresas comerciais britânicas, era subsidiária do gigantesco monopólio anglo-holandês Unilever, e suas agências eram encontradas em todas as colônias britânicas da África ocidental e, em menor escala, na África oriental. A Unilever também controlava a Compagnie du Niger Français, a Compagnie Française de la Côte d'Ivoire, a Societè Commerciale du Kouilou Niari (SCKN) no Chade, a Nouvelle Société Commerciale Africaine (Nosoco) no Senegal, a NSCA na Guiné Portuguesa e a John Walken & Co. Ltd. em Daomé. Algumas outras empresas britânicas e francesas não eram encontradas em todas as colônias, mas eram bem-sucedidas nas regiões específicas em que estavam estabelecidas. A John Holt, na Nigéria, é exemplo disso. Na África oriental, a tendência do setor de importação-exportação era operar com empresas menores que as da África ocidental, mas mesmo assim havia cinco ou seis companhias muito maiores que as demais, que se apropriavam das maiores quantias. Uma das mais antigas era a Smith Mackenzie, sucursal da empresa escocesa de Mackinnon e Mackenzie, que havia liderado a colonização britânica na África oriental e também tinha interesses na Índia. Outras empresas comerciais importantes foram as de A. Baumann, Wigglesworth and Company, Dalgety, Leslie & Anderson, Ralli Bros., Michael Cons, Jos. Hansen, African Mercantile e a Twentsche Overseas Trading Co. Algumas delas se fundiram antes do fim do domínio colonial, e todas tinham várias outras subsidiárias, além de estarem associadas a companhias maiores nas metrópoles. A UAC também contava com uma fatia do mercado de importação da África oriental, tendo comercializado o rum da Gailey and Roberts, criada por colonos brancos em 1904.

Era fácil acompanhar o padrão de apropriação do excedente na África oriental, pois os mecanismos de extração estavam centralizados em Nairóbi e no porto de Mombasa. Todas as grandes companhias operavam a partir de Nairóbi, com escritórios em Mombasa para tratar do armazenamento, do transporte marítimo e dos seguros. Uganda e Tanganica ganharam destaque por suas capitais, Campala e Dar es Salaam, onde as grandes empresas tinham filiais. Até o início da Segunda Guerra Mundial, o volume de comércio da África oriental era bastante pequeno, mas saltou rapidamente a partir de então. Por exemplo, o valor das importações do Quênia aumentou de 4 milhões de libras em 1938 para 34 milhões em 1950 e para 70 milhões na década seguinte. Ao mesmo tempo, o valor das exportações, é claro, também crescia, e as empresas comerciais estavam entre as principais beneficiárias do crescimento do comércio exterior. Estas fizeram enormes fortunas com investimentos relativamente pequenos nas regiões africanas onde predominava o cultivo comercial camponês. Não precisavam gastar um centavo sequer em cultivo. O camponês africano entrou no cultivo comercial por muitas razões. Uma minoria abraçou a oportunidade de continuar a adquirir bens europeus, aos quais havia se acostumado no período pré-colonial; muitos outros, em todas as partes do continente, submeteram-se para obter dinheiro em espécie, porque precisavam pagar vários impostos em dinheiro ou porque eram forçados a trabalhar. Exemplos de africanos sendo literalmente obrigados a cultivar plantações comerciais sob a mira de armas e chicotes foram vistos em Tanganica, sob o domínio alemão, nas colônias portuguesas, na África equatorial francesa e no Sudão francês na década de 1930[2]. Poucos foram os casos em que o camponês

---

[2] Esses fatos chegaram à atenção do mundo externo de forma dramática quando os africanos recorreram à violência. Por exemplo, o cultivo forçado de algodão foi a grande injustiça por trás da Guerra Maji Maji, em Tanganica, e da revolta nacionalista em Angola, já na década de 1960.

dependia totalmente do dinheiro para seu sustento real. As empresas tiraram máxima vantagem desse fato. Sabendo que um camponês africano e sua família se manteriam vivos por suas próprias *shambas* de alimentos, as empresas não se viam na obrigação de pagar valores suficientes para o sustento dessas pessoas. De certa forma, as empresas estavam simplesmente recebendo tributos de um povo conquistado, sem sequer precisarem se preocupar com a forma como os bens tributários eram produzidos.

As companhias comerciais também tinham seus próprios meios de transporte dentro da África, como barcos a motor e caminhões, embora geralmente transferissem o encargo dos custos de transporte para o camponês, por intermediários libaneses ou indianos. Essas empresas capitalistas mantinham o agricultor africano sob pressão dupla ao controlarem o valor pago pela colheita e ao controlarem o preço dos bens importados, como ferramentas, roupas e bicicletas, aos quais os camponeses aspiravam. Por exemplo, os preços dos produtos de palma foram severamente reduzidos pela UAC e outras empresas comerciais na Nigéria, em 1929, enquanto o custo de vida estava subindo devido ao aumento dos encargos para mercadorias importadas. Em 1924, o preço do óleo de palma era de catorze xelins por galão. Esse valor caiu para sete xelins em 1928 e para pouco mais de um xelim no ano seguinte. Embora as empresas comerciais tenham recebido menos por tonelada de óleo de palma durante os anos da Grande Depressão, sua margem de lucro aumentou – mostrando como o excedente era descaradamente extorquido do camponês. Em meio à Depressão, a UAC estava auferindo um lucro considerável: em 1934, 6.302.875 libras – e um dividendo de 15% foi pago em ações ordinárias.

Em todas as partes da África colonial, os anos da Depressão seguiram o mesmo padrão. Na região de Sukumalândia (Tanganica), em 1930, o preço do algodão caiu de cinquenta centavos para dez centavos por cerca de quinhentos gramas. As colônias francesas foram atingidas um pouco mais tarde porque a Depressão só teve impacto na zona monetária francesa depois de 1931, quando os preços do amendoim senegalês tiveram um corte de mais de 50%. Café e cacau caíram ainda mais, pois eram luxos relativos para o comprador europeu. Mais uma vez, pode-se observar que empresas francesas como CFAO e Scoa enfrentaram preços mais baixos ao vender as matérias--primas na Europa, embora nunca tenham registrado perdas. Enquanto isso, camponeses e trabalhadores africanos suportaram a pressão, mesmo que significasse trabalho forçado. Os camponeses africanos nos territórios franceses foram forçados a aderir às chamadas "sociedades cooperativas", as quais os obrigavam a cultivar certos produtos, como o algodão, e depois a aceitar qualquer preço oferecido por elas.

A Depressão mal havia terminado quando a Europa entrou em guerra. E as potências ocidentais arrastaram o povo africano para a luta pela liberdade! As empresas comerciais aumentaram a expropriação em nome de Deus e da pátria. Na Costa do Ouro, passaram a pagar dez libras por tonelada de grãos de cacau, contra as cinquenta libras de antes da guerra. Ao mesmo tempo, o preço dos bens importados duplicou ou triplicou. Muitos itens essenciais ficaram além do alcance do homem comum. Na Costa do Ouro, uma peça de algodão estampado, que antes da guerra era vendida por doze xelins e seis pence, passou a custar noventa xelins em 1945. Na Nigéria, um metro de tecido cáqui que custava três xelins nos dias anteriores à guerra subiu para dezesseis; um pacote de chapas de ferro que antes custava trinta subiu para cem. Os trabalhadores urbanos foram os mais atingidos pelo aumento dos preços, pois precisavam pagar em dinheiro pelos itens necessários à vida cotidiana, e parte de seus alimentos era importada. A insatisfação dos trabalhadores ressaltou a situação de exploração do pós-guerra. Houve várias greves e, na Costa do Ouro, o boicote aos produtos importados em 1948 tornou-se famoso como prelúdio do autogoverno sob Nkrumah. Os camponeses, no entanto, também ficaram revoltados com preços baixos e importações caras. Em Uganda, os camponeses que plantavam algodão já não suportavam a situação desde 1947. Eles não conseguiam atingir as grandes empresas britânicas de importação e exportação, mas ao menos podiam enfrentar os intermediários indianos e africanos. Assim, saíram em marcha contra os descaroçadores de algodão de propriedade indiana e fizeram protestos diante do palácio do *cabaca*, o governante hereditário que muitas vezes atuava como agente britânico em Uganda.

Para garantir que a margem de lucro se mantivesse sempre a mais alta possível, as empresas comerciais consideraram conveniente formar "consórcios", que fixavam o preço a ser pago ao cultivador africano e mantinham os valores no patamar mínimo. Além disso, essas empresas comerciais se alastraram por vários outros setores da vida econômica das colônias, de modo a introduzir canais por meio dos quais extrair os excedentes. No Marrocos, para dar um exemplo, a Compagnie Générale du Maroc possuía grandes propriedades, fazendas de gado, madeireiras, minas, indústrias pesqueiras, ferrovias, portos e usinas de energia. Gigantes como CFAO e UAC também colocaram as mãos em tudo que integrava os interesses da CFAO, de plantações de amendoim a ações da linha marítima da Fabre & Fraissinet. Os povos de Gana e Nigéria se deparavam com a UAC em todos os cantos. A empresa controlava o comércio atacadista e varejista, possuía fábricas de manteiga, serrarias, indústrias de sabão, confecções de camisetas, frigoríficos, oficinas de engenharia e reparação de motores, rebocadores e embarcações de cabotagem. Algumas dessas empresas exploravam diretamente o trabalho assalariado africano, ao mesmo tempo que, de uma forma ou de outra, todas as operações extraíam a nata produzida pelos esforços dos camponeses no setor de cultivo comercial. Às vezes, as empresas que compravam produtos agrícolas na África eram as mesmas que produziam manufaturados a partir dessas matérias-primas agrícolas. Por exemplo, Cadbury e Fry, os dois principais fabricantes ingleses de cacau e chocolate, compravam na costa da África ocidental, enquanto a Brooke Bond, na África oriental, cultivava e exportava chá. Muitas das empresas comerciais de Marselha, Bordeaux e Liverpool também estavam envolvidas na fabricação de itens como sabão e margarina em seus países de origem. Isso se aplicava plenamente à UAC, enquanto o poderoso grupo Lesieur, que processava óleos e gorduras na França, tinha compradores comerciais na África. No entanto, é possível distinguir as operações comerciais das industriais. As indústrias representavam o estágio final do longo processo de exploração do trabalho dos camponeses africanos – em certo sentido, o estágio mais nocivo.

Os camponeses trabalhavam por um grande número de horas em determinado cultivo comercial, e o preço do produto era o preço dessas longas horas de trabalho. Como os produtos primários da África sempre tiveram preços baixos, conclui-se que tanto o comprador como o usuário da matéria-prima estavam envolvidos na exploração em massa dos camponeses.

Tal generalização pode ser ilustrada pelo caso do algodão, que é um dos cultivos comerciais mais amplamente encontrados na África. O agricultor ugandense cultivava o algodão que acabava chegando a uma fábrica inglesa em Lancashire ou a uma fábrica de propriedade britânica na Índia. O proprietário da fábrica de Lancashire pagava a seus trabalhadores o mínimo possível, mas a exploração de seu trabalho era limitada por vários fatores. Já a exploração do trabalho do camponês ugandense era ilimitada devido ao poder do proprietário da fábrica no Estado colonial, que assegurava que os ugandenses trabalhassem longas horas por muito pouco. Além disso, o preço da camisa de algodão acabada era tão alto que, quando reimportado por Uganda na forma de camisa, o algodão superava o poder aquisitivo do camponês que o cultivou.

As diferenças entre os preços das exportações africanas de matérias-primas e as importações de produtos manufaturados constituíam uma troca desigual.

E, ao longo do período colonial, essa desigualdade nas trocas se agravou. Os economistas referem-se a esse processo como um dos aspectos de deterioração das relações comerciais. Em 1939, com a mesma quantidade dos bens primários, as colônias podiam comprar apenas 60% dos bens manufaturados que compravam na década de 1870, antes do domínio colonial. Em 1960, a quantidade de bens manufaturados europeus que podia ser adquirida com a mesma quantidade de matérias-primas africanas havia caído ainda mais. Não existia lei econômica objetiva que determinasse que os produtos primários valessem tão pouco. Na verdade, os países desenvolvidos vendiam certas matérias-primas, como madeira e trigo, a preços muito mais altos que aqueles que uma colônia poderia cobrar. A explicação é que a troca desigual foi imposta à África pela supremacia política e militar dos colonizadores da mesma maneira que, na esfera das relações internacionais, foram impostos tratados desiguais a pequenos Estados em domínios coloniais, como os da América Latina.

A natureza desigual do comércio entre a metrópole e as colônias foi ressaltada pelo conceito de "mercado protegido", significando que até mesmo um produtor metropolitano ineficiente encontraria mercado garantido na colônia onde sua classe detinha o controle político. Além disso, como antes do comércio pré-colonial, os fabricantes europeus construíram um útil mercado paralelo para bens considerados abaixo dos padrões em seus próprios mercados, especialmente produtos têxteis. O agricultor europeu também lucrava com a venda de manteiga barata, enquanto o pescador escandinavo obtinha seu quinhão com exportação de bacalhau salgado. A África não era um grande mercado para produtos europeus em comparação com outros continentes, mas lá tanto os preços de compra quanto os de venda eram estabelecidos pelos capitalistas europeus. Isso certamente permitia aos fabricantes e comerciantes europeus acesso mais fácil ao excedente de riqueza da África que se os africanos estivessem em condições de aumentar o preço das próprias exportações.

Serviços marítimos e bancários

As empresas comerciais e industriais não esgotavam os canais de exploração de excedentes. As companhias de navegação constituíam um canal explorador que não pode ser negligenciado. As maiores companhias de navegação eram as que operavam sob bandeiras de nações colonizadoras, em especial a britânica. As transportadoras tinham praticamente poder de lei, sendo avaliadas de modo muito favorável por seus governos de origem como produtoras de superlucros, incentivadoras da indústria e do comércio, concessionárias do correio e, com a chegada da guerra, colaboradoras da marinha. Os camponeses africanos não tinham absolutamente nenhum controle sobre as tarifas de frete que eram cobradas e, na verdade, pagavam mais que os cidadãos de outras terras. A tarifa para a farinha embarcada em Liverpool para a África ocidental era de 35 xelins por tonelada e de apenas 7,5 xelins de Liverpool a Nova York (uma distância equivalente). As tarifas dos fretes em geral variavam com o volume de carga transportada, mas a tarifa do cacau foi fixada em cinquenta xelins por tonelada quando as quantidades exportadas eram pequenas, no início deste século, e esse mesmo valor, alto, foi mantido quando as exportações aumentaram. O café transportado do Quênia para Nova York na década de 1950 rendia às transportadoras 280 xelins por tonelada, o que equivale a 40 dólares estadunidenses na taxa de câmbio da época. Teoricamente, era o comerciante que pagava o frete ao embarcador, mas em termos práticos a produção camponesa arcava com todos os custos, já que os comerciantes compensavam o gasto com o lucro auferido dos preços baixos pagos aos camponeses. Outra opção era os colonos brancos pagarem pelos custos, como no Quênia, e depois recuperarem os lucros explorando o trabalho assalariado rural.

As empresas de navegação mantinham margens de lucro elevadas por uma prática semelhante aos "consórcios" de empresas comerciais. Elas estabeleceram o que ficou conhecido como "Conferência de Linhas Marítimas", que permitia que duas ou mais transportadoras dividissem os embarques entre si da maneira mais favorável possível. O retorno dos investimentos era tão alto e a ganância era tão incontrolável que até os mercadores das potências colonizadoras protestaram. De 1929 a 1931, a UAC (apoiada pela Unilever) envolveu-se em uma guerra econômica com a West African Lines Conference – uma associação entre a empresa de navegação britânica Elder Dempster, a Holland West Africa Line e a German West Africa Line. Nesse caso, o monopólio comercial obteve vitória sobre o monopólio marítimo; mas se tratou de uma luta de gigantes e o terreno ficou arrasado. No fim, o camponês africano perdeu mais, porque tanto os comerciantes quanto as transportadoras resolveram suas divergências baixando os preços pagos aos africanos pelos produtos primários.

No segundo plano do cenário colonial havia bancos, companhias de seguros, subscritores de riscos marítimos e outras casas financeiras. Pode-se dizer "segundo plano" porque o camponês nunca tratou diretamente com tais instituições e, em geral, desconhecia as funções que desempenhavam na exploração. O camponês e o operário não tinham acesso a empréstimos bancários porque não contavam com "títulos" ou "garantias". Bancos e casas financeiras lidavam apenas com outros capitalistas, que podiam garantir aos banqueiros que, independentemente do que acontecesse, o banco recuperaria seu dinheiro e obteria lucro.

No imperialismo, os banqueiros se tornaram os aristocratas do mundo capitalista; portanto, em outro sentido, estavam bem em primeiro plano. A quantidade de excedentes produzidos por trabalhadores e camponeses africanos e que caiu nas mãos dos banqueiros metropolitanos é espantosa. Eles registraram retornos de capital ainda maiores que as empresas de mineração, e cada novo investimento direto realizado significava maior alienação dos frutos do trabalho africano. Além disso, qualquer investimento nas colônias denotava, de fato, envolvimento dos grandes monopólios financeiros, já que a menor empresa comercial estava, em última análise, ligada a um grande banqueiro. Os retornos do investimento colonial eram consistentemente mais altos que os dos investimentos nas metrópoles, fazendo com que os financistas colhessem os benefícios de patrocinar o projeto colonial.

Nos primeiros anos de colonialismo, os bancos da África eram pequenos e relativamente independentes. Isso se aplicava ao Banque de Senegal, inaugurado em 1853, e ao Bank of British West Africa, inicialmente uma sucursal da companhia de navegação Elder Dempster. No entanto, as grandes casas bancárias da Europa, que até a década de 1880 controlaram os avanços a distância, logo entraram no cenário bancário colonial quando o volume de transações capitalistas fez a atuação direta valer a pena. O Banque de Senegal integrou-se ao Banque de L'Afrique Occidentale (BAO) em 1901, relacionando-se, assim, ao poderoso Bank of Indochina, que, por sua vez, foi um empreendimento especial criado por vários poderosos banqueiros metropolitanos franceses. Em 1924, surgiu nos territórios franceses o Banque Commerciale de l'Afrique (BCA), vinculado ao Crédit Lyonnais e ao BNCI na França. Naquela época, o Bank of British West Africa tinha suas finanças apoiadas por Lloyds Bank, Westminster Bank, Standard Bank e National Provincial Bank – todos na Inglaterra. A outra grande instituição bancária inglesa, Barclays, mudou-se diretamente para a África, comprou o Colonial Bank e o denominou Barclays DCO (ou seja, Domínio Colonial). O Bank of British West Africa – que se tornou o Bank of West Africa em 1957 – e o Barclays detinham, juntos, a maior parte dos negócios bancários da África ocidental britânica; de forma semelhante, a África ocidental francesa e a África equatorial foram divididas entre o BAO e o BCA. Houve também uma união do capital bancário francês e britânico na África ocidental em 1949, com a formação do British and French West

Africa Bank. A exploração francesa e belga também se sobrepunha na esfera financeira, já que a Société Générale tinha capital belga e francês, que apoiava os bancos franceses na África francesa e no Congo. Outras potências coloniais mais fracas eram atendidas por bancos internacionais, como o Barclays, e usaram seus territórios coloniais como pastagem para instituições financeiras nacionais. Na Líbia, operavam o Banco di Roma e o Banco di Napoli, enquanto em território português o nome mais conhecido era o do Banco Ultramarino.

Na África austral, a empresa bancária de destaque foi o Standard Bank of South Africa Ltd., fundado em 1862 na Colônia do Cabo pelos chefes de casas comerciais com relações estreitas com Londres. Com sede em Londres, fez fortuna com o financiamento de ouro e diamantes, além de ter lidado com o espólio de Cecil Rhodes e De Beers. Em 1895, o Standard Bank espalhou-se por Bechuanalândia, Rodésia e Moçambique e foi o segundo banco britânico a se estabelecer na África oriental britânica. A escala real de lucros era admirável. Em um livro oficialmente patrocinado pelo Standard Bank, o escritor modestamente concluiu que

> pouca atenção foi dada, no texto deste livro, ao resultado financeiro das atividades do Standard Bank; ainda assim, a lucratividade que proporcionaram foi um resultado inevitável da sobrevivência e, portanto, destinada a ser seu objetivo principal do início ao fim.

Em 1960, essa casa financeira produziu um lucro líquido de 1,181 bilhão de libras e pagou dividendos de 14% aos acionistas. Desses, a maioria estava na Europa ou eram brancos na África do Sul, enquanto o lucro era produzido principalmente pelos negros da África do Sul e da África oriental. Além disso, esses bancos europeus transferiram as reservas de suas filiais africanas para a sede em Londres, a fim de serem investidas no mercado monetário londrino. Foi assim que expatriaram mais depressa o excedente africano para as metrópoles.

O primeiro banco a ser criado na África oriental, na década de 1890, foi a sucursal de uma instituição financeira britânica que operava na Índia. Mais tarde, veio a ser chamado de National & Grindlays. Na vizinha Tanganica, os alemães estabeleceram, em 1905, o German East African Bank, embora, após a Primeira Guerra Mundial, os britânicos tivessem quase o monopólio dos bancos da África oriental. Ao todo, nove bancos estrangeiros existiram na África oriental durante o período colonial, dos quais destacavam-se o National & Grindlays, o Standard Bank e o Barclays.

Por fim, a África fornece um exemplo interessante de como os bancos estrangeiros serviram efetivamente para desapropriar o continente de sua riqueza. A maioria dos serviços bancários e outros serviços financeiros era prestada a colonos brancos cuja concepção de "lar" sempre foi a Grã-Bretanha. Consequentemente, quando os colonos brancos se sentiram ameaçados, no fim do período colonial, eles correram para enviar seu dinheiro lá. Por exemplo, quando a decisão de conceder o autogoverno ao Quênia foi tomada pelos britânicos em 1960, uma soma de mais de 5,5 milhões de dólares foi imediatamente transferida, por "segurança", para Londres pelos brancos de Tanganica. Essa soma, como todas as outras remessas dos bancos coloniais, representava a exploração dos recursos da terra e do trabalho africanos.

A administração colonial como exploradora econômica

Além das companhias privadas, o Estado colonial se envolveu diretamente na exploração econômica e no empobrecimento da África. Em cada país colonizador havia o equivalente a um escritório colonial que trabalhava em conjunto com suas autoridades governantes na África para realizar uma série de funções, sendo estas as principais:

1) proteger os interesses nacionais contra a concorrência de outros capitalistas;

2) arbitrar os conflitos entre seus próprios capitalistas; e

3) garantir as condições para as empresas privadas explorarem os africanos.

Esse último objetivo era o mais crucial. Por isso os governos coloniais falavam insistentemente em "manutenção da lei e da ordem", o que significava a manutenção das condições mais favoráveis à expansão do capitalismo e à pilhagem da África. Isso levou os governos coloniais a instituir impostos.

Um dos principais propósitos do sistema de tributação colonial era fornecer os fundos necessários para administrar a colônia como um campo de exploração. Os colonizadores europeus garantiam que os africanos pagassem pela manutenção dos governadores e da polícia, que os oprimiam e serviam como cães de guarda do capital privado. Na verdade, os impostos e as taxas alfandegárias do século XIX eram cobrados para permitir que as potências coloniais recuperassem os custos do envio das Forças Armadas para conquistar a África. Portanto, os governos coloniais nunca colocaram um centavo nas colônias. Todas as despesas eram cobertas pela exploração da mão de obra e dos recursos naturais do continente, e, para todos os efeitos práticos, a despesa de manutenção da máquina governamental colonial era uma forma de alienação dos produtos do trabalho africano. As colônias francesas, sobretudo, foram vítimas desse sistema. Principalmente a partir de 1921, a receita arrecadada com os impostos tinha de cobrir todas as despesas locais, além de constituir uma reserva.

Tendo estabelecido polícia, exército, serviço civil e judiciário em solo africano, as potências colonizadoras tinham condições de intervir muito mais diretamente na vida econômica do povo que antes. Havia, no entanto, sob a perspectiva capitalista, o problema de como induzir os africanos a se tornarem trabalhadores ou agricultores de colheitas comerciais. Em algumas áreas, como a África ocidental, os africanos ficaram tão apegados às manufaturas europeias durante a fase inicial de trocas comerciais que estavam dispostos a fazer grandes esforços para participar da economia monetária colonial. Mas essa não era uma reação geral. Em muitos casos, os africanos não consideravam os incentivos monetários suficientes para justificar mudarem seu modo de vida e se tornarem trabalhadores ou agricultores de cultivos comerciais. Nesses casos, o Estado colonial interveio para usar a lei, os impostos e a força cabal, a fim de obrigá-los a seguir uma linha favorável aos lucros capitalistas.

Quando os governos coloniais tomaram as terras africanas, conseguiram duas coisas: satisfazer os próprios cidadãos, desejosos de concessões de mineração ou terras agrícolas, e criar as condições para que os africanos sem-terra tivessem de trabalhar não apenas para pagar impostos, mas também para sobreviver. Em áreas de assentamento de colonos, como o Quênia e a Rodésia, o governo colonial também impediu que os africanos atuassem no cultivo comercial com o objetivo de que sua mão de obra ficasse disponível diretamente para os brancos. Um dos colonos brancos do Quênia, o coronel Grogan, não usou meias palavras ao dizer, a respeito dos quicuio: "Roubamos a terra deles. Agora devemos roubar os braços deles. O trabalho compulsório é o corolário da nossa ocupação do país".

Nas partes do continente onde a terra ainda estava em mãos africanas, os governos coloniais forçavam os africanos a atuar no cultivo comercial, não importando quão baixos fossem os preços. A técnica favorita era a tributação. Impostos *em dinheiro* foram introduzidos para vários itens: gado, terras, casas e as próprias pessoas. O dinheiro para pagar impostos era obtido pelo trabalho em cultivos comerciais ou em fazendas e minas de europeus. Um exemplo interessante de como funcionava o colonialismo deu-se com a África equatorial francesa, onde as autoridades da França proibiram o povo mandija (agora no Congo Brazzaville) de caçar, para que eles se dedicassem exclusivamente ao cultivo de algodão. Os franceses impuseram a proibição mesmo havendo pouco gado na área e sendo a caça a principal fonte de carne na dieta do povo.

Por fim, quando tudo o mais falhou, as potências coloniais recorreram amplamente à coerção física do trabalho – respaldada, é claro, por sanções legais, já que qualquer coisa que o governo colonial escolhesse fazer estava "dentro da lei". As leis e os regulamentos pelos quais os camponeses na África oriental britânica eram obrigados a manter áreas mínimas para plantios comerciais como algodão e amendoim eram, na verdade, formas de coerção pelo Estado colonial, embora, em geral, não sejam incluídas na categoria de "trabalho forçado". A forma mais simples de trabalho forçado era aquela que os governos coloniais exigiam para executar "obras públicas". Um trabalho realizado por determinado número de dias e que tinha de ser gratuito para construir castelos para governadores, prisões para africanos, quartéis para tropas e bangalôs para funcionários coloniais: "obras públicas". Grande parte desse trabalho forçado foi usado na construção de estradas, ferrovias e portos para fornecer infraestrutura para o investimento de capital privado e facilitar a exportação de cultivos comerciais. Tomando apenas um exemplo da colônia britânica de Serra Leoa, verifica-se que a ferrovia que começou a ser construída no fim do século XIX exigiu o trabalho forçado de milhares de camponeses expulsos das aldeias. O trabalho árduo e as condições terríveis levaram à morte de um grande número de pessoas envolvidas na construção. Nos territórios britânicos, esse tipo de trabalho forçado (incluindo o trabalho infantil) era generalizado o suficiente para criar, em 1923, uma "ordem de autoridade sobre os nativos", restringindo o uso de trabalho compulsório para transporte, ferrovias e construção de estradas. Na maioria das vezes, foram encontrados meios de contornar essa legislação. Uma Convenção Internacional sobre Trabalho Forçado foi assinada por todas as potências coloniais em 1930, mas, na prática, foi ignorada.

O governo francês tinha uma maneira astuciosa de obter mão de obra gratuita – primeiro exigindo que os homens africanos se alistassem como soldados franceses e depois usando-os como trabalhadores não remunerados. Esta e outras leis de trabalho forçado, conhecidas como "prestação", foram amplamente aplicadas em vastas áreas do Sudão francês e da África equatorial francesa. Como os cultivos comerciais não estavam bem estabelecidos nessas áreas, o principal método de extração do excedente era recolher a população e fazê-la trabalhar em grandes propriedades monocultoras ou no cultivo comercial nas regiões mais próximas da costa. Os atuais Alto Volta, Chade e Congo

Brazzaville foram grandes fornecedores de trabalho forçado sob o colonialismo. Os franceses conseguiram que os africanos começassem a construir a ferrovia de Brazzaville a Pointe-Noire em 1921, e ela só foi concluída depois de 1933. Ao longo dos anos de construção, cerca de 10 mil pessoas foram levadas ao local – às vezes a mais de mil quilômetros de distância. Pelo menos 25% da força de trabalho morria anualmente de fome e doenças – o pior período foi de 1922 a 1929.

Além do fato de que as "obras públicas" eram valiosas para os capitalistas, o governo colonial ajudava os capitalistas individualmente, fornecendo a eles mão de obra recrutada à força. Isso aconteceu ainda mais nos primeiros anos do colonialismo, mas prosseguiu, em graus variados, até a Segunda Guerra Mundial e, em certos lugares, até o fim do colonialismo. Em territórios britânicos, a prática foi revivida durante a depressão econômica de 1929-1933 e durante a guerra que veio depois. No Quênia e em Tanganica, o trabalho forçado foi reintroduzido para manter as propriedades monocultoras dos colonos funcionando durante a guerra. Na Nigéria, foram as empresas de estanho que se beneficiaram da legislação sobre trabalho forçado, pois podiam pagar aos trabalhadores cinco pence por dia mais "rações". Durante a maior parte do período colonial, o governo francês prestou o mesmo tipo de serviço para as grandes madeireiras que detinham grandes concessões de território no Gabão e na Costa do Marfim.

Os regimes coloniais português e belga foram os mais descarados, prendendo diretamente os africanos para trabalhar para capitalistas individuais em condições equivalentes à escravização. No Congo, o trabalho forçado brutal e extenso começou sob o rei Leopoldo II, no século XIX. Tantos congoleses foram mortos e mutilados por seus servidores e policiais que, mesmo em meio ao padrão geral dos maus-tratos coloniais, houve reprovação por parte dos europeus. Quando Leopoldo entregou o "Estado livre do Congo" ao governo belga, em 1908, ele já havia feito enorme fortuna, e o governo belga mal amenizou a intensidade da exploração no Congo.

Os portugueses têm o pior histórico de práticas análogas à escravização e também foram repetidamente condenados pela opinião pública internacional. Uma característica peculiar do colonialismo português foi o fornecimento de trabalho forçado não apenas para os seus próprios cidadãos, mas para os capitalistas fora das fronteiras das colônias portuguesas. Angolanos e moçambicanos eram exportados para as minas sul-africanas a fim de trabalhar pela própria subsistência, enquanto os capitalistas da África do Sul pagavam ao governo português certa quantia por trabalhador fornecido. (O envio de mão de obra africana para a África do Sul ainda continua.)

No exemplo dado, os colonialistas portugueses estavam cooperando com capitalistas de outras nacionalidades para maximizar a exploração do trabalho africano. Ao longo do período colonial, houve ocorrências de cooperação desse tipo, bem como de competição entre as metrópoles. De modo geral, esperava-se que uma potência europeia interviesse quando os lucros de sua burguesia nacional fossem ameaçados pelas atividades de outras nações. Afinal, o grande propósito de estabelecer governos coloniais na África era garantir a proteção dos interesses econômicos monopolistas nacionais. Assim, o governo belga legislou para assegurar que as importações e exportações do Congo fossem transportadas principalmente por companhias marítimas belgas, enquanto o governo francês impôs altos impostos aos amendoins levados para a França por navios estrangeiros – o que era outra maneira de garantir que os amendoins da África francesa fossem exportados em navios da França. Em certo sentido, isso significava que os africanos estavam perdendo seu excedente mais por uma via que por outra. E significava, ainda, que a soma total da exploração seria maior, porque, se a concorrência entre os europeus fosse permitida, o custo dos serviços teria caído e o preço pago pelos produtos agrícolas teria aumentado.

Os africanos sofriam mais com o comércio exclusivo com a "pátria-mãe" nos casos em que esta se encontrava atrasada. Nas colônias portuguesas, os camponeses africanos recebiam pagamentos mais baixos por suas colheitas e pagavam mais caro por itens importados. No entanto, a Grã-Bretanha, maior colonialista da África, também era forçada a enfrentar a competição de capitalistas mais abastados da Alemanha, dos Estados Unidos e do Japão. Comerciantes e industriais britânicos pressionaram seu governo para erguer barreiras contra a concorrência. As exportações japonesas de tecidos para a África oriental britânica, por exemplo, aumentaram de 23 milhões de metros em 1927 para 57 milhões de metros em 1933; isso levou Walter Runciman, presidente da Câmara Britânica de Comércio, a convencer o parlamento a impor tarifas pesadas sobre produtos japoneses que entravam nas colônias britânicas na África. Dessa forma, os africanos precisavam pagar preços mais altos por um item importado básico, já que o tecido britânico era mais caro. Do ponto de vista do camponês africano, isso equivalia a uma maior alienação dos frutos de seu trabalho.

Uma ilustração perfeita da compatibilidade de interesses entre os governos coloniais e seus cidadãos burgueses foi a condução das Juntas de Comercialização de Produtos da África. As origens das juntas remontam à "retenção do cacau" da Costa do Ouro em 1937. Durante vários meses, os produtores de cacau recusaram-se a vender sua colheita se o preço não fosse aumentado. Um resultado aparentemente favorável da "retenção" foi que o governo britânico concordou em criar uma junta comercial para comprar cacau dos camponeses no lugar das grandes empresas como a UAC e a Cadbury, que até então eram os compradores.

Em 1938, foi criado um conselho de controle do cacau na África ocidental, mas o governo britânico fez dele um espaço para abrigar os capitalistas individuais e permitir que continuassem obtendo seus lucros exorbitantes. Em teoria, um conselho de comercialização deveria pagar ao camponês um preço razoável por sua colheita, vendendo-a no exterior e mantendo um excedente para melhorar a agricultura e pagar aos camponeses um preço estável, caso os valores caíssem no mercado mundial.

Na prática, os conselhos pagaram aos camponeses a mesma taxa, fixada em um valor baixo, durante muitos anos, enquanto os preços mundiais estavam em alta. Nenhum dos benefícios ia para os africanos, e sim para o próprio governo britânico e para as empresas privadas usadas como intermediárias na compra e na venda da produção. Grandes empresas como UAC e John Holt receberam cotas para cumprir em nome dos conselhos. Como agentes do governo, elas já não estavam mais expostas a ataques diretos e seus lucros estavam garantidos. A ideia dos conselhos de comercialização ganhou o apoio dos principais formuladores de políticas britânicas porque a guerra veio exatamente naquele momento, e os governantes britânicos estavam impacientes para adotar medidas que garantissem o abastecimento de certos produtos coloniais nas quantidades necessárias e nos momentos certos, dado o número limitado de produtos coloniais e de navios disponíveis para fins comerciais durante a guerra. Eles também queriam salvar os capitalistas que haviam sido negativamente afetados por acontecimentos relacionados à guerra. Por exemplo, o sisal da África oriental tornou-se de vital importância para a Grã-Bretanha e seus aliados de guerra depois que os japoneses cortaram o fornecimento de fibras similares vindas das Filipinas e das Índias orientais holandesas. Na verdade, mesmo antes do início dos combates, esse item era comprado a granel pelo governo britânico para ajudar os proprietários de plantações não africanas na África oriental que haviam perdido mercados na Alemanha e em outras partes da Europa. Da mesma maneira, as sementes oleaginosas, como as de palma e o amendoim, passaram a ser compradas por um conselho a partir de setembro de 1939, em preparação para a escassez de manteiga e óleos marinhos.

Quanto aos cultivos comerciais dos camponeses, os conselhos de comercialização de produtos faziam aquisições a valores muito inferiores aos preços praticados no mercado mundial. Por exemplo, o Conselho de Produtos da África Ocidental pagava aos nigerianos pouco menos de 17 libras por uma tonelada de óleo de palma em 1946, vendendo-a, por meio do Ministério da Alimentação, por 95 libras, o que era mais próximo do preço no mercado mundial. O amendoim, pago a 15 libras por tonelada quando comprado pelos conselhos, era posteriormente vendido na Grã-Bretanha a 110 libras por tonelada. Além disso, as taxas de exportação eram cobradas dos cofres dos conselhos pelos administradores coloniais, o que representava um imposto que incidia indiretamente sobre os camponeses. A situação levou muitos camponeses a tentarem escapar dos conselhos. Em Serra Leoa, em 1952, o preço do café era tão baixo que os produtores contrabandeavam sua própria colheita para territórios franceses próximos. Mais ou menos na mesma época, os camponeses nigerianos estavam abandonando o óleo de palma e migrando para a extração de borracha e para o corte de madeira, que não estavam sob a jurisdição dos conselhos de produtos.

Quando se aceita que o governo é sempre o servo de uma classe específica, compreende-se que as metrópoles agissem em conluio com os capitalistas para desviar o excedente da África para a Europa. Mas ainda que não se parta dessa premissa (marxista), seria impossível ignorar a evidência de que os administradores coloniais trabalhavam como comitês em prol dos grandes capitalistas. Os governadores das colônias tinham de ouvir os representantes locais e os dirigentes das empresas. Na realidade, havia enviados de empresas que exerciam influência em várias colônias ao mesmo tempo. Antes da Primeira Guerra Mundial, o indivíduo mais importante em toda a África ocidental britânica era Sir Alfred Jones – simultaneamente presidente da Elder Dempster Lines, presidente do Bank of West Africa e presidente da British Cotton-Growing Association. Na África ocidental francesa, no fim da década de 1940, o governador francês mostrou-se ansioso em agradar a certo Marc Rucart, homem com grandes interesses em várias empresas comerciais francesas. Exemplos desse tipo poderiam ser citados para cada colônia ao longo de sua história, embora em algumas delas a influência dos colonos brancos fosse maior que a dos empresários metropolitanos isoladamente.

Na Europa, os acionistas das empresas não só intercediam no Parlamento, como controlavam a administração em si. O presidente do Conselho do Cacau do Ministério da Alimentação era ninguém menos que John Cadbury, diretor da Cadbury Brothers, que participava do "consórcio" de compra que explorava os produtores de cacau da África ocidental. Ex-funcionários da Unilever ocupavam cargos-chave na Divisão de Óleos e Gorduras do Ministério da Alimentação e continuavam a receber cheques da Unilever! A Divisão de Óleos e Gorduras entregou a distribuição das cotas dos conselhos de produtos à Associação de Comerciantes da África Ocidental, que era dominada pela subsidiária da Unilever, a UAC.

Não é de admirar que o Ministério da Alimentação tenha enviado a um importante empresário libanês uma diretriz para que ele assinasse um acordo elaborado pela UAC. Não é de admirar que as empresas tivessem ajuda do governo para manter os preços baixos na África e garantir o trabalho forçado quando necessário. Não é de admirar que, na época, a Unilever vendesse sabão, margarina e outras *commodities* a preços lucrativos em um mercado garantido pelo governo britânico.

É evidente que os governos metropolitanos também garantiam que certa proporção do excedente colonial fosse diretamente para os cofres do Estado. Todos eles tinham alguma forma de investimento direto em empresas capitalistas. O governo belga era investidor da mineração, assim como o governo português, por meio de sua participação na Angolan Diamond Company. O governo francês sempre esteve disposto a se associar ao setor financeiro. Quando os bancos coloniais tinham dificuldades, sempre podiam contar com o socorro do governo francês, que recebeu, de fato, parte de suas ações. O governo colonial britânico talvez fosse o menos preocupado em se envolver diretamente nos negócios cotidianos das empresas, mas administrava as minas de carvão do leste da Nigéria, além das ferrovias.

Os conselhos de comercialização ajudavam a potência colonizadora a ter sempre dinheiro. Sabe-se que o Conselho do Cacau vendia para o Ministério da Alimentação britânico a preços muito baixos; e o ministério, por sua vez, vendia para fabricantes britânicos, obtendo lucros que chegaram a 11 milhões de libras em alguns anos. E, o que é ainda mais importante, o conselho vendia para os Estados Unidos, que era o maior mercado e o que praticava preços mais altos. Nenhum dos lucros retornava para o agricultor africano; transformavam divisas britânicas em dólares estadunidenses.

A partir de 1943, a Grã-Bretanha e os Estados Unidos se envolveram no que ficou conhecido como "*reverse lend-lease*", o que significava que os empréstimos feitos pelos Estados Unidos à Grã-Bretanha em tempos de guerra eram parcialmente pagos com matérias-primas enviadas das colônias britânicas para os Estados Unidos. O estanho e a borracha da Malásia foram muito importantes nesse contexto, enquanto a África fornecia uma ampla gama de produtos minerais e agrícolas. O cacau era o terceiro produto como fonte de ingresso de dólares, depois do estanho e da borracha. Em 1947, o cacau da África ocidental gerou mais de 100 milhões de dólares para as divisas britânicas. Além disso, a África do Sul, que detinha na prática o monopólio da produção de diamantes, também conseguia vender para os Estados Unidos e acumular dólares para a Grã-Bretanha. Em 1946, Harry F. Oppenheimer disse a seus colegas diretores da De Beers Consolidated Mines que "as vendas de gemas de diamantes durante a guerra garantiram cerca de 300 milhões de dólares estadunidenses para a Grã-Bretanha".

Foi exatamente nessa questão da moeda que o governo colonial fez mais manipulações para garantir que as riquezas obtidas fossem guardadas nos cofres estatais das metrópoles. A emissão de moedas e notas para a esfera colonial britânica se deu, inicialmente, por meio de bancos privados. Depois, essa função foi assumida pelo Conselho Monetário da África Ocidental e pelo Conselho Monetário da África Oriental, estabelecidos em 1912 e 1919, respectivamente. A moeda emitida por esses conselhos nas colônias tinha de ser lastreada em "reservas em libras esterlinas", que era dinheiro ganho pela África. O sistema funcionava da seguinte maneira: quando uma colônia ganhava divisas (principalmente) por meio de exportações, esses ganhos eram mantidos na Grã-Bretanha em libras esterlinas. Uma quantidade equivalente de moeda local das Áfricas oriental e ocidental era emitida para circulação nas respectivas colônias, enquanto a libra esterlina era investida em ações do governo britânico, obtendo, dessa forma, ainda mais lucro para a Grã-Bretanha. Os bancos comerciais trabalhavam de mãos dadas com o governo metropolitano e os conselhos monetários para fazer o sistema funcionar. Juntos, eles estabeleceram uma intrincada rede financeira que tinha como objetivo comum enriquecer a Europa à custa da África.

A contribuição de qualquer colônia para as reservas em libras esterlinas era um presente para o tesouro britânico, no qual a colônia tinha pouca participação. No fim da década de 1950, as reservas em libras esterlinas de uma colônia pequena como Serra Leoa atingiram 60 milhões de libras, enquanto, em 1955, o governo britânico detinha 210 milhões de libras provenientes da venda de cacau e minerais da Costa do Ouro. O Egito e o Sudão também foram intensos colaboradores da Grã-Bretanha. A contribuição total da África para os saldos da Grã-Bretanha em 1945 foi de 446 milhões de libras esterlinas, subindo para 1,446 bilhão de libras esterlinas em 1955 – mais da metade das reservas totais em ouro e dólar da Grã-Bretanha e da Comunidade das Nações, que na época eram de 2,120 bilhões. Homens como Arthur Creech-Jones e Oliver Lyttleton, figuras importantes da política colonial britânica, admitiram que, no início dos anos 1950, a Grã-Bretanha vivia dos ganhos em dólares das colônias.

O governo britânico foi superado por seu homólogo belga na cobrança de tributos de suas colônias, ainda mais durante e depois da Segunda Guerra Mundial. Depois que a Bélgica foi invadida pelos alemães, um governo no exílio se estabeleceu em Londres e o secretário colonial daquele regime exilado, Robert Godding, admitiu:

> Durante a guerra, o Congo foi capaz de financiar todas as despesas do governo belga em Londres, incluindo o serviço diplomático, bem como o custo das nossas forças armadas na Europa e na África, num valor total de cerca de 40 milhões de libras. De fato, graças aos recursos do Congo, o governo belga em Londres não teve que pedir emprestado um xelim ou um dólar, e a reserva de ouro belga permaneceu intacta.

Desde a guerra, o excedente de ganhos do Congo em outras moedas que não o franco belga foi todo acumulado para o National Bank of Belgium. Portanto, além de tudo o que os capitalistas saquearam do Congo, individualmente, o governo belga obteve benefícios diretos de milhões de francos por ano.

Discutir o colonialismo francês nesse contexto seria, em grande medida, repetir observações feitas com referência aos britânicos e aos belgas. A Guiné era supostamente uma colônia "pobre", mas em 1952 rendeu à França 1 bilhão de francos antigos (ou cerca de 5,6 milhões de dólares) em divisas, a partir da venda de bauxita, café e banana. As técnicas financeiras francesas eram ligeiramente diferentes das adotadas por outras potências coloniais. A França tendia a usar mais os bancos comerciais, em vez de criar um sistema cambial separado. A França também tirou mais dos africanos ao estabelecer impostos para fins militares. O governo francês vestiu africanos com uniformes do seu exército e os usou para lutar contra outros africanos, para combater outros povos colonizados, como os vietnamitas, e para lutar nas guerras europeias. Os orçamentos coloniais tinham de arcar com os custos de envio desses soldados "franceses" africanos para a morte, mas, se eles voltassem vivos, teriam de receber pensões de fundos africanos.

Em resumo, o colonialismo significou uma grande intensificação da exploração na África – a um nível muito superior ao que existiu antes, sob o modo de produção comunal ou nas sociedades africanas de tipo feudal. Ao mesmo tempo, significou a exportação de excedentes em grandes proporções, pois esse era seu objetivo central.

O FORTALECIMENTO DOS ASPECTOS TECNOLÓGICO E MILITAR DO CAPITALISMO

Uma análise preliminar dos benefícios não monetários do colonialismo para a Europa

Ainda existem alguns propagandistas burgueses que insistem em dizer que o colonialismo não foi um empreendimento recompensador para os europeus, assim como existem aqueles que alegam que o comércio escravista não foi lucrativo para os europeus. Não vale a pena envolver-se na refutação direta de tal ponto de vista, pois consome um tempo que poderia ser empregado de forma mais útil. A seção precedente expôs o nível de lucros monetários reais extraídos da África pelas potências colonialistas. Mas a contribuição da África para o capitalismo europeu foi muito maior que meros retornos monetários. O sistema colonial permitiu o rápido desenvolvimento de tecnologia e habilidades nos setores metropolitanos do imperialismo, assim como a elaboração das modernas técnicas organizacionais da empresa capitalista e do imperialismo como um todo. Aliás, o colonialismo deu ao capitalismo uma vida adicional e prolongou sua existência na Europa ocidental, que havia sido o berço do capitalismo.

No início do período colonial, a ciência e a tecnologia aplicadas à produção já tinham base firme na Europa – situação que estava associada ao comércio ultramarino, como explicado anteriormente. O continente europeu estava entrando na era da eletricidade, da metalurgia ferrosa e não ferrosa avançada e da proliferação de produtos químicos manufaturados. Todos esses setores se expandiram a níveis elevados durante o período colonial. Os dispositivos elétricos alcançaram um padrão qualitativo novo, o da eletrônica, incorporando técnicas de miniaturização de equipamentos, o fantástico progresso das telecomunicações e a criação de computadores. As indústrias químicas passaram a produzir uma ampla variedade de substitutos sintéticos para matérias-primas, e um ramo totalmente novo havia surgido, o dos petroquímicos. A combinação de metais graças a inovações metalúrgicas significava a possibilidade de oferta de produtos que satisfaziam demandas até então ambiciosas, como resistência ao calor, leveza e flexibilidade. No fim do colonialismo (digamos, 1960), a Europa estava a um passo de uma nova era – a da energia nuclear.

É de conhecimento geral que a diferença entre a produção das metrópoles e a das colônias aumentou de quinze a vinte vezes, pelo menos, durante o período colonial. Mais que qualquer outra coisa, foi o avanço da técnica científica nas metrópoles que provocou o abismo entre os níveis de produtividade da África e da Europa ocidental no fim do período colonial. É essencial, portanto, compreender o papel do próprio colonialismo em induzir o progresso científico nas metrópoles e sua aplicação na indústria.

Seria extremamente ingênuo afirmar que o colonialismo na África, ou em qualquer outro lugar, *impeliu* a Europa a desenvolver a ciência e a tecnologia. A tendência a inovação e renovação tecnológicas era inerente ao próprio capitalismo, em função da busca pelo lucro. Ao mesmo tempo, seria correto afirmar que a colonização da África, e de outras partes do mundo, constituiu elo indispensável em uma cadeia de acontecimentos que possibilitou a transformação tecnológica da base do capitalismo europeu. Sem esse elo, o capitalismo europeu não produziria bens e serviços no nível alcançado em 1960. Em outras palavras, nossos próprios parâmetros para avaliar as nações desenvolvidas e subdesenvolvidas teriam sido diferentes.

Os lucros do colonialismo africano misturaram-se aos lucros de todas as outras fontes para financiar a pesquisa científica. Isso se deu também no sentido de que a abundância da sociedade capitalista no presente século proporcionou mais dinheiro e tempo livre para essa atividade. E ainda porque o desenvolvimento do capitalismo no período imperialista deu continuidade à divisão do trabalho *nas metrópoles capitalistas*, a tal ponto que a pesquisa científica se tornou um ramo do trabalho – aliás, um dos ramos mais importantes. A sociedade europeia deixou de lado a ideia da pesquisa científica como um elemento *ad hoc*, pessoal e até estranho e passou a uma situação em que a pesquisa se tornou prioridade de governos, exércitos e capitalistas individuais. A pesquisa foi financiada e orientada. Uma análise atenta revela que a fonte de financiamento e a direção da pesquisa foram fortemente influenciadas pela situação colonial. Em primeiro lugar, deve-se lembrar que os lucros obtidos pela Europa a partir da África representaram *excedentes disponíveis para investimento*. O lucro não era meramente um fim em si mesmo. Por conseguinte, os Conselhos Monetários das Áfricas Oriental e Ocidental investiram em ações do governo britânico, enquanto bancos comerciais e companhias de seguros investiram em títulos do governo, hipotecas e ações industriais. Esses fundos de investimento adquiridos a partir das colônias se espalharam por diversos setores das metrópoles e beneficiaram indústrias que nada tinham a ver com o processamento de produtos coloniais.

No entanto, é mais fácil identificar o impacto da exploração nas indústrias diretamente ligadas às importações coloniais. Essas indústrias precisaram improvisar o maquinário que utilizaria de forma mais eficiente as matérias-primas coloniais. Isso levou, por exemplo, à obtenção de máquinas para triturar o palmiste e a um processo de utilização do café com sabor menos delicado, transformando-o em pó solúvel, o chamado "café instantâneo". Comerciantes e industriais também levaram em consideração formas de modificar as matérias-primas coloniais para satisfazer às especificações das fábricas europeias em termos de qualidade e quantidade. Um exemplo foi o cuidado tomado por holandeses em Java e por estadunidenses na Libéria para criar e enxertar novas variedades de seringueiras que produzissem mais e fossem mais resistentes a doenças. Em última análise, a busca por matérias-primas de melhor qualidade se fundiu com a busca por fontes de matérias-primas que tornariam o capitalismo europeu menos dependente das áreas coloniais – e isso levou aos produtos sintéticos.

Na esfera do transporte marítimo, é possível reconhecer facilmente que determinadas modificações e inovações tecnológicas estariam associadas ao fato de que uma elevada proporção do transporte marítimo era utilizada para interligar colônias e metrópoles. Os navios tinham de ser refrigerados para os bens perecíveis; os porões deviam ser concebidos para cargas volumosas ou líquidas, como óleo de palma; e o transporte de petróleo do Oriente Médio, do norte da África e de outras partes do mundo fez com que os petroleiros se tornassem uma classe especial de navios. O desenho das embarcações e a natureza de suas cargas, por sua vez, afetaram o tipo de instalação portuária nas metrópoles.

Mesmo em locais onde as conexões eram remotas ou aparentemente inexistentes, ainda é possível afirmar que o colonialismo foi um fator na revolução tecnológica europeia. À medida que a ciência floresceu, neste século XX, suas inter-relações se tornaram numerosas e complexas. É impossível traçar a origem de cada ideia e de cada invenção, mas é fato conhecido dos historiadores da ciência sérios que o crescimento do corpo de conhecimento científico e sua aplicação à vida cotidiana dependem da operação de grande número de forças em toda a sociedade, não apenas de ideias restritas a determinados ramos da ciência. Com a ascensão do imperialismo, uma das forças mais potentes nas sociedades capitalistas metropolitanas tornou-se precisamente aquela que emanava das áreas coloniais ou semicoloniais.

As considerações aqui feitas aplicam-se plenamente a qualquer discussão sobre os aspectos militares do imperialismo, sendo a proteção do império um dos estímulos cruciais a se associar à ciência dos armamentos em uma sociedade de inclinações militares desde a era feudal. A nova dimensão colonial da preocupação militar europeia foi percebida especialmente na forte rivalidade naval entre Grã-Bretanha, Alemanha, França e Japão antes e durante a Primeira Guerra Mundial. Essa competição por colônias e por esferas de investimento capitalista produziu novos tipos de navios armados, como destróier e submarino. No fim da Segunda Guerra Mundial, a pesquisa militar havia se tornado o ramo mais organizado da pesquisa científica, subsidiada pelos Estados capitalistas com os lucros da exploração internacional.

No entreguerras, a principal contribuição da África para a evolução das técnicas organizacionais na Europa foi o fortalecimento do capital monopolista. Antes da guerra de 1914, os pan-africanistas Dusé Muhamed Ali e W. E. B. Du Bois reconheceram que o capital monopolista era o principal elemento da expansão imperialista. A análise mais completa e mais conhecida desse fenômeno foi feita pelo líder revolucionário russo Lênin, que foi praticamente profético porque, à medida que a era colonial avançava, tornava-se cada vez mais óbvio que as empresas monopolistas eram as maiores beneficiárias, em particular as envolvidas em operações financeiras.

A África (assim como a Ásia e a América Latina) contribuiu para a elaboração de estratégias que substituíram a competição entre pequenas empresas pelo controle de diversas atividades econômicas por um grupo reduzido de companhias. Foi nas rotas comerciais da Índia que as companhias de navegação iniciaram a "Associação de Linhas Marítimas", em 1875. Essa prática monopolista logo se espalhou para o comércio sul-africano e atingiu o ponto alto na África ocidental nos primeiros anos deste século XX. No comércio, foi na África ocidental que tanto os franceses quanto os ingleses obtiveram considerável experiência na concentração e na divisão de mercados. Além disso, as pequenas empresas foram constantemente engolidas pelas maiores do início ao fim do colonialismo.

Foi na África austral que surgiram as estruturas mais cuidadosamente planejadas de conselhos diretores, empresas de participações e corporações gigantescas, multinacionais tanto na composição do capital quanto na dispersão das atividades econômicas. Empreendedores individuais como Oppenheimer construíram enormes fortunas no solo da África austral, que nunca esteve, no entanto, de fato na era das empresas individuais e familiares típicas da Europa e dos Estados Unidos até o início do século XX. As grandes mineradoras eram impessoais e profissionais. Eram organizadas em termos de quadro de funcionários, produção, marketing e publicidade, e podiam assumir compromissos de longo prazo. As forças produtivas internas sempre deram ao capitalismo seu impulso expansionista e controlador. Foi o sistema que se expandiu. Além disso, pode-se ver na África, e na porção austral especificamente, a ascensão de uma superestrutura capitalista operada por indivíduos capazes de planejar conscientemente a exploração de recursos até o próximo século e visando à dominação racista do povo negro da África até o fim dos tempos.

Desde o século XV, a Europa assumiu o comando estratégico do comércio mundial e dos aspectos legais e organizacionais da circulação de mercadorias entre os continentes. O poder da Europa aumentou com o imperialismo, porque o imperialismo significou investimentos, e os investimentos (com ou sem domínio colonial) deram aos capitalistas europeus o controle da produção interna de cada continente. Como consequência, a quantidade de ganhos do capitalismo aumentou, dado que a Europa podia determinar a quantidade e a qualidade das diferentes matérias-primas, que precisavam ser combinadas de acordo com o interesse do capitalismo como um todo e da classe burguesa em particular. Por exemplo, no período colonial, a produção de açúcar das Índias ocidentais foi acompanhada pela produção de cacau na África, de modo que ambas se fundiram na indústria de chocolates da Europa e da América do Norte. No campo metalúrgico, o minério de ferro de Suécia, Brasil ou Serra Leoa podia ser transformado em diferentes tipos de aço com a adição de manganês da Costa do Ouro ou cromo da Rodésia do Sul. Exemplos como esses poderiam ser enumerados quase indefinidamente para abarcar toda a gama de produção capitalista no período colonial.

Como afirmou John Stuart Mill, o comércio entre a Inglaterra e as Índias ocidentais no século XVIII era como aquele entre cidade e campo. Agora no século XX, as ligações são ainda mais estreitas, e é mais evidente que a cidade (Europa) vive do campo (África, Ásia e América Latina). Quando se dizia que as colônias deveriam existir para as metrópoles, produzindo matérias-primas e comprando bens manufaturados, a teoria subjacente era introduzir uma *divisão internacional do trabalho* envolvendo a classe trabalhadora de todos os lugares. Ou seja, até então, cada sociedade atribuía a seus próprios membros funções particulares na produção – alguns caçavam, outros confeccionavam roupas, outros construíam casas. Com o colonialismo, porém, os capitalistas determinaram que funções os trabalhadores deveriam realizar em todo o mundo. Os africanos deveriam extrair minerais do subsolo, realizar o cultivo agrícola, coletar produtos naturais e uma série de outras tarefas avulsas, como consertar bicicletas. Na Europa, na América do Norte e no Japão, os trabalhadores refinariam os minerais e as matérias-primas e fabricariam as bicicletas.

A divisão internacional do trabalho promovida pelo imperialismo e pelo colonialismo assegurou o aumento máximo do nível de qualificação nas nações capitalistas. Era necessária muita força física para extrair minerais e cultivar o solo africano, mas a extração dos metais dos minérios e a subsequente fabricação de produtos acabados na Europa promoveram cada vez mais tecnologia e habilidades com o passar do tempo. Tomemos como exemplo a indústria de ferro e aço. A fabricação moderna de aço deriva do sistema de fornos da Siemens e do processo de Bessemer, ambos já existentes na segunda metade do século XIX. Ambos passaram por grandes modificações, fazendo com que a fabricação de aço deixasse de envolver operações intermitentes e se tornasse contínua, o que exige enormes fornos elétricos. Em anos mais recentes, trabalhadores qualificados foram substituídos pela automação e pela informatização, mas, em conjunto, os ganhos em tecnologia e habilidades foram imensos se comparados aos dos anos anteriores ao início do imperialismo.

O minério de ferro não era das principais exportações da África nos tempos coloniais; portanto, pode parecer um exemplo irrelevante. No entanto, foi muito significativo na economia de Serra Leoa, da Libéria e do norte da África e pode ser usado para ilustrar como a divisão internacional do trabalho permitiu que a tecnologia e as habilidades crescessem nas metrópoles. Além disso, deve-se lembrar que a África foi uma importante fonte de minerais que compõem as ligas de aço, principalmente manganês e cromo. O manganês foi essencial no processo de Bessemer e foi extraído de vários lugares da África, sendo a mina Noma, na Costa do Ouro, o maior depósito desse mineral no mundo. As empresas estadunidenses eram proprietárias das minas na Costa do Ouro e no norte da África e usavam o produto na indústria siderúrgica dos Estados Unidos. O cromo da África do Sul e da Rodésia do Sul também desempenhou papel semelhante na siderurgia, sendo essencial para a fabricação de aço inoxidável.

A columbita foi outro mineral africano valioso para a criação de ligas de aço. Altamente resistente ao calor, teve aplicação principalmente na fabricação de aço para motores a jato. Foi, em primeiro lugar, o rápido desenvolvimento da indústria e da tecnologia europeias que a valorou. Até 1952, ela era um subproduto descartado da mineração de estanho na Nigéria. Depois, quando começou a ser utilizada, estimulou ainda mais a tecnologia europeia na esfera sofisticada dos motores de avião.

Obviamente, de acordo com a divisão internacional do trabalho prevalecente sob o colonialismo, foram os trabalhadores estadunidenses, canadenses, britânicos e franceses que tiveram acesso às habilidades envolvidas no trabalho com columbita, não o trabalhador nigeriano que escavava o minério do solo. Por alguns motivos, a demanda por esse mineral caiu drasticamente depois de alguns anos, não sem antes contribuir para tornar o metalúrgico europeu ainda mais competente e experiente. Dessa forma, a columbita estava ajudando a promover o crescimento autossustentável e a criar a diferença que fica evidente em qualquer comparação entre países desenvolvidos e subdesenvolvidos.

O cobre também se enquadrava perfeitamente na categoria em análise. A produção não qualificada por africanos era necessária para obter o minério para exportação, que passava pelo refinamento em uma usina capitalista europeia. O cobre era o principal produto de exportação mineral da África. Excelente condutor de eletricidade, tornou-se indispensável à indústria elétrica capitalista. É um componente essencial de geradores, motores, locomotivas elétricas, telefones, telégrafos, linhas de transmissão de energia, automóveis, edifícios, munições, rádios, geladeiras e uma série de outras coisas. Uma era tecnológica tende a ser definida por sua principal fonte de energia. Hoje, falamos em era nuclear, pois o potencial desse tipo de energia se mostra imenso. A Revolução Industrial na Europa, nos séculos XVIII e XIX, foi a era do vapor. De modo semelhante, o período colonial foi a era da eletricidade. Portanto, as exportações vitais de cobre do Congo, da Rodésia do Norte e de outras partes da África contribuíram para o principal setor da tecnologia europeia. A partir dessa posição estratégica, seus efeitos multiplicadores foram inúmeros e de incalculável benefício para o desenvolvimento capitalista.

No contexto de análise das matérias-primas, outra referência especial deve ser feita aos militares. Os minerais africanos desempenharam um papel decisivo tanto no que diz respeito às armas convencionais como no avanço do material bélico atômico e nuclear. Durante a Segunda Guerra Mundial, os Estados Unidos começaram a obter urânio, pré-requisito para a fabricação da primeira bomba atômica, no Congo belga. No fim do período colonial, a indústria e a máquina de guerra das nações colonizadoras tornaram-se tão interdependentes e inseparáveis que qualquer contribuição para uma servia para a outra. Portanto, a enorme contribuição da África para o que de início parece ter um alcance pacífico, como a fabricação de fios de cobre e ligas de aço, acabou assumindo a forma de dispositivos explosivos, porta-aviões, e assim por diante.

Foi somente depois que as armas de fogo europeias atingiram certo estágio de eficácia, no século XIX, que se tornou possível aos brancos colonizar e dominar todo o mundo. Assim, também, a invenção de uma enorme variedade de novos instrumentos de destruição nas metrópoles foi um desestímulo, tanto psicológico como prático, para os povos colonizados, que tentavam recuperar o próprio poder e independência. Basta recordar que um pilar básico do colonialismo na África e em outros lugares era a "política das canhoneiras", utilizada sempre que a polícia local e as Forças Armadas pareciam incapazes de manter a lei metropolitana e a ordem colonial. Do ponto de vista dos colonizados, o fortalecimento do aparato militar das potências europeias por meio da exploração colonial foi duplamente prejudicial. Não só aumentou o abismo tecnológico entre metrópole e colônia, como ampliou imensamente o abismo na área mais sensível, relacionada a conceitos como poder e independência.

A divisão internacional do trabalho do período colonial também assegurou o crescimento das oportunidades de emprego na Europa, além dos milhões de colonos brancos e expatriados que sobreviviam na e da África. As matérias-primas agrícolas eram processadas de forma a gerar subprodutos, constituindo indústrias distintas. O número de empregos criados na Europa e na América do Norte pela importação de minérios da África, da Ásia e da América Latina pode ser percebido na extensa lista de aplicações em empresas como siderúrgicas, fábricas de automóveis, fábricas de alumina e alumínio e fios de cobre. Além disso, essas empresas estimularam a indústria da construção, a indústria de transporte, a indústria de munições, e assim por diante. A mineração que ocorreu na África deixou buracos no solo, e o padrão de produção agrícola empobreceu a terra africana, enquanto na Europa as importações de produtos agrícolas e minério construíram um enorme complexo industrial.

Nas primeiras fases da organização humana, a produção era dispersa e atomizada. Ou seja, as famílias preservavam uma identidade separada enquanto trabalhavam para o próprio sustento. Com o tempo, a produção adquiriu um caráter mais social e inter-relacionado. A produção de um par de sapatos em uma economia comercial feudal madura envolvia o criador de gado, o curtidor de couro e o sapateiro – não um só camponês que matava um animal e fazia seu próprio par de sapatos, como no modo de produção comunal autossuficiente. A interdependência social na fabricação de mercadorias, por meio de especialização e coordenação, é um índice do desenvolvimento de uma sociedade.

O capitalismo europeu sem dúvida adquiriu um caráter cada vez mais social com sua produção. Ele integrou o mundo inteiro e, tendo a experiência colonial como estímulo importante, integrou estreitamente todos os aspectos de sua própria economia – da agricultura aos bancos. Mas a *distribuição* não teve caráter social. Os frutos do trabalho humano foram destinados a certa classe minoritária, branca, residente na Europa e na América do Norte, o que é crucial no processo dialético de desenvolvimento e subdesenvolvimento, conforme sua evolução ao longo do período colonial.

O exemplo da Unilever como grande beneficiária da exploração africana

Assim como foi necessário acompanhar o excedente africano por canais de exploração como bancos e mineradoras, a contribuição não monetária da África ao capitalismo europeu também pode ser traçada com precisão quando se acompanha a trajetória dessas empresas. A seguir apresentamos um resumo das características relevantes do desenvolvimento de uma única empresa – a Unilever – em relação à exploração de recursos e populações africanas.

Em 1885, enquanto a África era dividida na mesa de conferências, certo William H. Lever começou a produzir sabão em Merseyside, perto de Liverpool, na Inglaterra. Ele deu a seu sabão o nome de "Sunlight", e, nos pântanos onde se localizava sua fábrica, desenvolveu-se a cidadezinha de Port Sunlight. Em dez anos, a empresa de Lever estava vendendo 40 mil toneladas de sabão por ano só na Inglaterra, além de estabelecer atividades de exportação e fábricas em outras partes da Europa, do continente americano e em colônias britânicas. Depois vieram Lifebuoy, Lux, Vim; após mais dez anos, Lever estava vendendo 60 mil toneladas de sabão na Grã-Bretanha, além de possuir fábricas no Canadá, nos Estados Unidos, na África do Sul, na Suíça, na Alemanha e na Bélgica. O sabão, no entanto, não se expandia em nenhum desses países. O item básico de manufatura era a estearina, obtida a partir de óleos e gorduras. Com exceção do sebo animal e do óleo de baleia, todas as matérias-primas vinham dos trópicos, ou seja, óleo de palma, óleo de palmiste, óleo de amendoim e copra. A África ocidental passou a ser a maior zona de produção de palma do mundo e foi grande produtora de amendoim.

Em 1887, a empresa austríaca de Schieht, que mais tarde seria incorporada à Unilever, construiu o primeiro moinho para esmagamento de palmiste na Áustria, suprido de matérias-primas por uma empresa de comerciantes de óleo de Liverpool. Não era apenas coincidência, e sim parte da lógica do imperialismo e da abertura da África como reservatório de matéria-prima para a Europa. Em 1902, a Lever já havia enviado seus próprios "exploradores" para a África, e eles decidiram que o Congo seria o lugar mais provável para obter produtos de palma, porque o governo belga estava disposto a oferecer enormes concessões de terras nas quais havia inúmeras palmeiras. Lever obteve as concessões necessárias no Congo e importou máquinas para extrair óleo de palmiste.

Mas os principais especialistas em óleo de palma vinham de áreas da costa ao norte do Congo. Por isso, em 1910, Lever comprou a W. B. McIver, pequena empresa de Liverpool instalada na Nigéria. Em seguida, foram adquiridas mais duas pequenas empresas, em Serra Leoa e na Libéria. Na verdade, a Lever (na época chamada Lever Bros.) conseguiu se estabelecer em todas as colônias da África ocidental. O primeiro grande avanço ocorreu quando comprou a Niger Company, em 1920, por 8 milhões de libras. Depois, em 1929, a African and Eastern, sua última grande rival de mercado, tornou-se parceira; e o resultado da fusão foi denominado United Africa Company (UAC).

Durante a guerra de 1914-1918, a Lever começou a produzir margarina, que exigia as mesmas matérias-primas que o sabão – ou seja, óleos e gorduras. Os anos seguintes foram aqueles em que empreendimentos do tipo cresceram de forma constante, por meio de aquisições e fusões. Os grandes nomes da fabricação de sabão e margarina no continente europeu eram as holandesas Jurgens e Van der Bergh e as austríacas Schicht e Centra. As holandesas foram as primeiras a dominar o mercado; então, em 1929, houve uma grande fusão da associação entre ambas, e a Lever, que nesse meio-tempo adquiriu praticamente todos os outros concorrentes. A fusão de 1929 criou a Unilever como monopólio único, dividido por conveniência em Unilever Ltd. (registrada na Grã-Bretanha) e Unilever N.V. (registrada na Holanda).

Para o suprimento massivo de óleos e gorduras, a Unilever dependia, em grande parte, de sua subsidiária UAC, formada naquele mesmo ano. A UAC nunca parou de crescer. Em 1933, assumiu a importante empresa comercial de G. B. Ollivant e, em 1936, comprou a Swiss Trading Company na Costa do Ouro. A essa altura, já não dependia apenas das palmeiras selvagens no Congo e tinha plantações organizadas. As fábricas da Lever nos Estados Unidos recebiam suprimentos de óleo principalmente do Congo e, em 1925 (antes mesmo da existência da Unilever e da UAC propriamente ditas), a fábrica de Lever em Boston teve um lucro de 250 mil libras.

A Unilever prosperou na guerra e na paz, exceto na Europa oriental, onde o advento do socialismo levou à perda de fábricas por meio da nacionalização.

No fim do período colonial, a Unilever era uma força mundial, vendendo sabonetes tradicionais, detergentes, margarina, banha, ghee, óleo de cozinha, alimentos enlatados, velas, glicerina, ração animal e produtos de higiene pessoal, como pastas de dente. De onde esse polvo gigante tirava a maior parte de seu sustento? Deixemos a resposta para a divisão de informação da Unilever House, em Londres.

> O mais impressionante em todo o desenvolvimento da Unilever no pós-guerra foi o progresso da United Africa Company. No auge da Depressão, a administração da Unilever nunca deixou de investir na UAC, ação justificada mais pela fé no futuro da África que pelas perspectivas imediatas da subsidiária. A recompensa veio com a prosperidade pós-guerra do produtor primário, que fez da África um mercado para todos os tipos de produtos, de ervilhas congeladas a automóveis. O centro de gravidade da Unilever está na Europa, mas seu maior membro (a UAC) depende quase totalmente do bem-estar da África para sua subsistência (representada por um faturamento de 300 milhões de libras).

Em alguns casos, os negócios da Lever na África registraram perdas contábeis, estritamente. Foram necessários anos até que as plantações do Congo se pagassem e obtivessem lucro. Também foi necessário algum tempo para que a compra da Niger Company, em 1920, gerasse compensações financeiras, e a SCKN, no Chade, nunca registrou lucros monetários que valessem a pena. Mas, mesmo nos piores anos financeiros, as subsidiárias que compunham a UAC eram ativos inestimáveis, pois permitiam que o lado manufatureiro da Unilever tivesse controle sobre uma fonte garantida de matérias-primas essenciais. É claro que a própria UAC também forneceu dividendos monetários consideráveis, mas o propósito aqui não é chamar atenção para os ganhos financeiros da UAC e da Unilever, e sim para a maneira como a exploração da África promoveu vários desenvolvimentos técnicos e organizacionais na Europa.

Tanto a indústria de sabão quanto a indústria de margarina tinham seus próprios problemas científicos e técnicos a ser resolvidos. Geralmente, o avanço científico é uma resposta a uma necessidade real. Óleos para margarina e para fins culinários precisaram ser desodorizados, e foi necessário encontrar substitutos para banha natural. Quando a margarina enfrentou a concorrência da manteiga barata, surgiu a necessidade de encontrar meios de produzir novas margarinas de alta qualidade, com adição de vitaminas. Em 1916, dois especialistas da Lever publicaram, em uma revista científica britânica, os resultados de testes que comprovavam o crescimento de animais alimentados com margarina aditivada de concentrados vitamínicos. Eles estabeleceram contato com cientistas da Universidade de Cambridge, que investigaram o assunto; em 1927, a margarina rica em vitaminas estava pronta para consumo humano.

Quanto ao sabão (e, em menor medida, à margarina), era essencial conceber um processo de endurecimento dos óleos em gorduras – notadamente o óleo de baleia, mas também os óleos vegetais. Esse processo, conhecido como "hidrogenação", atraiu a atenção dos cientistas nos primeiros anos do século XX. Eles foram pagos e incentivados por empresas rivais de sabão, entre elas a própria Lever e outras empresas europeias que, depois, se fundiriam para formar a Unilever.

Um dos exemplos mais marcantes das ramificações tecnológicas do processamento de matérias-primas coloniais está no campo dos detergentes. O próprio sabão é um detergente, ou "agente de limpeza", mas os sabonetes comuns têm várias limitações, como a tendência a se decompor em água pesada e ácidos, o que só poderia ser superado por "detergentes sem sabão", ou seja, sem a base gordurosa dos sabonetes anteriores. Quando a Alemanha foi excluída do fornecimento colonial de óleos e gorduras, na primeira guerra imperialista, os cientistas alemães foram estimulados a realizar os primeiros experimentos para a produção de detergentes de alcatrão de carvão. Mais tarde, na década de 1930, as indústrias químicas começaram a fabricar detergentes semelhantes em maior escala, especialmente nos Estados Unidos. Duas das empresas que iniciaram de imediato as pesquisas com detergentes foram a Unilever e a Procter & Gamble, uma indústria de sabonetes com sede em Cincinnati.

A princípio pode parecer estranho que, embora concorrentes do sabão comum, os detergentes fossem promovidos por indústrias de sabão. No entanto, a prática das empresas monopolistas consiste em ingressar em novas áreas que complementem ou mesmo substituam seus antigos negócios. Isso é necessário a fim de evitar que todo o capital fique atrelado a produtos que caem em desuso. As produtoras de sabão não podiam deixar os detergentes para as indústrias químicas, ou o sabão duro, os flocos de sabão e o sabão em pó seriam impactados e as novas marcas nos mercados não seriam as suas. Por isso, a Unilever investiu um grande esforço na química de detergentes, conservando uma proporção considerável de óleos vegetais, mas modificando-os quimicamente. Esse tipo de pesquisa não foi deixado nas mãos do acaso ou de indivíduos. Em 1960, a Unilever tinha quatro laboratórios principais – dois na Inglaterra, um na Holanda e um nos Estados Unidos. O quarto, em conjunto com outras unidades de pesquisa menores, empregava mais de 3 mil pessoas, das quais cerca de um terço eram cientistas e tecnólogos qualificados.

Os efeitos multiplicadores irradiados pela Unilever e sua atividade de exploração colonial podem ser rastreados com certa precisão. Quando os palmistes eram esmagados, o resíduo formava uma massa excelente para o gado. Um subproduto da indústria de sabão era a glicerina, utilizada na fabricação de explosivos. Os europeus se mataram com alguns dos explosivos, mas outros foram usados com objetivos pacíficos na mineração, em pedreiras e na construção. Vários produtos estavam associados ao sabão por meio da base comum – óleos e gorduras –, em especial cosméticos, xampus, perfumes, cremes de barbear, creme dental e corantes. Como disse um autor, esses subprodutos "serviram para ampliar a base comercial sobre a qual a Unilever se apoiava, ao mesmo tempo que utilizava o conhecimento já adquirido do tecnólogo em óleos e gorduras". Além disso, essas operações estavam criando centenas de milhares de empregos adicionais para trabalhadores europeus.

A fabricação de sabão e margarina exigia suprimentos de outras matérias-primas além de óleos e gorduras. O sabão consumia grandes quantidades de soda cáustica, por isso, em 1911, Lever comprou terras em Cheshire apropriadas para a fabricação desse álcali. Sustentados pelo colonialismo e pelo imperialismo, os gigantes capitalistas podiam se dar ao luxo de fazer as coisas em grande estilo. Quando a Lever precisou de abrasivos, a empresa comprou uma mina de calcário na Boêmia e, quando a Unilever quis garantir as provisões de papel de embrulho, comprou uma fábrica de papel.

O transporte foi outro problema-chave, cuja resolução estimulou o crescimento europeu. Um mês após a compra da Niger Company, em 1920, a Lever se envolveu em um projeto de construção de instalações no rio Mersey para receber os navios oceânicos que traziam cargas da África ocidental. A UAC foi uma das pioneiras na construção de navios para transportar óleo de palma em tanques a granel, e Van der Bergh considerou comprar um estaleiro para construir navios para sua empresa alguns anos antes da fusão. A compra não aconteceu, mas a Unilever adquiriu vários navios próprios, incluindo alguns recém-saídos dos estaleiros e feitos de acordo com suas especificações.

Outra atividade ligada às indústrias Unilever era a distribuição varejista. Seus produtos deviam ser vendidos para as donas de casa, então as empresas holandesas que integraram a Unilever decidiram que deveriam ter mercearias para garantir as vendas. Em 1922, Jurgens controlava uma cadeia de mercearias na Inglaterra, apropriadamente denominada de Home and Colonial. Van der Bergh (na época rival) não quis ficar para trás e adquiriu ações majoritárias da cadeia de lojas de propriedade da Lipton, da Lipton's Tea. Todas essas lojas passaram para as mãos da Unilever. O negócio de mercearias logo deixou de ser considerado apenas um escoadouro para sabonetes e margarinas e se tornou um fim em si mesmo.

Às vezes os efeitos multiplicadores não parecem conectados. Na superfície, não havia razão aparente para que Lever criasse uma enorme cadeia de varejo chamada Mac Fisheries para vender peixe! Há pouco em comum entre sabão, salsichas e sorvetes – mas Lever comprou a Walls quando era uma indústria de salsichas e, mais tarde, a Walls abriu uma fábrica de sorvete. A relação subjacente é: o capital busca a dominação. Ele cresce, se alastra e busca se apoderar de tudo em que põe os olhos. A exploração da África deu ao capital monopolista europeu a oportunidade de se entregar plenamente a suas tendências de expansão e dominação.

Antes de deixar a Unilever de lado, deve-se observar, em resumo, como essa companhia indicou o caminho para a mudança no sistema capitalista. O dispositivo de estrutura dupla da Unilever Ltd. e da Unilever N.V. foi uma inovação utilizada pela primeira vez quando a Schicht e a Centra, da Europa central, se fundiram com as empresas holandesas de margarina Jurgens e Van der Bergh, com o objetivo de reduzir impostos. A Unilever compreendia duas empresas controladoras com os mesmos conselhos de administração e com acordos de transferência e equalização de lucros. Era uma empresa profissional desde o início. Todas as empresas envolvidas na fusão tinham anos de experiência na organização de equipes, unidades de produção e estratégias de marketing. A Schicht foi uma das primeiras a desenvolver um sistema de cálculo de custos e controle financeiro. O próprio Lever foi um pioneiro da publicidade de massa na Europa e no competitivo mercado dos Estados Unidos. A Unilever herdou e aperfeiçoou as técnicas de produção e publicidade para atingir o consumo de massa.

O significado dessas mudanças organizacionais pode ser compreendido melhor no longo prazo, comparando a sofisticada organização internacional da Unilever com as companhias concessionárias dos séculos XVI e XVII, que tiveram dificuldades em gerenciar as contas. Os métodos eficientes de contabilidade e negócios que deveriam caracterizar as empresas capitalistas não caíram do céu, são resultado da evolução histórica e, nessa evolução, a exploração da África representou um papel fundamental – da era das concessionárias ao período colonial.

Contribuições do colonialismo para as potências coloniais

A análise dos benefícios não monetários do colonialismo para os colonizadores pode, é claro, ser realizada mais prontamente dentro da estrutura das relações entre cada colônia e sua "pátria-mãe", além da estrutura de uma empresa em particular, que acaba de ser analisada com certo detalhamento. Usando a abordagem convencional da metrópole europeia em relação às próprias colônias, encontra-se uma ampla gama de efeitos positivos, embora os benefícios variem de uma colônia para a outra. Portugal foi a mais humilde das potências colonizadoras da África e, sem suas colônias, pouco representava na Europa. Tanto que chegou a insistir que Angola, Moçambique e Guiné eram partes integrantes de Portugal, como qualquer província portuguesa. Algumas vezes, a França chegou a propor o mesmo preceito, segundo o qual Argélia, Martinica e Vietná supostamente integravam a "França ultramarina".

Nem a Grã-Bretanha nem a Bélgica apresentaram quaisquer teorias de uma Grã-Bretanha ainda maior ou uma Bélgica ultramarina, mas, na prática, as duas nações estavam tão determinadas quanto as outras potências coloniais a garantir que a subsistência fluísse livremente da colônia para a metrópole. Poucas áreas da vida nacional desses países da Europa ocidental deixaram de se beneficiar das décadas de exploração parasitária das colônias. Depois de visitar Bruxelas, em 1960, um nigeriano escreveu: "Vi com meus olhos os enormes palácios, museus e outros edifícios públicos pagos com marfim e borracha do Congo".

Recentemente, escritores e pesquisadores africanos ficaram surpresos ao encontrar a quantidade de tesouros africanos saqueados e expostos no Museu Britânico; há coleções de arte africana comparáveis, embora um pouco menores, em Paris, Berlim e Nova York. Esses são alguns dos elementos que, além da riqueza monetária, ajudam a definir as metrópoles como desenvolvidas e "civilizadas".

A subsistência garantida pelas colônias aos colonizadores tornou-se mais evidente e decisiva no caso das contribuições dos soldados entre os colonizados. Sem tropas coloniais, não haveria "forças britânicas" lutando na frente asiática na guerra de 1939-1945, porque as fileiras das forças britânicas estavam repletas de indianos e habitantes de outras colônias, inclusive da África e das Índias ocidentais. É uma característica geral do colonialismo que a metrópole utilize a mão de obra das colônias. Os romanos usaram soldados de povos conquistados para conquistar outros povos e para defender Roma contra inimigos. A Grã-Bretanha aplicou esse recurso na África desde o início do século XIX, quando o Regimento das Índias Ocidentais foi enviado para o outro lado do

Atlântico a fim de proteger os interesses britânicos na costa da África ocidental. O Regimento das Índias Ocidentais tinha homens negros nas fileiras, irlandeses (colonizados) entre seus suboficiais e ingleses como oficiais. No fim do século XIX, incluía muitos serra-leoneses.

A força mais importante na conquista das colônias da África ocidental pelos britânicos foi a Força de Fronteira – os soldados eram africanos e os oficiais, ingleses. Em 1894, juntou-se a ela o Regimento da África Ocidental, formado para ajudar a refrear a chamada Guerra do Imposto sobre Cabanas, em Serra Leoa, que foi a expressão de uma resistência generalizada contra a imposição do domínio colonial. Nas Áfricas oriental e central, a King's African Rifles (KAR) foi a unidade que utilizou o poder africano de combate em favor da Grã-Bretanha. Os regimentos africanos suplementaram o aparato militar metropolitano de várias maneiras. Em primeiro lugar, como forças de emergência para reprimir as revoltas nacionalistas nas várias colônias. Em segundo lugar, para combater outros europeus dentro da África, principalmente durante as duas guerras mundiais. Em terceiro lugar, em campos de batalha europeus ou em *front*s de guerra fora da África.

Os papéis desempenhados pelos africanos nas operações militares europeias ficaram evidentes na campanha da África oriental durante a Primeira Guerra Mundial, quando a Grã-Bretanha e a Alemanha lutaram pela sua posse. No início da guerra, os alemães tinham uma força regular de 216 europeus e 2.540 *askaris* em Tanganica. Durante a guerra, 3 mil europeus e 11 mil *askaris* foram recrutados. Do lado britânico, a principal força era o KAR, composto principalmente de africanos orientais e soldados da Niassalândia. Os batalhões do KAR tinham, em novembro de 1918, mais de 35 mil homens: nove em cada dez eram africanos.

Logo no início da campanha da África oriental, os britânicos trouxeram uma força expedicionária composta de punjabis e sikhs, além de regimentos de africanos ocidentais, alguns soldados do Sudão e das Índias ocidentais. No início, alguns colonos brancos se juntaram à guerra porque achavam que era um piquenique, mas depois de um ano os brancos da África oriental britânica estavam extremamente relutantes em se juntar às forças de combate locais. Na prática, portanto, africanos lutaram contra africanos para descobrir qual poder europeu iria dominá-los. Os alemães e os britânicos só precisaram fornecer os oficiais. De acordo com os livros de história, os "britânicos" venceram a campanha.

A França foi a potência colonial que garantiu o maior número de soldados da África. Em 1912, o recrutamento de soldados africanos para o Exército francês atingiu grande escala. Durante a guerra de 1914-1918, 200 mil soldados foram recrutados na África ocidental francesa, por meio de métodos que lembram a captura de pessoas para escravização. Esses soldados "franceses" serviram contra os alemães no Togo e em Camarões, bem como na própria Europa. Nos campos de batalha europeus, cerca de 25 mil africanos "franceses" perderam a vida; de lá, número muito maior retornou com mutilações, pois foram usados como bucha de canhão na guerra capitalista europeia. A França ficou tão impressionada com as vantagens militares que podiam ser obtidas com o colonialismo que, quando a Liga das Nações designou a ela parte de Camarões, os franceses insistiram no privilégio de usar tropas africanas camaronesas para fins não relacionados à defesa desse território. Naturalmente, a França também utilizou ao máximo as tropas africanas na Segunda Guerra Mundial. Aliás, os africanos salvaram os franceses após as perdas iniciais, quando não só a França, mas também a maior parte da África "francesa", foi ocupada por alemães e franceses fascistas (Vichy). Na África equatorial francesa, foi um homem negro, Félix Éboué, que se mostrou leal às forças lideradas pelo general Charles de Gaulle e mobilizou homens contra os fascistas franceses e alemães. A África forneceu a base e grande parte dos soldados para lançar o contra-ataque que ajudou De Gaulle e os franceses livres a retornar ao poder na França.

A utilização de tropas africanas pelos franceses não terminou com a última guerra. Os africanos ocidentais foram enviados para Madagáscar em 1948 e derrotaram as forças nacionalistas da maneira mais sangrenta. Tropas africanas foram empregadas para combater o povo da Indochina até 1954; mais tarde, tropas negras africanas (senegalesas, em particular) foram usadas contra o movimento de libertação da Argélia.

Ainda não há estudo abrangente do papel dos africanos nos exércitos das potências coloniais em vários contextos. No entanto, as indicações são de que revelaria um padrão muito semelhante ao descoberto por historiadores que analisaram o papel dos soldados negros nos exércitos controlados por brancos dos Estados Unidos, ou seja, que havia uma imensa discriminação contra os combatentes negros, embora eles tenham feito grandes contribuições não reconhecidas para importantes vitórias dos exércitos de oficiais brancos dos Estados Unidos e das potências colonizadoras. Indícios de discriminação podem ser encontrados nos regulamentos, como o que proíbe soldados africanos do Regimento da África Ocidental de usar sapatos, e no fato de que houve realmente distúrbios raciais durante as campanhas europeias, assim como revoltas de tropas negras lutando pelos Estados Unidos até a campanha do Vietnã.

Muitos africanos serviram como soldados coloniais com orgulho porque esperavam, equivocadamente, que o exército fosse uma via para expressar a coragem e a dignidade dos africanos e, talvez, no processo, até mesmo ganhar a liberdade do continente, deixando europeus satisfeitos e gratos. Era uma esperança sem fundamento desde o início, porque os colonialistas estavam usando cruelmente soldados africanos como peões no xadrez da preservação do colonialismo e do capitalismo em geral. Um exemplo desse fato foi dado quando John Chilembwe liderou uma revolta nacionalista africana na Niassalândia (agora Malawi), em 1915. A Niassalândia era, na época, uma colônia britânica, e, embora os britânicos estivessem combatendo os alemães na África oriental, eles despacharam imediatamente uma coluna do KAR para lutar contra Chilembwe. Além disso, antes da chegada do KAR, foi um tenente alemão que organizou a resistência dos colonos brancos de Niassa contra a tentativa de liberdade de Chilembwe. Diante dessa evidência, um escritor comentou:

> Enquanto seus compatriotas na Europa travavam a guerra mais sangrenta já conhecida, na África os europeus eram, primeiro e instintivamente, homens brancos – e depois, alemães e britânicos, [pois] John Chilembwe era parte de algo que, ao fim, afundaria todos os seus sonhos coloniais.

O continente africano e o povo africano foram usados pelos colonialistas de formas curiosas para aprimorar suas forças e suas técnicas militares. O norte da África e o Saara tornaram-se laboratórios para a evolução das técnicas de guerra blindada no período em que Rommel e Montgomery lutavam pela supremacia. E os etíopes foram deliberadamente usados como cobaias contra quem os fascistas italianos testaram gás venenoso. Isso se deu depois que eles invadiram aquela pequena porção da África, que ainda se agarrava a alguma forma de independência política, em 1935. Na época, os italianos argumentaram ser absolutamente essencial que os frutos do colonialismo fossem abertos à Itália, a fim de que ela ocupasse "seu lugar ao sol". É significativo que tanto a Grã-Bretanha quanto a França já tivessem se beneficiado tanto do sol e dos produtos da África que acharam difícil refutar as alegações italianas.

Grã-Bretanha e França dominavam a maior parte da África colonial e os maiores impérios em outras partes do mundo. Toda a existência e o desenvolvimento do capitalismo britânico e francês entre 1885 e 1960 estiveram associados à colonização, e a África desempenhou um papel importante. As colônias africanas significaram excedentes apropriados em larga escala, levaram a inovações e avanços tecnológicos e organizacionais das empresas capitalistas e protegeram o sistema capitalista em territórios próprios e no exterior, com combatentes. Às vezes, essas duas principais potências coloniais pareciam colher tantos benefícios das colônias que sentiam que era "bom demais para ser verdade".

Pode-se argumentar que, no caso da Grã-Bretanha, o colonialismo certamente possibilitou que a indústria britânica sobrevivesse com tranquilidade e que, em algumas esferas decisivas da produção e comercialização, se tornasse preguiçosa. Indústrias instaladas no século XIX não foram reformadas ou substituídas, e houve pouco dinamismo na comercialização de novas linhas de produtos. A Alemanha, por sua vez, quando privada de colônias depois de 1918, foi forçada a viver dos próprios recursos e engenhosidade. No entanto, embora esse seja um detalhe interessante no quadro colonial como um todo, deve-se ter em mente que o colonialismo era um aspecto do imperialismo. O colonialismo baseava-se em regras políticas estrangeiras e foi restrito a algumas partes do mundo. O imperialismo, no entanto, permeou todas as colônias, estendeu-se por todo o mundo (exceto onde foi substituído por revoluções socialistas) e permitiu a participação de todas as nações capitalistas. Portanto, a falta de colônias para qualquer nação capitalista não impedia que fossem colhidos os frutos da exploração do mundo colonial e semicolonial, quintal do capitalismo metropolitano.

O colonialismo como pilar das economias das metrópoles e o capitalismo como sistema

O relato sobre a Unilever deve servir de alerta de que o colonialismo não era simplesmente uma questão de vínculos entre determinada colônia e sua metrópole, mas entre colônias *de um lado* e metrópoles do *outro*. O capital alemão da Unilever juntou-se ao britânico na exploração da África e ao holandês na exploração das Índias orientais. Os ganhos se disseminaram pelo sistema capitalista de tal forma que mesmo as nações capitalistas que não eram potências coloniais se beneficiaram dos espólios. As fábricas da Unilever estabelecidas na Suíça, na Nova Zelândia, no Canadá e nos Estados Unidos participaram da expropriação do excedente da África e do uso desse excedente para seu próprio desenvolvimento.

A Alemanha sempre teve interesse na África colonial, mesmo depois de 1918, quando outras potências capitalistas a privaram de suas colônias. Na década de 1920, a navegação alemã se revigorou e desempenhou um papel ativo nas Áfricas oriental, ocidental e austral, e as casas financeiras alemãs também estabeleceram contatos com o continente africano, sendo o mais direto o Twentsche Bank, na África oriental. As companhias de navegação holandesas envolveram-se com os alemães e os britânicos na Conferência de Linhas Marítimas da África Ocidental, enquanto transportadoras escandinavas eram conhecidas por contratar navios mercantes sem rota regular que transportavam cargas entre a África e a Europa. A antiga East African Trading Company foi patrocinada pelo capital dinamarquês. Os suíços não tinham colônias na África, mas possuíam capital substancial na Scoa, desempenhando um papel fundamental no sistema bancário imperialista, e se mantiveram fora das guerras travadas por outros capitalistas, a fim de que pudessem continuar a negociar com ambos os lados e, assim, adquirir produtos coloniais. Havia ainda o caso do Japão – potência capitalista/imperialista com colônias na Ásia e grande interesse comercial na África. Os capitalistas japoneses tentavam vender mais barato que seus pares europeus, mas o comércio que realizavam com a África ainda era desigual e desvantajoso para os africanos.

Para compreender plenamente o período colonial, é preciso pensar nos termos da partilha econômica da África, que, ao contrário da partilha política do século XIX, não tinha limites fixos ou visíveis. Era composta das proporções de acordo com as quais as potências capitalistas repartiam entre si os ganhos monetários e não monetários obtidos na África colonial. Portugal, por exemplo, tinha duas grandes colônias políticas na África austral, mas economicamente Moçambique e Angola estavam divididos entre várias potências capitalistas, a pedido do governo português, porque os capitalistas portugueses eram muito fracos para lidar com aqueles vastos territórios.

O Congo e a África do Sul tinham acordos especiais de partilha econômica, sendo ambos territórios valiosos. De início, o primeiro foi designado "Estado Livre do Congo", sob o rei Leopoldo II, da Bélgica. Isso significava que a região deveria ter sido uma zona de livre-comércio e aberta ao investimento de capitalistas de todas as nacionalidades. Na prática, Leopoldo II lançou mão de artifícios administrativos para monopolizar a abundância do Congo, e esse foi um dos principais motivos para que a comunidade capitalista internacional se mobilizasse contra ele em 1908. Quando a Bélgica assumiu a administração do Congo, garantiu também que a maior parte do excedente, bem como outros benefícios, deveria ser acumulada pelos belgas. Porém, os interesses capitalistas de fora da Bélgica conseguiram se infiltrar ali ao investir na mineração; e, à medida que o período colonial avançava, britânicos, franceses e estadunidenses abocanhavam pedaços cada vez maiores do bolo congolês.

Por muito tempo, a África do Sul foi o reservatório de matéria-prima mais importante para todo o imperialismo. A Grã-Bretanha era a potência europeia entrincheirada na África do Sul havia muitos anos quando ouro e diamantes foram descobertos no século XIX, às vésperas da Disputa. Os britânicos tiveram de entrar em acordo com os colonos bôeres, cujo sustento vinha principalmente da terra e cujo principal interesse era cuidar da exploração e dominação da população africana e de grupos de imigrantes não brancos. Portanto, a divisão econômica e política da África deu à Grã-Bretanha a parte do leão da riqueza mineral, enquanto os bôeres conservaram o poder político necessário para institucionalizar o racismo branco. Ao estabelecerem relações com a África do Sul por meio de investimentos e comércio, capitalistas de outras nacionalidades concordaram em fortalecer, e fortaleceram, as relações sociais racistas/fascistas da África do Sul.

A partilha e repartilha econômica da África aconteciam o tempo todo, porque as proporções dos espólios destinados aos diferentes países capitalistas continuavam mudando. Uma menção especial deve ser feita aos Estados Unidos, pois sua participação nos benefícios da África foi aumentando de forma constante ao longo do período colonial.

Com o tempo, os Estados Unidos obtiveram uma fatia cada vez maior do comércio desigual entre as metrópoles e a África colonial. Sua participação no comércio africano aumentou de pouco mais de 28 milhões de dólares em 1913 para 150 milhões de dólares em 1932 e para 1,2 bilhão de dólares em 1948, valor equivalente a 15% do comércio exterior da África. Na África ocidental, a participação dos Estados Unidos no comércio aumentou de 38 milhões de dólares em 1938 para 163 milhões de dólares em 1946 e 517 milhões de dólares em 1954. No entanto, a África do Sul foi o melhor parceiro comercial dos Estados Unidos na África, fornecendo ao país ouro, diamantes, manganês e outros minerais e adquirindo maquinaria pesada. Além do comércio direto entre os Estados Unidos e a África do Sul, a maior parte do ouro sul-africano era revendida em Londres para compradores estadunidenses, assim como a maior parte do cacau da Costa do Ouro e da Nigéria.

O comércio intercontinental trouxe à tona a necessidade de serviços de transporte, e os Estados Unidos não os deixaram nas mãos de capitalistas de outras nações. James Farrell, presidente da United States Steel Export Company, adquiriu uma linha de navegação para a África devido à sua "crença no futuro do Continente Negro". Dirigentes da UAC disseram exatamente a mesma coisa e, é óbvio, tanto eles como Farrell referiam-se ao futuro brilhante do capitalismo metropolitano na exploração da África. É sempre melhor quando esses indivíduos falam por si mesmos. O vice-almirante Cochrane da Marinha dos Estados Unidos era um grande admirador das linhas marítimas Farrell. Em 1959, ele escreveu a introdução de uma análise das operações de Farrell na África:

> Lemos sobre uma forte concorrência internacional para garantir o fornecimento de materiais estratégicos para nossa atual economia industrial-militar. A Farrell Lines está fazendo a história marítima dos Estados Unidos, demonstrando clara e enfática que os navios que usam a bandeira de uma nação de fato estimulam o comércio dessa nação... demonstrando o valor do comércio oceânico de bandeira estadunidense para a saúde e a riqueza do país.

Os capitalistas dos Estados Unidos não se limitaram ao comércio com a África; também adquiriram ativos consideráveis nas colônias. É de conhecimento geral que a Libéria era uma colônia estadunidense em tudo, menos no nome. Supostamente, os estadunidenses ajudavam o governo liberiano com empréstimos, mas aproveitaram a oportunidade para se apoderar das receitas alfandegárias liberianas, saquear milhares de quilômetros quadrados de terras e, de modo geral, geralmente, dar ordens ao fraco governo local. O principal investimento na Libéria foi realizado pela Firestone Rubber Company, que obteve lucros tão grandes com a borracha liberiana que foi tema de um livro patrocinado por capitalistas dos Estados Unidos com o objetivo de demonstrar como os negócios estadunidenses prosperavam no exterior. Entre 1940 e 1965, a Firestone extraiu da Libéria 160 milhões de dólares em borracha, dos quais o governo liberiano recebeu 8 milhões. Em anos anteriores, a porcentagem destinada ao governo liberiano foi muito menor, mas, em períodos melhores, o lucro líquido médio obtido pela Firestone era três vezes a receita da Libéria.

Ainda assim, os benefícios não monetários da economia capitalista dos Estados Unidos eram muito mais valiosos que os retornos financeiros. O vice-almirante Cochrane, da citação anterior, foi ao cerne da questão ao mencionar as matérias-primas estratégicas para o funcionamento da máquina industrial e militar dos imperialistas estadunidenses. A Firestone adquiriu plantações na Libéria precisamente porque a Grã-Bretanha e a Holanda aumentaram o preço da borracha originária de suas colônias asiáticas na Malásia e nas Índias

224　Como a Europa subdesenvolveu a África

orientais holandesas, respectivamente. Na Libéria, a indústria de borracha dos Estados Unidos encontrou uma fonte confiável – barata e inteiramente controlável – em tempos de paz e de guerra. Uma das relações mais imediatas da borracha era com a indústria automobilística e, portanto, não é surpresa que Harvey Firestone fosse grande amigo e parceiro de negócios de Henry Ford. A borracha liberiana transformou a cidade de Akron, Ohio, em um poderoso centro de fabricação de pneus destinados às fábricas de automóveis ainda maiores da Ford em Detroit.

Os investimentos estadunidenses na África nos últimos quinze anos de colonialismo se deram, de certa forma, à custa das verdadeiras potências colonizadoras, mas também, em última análise, pelo interesse do capitalismo da Europa ocidental. Esse paradoxo é explicado pela observação de que os Estados Unidos se tornaram a principal potência capitalista/imperialista do mundo com a eclosão da Segunda Guerra Mundial. Eles possuíam colônias de Porto Rico e Filipinas, mas muito mais importantes eram seus investimentos imperialistas em toda a América Latina e, em menor grau, na Ásia e na África. Os investimentos estrangeiros dos Estados Unidos na década de 1930 foram um pouco superiores aos da Grã-Bretanha, que estavam muito à frente dos gastos imperialistas da França, da Alemanha e do Japão. A guerra de 1939-1945 acelerou muito a mudança em favor dos Estados Unidos.

A Europa sofreu imensas perdas, ao passo que nenhuma batalha foi travada em solo estadunidense e, por isso, a capacidade produtiva dos Estados Unidos se ampliou. Depois de 1945, o capital estadunidense se deslocou para África, Ásia e Europa com mais agressividade e confiança, porque outros competidores capitalistas ainda se encontravam caídos. Em 1949, tanto os banqueiros britânicos quanto os franceses não tiveram escolha a não ser convidar financistas estadunidenses a se estabelecer no continente africano, pois os franceses e os britânicos não tinham capital próprio suficiente. O Banco Internacional para Reconstrução e Desenvolvimento, controlado pelos Estados Unidos, tornou-se um importante veículo para a influência do país na África e uma das ferramentas para a repartição econômica do continente.

Uma pesquisa do dr. Kwame Nkrumah revelou que o investimento privado direto dos estadunidenses na África aumentou, entre 1945 e 1958, de 110 milhões de dólares para 789 milhões de dólares, a maior parte proveniente de lucros. As estimativas oficiais dos lucros das empresas estadunidenses entre 1946 e 1959 na África são de 1,234 bilhões de dólares. Ao considerar a questão da partilha econômica, o que é relevante é a *taxa de crescimento* dos investimentos e lucros dos Estados Unidos em comparação com os da Grã-Bretanha, da França e da Bélgica. Por exemplo, o investimento estadunidense em 1951 foi de 313 milhões de dólares, quase três vezes o que era cinco anos antes; nos cinco anos seguintes, o investimento cresceu duas vezes e meia. Enquanto isso, o investimento britânico e francês aumentou muito mais lentamente.

No entanto, enquanto os Estados Unidos superavam os outros colonialistas, todos eles ganharam com os avanços feitos na economia capitalista estadunidense em termos de ciência, tecnologia, organização e poder militar. Como apontado, quando uma colônia africana contribuía para a indústria metalúrgica europeia ou para sua indústria elétrica, essa contribuição passava a outros aspectos da sociedade, porque setores envolvidos desempenhavam papéis de liderança dentro da economia capitalista. Da mesma forma, os Estados Unidos eram uma área geográfica que estava na vanguarda do desenvolvimento capitalista. Por exemplo, seu *know-how* tecnológico passou para as mãos da Europa ocidental por meio de uma série de dispositivos legais, como patentes.

Além disso, como os Estados Unidos eram então o principal Estado capitalista do mundo, tiveram que assumir a responsabilidade ativa pela manutenção da estrutura imperialista capitalista em todos os seus aspectos econômicos, políticos e militares. Após a guerra, os Estados Unidos se mudaram para a Europa ocidental e o Japão para estabelecer seu próprio domínio e, ao mesmo tempo, dar uma transfusão de sangue ao capitalismo nessas áreas. Muito desse sangue era definitivamente africano. Não é apenas que a América obteve lucros (relativamente) pequenos com a África no século XIX e no início do século XX, mas, acima de tudo, deve-se lembrar que a América do Norte era a parte do sistema capitalista europeu que havia sido a que mais diretamente se beneficiou do massacre de indígenas nas Américas e da escravização dos africanos. A exploração contínua dos povos africanos dentro de suas próprias fronteiras e no Caribe e na América Latina também deve ser citada como evidência contra o monstruoso imperialismo estadunidense. A partir de 1945, os Estados Unidos foram um digno sucessor da Grã-Bretanha como força líder e policial do mundo imperialista/colonialista.

Sob o Plano Marshall, o capitalismo dos Estados Unidos ajudou o capitalismo da Europa ocidental após a última guerra. Anunciou-se que seus especialistas estavam explorando a África de um extremo a outro em busca de riqueza agrícola e mineral – especialmente esta última. O dinheiro desse plano (por meio da Comissão Econômica para a África) foi para empresas como a Mines de Zellidja, que extraía chumbo e zinco no norte da África, mas permitiu, ao mesmo tempo, que estadunidenses adquirissem ações de controle da empresa. Assim, em 1954, a Morgan dos Estados Unidos dividiu com os Rothschilds da Europa a maior parte do lucro líquido de 1,250 bilhões de francos antigos (8,16 milhões de dólares) obtido pela Mines de Zellidja naquele ano. De forma semelhante, o governo belga recebeu substancial ajuda estadunidense para implementar um programa econômico de dez anos no Congo de 1950 a 1959. Em troca, os monopólios dos Estados Unidos estabeleceram o controle sobre algumas empresas no Congo. Os Estados Unidos assumiram o segundo lugar, depois da Bélgica, no comércio exterior do Congo, e os capitalistas estadunidenses receberam uma série de privilégios.

Dessa forma, persistia o paradoxo segundo o qual os capitalistas dos Estados Unidos se infiltraram e expulsaram capitalistas franceses, britânicos e belgas da África colonial, enquanto forneciam os fundos sem os quais as nações da Europa ocidental não poderiam ter se recuperado e aumentado a exploração da África – que foi o que elas fizeram no período de 1945-1960.

Nas últimas décadas do colonialismo, as possessões coloniais representavam, para o capitalismo, uma válvula de segurança em tempos de crise.

O primeiro momento em que isso se evidenciou foi a Grande Depressão econômica de 1929-1934. Nesse período, na África, o trabalho forçado se intensificou e os preços pagos aos africanos por suas colheitas foram reduzidos. Os trabalhadores recebiam menos e as mercadorias importadas custavam muito mais. Foi um período de intenso sofrimento também para os trabalhadores dos países metropolitanos, mas os colonialistas fizeram o possível para transferir os fardos da depressão para fora da Europa e para dentro das colônias.

A grande depressão econômica não afetou a União Soviética, onde o socialismo promoveu grande desenvolvimento, mas a recessão se espalhou de uma ponta a outra do sistema capitalista. A crise foi um produto da irracionalidade do modo de produção capitalista. A busca por lucros fez com que a produção superasse a capacidade de compra das pessoas e, em última análise, tanto a produção quanto o emprego tiveram de ser drasticamente reduzidos. Os africanos nada tinham a ver com as deficiências inerentes ao capitalismo, mas, quando se viram em apuros, os europeus não tiveram escrúpulos em intensificar a exploração da África. A depressão econômica não era uma situação da qual a Grã-Bretanha pudesse se beneficiar à custa da Suécia ou que a Bélgica pudesse ganhar à custa dos Estados Unidos. Todos estavam se afogando e, por isso, os benefícios das colônias não salvaram apenas as potências colonizadoras, mas todas as nações capitalistas.

O segundo momento em que as colônias tiveram que resgatar as metrópoles foi durante a Segunda Guerra Mundial. Como já observado, os povos africanos foram forçados a fazer enormes sacrifícios e fornecer matérias-primas vitais a um custo baixo para as metrópoles. A importância militar da África também foi decisiva. Não só os africanos lutaram e morreram em vários campos de batalha, como o continente teve uma posição estratégica. Em novembro de 1942, uma terceira frente foi aberta na África (seguindo as frentes europeia e asiática) – e tornou possível a vitória final.

Acidentes geográficos propiciaram que a África controlasse as comunicações no Mediterrâneo e no Atlântico sul e comandasse as duas entradas ocidentais no oceano Índico. Como disse um analista militar, "o lado que detinha a África estava a caminho da vitória final". Com a ajuda de soldados e recursos africanos, as grandes potências coloniais mantiveram o controle do continente diante dos ataques dos italianos, que tinham apenas a Líbia, a Somalilândia e, por um breve período, a Etiópia. Os alemães, é claro, não tinham colônias na África; tiveram que fazer uso do que os italianos e franceses fascistas de Vichy lhes ofereceram.

Ao contrário do que aconteceu na Primeira Guerra Mundial, a guerra seguinte não envolveu apenas potências capitalistas. Os Estados agressores da Itália, Alemanha e Japão eram fascistas. Os governos de Portugal, Espanha e África do Sul também aderiram a essa ideologia, mas por motivos oportunistas: tanto portugueses quanto os bôeres sul-africanos consideraram mais conveniente se aliar a Grã-Bretanha, França, Estados Unidos e outras democracias burguesas.

O fascismo é uma deformidade do capitalismo; aumenta a tendência imperialista à dominação que é inerente ao capitalismo e protege o princípio da propriedade privada. Ao mesmo tempo, reforça de forma imensurável o racismo institucional do capitalismo, seja contra os judeus (como no caso de Hitler), seja contra os povos africanos (como na ideologia de Salazar de Portugal e dos líderes da África do Sul). O fascismo inverte os ganhos políticos do sistema democrático burguês, como eleições livres, igualdade perante a lei e parlamentos; também exalta o autoritarismo e a união reacionária da Igreja com o Estado: em Portugal e na Espanha, a Igreja católica; na África do Sul, a Igreja Reformada Holandesa.

Como o capitalismo, seu progenitor, o fascismo é totalmente oposto ao socialismo. A Alemanha e a Itália fascistas atacaram os outros Estados capitalistas e a União Soviética, que ainda era o único Estado socialista do mundo em 1939. A derrota do fascismo foi, portanto, uma vitória para o socialismo, ao mesmo tempo que impediu as outras nações capitalistas de precisarem dar o passo historicamente retrógrado para o fascismo.

Quando a Segunda Guerra Mundial terminou, o papel adicional da África foi ajudar a Europa a se reconstruir. Nessa crise, os Estados Unidos tiveram uma função importante, como acabamos de mencionar, mas as nações colonizadoras também recorreram diretamente a suas colônias, mesmo diante da escassez de capital. Vale ressaltar que, a partir do fim da década de 1940, o capitalismo europeu reconheceu o potencial da África como salvadora de suas próprias economias devastadas pela guerra, fazendo declarações claras nesse sentido.

Em 1946, o Ministério das Colônias foi renomeado para Ministério da França Ultramarina, e os africanos colonizados foram eufemisticamente chamados de "franceses ultramarinos". Naquela época, uma declaração do Ministério da Educação francês admitiu [referindo-se ao papel da África na guerra] que

a França seria apenas um pequeno Estado europeu sem os 75 milhões de franceses ultramarinos cuja jovem força se revelou ao mundo de maneira tão notável.

Pouco depois, quando a França preparou seu Plano Quadrienal para 1949--1952, foram feitas declarações como esta:

O Marrocos participará ativamente na recuperação da França fornecendo manganês, cobalto e minério de chumbo, enlatados e produtos agrícolas.

No fim da Segunda Guerra Mundial, tanto a Grã-Bretanha quanto a França criaram agências para o "desenvolvimento" de suas colônias: o Colonial Development and Welfare (CD&W) na esfera britânica e o fundo francês conhecido como Fides. A principal função desses órgãos era conceder empréstimos para ajudar as colônias a ajudarem as metrópoles. Em outras palavras, a crise da reconstrução do pós-guerra exigiu que um esforço ainda maior fosse feito para maximizar os recursos das colônias.

No pós-guerra, entre as décadas de 1940 e 1950, o que a Europa ocidental enfrentou não foi uma crise comum; a burguesia teve de reconstruir os Estados capitalistas em um momento em que o socialismo já havia se estabelecido na União Soviética e em um período em que o Exército Vermelho dos soviéticos ajudou grupos socialistas a chegarem ao poder na Europa oriental. Esse foi o maior desafio a ser enfrentado pela burguesia porque, ao contrário do fascismo, o socialismo ameaçava o princípio capitalista básico da propriedade privada dos meios de produção. Além disso, os princípios socialistas se faziam sentir mesmo em cantos remotos das colônias, e os capitalistas perceberam a necessidade de separar as colônias do pensamento socialista e de usar os recursos coloniais para evitar o que chamaram de "ameaça comunista".

Na luta capitalista para afastar o socialismo como modo de produção e modo de vida competitivo, a África desempenhou pelo menos dois papéis-chave: fornecer bases para os militaristas capitalistas e fornecer grande variedade de matérias-primas essenciais para a indústria armamentista moderna. Entre essas matérias-primas, as mais vitais eram o urânio e outras substâncias radioativas para armas atômicas e posteriormente nucleares, incluindo a bomba de hidrogênio. Quase rivalizando com o urânio em importância estavam certos minerais raros, como o lítio da Rodésia, necessários para os aços especiais usados em novos mísseis, tanques, armas e bombas aéreas.

As potências coloniais já possuíam pequenos postos militares em cada colônia, e até o fim da era colonial considerou-se necessário fortalecê-los. No orçamento francês de 1955, por exemplo, aprovou-se, em votação especial, 6 bilhões de francos (16,8 milhões de dólares) para melhorias nas instalações militares nas colônias, em especial nas bases estratégicas em Dacar e Djibuti. Pouco tempo antes, os belgas haviam concluído uma enorme base aérea perto de Camina, no Congo.

Somando-se às bases regulares havia muito tempo estabelecidas nas colônias, as potências imperialistas construíram instalações militares em territórios africanos que caíram em suas mãos durante a guerra. Os Estados Unidos foram particularmente importantes nesse contexto, pois já eram o principal sustentáculo do sistema de defesa capitalista na Organização do Tratado do Atlântico Norte (Otan). Assim, depois de ajudar a recapturar o norte da África dos fascistas, os Estados Unidos instalaram grandes bases da força aérea no Marrocos e na Líbia. Na Eritreia italiana, os estadunidenses instalaram modernas estações de radar, e a Etiópia concedeu bases militares.

Embora nominalmente independente, a Libéria tinha pouca opção a não ser aceitar a presença militar massiva dos estadunidenses, resultado lógico da dominação do país pelos Estados Unidos. Em 1943, quando concordaram em construir um porto em Monróvia, os Estados Unidos também obtiveram a concessão do

direito de estabelecer, usar, manter e controlar tais instalações e instalações navais, aéreas e militares no porto e em suas imediações gerais, conforme desejado, para a proteção dos interesses estratégicos dos Estados Unidos no Atlântico sul.

Durante a guerra, o aeródromo de Robertsfield, na Libéria, foi de considerável valor para os Estados Unidos e, mais tarde, continuou a ser útil militarmente. Para encadear ainda mais as coisas, os Estados Unidos entraram no que chamaram de pacto de assistência militar com a Libéria, em 1951.

Desnecessário dizer que, na década de 1950, quando a maioria dos africanos ainda eram colonos, eles não tinham absolutamente nenhum controle sobre a utilização de seu solo para fins militaristas. Quase todo o norte da África foi transformado em esfera de operações da Otan, com bases voltadas para a União Soviética. Uma guerra nuclear poderia facilmente ter eclodido sem que os povos africanos tivessem qualquer conhecimento do assunto. As potências coloniais de fato realizaram conferências militares em cidades como Dacar e Nairóbi no início da década de 1950, convidando os brancos da África do Sul e da Rodésia e o governo dos Estados Unidos. São recorrentes as evidências desse uso cínico da África para apoiar o capitalismo econômica e militarmente e, portanto, forçando a África a contribuir para sua própria exploração.

Além de salvar o capitalismo em tempos de crise, as dependências sempre prolongaram a vida dele, eliminando as contradições e conflitos internos intrínsecos ao sistema. A principal contradição dentro do capitalismo desde o início foi aquela entre os capitalistas e trabalhadores. Para manter seu sistema funcionando, os capitalistas tinham que aumentar constantemente a taxa de exploração da mão de obra. Ao mesmo tempo, os trabalhadores europeus ganhavam cada vez mais habilidades com os meios de produção nas fábricas e nas minas e aprendiam a trabalhar coletivamente nas grandes empresas e dentro de suas próprias estruturas sindicais. Se a burguesia continuasse a privá-los da maior parte dos frutos de seu próprio trabalho e a oprimi-los social e politicamente, as duas classes entrariam em rota de colisão. Desde meados do século XIX, Marx previu que a colisão de classes viria na forma de revolução, da qual os trabalhadores sairiam vitoriosos. Os capitalistas temiam essa possibilidade, sabendo muito bem que eles mesmos haviam tomado o poder da classe feudal latifundiária por meio da revolução. No entanto, o imperialismo introduziu um novo fator nessa situação – que adiou o confronto entre trabalhadores e capitalistas nas metrópoles.

Somente na Rússia houve uma revolução operária, e a Rússia estava à margem da Europa, longe de ser um de seus centros metropolitanos capitalistas. Esse fato ressaltou como o capitalismo em lugares como Grã-Bretanha, França e Alemanha foi estabilizado pela exploração das colônias e semicolônias como a América Latina, onde os Estados eram independentes apenas nominalmente.

O excedente da África foi usado em parte para oferecer mais alguns benefícios aos trabalhadores europeus e, em parte, como suborno para torná-los menos revolucionários. O suborno veio na forma de aumento de salários, melhores condições de trabalho e serviços sociais ampliados. Os benefícios do colonialismo foram difundidos por toda a sociedade europeia de muitas maneiras. As empresas capitalistas ofereciam bens de consumo produzidos em massa a preços baixos, e, portanto, a dona de casa europeia tinha alguma ajuda. O café instantâneo, por exemplo, colocou a bebida ao alcance do trabalhador comum. Enquanto isso, o capitalista ainda fazia fortuna assegurando que os valores pagos ao produtor da Costa do Marfim ou colombiano não aumentassem. Dessa forma, o colonialismo servia a todas as classes e setores da Europa ocidental e outras metrópoles capitalistas.

Os trabalhadores europeus pagaram um alto preço pelos poucos benefícios materiais que receberam como migalhas da mesa colonial. A classe no poder controla a disseminação da informação. Os capitalistas desinformaram e deseducaram os trabalhadores nas metrópoles, a ponto de fazer deles aliados na exploração colonial. Ao aceitarem ser conduzidos como rebanhos, os trabalhadores europeus estavam perpetuando sua própria condição de escravizados pelos capitalistas: deixaram de buscar o poder político e se contentaram em barganhar pequenos aumentos salariais, geralmente contrabalançados pelo aumento do custo de vida. Deixaram de ser criativos e permitiram que a decadência cultural burguesa os dominasse. Deixaram de exercer qualquer julgamento independente sobre grandes questões como guerra e paz e, portanto, acabaram por massacrar não apenas os povos colonizados, mas também a si mesmos.

O fascismo foi um monstro nascido de pais capitalistas. Veio como o produto final de séculos de bestialidade capitalista, exploração, dominação e racismo – exercidos principalmente fora da Europa. É bastante significativo que muitos colonos e funcionários coloniais tenham demonstrado inclinações para o fascismo. O *apartheid* na África do Sul nada mais é que fascismo – e estava se enraizando desde o período inicial da colonização branca, no século XVII, mas particularmente depois que a indústria de mineração atraiu a África do Sul por completo para a órbita capitalista no século XIX. Outro exemplo do potencial fascista do colonialismo foi visto quando a Alemanha nazista invadiu a França em 1940. Os fascistas franceses colaboraram com Hitler para instaurar o chamado regime de Vichy, apoiado pelos colonos brancos franceses na África. Um exemplo ainda mais marcante com o mesmo efeito foi a ideologia fascista desenvolvida pelos colonos brancos na Argélia, os quais não apenas se opuseram à independência argelina, mas também se esforçaram para derrubar os governos mais progressistas ou liberais da França metropolitana.

Dentro da própria Europa, podem ser encontradas algumas conexões específicas e altamente reveladoras entre o comportamento colonialista e a destruição das poucas contribuições do capitalismo para o desenvolvimento humano. Quando o coronel Von Lettow voltou da liderança das forças alemãs na África oriental na Primeira Guerra Mundial, ele foi promovido a general do Exército alemão e comandou o massacre de comunistas em Hamburgo, em 1918. Esse foi o divisor de águas da história alemã: assim que os trabalhadores mais progressistas foram esmagados, o caminho ficou livre para a deformação fascista do futuro. Ao reprimir brutalmente a Guerra Maji Maji em Tanganica e ao promover um ataque genocida contra o povo herero da Namíbia (sudoeste da África), a classe dominante alemã estava adquirindo a experiência que mais tarde aplicaria contra os judeus, trabalhadores e progressistas.

A ditadura fascista portuguesa, instaurada em 1926, teve como inspiração seu próprio passado colonial. Depois que Salazar se tornou o ditador, em 1932, ele afirmou que seu "Estado Novo" em Portugal seria baseado no trabalho dos "povos inferiores", referindo-se, claro, aos africanos. Além disso, camponeses e trabalhadores portugueses foram submetidos à violência policial, à pobreza e à desumanização; eles pagaram (e ainda estão pagando) um alto preço pelo fascismo doméstico e pelo colonialismo no exterior.

O colonialismo fortaleceu a classe dominante da Europa ocidental e o capitalismo como um todo. Em especial em suas fases finais, ele deu um novo sopro de vida a um modo de produção que estava morrendo. De todos os pontos de vista, exceto o da classe minoritária de capitalistas, o colonialismo foi uma instituição monstruosa que impediu a libertação do homem.

6.
COLONIALISMO COMO SISTEMA DE SUBDESENVOLVIMENTO DA ÁFRICA

O homem negro com certeza paga caro por carregar o fardo do homem branco.

— George Padmore, pan-africanista, antilhano, 1936

Na sociedade colonial, a educação é do tipo que atende ao colonialista [...]. Em um regime de escravização, a educação não passou de uma instituição para formar pessoas escravizadas.

— Declaração da Frelimo (Frente de Libertação de Moçambique), Departamento de Educação e Cultura, 1968

OS SUPOSTOS BENEFÍCIOS DO COLONIALISMO PARA A ÁFRICA

Serviços socioeconômicos

Confrontados com as evidências da exploração europeia da África, muitos autores burgueses admitem, ao menos em parte, que o colonialismo funcionou a favor do interesse das metrópoles. No entanto, insistem que há outro tema a ser esclarecido: quanto os europeus fizeram pelos africanos e o fato de que é necessário fazer um balanço do colonialismo. Nesse balanço, eles colocam tanto os créditos quanto os débitos e, em geral, concluem que o bem superou o mal. Essa conclusão pode ser facilmente contestada, mas também é preciso chamar atenção para o fato de que esse raciocínio é, em si, enganoso. É um raciocínio que tem certa persuasão sentimental. Apela para o sentimento comum de que "afinal, tudo tem dois lados". Esse argumento sugere que, por um lado, havia exploração e opressão; por outro lado, os governos coloniais fizeram muito para beneficiar os africanos e desenvolver a África. Nossa alegação é de que isso é completamente falso. O colonialismo tinha uma única mão – era um bandido de um braço só.

O que os governos coloniais fizeram em benefício dos africanos? Supostamente, construíram ferrovias, escolas, hospitais e similares. A soma desses serviços era incrivelmente pequena. Nas primeiras três décadas do colonialismo, quase nada do que foi feito poderia ser remotamente chamado de serviço ao povo africano. Na verdade, foi só depois da Segunda Guerra Mundial que os serviços sociais foram instituídos como política. E nem é preciso ilustrar como foram poucos. Afinal, as estatísticas que hoje mostram a África como subdesenvolvida são as mesmas que representam a situação no fim do colonialismo. Aliás, quanto a isso, os números do fim da primeira década de independência africana relativos a esferas como saúde, habitação e educação são, muitas vezes, superiores aos que os governos herdaram, logo após a independência. Seria uma fraude patente comparar as irrelevantes conveniências sociais oferecidas na época colonial com a exploração e chegar à conclusão de que o bem supera o mal.

É verdade que o capitalismo ofereceu serviços sociais para os trabalhadores europeus – primeiro, como subproduto da prestação desses serviços para a burguesia e para a classe média; depois, como ato político deliberado. Nada remotamente comparável ocorreu na África. Em 1934, muito antes da chegada do Estado de bem-estar à Grã-Bretanha, os gastos com serviços sociais nas ilhas britânicas somavam seis libras e quinze xelins por pessoa. Em Gana, o valor era de sete xelins e quatro pence por pessoa, valor alto para os padrões coloniais. Na Nigéria e na Niassalândia, era menos de um xelim e nove pence por pessoa. Nenhuma das outras potências colonizadoras conseguia algo melhor; e algumas eram bem piores.

Os portugueses se destacam por serem os que mais se gabaram e os que menos fizeram. Portugal se gabava de Angola, Guiné e Moçambique terem sido suas posses quinhentos anos atrás, durante os quais uma "missão civilizadora" esteve em curso. Depois de todo esse tempo carregando o fardo do homem branco de civilizar os "nativos africanos", os portugueses não tinham conseguido formar um único médico africano em Moçambique, e a expectativa de vida no leste de Angola era inferior a trinta anos. Quanto à Guiné-Bissau, alguma luz sobre a situação é oferecida pelos próprios colonizadores, ao admitirem que o país foi mais negligenciado que Angola e Moçambique!

Além disso, os serviços sociais limitados na África nos tempos coloniais eram distribuídos de maneira que refletia o padrão de dominação e exploração. Primeiro, colonos e expatriados brancos queriam ter os padrões da burguesia ou das classes profissionais das metrópoles. Eles estavam ainda mais determinados a ter luxos na África, porque muitos saíram da pobreza na Europa e não podiam almejar bons serviços em suas próprias pátrias. Em colônias como Argélia, Quênia e África do Sul, sabe-se que os brancos criaram uma infraestrutura para garantir a si mesmos uma vida satisfatória e de ócio. Significa, portanto, que o total de comodidades oferecidas em qualquer uma dessas colônias não é referência para o que os africanos obtiveram do colonialismo.

Na Argélia, a taxa de mortalidade infantil era de 39 a cada mil nascidos vivos entre os colonos brancos, mas saltava para 170 a cada mil nascidos vivos no caso dos argelinos que viviam nas cidades. Em termos práticos, os serviços médicos, de maternidade e de saneamento voltavam-se todos para o bem-estar dos colonos. Algo semelhante se dava na África do Sul, onde todas as estatísticas sociais devem ser decompostas em pelo menos dois grupos – brancos e negros – para serem interpretadas corretamente. Na África oriental britânica, havia três grupos: em primeiro lugar, os europeus, que obtinham mais; depois, os indianos, que ficavam com a maior parte do que restou; e, em terceiro lugar, os africanos, que vinham em último lugar no próprio país.

Em países predominantemente negros, a maior parte dos serviços sociais também ia para os brancos. A parte sul da Nigéria foi uma das áreas coloniais que supostamente receberam mais da pátria-mãe. Ibadan, uma das cidades mais populosas da África, tinha apenas cerca de cinquenta europeus antes da última guerra. Para esses poucos escolhidos, o governo colonial britânico mantinha um serviço hospitalar segregado com onze leitos em ambiente bem equipado. Havia 34 leitos para meio milhão de negros. A situação se repetia em outras áreas, de modo que, ao todo, os 4 mil europeus que estavam no país na década de 1930 dispunham de doze hospitais modernos, enquanto a população africana de pelo menos 40 milhões tinha 52 unidades hospitalares.

A perversidade do sistema colonial no que diz respeito à prestação de serviços sociais evidenciava-se de forma mais dramática no caso de atividades econômicas que geravam grandes lucros, em particular a indústria de mineração. A mineração afeta gravemente a saúde dos trabalhadores, e, nas metrópoles, o acesso dos mineiros ao tipo de serviços médicos e seguro social que poderiam salvaguardar suas vidas e saúde é recente. Na África colonial, a exploração dos mineiros se deu sem qualquer responsabilidade. Em 1930, o escorbuto e outras epidemias eclodiram nas minas de ouro de Lupa, em Tanganica. Centenas de trabalhadores morreram. Não é de surpreender que não contassem com instalações que teriam salvado algumas vidas porque, para começar, eles não recebiam salários suficientes sequer para comer adequadamente.

A grande população africana que integrava a classe trabalhadora da África do Sul estava em um estado triste. A Comissão de Tuberculose de 1912 relatou que, nas favelas,

> raramente há uma única família em que pelo menos um membro não esteja sofrendo ou morrendo da doença. Os serviços hospitalares são tão inadequados que os pacientes com tuberculose incurável e outros casos são simplesmente mandados de volta para morrer em casa – e transmitir a doença. Em algumas áreas, um único médico tem de atender às necessidades de 40 mil pessoas. Os nativos devem pagar pelo tratamento médico. Não há reservas para os pacientes mais pobres. Cerca de 65% das crianças nativas morrem antes de completar dois anos.

Isso acontecia em 1912, quando as bases do império sul-africano de ouro e diamantes já estavam estabelecidas. Depois disso, as favelas aumentaram, as condições das favelas pioraram e o governo se comprometeu a seguir a odiosa política do *apartheid*, que significou segregação racial para uma exploração ainda maior do povo africano.

Muitos africanos iam a pé para as cidades, porque, por pior que fossem, ofereciam um pouco mais que o campo. Saneamento moderno, eletricidade, água encanada, estradas pavimentadas, serviços médicos e escolas eram tão desconhecidos no fim do período colonial quanto no início – ao menos no que dizia respeito à maior parte da África rural. No entanto, era o campo que tinha os cultivos comerciais e que fornecia a mão de obra para manter o sistema funcionando. Os camponeses viram muito pouco dos supostos "créditos" do balanço colonial.

Como até mesmo os escassos serviços sociais visavam apenas a facilitar a exploração, eles não eram oferecidos a nenhum africano cujo trabalho não produzisse excedentes diretos para exportação às metrópoles. Ou seja, nenhuma das riquezas ali produzidas por explorados seria utilizada para a assistência de seus irmãos à margem da economia monetária. Existem vários exemplos para fundamentar essa afirmação. As colônias mais "ricas" receberam mais serviços sociais sob o colonialismo. Assim, o Rand, na África do Sul, e Catanga, no Congo, tinham de prover a subsistência de suas classes trabalhadoras relativamente grandes. Por muitos anos, a questão foi tratada com indiferença, mas, em última análise, em nome dos próprios interesses esclarecidos, os colonialistas perceberam que poderiam obter mais do trabalhador africano que conservasse condições básicas de saúde e tivesse algum grau de alfabetização em contextos industriais. Essa mesma linha de raciocínio havia levado a classe capitalista, tempos antes, a ser um pouco mais aberta, permitindo que parte da produção dos trabalhadores da Europa lhes fosse restituída, a fim de mantê-los firmes e fortes.

Nos países africanos onde a produção se dava pelo cultivo comercial, existia uma situação semelhante, em que a tendência era a redução dos serviços socioeconômicos nas colônias ou nas áreas que produziam poucos bens para exportação. Isso explica o fato de que os africanos em Uganda, Costa do Ouro e Nigéria pudessem ser considerados "melhores" que aqueles em Daomé, Tanganica e Chade. Dentro de cada país existiam consideráveis variações regionais, dependendo do grau de integração de cada área na economia monetária capitalista. Assim, o norte do Quênia ou o sul do Sudão tinham pouco a oferecer aos colonialistas, e tais zonas eram simplesmente ignoradas pela potência colonizadora no que diz respeito a estradas, escolas, hospitais etc. Muitas vezes, mesmo em distritos de determinada colônia havia discriminação no fornecimento de comodidades sociais, com base em sua contribuição para o excedente exportável. Por exemplo, os latifúndios e as empresas tentavam construir hospitais para seus trabalhadores, pois uma manutenção mínima da saúde da mão de obra era um investimento econômico. Normalmente, essas instalações eram exclusivas para trabalhadores daquele empreendimento capitalista específico; e a população africana que vivia na vizinhança, em condições de subsistência externas à economia monetária, era ignorada.

A Declaração de Arusha* expressou de forma poderosa e simples uma das verdades mais profundas da experiência colonial na África quando afirmou: "Fomos muito oprimidos, muito explorados e muito desprezados".

A justaposição entre ser oprimido, explorado e desprezado é exemplificada de forma mais evidente pelo padrão da infraestrutura econômica das colônias africanas, com destaque para as estradas e as ferrovias, que tinham uma distribuição geográfica definida de acordo com a necessidade de tornar determinadas regiões acessíveis às atividades de importação e exportação. Em locais onde as exportações não estavam disponíveis, estradas e ferrovias não tinham espaço.

---

* A Declaração de Arusha, redigida por Julius Nyerere e aprovada pela União Nacional Africana de Tanganica (atual Tanzânia) em 1967, é um importante documento do socialismo africano. O texto expõe os princípios socialistas da organização, seu compromisso com o controle estatal dos meios de produção, o desenvolvimento agrícola, a justiça econômica e o apoio à luta pela libertação de todos os países do continente africano, entre outros princípios. (N. T.)

A única modesta exceção é que algumas foram construídas para movimentar tropas e facilitar a conquista e a opressão.

No período colonial, os meios de transporte não eram desenvolvidos com o objetivo de permitir que os africanos pudessem visitar seus amigos nem, o que é mais importante, para facilitar o comércio interno de mercadorias africanas. Não havia ligações terrestres entre diferentes colônias ou partes da mesma colônia de modo lógico, que atendesse às necessidades e ao desenvolvimento da África. Todas as estradas e ferrovias desciam para o mar e eram construídas para extrair ouro, manganês, café ou algodão, para viabilizar negócios a madeireiras, empresas comerciais, concessionárias agrícolas e colonos brancos. Qualquer atendimento aos interesses africanos era pura coincidência. No entanto, era a mão de obra africana, não o capital, que ficava com a parte do leão na execução das obras. Com o mínimo investimento de capital, as potências coloniais poderiam mobilizar milhares e milhares de trabalhadores. Os salários eram pagos aos guardas e funcionários, e a mão de obra aparecia devido às leis coloniais, à ameaça de uso da violência e ao uso da violência. Tomemos o exemplo da construção de ferrovias. Na Europa e nos Estados Unidos, sua construção exigia enormes investimentos de capital. As empresas arcavam com grandes custos salariais durante a construção e pagavam bônus adicionais aos trabalhadores para que a tarefa fosse cumprida o mais rápido possível. Na maior parte da África, os europeus que queriam ver uma ferrovia construída ofereciam chicotadas como salário nominal e mais chicotadas pelo esforço extra.

Fizemos referência, anteriormente, ao grande custo, em vidas africanas, da ferrovia do Congo (francês) entre Brazzaville e Pointe-Noire. A maioria das condições intoleráveis são explicadas pela indisponibilidade de capital na forma de equipamentos. Logo, a mão de obra pura e simples tinha de substituir as máquinas de terraplanagem, os guindastes, e assim por diante. Uma situação comparável foi a da construção do aeroporto Embakasi, em Nairóbi. Por ter sido construído durante a era colonial, a partir de 1953, e com empréstimos dos Estados Unidos, costuma-se creditar aos imperialistas sua existência. Mas seria muito mais correto dizer que o povo do Quênia o construiu com as próprias mãos, sob supervisão europeia.

Embakasi, que de início cobria dezoito quilômetros quadrados e tinha quatro pistas, foi descrito como "o primeiro aeroporto internacional feito à mão do mundo". Milhares de suspeitos de integrar o movimento Mau-Mau foram encontrados ali "trabalhando sob guarda armada na escavação de um milhão

de toneladas de terra, preenchendo crateras, assentando meio milhão de toneladas de pedra com nada além de pás, martelos de pedra e as próprias mãos".

As instituições financeiras da África colonial eram ainda mais escandalo-
samente negligentes com os interesses de africanos originários que o sistema
de comunicações voltado para a Europa. Os bancos realizavam bem poucos
empréstimos locais. Na África oriental britânica, o crédito aos africanos foi
especificamente desencorajado pela Ordem (de Restrição) de Crédito para os
Nativos, de 1931. As companhias de seguros atendiam quase exclusivamente
aos interesses dos colonos brancos e das empresas capitalistas. A política de
reservas coloniais em moedas metropolitanas também pode ser citada como um
"serviço" hostil aos africanos. As juntas de conversão e os bancos centrais que
prestavam tais serviços negavam o acesso da África aos próprios fundos criados
pelas exportações. Em compensação, *as reservas coloniais na Grã-Bretanha,
na França e na Bélgica foram transformadas em empréstimos e investimentos de
capital africanos na Europa*.

É necessário reavaliar a noção, muito louvada, de investimento de "capital
europeu" na África colonial e na Ásia. O dinheiro disponível para investimento
no sistema capitalista era, em si, consequência da expropriação de trabalhadores e
camponeses na Europa e no mundo todo. No caso da África, o capital investido
no comércio do século XIX era parte do capital gerado pelo comércio escravista.
O governo português foi o primeiro da Europa a enviar cativos da África para
o exterior e o último a abandonar o comércio escravista. Grande parte do lucro
escapou das mãos portuguesas e foi para a Grã-Bretanha e para a Alemanha,
mas o comércio escravista português ainda assim ajudou os próprios portugueses a financiar empreendimentos coloniais posteriores, como a coparticipação
capitalista em companhias agrícolas e mineradoras de Angola e Moçambique.

Como já apontado, muitos dos empresários das grandes cidades portuárias
europeias que passaram a importar produtos agrícolas africanos para a Europa
haviam atuado, tempos antes, no transporte do tráfico escravista. O mesmo
pode ser dito de muitas empresas da Nova Inglaterra, nos Estados Unidos.
Alguns dos maiores "nomes" da época colonial eram companhias capitalistas
cujo capital originário vinha do comércio escravista ou da própria escravização. Lloyds, grande subscritora de seguros e casa bancária, se enquadra nessa
categoria, tendo sido sustentada pelos lucros dos territórios escravistas nas
Índias ocidentais durante os séculos XVII e XVIII; o onipresente Barclays
Bank também tinha origens no comércio escravista. A Worms et Compagnie é
exemplo francês do mesmo fenômeno. No século XVIII, a Worms tinha fortes

ligações com o comércio escravista francês e cresceu a ponto de se tornar uma das casas financeiras mais poderosas a operar no império francês na África e na Ásia, concentrando-se particularmente em Madagáscar e no oceano Índico.

O exemplo da Unilever e da UAC, destacado no capítulo anterior, também reforça o argumento de que a África estava sendo explorada pelo capital produzido a partir do trabalho africano. Quando a Lever Brothers assumiu o controle da Niger Company, em 1929, ela se tornou herdeira de uma das mais famigeradas exploradoras da África do século XIX. A Niger Company foi uma empresa concessionária com plenos poderes governamentais e policiais de 1885 a 1897. Nesse período, a empresa explorou os nigerianos de forma impiedosa. Além disso, a Niger Company era, em si, um monopólio que havia comprado empresas menores cuja origem do capital remonta diretamente ao comércio escravista. De modo semelhante, quando a UAC surgiu da fusão com a Eastern and African Trading Company, ela estava associada ao capital de uma família com a árvore genealógica enraizada no comércio escravista europeu. O capital à disposição das grandes empresas comerciais francesas CFAO e Scoa também pode ser rastreado à mesma origem.

Falta ao processo de acumulação e reprodução de capital na África oriental a continuidade da África ocidental. Em primeiro lugar, tanto árabes como europeus participavam do comércio escravista da África oriental. Em segundo lugar, em 1885, houve a intervenção dos alemães, que até então não haviam se envolvido, enquanto os franceses (que lideraram o tráfico escravista europeu na África oriental durante os séculos XVIII e XIX) dedicavam-se a colonizar as ilhas do oceano Índico, não o leste do continente africano. Em terceiro lugar, o colonialismo alemão não durou além da guerra de 1914-1918. Ainda assim, do lado britânico, o capital e os lucros da colonizadora East Africa Company reapareceram na empresa comercial de Smith Mackenzie.

O capital investido na África colonial em anos posteriores deu continuidade ao processo do século XIX, acompanhado de novos influxos vindos das metrópoles. Caso se investigasse com atenção as origens das supostas novas fontes, muitas estariam intimamente ligadas à exploração anterior de povos não europeus. No entanto, não é necessário provar que todas as empresas comerciais instaladas na África tinham conexão direta ou indireta com o tráfico escravista europeu e com a exploração anterior do continente. Basta lembrar que a maior fonte de acumulação de capital primário da Europa estava no exterior e que os lucros obtidos em empreendimentos africanos superaram continuamente o capital investido nas colônias.

Falando sobre a África colonial, um autor burguês e conservador fez as seguintes observações sobre as indústrias sul-africanas de ouro e diamantes:

Além do capital original subscrito [na indústria de diamantes], todo o capital investido foi retirado dos lucros. A indústria também rendeu grandes lucros para as empresas internacionais que negociavam diamantes. Esse produto teve uma importância peculiar, pois parte considerável da riqueza acumulada pelas companhias do setor foi posteriormente utilizada no desenvolvimento da [indústria do ouro] do Rand.*

Da mesma forma, em Angola, a empresa de diamantes Diamang foi um investimento que se pagou rapidamente, passando, então, a gerar capital. Os lucros combinados dessa empresa, só nos anos 1954 e 1955, chegaram ao total do capital investido mais 40%. O que excedeu os custos de investimento e manutenção foi, naturalmente, expatriado para Portugal, Bélgica e Estados Unidos, onde os acionistas da Diamang viviam; e foi assim que Angola investiu nesses países.

Nesse sentido, eram as colônias que geravam capital, não os países em que o capital estrangeiro era aplicado.

O capital estava em constante movimento da metrópole para alguma parte das dependências, de colônias para outras colônias (via metrópoles), de uma metrópole a outra e da colônia para a metrópole. Mas com os superlucros gerados por povos não europeus desde a escravização, o fluxo líquido ia da colônia para a metrópole. O que era chamado de "lucro" em um ano voltava como "capital" no ano seguinte. Mesmo autores progressistas deram uma impressão equivocada ao falar em "exportações" de capital da Europa para a África e em domínio do capital "estrangeiro". O que havia de estrangeiro ali eram os proprietários, não a fonte inicial.

Defensores do colonialismo se apressam em dizer que o dinheiro para escolas, hospitais e serviços semelhantes na África foi fornecido pelo contribuinte britânico, francês ou belga, conforme o caso. É desafiar a lógica admitir que os lucros de determinada colônia em determinado ano totalizaram vários milhões de dólares e depois afirmar que os poucos milhares de dólares destinados aos serviços sociais naquela colônia eram dinheiro dos contribuintes europeus! A

---

* S. Herbert Frankel, *Capital Investment in Africa* (Nova York, Howard Fertig, 1969), p. 53. (N. T.)

verdadeira situação pode ser apresentada com precisão nos seguintes termos: trabalhadores e camponeses africanos produziram para o capitalismo europeu bens e serviços de certo valor. Uma pequena proporção dos frutos de seus esforços era retida por eles na forma de salários, pagamentos em dinheiro e serviços sociais extremamente limitados, essenciais à manutenção do colonialismo. O restante ia para os vários beneficiários do sistema colonial.

É pequena a possibilidade de controvérsia quanto à credibilidade dos dados disponíveis para demonstrar que o colonialismo visava majoritariamente ao desenvolvimento das metrópoles e reservava apenas algumas migalhas para as colônias, como subprodutos fortuitos da exploração. Nos registros coloniais britânicos, há muitos relatórios de comissões reais investigando isso e aquilo; esses documentos, sobre os quais raramente foram tomadas medidas, forneceram as principais provas da espantosa indiferença dos regimes coloniais às necessidades africanas. Na década de 1930, houve revoltas em todas as Índias ocidentais devido ao sofrimento insuportável dos descendentes de africanos que, com o fim do sistema escravagista, foram abandonados sem amparo naquelas localidades. A Comissão Real que investigou as queixas achou-as tão chocantes que as conclusões completas não foram publicadas durante a guerra, para que não revelassem que o colonialismo dificilmente era melhor que o fascismo contra o qual a Grã--Bretanha estava lutando. Essa investigação fez avançar a ideia de estabelecer leis de desenvolvimento e bem-estar colonial [CD&W, na sigla em inglês]. Uma lei nesse sentido foi aprovada em 1940, embora até 1944 os fundos de CD&W não estivessem disponíveis para empréstimos às administrações coloniais.

Os franceses também tiveram seu equivalente ao CD&W, o Fonds d'Investissements pour le Developpement Économique et Social (Fides), criado em 1946. Desde o início da expansão colonial, havia duas explicações para os incentivos saídos das metrópoles. Uma era muito honesta e agradava às várias câmaras de comércio das cidades europeias. Dizia simplesmente que os europeus estavam no jogo colonial porque era muito lucrativo, e pronto. No entanto, houve outras pessoas que consideraram necessário promover a ideia de bem-estar dos "nativos incivilizados". Era uma continuação das justificativas anteriores para a escravização, com base no fato de que ela transportava os africanos pagãos para terras cristãs. À medida que o colonialismo sofria fortes críticas em suas últimas décadas, maiores foram os esforços deliberados para camuflá-lo. Tanto o CD&W quanto o Fides faziam parte da propaganda do colonialismo, procurando mascarar e negar sua crueldade. Acima de tudo, ambos nasceram das condições da Europa no pós-guerra, momento em que as nações capitalistas da Europa ocidental recorriam desesperadamente às colônias para salvá-las *vis-à-vis* o socialismo e até mesmo a concorrência dos Estados Unidos. O sr. Bevin, respeitado líder trabalhista que se tornou traidor de sua classe e porta-voz do capitalismo britânico, observou que

> as outras duas potências mundiais, os Estados Unidos e a Rússia soviética, têm recursos tremendos. Se a Europa ocidental quer conciliar sua balança de pagamentos e obter um equilíbrio mundial, é essencial que os recursos [africanos] sejam expandidos e colocados à disposição.*

Qualquer estudo minucioso das operações do CD&W e do Fides revela que nenhum deles tinha ligação com o desenvolvimento africano, mas, sim, com o bem-estar da Europa capitalista.

Os chamados fundos de desenvolvimento para África destinaram-se quase exclusivamente à construção de infraestruturas econômicas e à prestação de determinados serviços sociais. Das concessões do CD&W entre 1946 e 1956, menos de 1% foi alocado para indústrias. No caso do Fides, de 1949 a 1953, o valor correspondente foi inferior a 0,5%. A agricultura se saiu um pouco melhor, embora fosse, obviamente, a principal atividade em que os africanos estavam envolvidos. A administração colonial da Nigéria estabeleceu um Plano de Dez Anos, com a esperança de obter empréstimos vultosos dos fundos do CD&W. Nesse plano, de um total de 53 milhões de libras, a soma de 1,824 bilhão de libras foi destinada à agricultura. A maior parte dessa subvenção agrícola deveria ser aplicada na construção de uma escola agrícola e no fornecimento de salários para "especialistas" britânicos.

Outras colônias britânicas elaboraram Planos de Dez Anos, os quais tinham as mesmas deficiências do nigeriano; na verdade, foram todos desculpas para os verdadeiros planos econômicos, nada mais que uma série de projetos desconexos elaborados por diferentes departamentos governamentais como extensões de suas atividades já existentes. Assim, os planos não puderam abrir novos caminhos e ignoraram completamente as características do desenvolvimento, como estimular o comércio interno e inter-regional da África.

O maior percentual dos fundos de "desenvolvimento" ia para as colônias na forma de empréstimos para portos, ferrovias, usinas de energia elétrica, sistemas

---

* Parlamento do Reino Unido, *Parliamentary Debates (Hansard)* (Londres, 1948), série 5, v. 446. (N. T.)

de distribuição de água, oficinas de engenharia e armazéns, que eram necessários para uma exploração mais eficiente no longo prazo. No curto prazo, essas obras de construção garantiram escoamento para o aço, o concreto, o maquinário elétrico e o material ferroviário europeu. Um quinto dos fundos do Fides foi gasto em obras públicas importantes em Dacar, que se adequavam à indústria francesa e empregavam um grande número de expatriados. Mesmo as escolas construídas com recursos do Fides tinham um custo desnecessário por unidade, porque precisavam oferecer o padrão exigido para garantir postos de trabalho para expatriados brancos. A propósito, os empréstimos eram "vinculados" de tal forma que o dinheiro tinha de ser gasto na compra de materiais fabricados na metrópole em questão.

Os fundos de "desenvolvimento" foram criados no mercado monetário europeu pelos governos envolvidos e, na verdade, as metrópoles estavam fornecendo aos banqueiros e aos financistas do próprio país saídas lucrativas e seguras para seu capital. Em 1956, o governo francês iniciou um esquema ostensivo para promover os próprios capitalistas privados enquanto fazia falsas promessas de desenvolvimento e bem-estar para a África. O esquema envolveu a criação de uma instituição chamada Sociétés Financières pour le Développement des Territoires d'Outre-mer (SDOM) [Sociedades Financeiras para o Desenvolvimento dos Territórios Ultramarinos]. A SDOM nada mais era que uma associação de capitalistas privados interessados, sobretudo, no petróleo do norte da África e que recebiam grandes subvenções governamentais para atingir seus objetivos.

Havia muitos sinais evidentes que desmascaravam a farsa do CD&W aos olhos de observadores atentos e preocupados. O secretário colonial formou um conselho para ajudá-lo na alocação de doações, e tal conselho foi indicado pelos membros mais poderosos da burguesia britânica, incluindo diretores do Barclays Bank. Como os fundos do CD&W eram inadequados mesmo para os planos decenais inúteis das colônias, o governo britânico encorajou as administrações coloniais a emprestar o restante de seu capital no mercado monetário aberto. Esse era outro modo de garantir que a mão de obra e as reservas da África remetessem os excedentes para os gananciosos cambistas europeus.

O Barclays Bank foi um dos primeiros a agarrar a oportunidade de conceder empréstimos aos regimes coloniais para complementar as subvenções do CD&W, criando uma corporação de desenvolvimento ultramarino especial para "ajudar" a África. O presidente do banco assegurou a todos que "o desenvolvimento do império colonial e o bem-estar de seus habitantes é um assunto que diz respeito a todos os cidadãos da [Grã-Bretanha]". Essa era a linguagem das relações públicas, que se encaixava muito bem na sórdida hipocrisia praticada pelos homens brancos desde que eles começaram a matar e a escravizar em nome da civilização e do cristianismo.

Como parte da hipocrisia do colonialismo, tornou-se moda falar sobre como a Europa inseriu a África no século XX. Essa afirmação tem implicações nas esferas socioeconômica e política e pode se mostrar falsa não em alguns, mas em todos os aspectos.

Diz-se com frequência que o colonialismo modernizou a África ao introduzir características dinâmicas do capitalismo, como a propriedade privada da terra, a propriedade privada dos outros meios de produção e as relações monetárias. Aqui é essencial distinguir entre *elementos capitalistas* e o *capitalismo como um sistema social total*. O colonialismo introduziu alguns elementos do capitalismo na África. Em termos gerais, onde o modo de produção comunal entrou em contato com a economia monetária, esta última se impôs. O cultivo comercial e o trabalho assalariado afastaram-se da família ampliada como base da produção e distribuição.

Um ditado sul-africano sugere que "o homem branco não tem família, sua família é o dinheiro". Essa é uma revelação profunda da diferença entre as sociedades capitalistas e as pré-capitalistas, e, quando o capitalismo entrou em contato com as sociedades africanas, em grande parte ainda no modo de produção comunal, ele introduziu relações monetárias em detrimento dos laços de parentesco. No entanto, o colonialismo não transformou a África em uma sociedade capitalista comparável às metrópoles. Se tivesse feito isso, talvez se pudesse reclamar das brutalidades e das desigualdades do capitalismo, mas não se poderia dizer que o colonialismo falhou em fazer a África avançar pelo caminho do desenvolvimento histórico humano. Como sistema, o capitalismo das metrópoles ou dos epicentros tinha duas classes dominantes: primeiro, os capitalistas (ou burgueses), que possuíam as fábricas e os bancos – os principais meios de produção e distribuição de riqueza; segundo, os trabalhadores (ou proletariado) que trabalhavam nas fábricas da dita burguesia. Na África, ou mesmo entre os africanos, o colonialismo não criou uma classe proprietária de capital e de fábricas nem criou um proletariado urbanizado de alguma importância, particularmente fora da África do Sul. Em outras palavras, o capitalismo, sob a forma de colonialismo, não conseguiu realizar na África as funções que cumpriu na Europa: transformar as relações sociais e liberar as forças de produção.

É evidente que os capitalistas não se propõem a criar outros capitalistas, que seriam seus rivais. Pelo contrário, a tendência do sistema na Europa desde o início foi de competição, eliminação e monopólio. Portanto, quando o estágio imperialista foi alcançado, os capitalistas metropolitanos não tinham a intenção de permitir o surgimento de rivais nas dependências. No entanto, apesar da vontade das metrópoles, alguns capitalistas locais surgiram na Ásia e na América Latina. A África é uma exceção significativa porque, em comparação com outros povos colonizados, o número de africanos que teve acesso aos degraus intermediários da hierarquia burguesa, em termos de capital para investimento, foi muito menor.

Parte da explicação para a falta de capitalistas africanos na África reside na chegada de grupos minoritários sem laços familiares no território e que puderam se interpor no caminho da implacável acumulação primária que o capitalismo exige. Empresários libaneses, sírios, gregos e indianos ascenderam às fileiras dos pequenos comerciantes para se tornarem capitalistas menores e, algumas vezes, de grande porte. Nomes como Raeeah e Leventis eram bem conhecidos na África ocidental, assim como Madhvani e Visram se tornaram conhecidos capitalistas na África oriental.

Houve conflitos entre os intermediários e os colonialistas europeus, mas estes últimos preferiam encorajar as minorias a ver os africanos se estabelecerem. Na África ocidental, por exemplo, empresários de Serra Leoa foram desencorajados tanto na própria colônia quanto em outras possessões britânicas onde escolheram se fixar. Na África oriental, havia entre os ugandenses, em especial, a esperança de adquirir descaroçadores de algodão e desempenhar algumas funções capitalistas relacionadas ao cultivo do produto e a outras atividades. Porém, em 1920, a comissão de desenvolvimento nomeada para promover o comércio e a indústria favoreceu primeiro os europeus e depois os indianos. Os africanos foram proibidos legalmente de possuir descaroçadores.

Tomando a África como um todo, os poucos empresários africanos que surgiram ficaram na base da hierarquia e não podem ser considerados "capitalistas" no verdadeiro sentido da palavra. Eles não possuíam capital suficiente para investir em grande escala na agricultura, no comércio, na mineração ou na indústria e dependiam tanto do capital de propriedade europeia quanto do capital local de grupos minoritários.

O fracasso do capitalismo europeu em criar capitalistas africanos talvez não seja tão surpreendente quanto sua incapacidade de criar uma classe trabalhadora e disseminar habilidades industriais por toda a África. O colonialismo era, por natureza, preconceituoso contra o estabelecimento de indústrias na África, fora das esferas agrícola, de mineração extrativista e de corte de madeira. Sempre que as forças internas pareciam pressionar no sentido da industrialização africana, eram propositalmente bloqueadas pelos governos coloniais que atuavam em nome dos proprietários de indústrias nas metrópoles. As fábricas de óleo de amendoim foram instaladas no Senegal em 1927 e começaram a exportar para a França. Logo em seguida, sofreram restrições devido aos protestos dos donos de moinhos franceses. Também na Nigéria, os moinhos de óleo montados por libaneses foram desestimulados. O óleo ainda era enviado para a Europa como matéria-prima para a indústria, mas os industriais europeus não aceitavam nem mesmo que o estágio mais simples do processamento de amendoim em óleo se desse em solo africano.

Muitas contradições ilógicas surgiram em todo o continente como consequência da política de não industrialização: sudaneses e ugandenses cultivavam algodão, mas importavam produtos manufaturados de algodão; a Costa do Marfim cultivava cacau e importava cacau enlatado e chocolate.

A diminuta classe trabalhadora da África colonial tinha empregos como trabalho agrícola e serviço doméstico. A maior parte não era qualificada, em contraste com as habilidades acumuladas no capitalismo propriamente dito. Quando se tratava de projetos que exigiam especialização técnica, os europeus faziam a supervisão – circulando com capacetes e bermudas brancos. É claro que, em 1885, os africanos não possuíam o conhecimento técnico desenvolvido na Europa durante os séculos XVIII e XIX. Essa diferença devia-se, em parte, aos tipos de relação entre a África e a Europa no período pré-colonial. O mais significativo, porém, é o número muito pequeno de africanos que conseguiram adquirir habilidades "modernas" durante o período colonial. Em alguns lugares, como África do Sul e nas duas Rodésias, isso se devia à discriminação racial específica na contratação, com o objetivo de reservar os melhores empregos para os brancos. No entanto, mesmo na ausência de brancos, a falta de habilidades entre os africanos foi parte integrante do impacto capitalista no continente.

Já foi mostrado como a presença da indústria fomentou e multiplicou as técnicas científicas na Europa. O reverso da moeda se deu na África: a ausência de indústrias significou a ausência de qualificação. Mesmo na indústria de mineração, ficou acertado que o trabalho mais valioso deveria ser feito fora da África. Às vezes, esquece-se de que é o trabalho que agrega valor às mercadorias por meio da transformação de produtos naturais. Por exemplo, embora as gemas de diamantes tenham valor muito superior à sua utilidade prática, não se trata simplesmente de serem raros. É preciso trabalho para localizar os diamantes, e essa é uma tarefa hábil de um geólogo – e os geólogos eram, é claro, europeus. É preciso trabalho para extrair os diamantes, o que envolve principalmente trabalho físico. Somente nessa fase os africanos da África do Sul, Namíbia, Angola, Tanganica e Serra Leoa entravam em cena. Em seguida, é preciso trabalho para lapidar e polir os diamantes. Uma pequena parcela dele era realizada por brancos na África do Sul; a maior parte, por brancos em Bruxelas e Londres. Era na mesa do lapidador habilidoso que o diamante bruto se transformava em joia e aumentava seu valor. Nenhum africano foi autorizado a se aproximar desse tipo de técnica no período colonial.

Muito da vitalidade do capitalismo se devia à forma como o crescimento criava oportunidades para mais crescimento. As principais indústrias geravam subprodutos, estimulavam o uso de matérias-primas locais, expandiam o transporte e a construção civil, como visto no caso da Unilever. Nas palavras de economistas profissionais, essas eram as "articulações completas" e vantajosas. Dado que as indústrias que utilizavam matérias-primas africanas estavam localizadas *fora* da África, não poderia haver articulações completamente vantajosas *dentro* da África. Após a Segunda Guerra Mundial, a Guiné começou a exportar bauxita. Nas mãos dos capitalistas franceses e estadunidenses, essa matéria virava alumínio, que, nas metrópoles, era aplicado na confecção de material refratário, condutores elétricos, invólucros para cigarros, utensílios de cozinha, vidros, joias, abrasivos, estruturas leves e aeronaves. A bauxita guineense estimulou o transporte marítimo europeu e a energia hidrelétrica estadunidense. Na Guiné, a mineração colonial de bauxita deixou buracos no solo.

No caso do ouro, o impacto financeiro na Europa foi enorme, e o ouro africano desempenhou seu papel no desenvolvimento do sistema monetário, da indústria e da agricultura nas metrópoles. Mas, como a bauxita e outros minerais, o ouro é um recurso finito: uma vez extraído do solo de um país, a perda é absoluta e não pode ser substituída. Esse simples fato é muitas vezes ocultado enquanto a produção é continua, como aconteceu na África do Sul, mas veio à tona de forma dramática quando os minerais desapareceram de fato, no período colonial. Por exemplo, no sul de Tanganica, os britânicos extraíram ouro o mais rápido que puderam a partir de 1933 em um lugar chamado Chunya. Em 1953, eles haviam abocanhado tudo e enviado para o exterior. No fim do período colonial, Chunya era um dos pontos mais atrasados de toda a Tanganica, a Cinderela pobre da África oriental. Se isso era modernização, diante do preço pago pela exploração e opressão, os africanos teriam ficado melhor na mata.

Industrialização não significa apenas fábricas. A própria agricultura foi industrializada nos países capitalistas e socialistas pela aplicação intensiva de princípios científicos na irrigação, fertilização, desenvolvimento de ferramentas, seleção de culturas, criação de gado. O fracasso mais decisivo do colonialismo na África foi alterar a tecnologia da produção agrícola; a prova mais contundente da superficialidade da fala sobre o colonialismo ter "modernizado" a África é o fato de que a grande maioria dos africanos entrou no colonialismo com uma enxada e saiu dele com uma enxada. Alguns latifúndios capitalistas introduziram máquinas agrícolas, e o estranho trator chegou às mãos de agricultores africanos, mas a enxada continuou sendo o implemento agrícola predominante. O capitalismo pôde revolucionar a agricultura na Europa, mas não pôde fazer o mesmo com a África.

Em algumas regiões, esse sistema levou atraso tecnológico para a agricultura. Nas reservas da África austral, muitos africanos foram aglomerados em terras inadequadas e forçados a se envolver em agricultura intensiva, usando técnicas que só se adequavam ao cultivo itinerante. Na prática, isso representou retrocesso técnico, porque a terra rendia cada vez menos e era exaurida no processo. Em locais onde os africanos foram impedidos de usar suas terras ancestrais com base na técnica itinerante abrangente, os mesmos efeitos negativos foram encontrados. Além disso, alguns dos novos cultivos comerciais, como amendoim e algodão, exigiam muito do solo. Em países como Senegal, Níger e Chade, que já estavam às margens do deserto, o cultivo ininterrupto levou ao empobrecimento do solo e à desertificação.

As ideias racistas estão tão profundamente enraizadas na sociedade capitalista que o fracasso no avanço da agricultura na África foi atribuído à inerente inferioridade dos africanos. Seria muito mais correto afirmar que a causa foi a intrusão dos brancos, embora a explicação básica não se encontre na má vontade pessoal dos colonialistas ou em sua origem racial, e sim na crueldade organizada do sistema capitalista/colonialista.

O fracasso em aprimorar as ferramentas e os métodos agrícolas em nome dos camponeses africanos não foi uma má decisão dos formuladores de políticas coloniais. Era uma característica inerente ao colonialismo como um todo, baseada no entendimento de que a divisão internacional do trabalho visava à qualificação nas metrópoles e ao baixo nível da mão de obra nas dependências. Era também resultado do uso considerável da força (incluindo impostos) nas relações de trabalho africanas. As pessoas podem ser obrigadas a realizar trabalho manual simples, mas não muito mais. Isso foi provado quando os africanos foram escravizados nas Índias ocidentais e na América. Os trabalhadores escravizados danificavam ferramentas e faziam sabotagens, que só podiam ser controladas com supervisão extra e com a manutenção de ferramentas e processos produtivos de nível muito elementar. A mão de obra escravizada era imprópria para a atividade industrial, por isso o norte dos Estados Unidos travou uma guerra, em 1861, para acabar com a escravização no sul e, assim, disseminar verdadeiras relações capitalistas por todo o país. Seguindo o raciocínio, fica claro por que as várias formas de trabalho agrícola forçado na África tiveram que ser mantidas em níveis bastante simples, o que, por sua vez, significava baixos rendimentos.

Sob o colonialismo, os capitalistas não pagavam o suficiente para um africano sustentar a si mesmo e à família. Isso pode ser facilmente percebido em uma análise sobre os valores em dinheiro recebidos pelos camponeses africanos pelos cultivos comerciais. A venda de produtos por um agricultor africano raramente rendia dez libras por ano, e muitas vezes era menos da metade desse valor. Além disso, um camponês tinha de pagar por ferramentas, sementes e transporte, além de amortizar o empréstimo junto ao intermediário, antes de poder chamar de seu o que restasse. Os camponeses que produziam café e cacau e coletavam os frutos da palma tendiam a ganhar mais que aqueles que lidavam com algodão e amendoim, mas mesmo um agricultor de cacau acuapém ou um cafeicultor chagga nunca conseguia dinheiro em quantidade suficiente para alimentar, vestir e abrigar a família. Assim, a agricultura de subsistência de inhame ou banana era mantida para suplemento, permitindo ao camponês comer; e os poucos xelins ganhos iam para pagar impostos e comprar o número cada vez maior de coisas que só podiam ser obtidas com dinheiro nas lojas dos intermediários – sal, tecidos, parafina. Com muita sorte, o camponês teria acesso a chapas de zinco, bicicletas, rádios e máquinas de costura, além de poder pagar as mensalidades escolares. Deve-se esclarecer: aqueles que se encaixavam nessa última categoria eram pouquíssimos.

Uma razão pela qual o camponês africano recebia tão pouco pelo cultivo comercial era seu trabalho não ser qualificado. Mas essa explicação não é completa, ainda que, de fato, um produto como o algodão se valorizasse ao passar pelos sofisticados processos industriais na Europa. Ao esclarecer como os capitalistas se apropriavam de parte do excedente de cada trabalhador, Karl Marx usou o exemplo do algodão. Ele explicou que o valor do algodão manufaturado incluía o valor do trabalho empregado no cultivo do algodão cru, mais a parte do valor do trabalho de fiação nos fusos, mais o trabalho empregado na manufatura propriamente dita. Do ponto de vista africano, a primeira conclusão que se tira é a de que o camponês que trabalhava em solo africano estava sendo explorado pelo industrial que usava matéria-prima africana na Europa ou nos Estados Unidos. Em segundo lugar, é necessário perceber que a contribuição da mão de obra não qualificada africana era muito menos valorizada que a contribuição da mão de obra qualificada europeia.

Já se observou que uma hora de trabalho de um agricultor de algodão no Chade equivalia a menos de um centímetro de tecido de algodão, o que o fazia trabalhar cinquenta dias para ganhar o necessário para comprar três metros de tecido feito com seu próprio algodão na França. No entanto, o trabalhador têxtil francês (usando fusos modernos) fazia três metros de tecido em questão de minutos! Considerando-se que o francês não estava mais próximo de Deus – que fez o mundo inteiro em apenas seis dias e descansou no sétimo –, devem existir fatores no sistema colonial capitalista que permitiam a grande disparidade no valor do trabalho no Chade e na França. Em primeiro lugar, o camponês do Chade era fraudado no comércio, vendendo barato e comprando caro e, portanto, recebia uma proporção diminuta do valor que criava com seu trabalho. Não eram as misteriosas "forças de mercado" que possibilitavam isso, como os economistas burgueses gostariam que acreditássemos, e sim o poder político concentrado inteiramente nas mãos dos colonialistas. Tratava-se de uma consequência da dominação monopolista, tanto econômica quanto politicamente. Em segundo lugar, o tempo gasto pelo camponês do Chade era maior, porque o colonialismo não lhe permitia adquirir as ferramentas para encurtar as horas necessárias para a produção de determinada quantidade de algodão cru.

De certa maneira, teria sido do interesse das potências coloniais ter melhores técnicas agrícolas na África, possibilitando um aumento no volume e na qualidade da produção. Todos os regimes coloniais patrocinaram algumas pesquisas científicas sobre agricultura tropical. No entanto, essas pesquisas foram quase inteiramente dedicadas ao cultivo comercial, limitadas em escopo e mais facilmente adaptáveis às grandes propriedades que aos camponeses africanos que não tinham capital. As ínfimas quantias destinadas a melhorias agrícolas na África durante o período colonial contrastam fortemente com as quantias cada vez maiores destinadas à pesquisa na Europa no mesmo período – com enormes benefícios tanto para a indústria quanto para a agricultura nas metrópoles.

As afirmações infundadas sobre a modernização socioeconômica apresentavam-se lado a lado às alegações dos defensores do colonialismo de que o domínio europeu trouxe força e emancipação políticas. Um dos argumentos mais antigos nesse sentido é o de que a África era um caos no século XIX e que "tribos" como ngoni, ajaua e samori estavam matando umas às outras por toda parte. Portanto, o continente foi salvo por Livingstone e Stanley. Em geral, tais afirmações fantásticas não têm lugar nas obras da atual geração de estudiosos europeus da África, uma vez que já se sabe que não têm qualquer semelhança com a realidade. No entanto, alguns autores ainda pregam que "os bantu só puderam ser salvos das lutas desgastantes e de seu atraso econômico e técnico geral pela imposição de um governo [europeu] estável"*.

Outro suposto mérito dos colonialistas é que desenvolveram o nacionalismo na África. Essa é uma afirmação superficial e perversa que ignora por completo os numerosos Estados existentes na África às vésperas da colonização e o sentido em que evoluíam.

O nacionalismo é uma forma de unidade que nasce da experiência histórica. É um sentimento de unidade que emerge de grupos sociais que tentam controlar seu ambiente e defender seus ganhos contra grupos concorrentes. O Estado-nação também impõe a ordem e mantém a estabilidade dentro de seus próprios limites, em geral em nome de determinada classe. Tudo isso existia nos Estados africanos do século XIX, alguns dos quais eram muito maiores que as colônias arbitrariamente definidas pelos europeus. É verdade que o atual nacionalismo africano assumiu a forma específica da adoção das fronteiras talhadas pelos imperialistas, consequência inevitável do fato de que a luta pela reconquista da independência africana foi condicionada pelo quadro administrativo das colônias. Mas seria uma ignorância crassa do passado africano dizer que o colonialismo modernizou a África politicamente por meio de Estados-nação, especialmente quando isso implica dizer que, de outra forma, tal nível de organização política e estabilidade teria sido impossível.

Uma afirmação colonialista que ao menos tem uma aparência plausível é a de que o capitalismo e o domínio colonial significavam maior liberdade individual para muitos africanos. Jovens que ganhavam salários ou indivíduos que cultivavam por dinheiro tornaram-se independentes das demandas coletivas de suas famílias. É discutível até que ponto isso foi um fenômeno compensador, mas se pode dizer que é, de certa forma, comparável ao modo como o capitalismo libertou o indivíduo na Europa das restrições da sociedade feudal e de vínculos

---

* Lewis H. Gann e Peter Duignan, *Burden of Empire: An Appraisal of Western Colonialism in Africa South of the Sahara* (Nova York, Hoover Institution Press, 1967), p. 162. (N. T.)

impostos por hipócritas. Ainda assim, quando um cidadão africano específico rompia com obrigações familiares que se mostravam extensas e onerosas, que liberdade ele adquiria? Sua escolha de alternativas era estritamente ditada pelos colonialistas, e ele só era "livre" para participar da economia monetária e do setor cultural voltado para a Europa nos níveis mais baixos e menos criativos.

Há uma escola mais solidária de historiadores da África que afirma que envergar o colonialismo como completamente negativo é subestimar a *iniciativa* dos africanos. Estes, dizem eles, entraram com ousadia no mercado de trabalho, na agricultura comercial; em alguns casos, no comércio, na educação e nas igrejas. No entanto, essas foram simplesmente *respostas* (embora vigorosas) às opções abertas pelos colonialistas. A verdadeira iniciativa histórica de todo um povo ou de indivíduos requer que eles tenham poder de escolher a *direção* em que querem se mover. Esse último aspecto teve de aguardar a década de 1960.

Em qualquer sistema social, os oprimidos encontram algum espaço de manobra próprio. Por exemplo, sob o regime escravista da América e das Índias ocidentais, os africanos encontraram maneiras e meios de obter pequenas vantagens. Eles bajulavam e "enganavam" os senhores, que de tão arrogantes e intolerantes eram fáceis de enganar. Da mesma forma, sob o colonialismo, muitos africanos entraram no jogo para garantir o que podiam. Africanos em posições de intérprete, policial e funcionário de tribunais muitas vezes conseguiam o que queriam de dominadores europeus. No entanto, isso não deve ser confundido com poder ou participação política, nem com exercício da liberdade individual. No sistema escravista, o poder estava nas mãos dos senhores escravocratas; sob o colonialismo, nas mãos dos colonialistas. A perda de poder de vários Estados africanos significou uma redução na liberdade de cada indivíduo.

Do ponto de vista do colonizado, o colonialismo era a negação da liberdade. Mesmo em termos quantitativos, não poderia levar aos africanos uma libertação política moderna comparável ao pouco que o capitalismo havia alcançado como um aperfeiçoamento do feudalismo. Em seus aspectos políticos, o capitalismo nas metrópoles incluía constituições, parlamentos, liberdade de imprensa. Todas essas coisas eram limitadas quando aplicadas à classe trabalhadora europeia, mas existiam nas metrópoles, de um jeito ou de outro, desde a guerra da independência dos Estados Unidos e da Revolução Francesa. Mas Jules Ferry, ex-ministro colonial francês, explicou que a Revolução Francesa não foi travada em nome dos negros da África. A liberdade, a igualdade e a fraternidade burguesas não eram para súditos coloniais. Os africanos tinham de lidar com baionetas, leis contra revoltas e canhoneiras.

ASPECTOS NEGATIVOS OU CONSEQUÊNCIAS SOCIAIS, POLÍTICAS E ECONÔMICAS

Até aqui, o objetivo da argumentação tem sido mostrar que os benefícios do colonialismo foram pequenos e não foram presentes colonialistas, mas, na maior parte, frutos do trabalho e dos recursos africanos. Na verdade, o que os colonialistas chamavam de "desenvolvimento da África" era manifestação breve e cínica da "intensificação da exploração colonial na África para desenvolver a Europa capitalista". Esta análise foi além disso para demonstrar que inúmeras alegações falsas são feitas visando a demonstrar que a Europa desenvolveu a África no sentido de trazer ordem social, nacionalismo e modernização econômica. No entanto, isso ainda não permitiria concluir que o colonialismo teve um impacto negativo no desenvolvimento da África. Ao oferecer a visão de que o colonialismo foi negativo, o objetivo é chamar atenção para a maneira como o desenvolvimento africano anterior foi atravancado, interrompido e protelado. No lugar dessa interrupção e desse bloqueio, nada de valor compensatório foi introduzido.

A colonização da África durou pouco mais de setenta anos na maior parte do continente, período extremamente curto no contexto do desenvolvimento histórico universal. No entanto, foi precisamente nesses anos que, em outras partes do mundo, a taxa de mudanças foi maior que nunca. Como já exemplificado, os países capitalistas revolucionaram a tecnologia e chegaram à era nuclear. Enquanto isso, o socialismo foi instaurado, elevando a Rússia semifeudal, semicapitalista, a um nível de crescimento econômico sustentado mais alto que o já experimentado em algum país capitalista. O socialismo fez o mesmo com a China e a Coreia do Norte – garantindo o bem-estar e a independência do Estado, mas também reorganizando os arranjos sociais internos de maneira mais justa do que nunca. É com essas mudanças decisivas que os eventos na África devem ser comparados. Ficar no mesmo lugar, ou mesmo mover-se lentamente enquanto outros saltam à frente, equivale, na prática, a retroceder. Com certeza, em termos relativos, a posição africana em relação a seus colonizadores tornou-se mais desvantajosa nas esferas política, econômica e militar.

O caráter determinante do curto período de colonialismo e suas consequências negativas para a África derivam, principalmente, do fato de que o continente perdeu poder. O poder é o determinante fundamental na sociedade humana, sendo básico para as relações dentro de qualquer grupo e entre grupos. Implica a capacidade de defender os próprios interesses e, se necessário, impor a vontade por qualquer meio disponível. Nas relações entre os povos, o poder determina a capacidade de manobra nas negociações, até que ponto um povo respeita os interesses de outro e, às vezes, a sobrevivência de um povo como entidade física e cultural. Quando uma sociedade se vê forçada a entregar seu poder inteiramente a outra, isso é, em si, uma forma de subdesenvolvimento.

Durante os séculos de comércio pré-colonial, a África detinha algum controle sobre sua vida social, política e econômica, apesar do comércio desvantajoso com os europeus. Esse pouco controle das questões internas desapareceu sob o colonialismo. O colonialismo extrapolou o comércio. Significou uma tendência à apropriação direta das instituições sociais da África pelos europeus. Os africanos deixaram de estabelecer metas e padrões culturais inerentes a seus povos e perderam o controle total da formação de jovens membros da sociedade. Esses foram, sem dúvida, grandes retrocessos.

O tunisiano Albert Memmi sugere o seguinte:

> O golpe mais grave sofrido pelo colonizado é ser retirado da história e da comunidade. A colonização usurpa qualquer papel livre na guerra ou na paz, todas as decisões que contribuem para o seu destino e o do mundo, e toda a responsabilidade cultural e social.*

Por mais abrangente que essa afirmação possa parecer de início, ela é inteiramente verdadeira. A exclusão da história é uma decorrência lógica da perda de poder que o colonialismo representou. O poder de agir de forma independente é a garantia de participar ativa e *conscientemente* da história. Ser colonizado é ser excluído da história, exceto no sentido mais passivo. Um exemplo impressionante do fato de que a África colonial era um objeto passivo é visto no modo como atraía antropólogos brancos, que queriam estudar a "sociedade primitiva". O colonialismo determinou que os africanos não eram mais criadores de história que os besouros – elementos a ser observados ao microscópio e examinados em busca de características incomuns.

O impacto negativo do colonialismo em termos políticos foi bastante dramático. Da noite para o dia, os Estados políticos africanos perderam poder, independência e sentido – tanto os grandes impérios quanto as pequenas sociedades. Certos governantes tradicionais foram mantidos no cargo, e a

---

* Tradução nossa. Ver também Albert Memmi, *Retrato do colonizado precedido de retrato do colonizador* (Rio de Janeiro, Civilização Brasileira, 2007). (N. T.)

estrutura formal de alguns reinos foi parcialmente conservada, mas a essência da vida política tornou-se bem diferente. O poder político passou para as mãos de senhores estrangeiros. Obviamente, numerosos Estados africanos haviam passado, nos séculos anteriores, pelo ciclo de crescimento e declínio. Mas o domínio colonial era diferente: enquanto durasse, nem um único Estado africano conseguiria prosperar.

Para ser mais específico, deve-se notar que o colonialismo esmagou pela força os Estados feudais vigentes do norte da África; os franceses eliminaram os grandes Estados muçulmanos do Sudão ocidental, assim como Daomé e os reinos de Madagáscar; os britânicos eliminaram os grandes Estados Egito, Sudão madista, Axanti, Benin, os reinos iorubá, Suazilândia, Matabelelândia, Lozi e os reinos da zona dos grandes lagos da África oriental. Deve-se notar ainda que muitos Estados menores e emergentes foram removidos da face da África por belgas, portugueses, britânicos, franceses, alemães, espanhóis e italianos. Por fim, os que aparentemente sobreviveram não passavam de marionetes. Por exemplo, o sultão do Marrocos manteve a existência nominal sob o domínio colonial que começou em 1912; a mesma coisa se aplicou ao *bei* de Túnis, mas Marrocos e Tunísia estavam tanto sob o poder dos administradores coloniais franceses quanto a vizinha Argélia, de onde os governantes feudais foram depostos.

Muitas vezes, é claro, os governantes africanos escolhidos para atuar como agentes do domínio colonial estrangeiro não passavam de títeres. Os franceses e os portugueses tinham o hábito de escolher seus próprios "chefes" africanos, os britânicos foram para a Ibolândia e inventaram "chefes mandatários", e todas as potências coloniais acharam conveniente criar governantes "superiores" ou supremos. Muitas vezes, a população local desprezava esses fantoches coloniais. Havia governantes tradicionais, como o sultão de Sokoto, o *cabaca* de Buganda e o axantiene de Axanti, que mantinham muito prestígio aos olhos dos africanos, mas não tinham poder para agir fora dos estreitos limites estabelecidos pelo colonialismo, com receio de serem enviados às ilhas Seychelles como "convidados do governo de Sua Majestade".

Pode-se até dizer que o domínio colonial significou a erradicação efetiva do poder político africano em todo o continente depois que a Libéria e a Etiópia não podiam mais funcionar como Estados independentes no contexto do colonialismo continental. A Libéria, em particular, teve de se curvar às pressões políticas, econômicas e militares estrangeiras de maneira que nenhum Estado realmente independente poderia ter aceitado, e, ainda que a Etiópia tenha se mantido firme até 1936, a maioria das nações capitalistas europeias não estava inclinada a tratá-la como um Estado soberano, principalmente porque era africano, e os africanos eram obrigados a ser súditos coloniais.

O padrão de suspensão do desenvolvimento político africano tem algumas características que só podem ser apreciadas após escrutínio cuidadoso e a retirada dos antolhos que os colonizadores colocaram nos olhos de seus súditos. Um caso interessante, nesse sentido, é o papel da mulher na sociedade. Até hoje, a sociedade capitalista não conseguiu resolver a desigualdade entre homens e mulheres, arraigada em todos os modos de produção anteriores ao socialismo. Na África, os colonialistas às vezes prometiam, da boca para fora, educação e emancipação das mulheres, mas, em termos objetivos, o que houve foi a deterioração da condição das mulheres em razão do domínio colonial.

Uma avaliação realista do papel das mulheres na África pré-colonial independente mostra duas tendências contrastantes, mas combinadas. Em primeiro lugar, eram exploradas pelos homens por meio de arranjos polígamos destinados a se apropriar da força de trabalho delas. Como sempre, a exploração era acompanhada de opressão, e há evidências de que as mulheres eram, às vezes, tratadas como animais de carga, como em sociedades africanas muçulmanas. No entanto, havia uma tendência contrária, isto é, de assegurar a dignidade das mulheres em maior ou menor grau em todas as sociedades africanas. O direito materno predominava nas sociedades africanas, e mulheres possuíam uma variedade de privilégios baseados no fato de serem a base da herança.

Mais importante ainda, algumas mulheres tinham poder político real, exercido por meio da religião ou diretamente dentro do aparato político-constitucional. Em Moçambique, a viúva de um rei nguni tornava-se a sacerdotisa encarregada do santuário montado no local da sepultura do falecido marido, e o rei em exercício tinha de consultá-la sobre todos os assuntos importantes. Em certos casos, as mulheres eram efetivamente chefes de Estado. Entre os lubedu do Transvaal, a figura-chave era a rainha da Chuva, que tinha funções políticas e religiosas. O papel de importância mais frequentemente encontrado entre as mulheres era o de "rainha mãe" ou "rainha irmã". Na prática, esse posto era ocupado por uma mulher de sangue real, mãe, irmã ou tia do rei em exercício em locais como Mali, Axanti e Buganda. Sua influência era considerável, e havia ocasiões em que a "rainha mãe" era o verdadeiro poder, e o rei masculino, mero fantoche.

O que aconteceu com as mulheres africanas sob o colonialismo foi que os privilégios e os direitos sociais, religiosos, constitucionais e políticos desapareceram, enquanto a exploração econômica continuou e, muitas vezes, se intensificou, pois a divisão sexual do trabalho foi, quase sempre, abalada. Tradicionalmente, os homens africanos faziam o trabalho pesado de derrubar árvores, limpar terrenos, construir casas, além de conduzir guerras e caçar. Quando eles foram obrigados a deixar suas propriedades rurais para procurar emprego, as mulheres ficaram, sobrecarregadas com todas as tarefas necessárias para a subsistência delas, das crianças e até dos homens no que dizia respeito à alimentação. Além disso, como os homens entravam no setor monetário com mais facilidade e em maior número que as mulheres, o trabalho delas tornou-se muito menos valorizado dentro do novo sistema de valores do colonialismo: o trabalho dos homens era "moderno" e o das mulheres era "tradicional" e "atrasado". Portanto, a deterioração da condição das mulheres africanas estava ligada à consequente perda do direito de estabelecer padrões originários sobre qual trabalho tinha mérito e qual não tinha.

Uma das manifestações mais importantes de interrupção e estagnação histórica na África colonial é aquela que comumente recebe o título de "tribalismo". Esse termo, em seu ambiente jornalístico comum, sugere que os africanos têm uma lealdade básica à tribo, não à nação, e que cada tribo ainda *mantém* uma hostilidade fundamental em relação às vizinhas. Os exemplos preferidos pela imprensa capitalista e pela erudição burguesa são os do Congo e da Nigéria. Seus relatos indicam que os europeus tentaram fazer dos povos congoleses e nigerianos uma nação, mas falharam, pois as várias tribos tinham seus ódios antigos, e assim que o poder colonial se foi os nativos *voltaram* a matar uns aos outros. A esse fenômeno os europeus costumam associar a palavra "atavismo", para transmitir a noção de que os africanos estavam retornando à sua selvageria primitiva. Mesmo um levantamento superficial do passado africano mostra que isso é o oposto da verdade.

É preciso discutir brevemente o que compõe uma tribo – termo evitado nesta análise, em parte porque geralmente carrega conotações depreciativas, mas também por causa de sua imprecisão e das formas frouxas como é empregado na literatura sobre a África. Seguindo o princípio da vida familiar, os africanos eram organizados em grupos que tinham ancestrais comuns. Teoricamente, a tribo era o maior grupo de pessoas que alegava descender de um ancestral comum em um passado remoto. Em geral, esse grupo podia ser considerado de uma mesma linhagem étnica e falava línguas que tinham muito em comum. Para além disso, os membros de uma tribo raramente pertenciam todos a uma mesma unidade política e muito raramente compartilhavam um propósito social comum em termos de atividades como comércio e guerra. Os Estados africanos muitas vezes se baseavam essencialmente em parte dos membros de determinado grupo étnico ou (mais geralmente) em um amálgama de membros de diferentes comunidades étnicas.

Todos os grandes Estados da África do século XIX eram multiétnicos, e sua expansão estava transformando qualquer coisa semelhante à lealdade "tribal" em algo do passado, substituindo-as por laços nacionais e de classe. No entanto, em todas as partes do mundo, essa substituição de laços puramente étnicos por laços nacionais e de classe é um processo histórico longo; sem exceção, certos bolsões regionais de indivíduos com suas próprias lealdades regionais estreitas, surgidas de laços de parentesco, língua e cultura, perduram por muito tempo. Na Ásia, os Estados feudais do Vietnã e da Birmânia alcançaram um grau considerável de homogeneidade nacional ao longo dos séculos anteriores ao domínio colonial. Mas havia bolsões de "tribos" ou "minorias" que permaneceram fora da esfera efetiva do Estado-nação e da economia e cultura nacionais.

Em primeiro lugar, o colonialismo bloqueou a evolução da solidariedade nacional ao destruir Estados asiáticos ou africanos específicos que eram os principais agentes da extinção de lealdades fragmentárias. Em segundo lugar, como as lealdades étnicas e regionais que se denominam "tribalismo" não podiam ser superadas pelo Estado colonial, tendiam a se deteriorar e aumentar de forma prejudicial. Na verdade, as potências coloniais às vezes percebiam vantagens em estimular invejas tribais internas para desviá-los da principal oposição, os senhores europeus – isto é, a técnica clássica de dividir para dominar. Os belgas certamente fizeram isso de forma consciente; os brancos racistas na África do Sul, na década de 1950, elaboraram um plano cuidadoso de "desenvolvimento" da população africana oprimida – como zulu, xhosa e soto –, a fim de que a marcha rumo às solidariedades entre nações e classes mais amplas na África pudessem ser detidas e obrigadas a recuar.

A guerra civil na Nigéria é, em geral, considerada assunto tribal. Aceitar tal afirmação significaria estender a definição de tribo para abranger a Shell Oil e a Gulf Oil! Para além disso, porém, deve-se notar que, em nenhum ponto na história da Nigéria independente pré-colonial, identifica-se um massacre de igbos por hauçás ou qualquer incidente que sugira que esses povos, até o século XIX, lutavam entre si por questões de origem étnica. É claro que houve guerras, mas elas tinham uma base racional na rivalidade comercial, nas disputas religiosas e nos confrontos da expansão política. O que veio a ser chamado de tribalismo no início da nova época de independência política na Nigéria foi, em si, um produto da maneira como as pessoas foram reunidas pelo colonialismo para serem exploradas. Foi um produto de dispositivos administrativos, de separações regionais arraigadas, de acesso diferenciado por grupos étnicos particulares à economia e à cultura coloniais.

Tanto Uganda quanto Quênia, na África oriental, viveram situações em que um fator supostamente tribal predominava. Não há dúvida de que a existência do reino de Buganda, na Uganda independente, representou certos problemas. Mas, mesmo depois de aplicar erroneamente a definição de tribo aos baganda, ainda é verdade que o problema de Buganda era um problema colonial. E foi produzido pela presença de missionários e de britânicos, pelo assentamento britânico (Mailo) em Uganda, em 1900, e pelo uso que a Grã-Bretanha fez da classe dominante baganda como "subimperialista" dentro da colônia de Uganda.

No Quênia, o padrão de colonialismo era diferente, em comparação a Uganda, por causa da presença de colonos brancos. Nenhum grupo africano teve qualquer poder em cargos suboficiais do escritório colonial, uma vez que os próprios colonos brancos preenchiam os postos. Os colonos brancos ocuparam as melhores terras e depois tentaram criar um novo mundo com a mão de obra africana. No entanto, a comunidade africana localizada às margens dos colonizadores brancos era controlada de acordo com termos tribais. Uma das numerosas comissões reais do colonialismo britânico publicou um relatório sobre o Quênia em 1934. Um historiador queniano da época o comentou da seguinte forma:

> As recomendações da comissão, que foram aceitas pelo governo britânico, implicavam que o Quênia seria dividido em dois grupos raciais: africanos e europeus. E, no setor africano, todos os desenvolvimentos econômicos, sociais e políticos deveriam ser conduzidos de acordo com linhas tribais. Assim, o racismo foi institucionalizado.

A atividade humana dentro de pequenos grupos ligados apenas por relações de parentesco como a tribo é uma fase muito transitória, pela qual todos os continentes passaram quando o modo de produção era comunal. Quando esse processo deixou de ser transitório e se institucionalizou na África, isso se deu porque o colonialismo interrompeu o desenvolvimento africano. É isso que está implícito na referência de Memmi aos africanos sendo excluídos da história. Pensadores revolucionários africanos como Frantz Fanon e

Amílcar Cabral expressaram os mesmos sentimentos de forma um pouco diferente quando disseram que o colonialismo fez dos africanos os *objetos da história*. Os africanos colonizados, como as pessoas africanas tratadas como bens móveis no período pré-colonial, foram empurrados para posições que atendiam aos interesses europeus e eram prejudiciais ao continente africano e seus povos. A seguir, serão examinadas outras implicações socioeconômicas dessa situação.

O comércio pré-colonial havia dado início à tendência de desintegração da economia africana e de empobrecimento tecnológico do continente. O domínio colonial acelerou essa tendência. Costuma-se contar a história de que, para fazer uma ligação telefônica de Acra, na colônia britânica da Costa do Ouro, para Abidjan, na colônia francesa adjacente da Costa do Marfim, era necessário estar conectado primeiro com um telefonista em Londres e depois com um telefonista em Paris, de onde poderia oferecer uma linha para Abidjan. Esse era um reflexo do fato de que a economia da Costa do Ouro estava integrada à economia britânica e a economia da Costa do Marfim estava integrada à economia francesa, enquanto as colônias africanas vizinhas tinham pouca ou nenhuma relação econômica efetiva entre si. A conclusão que se segue, da Comissão Econômica das Nações Unidas para a África, em 1959, vai direto ao ponto.

> A característica mais impressionante dos sistemas de transporte da África é o isolamento relativo em que se desenvolveram dentro dos limites de países e territórios individuais. Isso reflete na falta de vínculos entre países e territórios dentro de uma mesma sub-região geográfica.

Certa atividade comercial africana subsistiu além das fronteiras coloniais. Por exemplo, o comércio secular de noz-de-cola e ouro das florestas da África ocidental para o norte da África nunca cessou por completo. Além disso, desenvolveram-se novas formas de comércio, em especial no que diz respeito ao fornecimento de gêneros alimentícios às cidades ou às áreas de cultivo comercial onde havia insuficiência de alimentos. Esse tipo de comércio podia se dar todo no interior de uma colônia ou cruzar as fronteiras coloniais. No entanto, a soma total de energia destinada à expansão do comércio interafricano era extremamente pequena em comparação com o comércio voltado à exportação. Como esse comércio interafricano não trazia benefícios aos europeus, não era incentivado por eles, e até a última fase do período colonial apenas 10% do comércio da África era interno.

Também vale a pena destacar que foi negada à África a oportunidade de desenvolver relações comerciais saudáveis com partes do mundo que não a Europa e a América do Norte. Algum comércio subsistiu pelo oceano Índico, mas é acertado dizer que, em geral, as estradas da África levavam aos portos marítimos e as rotas marítimas levavam à Europa ocidental e à América do Norte. Esse tipo de assimetria hoje é parte do padrão de subdesenvolvimento e dependência.

O impacto prejudicial do capitalismo na tecnologia africana é ainda mais mensurável no período colonial que nos séculos anteriores. Apesar do comércio escravista e da importação de mercadorias europeias, a maioria das manufaturas africanas ainda tinha vitalidade no início do período colonial. Elas não passaram por nenhum avanço tecnológico nem se expandiram, mas sobreviveram. A produção em massa da fase mais recente do capitalismo praticamente extinguiu indústrias africanas como as de tecidos, sal, sabão, ferro e até cerâmica.

No norte da África, as manufaturas haviam feito grandes avanços antes do colonialismo, em esferas que iam do latão à lã. Como nas cidades da Europa feudal, oficinas de artesanato floresceram em cidades argelinas como Oran, Constantine, Argel e Tlemcen. Mas o colonialismo francês destruiu as manufaturas artesanais e deixou milhares sem trabalho. A mesma coisa aconteceu na própria Europa quando novas máquinas desempregaram artesãos em lugares como Lancashire e Lyons, mas, nesse caso, a nova maquinaria tornou-se a base do modo de produção predominante, e os artesãos, antes independentes, se dirigiram às fábricas como proletários, dominando diferentes habilidades e ampliando a capacidade produtiva de sua sociedade. Na África, houve apenas destruição sem reparação. Quando a independência política foi alcançada, as habilidades artesanais que sobreviveram estavam voltadas para atrair turistas, não para atender às necessidades reais do povo africano.

Além disso, como no caso do comércio escravista europeu, a destruição da tecnologia no colonialismo deve ser correlacionada às barreiras erguidas no caminho da iniciativa africana. Uma expressiva maioria dos africanos atraídos para a economia monetária colonial estava simplesmente fornecendo trabalho manual, o que estimulava o trabalho físico, mas não a iniciativa científica. Algumas vezes os africanos ligados ao setor comercial eram bem-sucedidos, mas de maneira limitada. A engenhosidade das mulheres do mercado da África ocidental é bem conhecida, mas era usada para propósitos triviais. A produção de inseticida a partir do piretro africano impôs aos capitalistas e trabalhadores europeus um problema que exigia engenhosidade que se expressasse de forma técnica. Mas o problema colocado a uma mulher em um mercado africano, a necessidade de lucrar um centavo a mais em cada lata de sardinha importada, às vezes se resolvia com um pouco mais de vigor, às vezes com um toque de desonestidade e, às vezes, recorrendo ao "juju"*.

O colonialismo induziu o ferreiro africano a abandonar o processo de extração de ferro do solo e a se concentrar no trabalho com sucatas de metal importadas da Europa. A única compensação para essa descontinuidade teria sido o fornecimento de técnicas modernas na extração e beneficiamento do ferro. No entanto, essas técnicas foram eliminadas da África com base na divisão internacional do trabalho sob o imperialismo. Como se viu anteriormente, a não industrialização da África não se deu ao acaso. Foi deliberadamente imposta pela interrupção da transferência de máquinas e habilidades para a África, que teriam promovido a concorrência com a indústria europeia naquela época.

No período de desenvolvimento africano anterior ao colonialismo, algumas áreas moveram-se mais depressa que outras e forneceram os eixos de crescimento de uma ampla base regional. O norte da Nigéria foi um desses lugares – e praticamente adormeceu durante o período colonial. Os britânicos a cortaram do resto do mundo muçulmano e fossilizaram as relações sociais, de modo que os servos não podiam realizar qualquer mudança que prejudicasse a aristocracia dominante. Em todos os continentes e nos Estados-nação, algumas características de crescimento sempre foram mais marcantes que outras e, assim, ofereciam uma direção para o resto da sociedade. As cidades desempenharam esse papel na sociedade europeia feudal tardia, enquanto a indústria elétrica foi um impulso semelhante para o desenvolvimento da sociedade capitalista metropolitana nas primeiras décadas do século XX. O colonialismo não ofereceu à África bases reais de crescimento. Por exemplo, uma cidade colonial na África era essencialmente um centro administrativo, não industrial. As cidades atraíam um grande número de africanos, mas só lhes ofereciam uma vida bem instável, baseada em empregos não qualificados e irregulares. As cidades europeias tinham favelas, mas a miséria das cidades dos países subdesenvolvidos é um fenômeno à parte. É uma consequência da incapacidade desses locais de desempenhar o papel de expansão da base produtiva. Nesse sentido, a África nunca esteve tão mal nesse aspecto quanto a Ásia e a América Latina.

Em vez de acelerar o crescimento, as atividades coloniais, como mineração e agricultura comercial, aceleraram a decadência da vida africana "tradicional".

---

* Sistema de crenças espirituais que envolve magia e práticas rituais de alguns povos da África ocidental. (N. T.)

Em muitas partes do continente, aspectos vitais da cultura foram afetados negativamente, sem a substituição por algo melhor. As forças capitalistas por trás do colonialismo interessavam-se em pouca coisa além da exploração da mão de obra. Até mesmo áreas sem envolvimento direto com a economia monetária exploraram a mão de obra. Ao extrair a mão de obra, as forças capitalistas adulteraram o fato de que era o suporte da sociedade, pois a vida "tradicional" africana, quando privada de sua força e de seus padrões de trabalho habituais, perdia a característica de "tradicional". Durante a era colonial, muitas aldeias pouco povoadas apareceram nas Áfricas central e austral, compostas de mulheres, crianças e velhos. Nessas aldeias se praticava a agricultura de subsistência, que não era produtiva o suficiente pela comparação dos colonizadores, os quais as contrastavam com áreas de cultivo comercial prósperas. No entanto, foi precisamente o impacto do colonialismo que deixou tantas aldeias desertas e famintas, porque os homens saudáveis tinham ido trabalhar em outros lugares. Não se poderia esperar que qualquer localidade privada de sua população trabalhadora efetiva se desenvolvesse.

Havia vários pontos dentro de diferentes colônias que estavam suficientemente distantes das cidades e da administração colonial para não atuarem nos cultivos comerciais nem no fornecimento de mão de obra. No sul do Sudão, por exemplo, havia populações que continuavam a levar uma vida não muito diferente daquela que levavam nos séculos anteriores. No entanto, mesmo para essas sociedades africanas tradicionais, já não havia mais margem para o desenvolvimento. Elas estavam isoladas pelo domínio que os colonialistas exerciam no resto do continente. Não podiam interagir com outras partes da África. Estavam sujeitas a uma crescente invasão da economia monetária e eram cada vez mais consideradas relíquias históricas. O exemplo clássico desse tipo de desenvolvimento histórico obstruído encontra-se nos Estados Unidos, cuja população originária sobrevivente do massacre branco foi colocada em reservas e condenada à estagnação. As reservas indígenas na América do Norte são museus vivos para ser visitados por turistas brancos que compram curiosidades.

Na África do Sul e na Rodésia, a política de estabelecer "reservas nativas" foi seguida abertamente. Dentro de uma reserva, o principal meio de produção era a terra. Mas a quantidade e a fertilidade da terra alocada eram totalmente inadequadas para sustentar o número de africanos levados para lá. As reservas eram reservatórios de mão de obra barata e depósitos de pessoas que não podiam ser inseridas na economia monetária do setor racista do sul da África. Mais ao norte, não havia áreas nomeadas como "reservas", exceto no Quênia colonial e em uma extensão muito limitada de Tanganica. Mas a economia monetária estava constantemente transformando o setor tradicional em um setor tão marginalizado quanto qualquer reserva.

A economia monetária do colonialismo estava em crescimento. Isso não deve ser negado. No entanto, já foi indicado como esse crescimento era limitado, na perspectiva do continente como um todo. O crescimento do setor denominado moderno exerceu efeitos adversos sobre o setor não monetário. O que resta é enfatizar que o caráter do crescimento na África sob o colonialismo não teve características de desenvolvimento – isto é, não ampliou a capacidade da sociedade em lidar com o ambiente natural, definir as relações entre os membros da sociedade e proteger a população de forças externas. Tal afirmação já está implicitamente confirmada na incapacidade do capitalismo de estimular o trabalho qualificado na África colonial. Um sistema que precisa impedir a acumulação de habilidades não desenvolve nada nem ninguém. Isso também fica implícito na maneira como a África foi dividida em compartimentos econômicos sem relação entre si, de modo que, embora o volume de atividade comercial dentro de cada colônia compartimentada possa ter crescido, não tenha ocorrido desenvolvimento comparável ao que uniu os vários estados nos Estados Unidos.

Nos últimos tempos, os economistas vêm reconhecendo na África colonial e pós-colonial um padrão chamado de "crescimento sem desenvolvimento", expressão que já apareceu como título de livros sobre a Libéria e a Costa do Marfim. Significa que bens e serviços de determinado tipo estão aumentando: pode haver mais borracha e café exportados, pode haver mais carros importados com os lucros, e pode haver mais postos de gasolina construídos para atender aos carros. Mas o lucro vai para o exterior, e a economia se torna cada vez mais uma dependência das metrópoles. Em nenhuma colônia africana houve integração econômica ou foi tomada qualquer providência para tornar a economia autossustentável e orientada para seus objetivos locais. Portanto, houve crescimento do chamado enclave de importações e exportações, mas só a dependência e o subdesenvolvimento se desenvolveram.

Outra revelação do crescimento sem desenvolvimento sob o colonialismo foi a dependência excessiva de uma ou duas exportações. O termo "monocultura" é usado para descrever as economias coloniais centradas em torno de uma única cultura. Libéria (no setor agrícola) era uma monocultura dependente da borracha; Costa do Ouro, do cacau; Daomé e o sudeste da Nigéria, da produção de palma; Sudão, do algodão; Tanganica, do sisal; e Uganda, do algodão. No Senegal e na Gâmbia, os amendoins representavam 85% a 90%

dos rendimentos monetários. Na verdade, duas colônias africanas foram instruídas a cultivar apenas amendoim!

Todos os agricultores têm um alimento básico e mais uma variedade de outros suplementos. Historiadores, agrônomos e botânicos contribuíram para mostrar a grande variedade desses alimentos na economia africana pré-colonial. Havia inúmeras culturas domesticadas no continente africano, várias espécies de alimentos silvestres – principalmente frutas –, e os africanos não mostraram nenhum conservadorismo na adoção de plantas alimentícias úteis originárias da Ásia ou das Américas. A agricultura diversificada integrava a tradição africana. A monocultura foi uma invenção colonialista.

Aqueles que justificam a divisão colonial do trabalho sugerem que ela era "natural" e respeitava as capacidades relativas de especialização das metrópoles e colônias. A Europa, a América do Norte e o Japão foram capazes de se especializar na indústria, e a África, na agricultura. Portanto, era uma "vantagem comparativa" de parte do mundo fabricar máquinas enquanto outra parte se dedicava simplesmente a cultivar o solo com a enxada. Esse tipo de divisão arrogante do mundo não era novo. No século XV, as monarquias feudais de Portugal e Espanha queriam o mundo inteiro para si – e conseguiram que o papa traçasse uma linha ao redor do globo, fazendo partilhas. Mas Grã-Bretanha, Holanda e França sugeriram não estar nada convencidas de que Adão havia deixado um testamento que entregava a terra a Portugal e à Espanha. Da mesma forma, pode-se questionar se existe testamento que afirma que o rio Gâmbia deve herdar o cultivo de amendoim enquanto o rio Clyde (da Escócia) deve se tornar uma sede de construção naval.

Não havia nada de "natural" na monocultura. Ela foi uma consequência de exigências e maquinações imperialistas, estendendo-se a áreas que só eram politicamente independentes no nome. A monocultura foi uma característica de regiões sob o domínio imperialista. Certos países da América Latina, como Costa Rica e Guatemala, foram a tal ponto forçados pelas empresas capitalistas dos Estados Unidos a se concentrar no cultivo de bananas que ficaram conhecidos pela expressão depreciativa "repúblicas das bananas". Na África, essa concentração em um ou dois cultivos comerciais para exportação teve diversos efeitos prejudiciais. Às vezes, os cultivos comerciais se davam em detrimento dos alimentos básicos, provocando fome. Por exemplo, na Gâmbia, o cultivo de arroz era popular antes da era colonial, mas uma extensão tão grande da melhor terra foi transferida para o amendoim que o arroz precisou ser importado em grande escala para tentar combater a fome que se tornava endêmica. Em

Axanti, a concentração no cacau despertou temores de fome em uma região anteriormente famosa pelo inhame e outros alimentos.

No entanto, a ameaça da fome era uma pequena desvantagem se comparada à extrema vulnerabilidade e à insegurança representadas pela monocultura. Quando a lavoura era afetada por fatores internos, como doenças, o resultado era um desastre avassalador, a exemplo do caso do cacau da Costa do Ouro, que foi atingido pela doença dos brotos inchados na década de 1940. Além disso, a todo momento, as oscilações de preços, controlados externamente, deixavam o produtor africano desamparado diante das manobras capitalistas.

Do ponto de vista capitalista, as monoculturas eram pertinentes porque impunham às economias coloniais uma total dependência dos compradores do produto nas metrópoles. Com o fim do comércio escravista europeu, apenas uma minoria de africanos estava comprometida o bastante nas trocas capitalistas e dependia o suficiente das importações europeias para desejar continuar a relação com a Europa a todo custo. O colonialismo aumentou a dependência da África em relação à Europa no que diz respeito ao número de pessoas levadas para a economia monetária e aos aspectos da vida socioeconômica no continente colonizado que dependiam da conexão com a metrópole. Emergiu uma situação absurda em que empresas comerciais europeias, companhias de mineração, companhias de navegação, bancos, seguradoras e latifúndios monocultores exploravam a África e, ao mesmo tempo, faziam com que os africanos sentissem que, sem esses serviços capitalistas, não haveria dinheiro ou bens europeus disponíveis e, portanto, a África estava em dívida com seus exploradores!

O impacto da dependência foi sentido em todos os âmbitos da vida das colônias e pode ser considerado a distorção culminante entre as consequências sociais, políticas e econômicas negativas do colonialismo na África, sendo o principal responsável pela *perpetuação* da relação colonial no período denominado de neocolonialismo.

Por fim, deve-se chamar atenção para uma das consequências mais importantes do colonialismo no desenvolvimento africano: a atrofia física dos africanos. Criaram-se condições que levaram não apenas à fome periódica, mas à desnutrição crônica, à subnutrição e à deterioração do corpo físico do povo africano. Se tal afirmação soa muito exagerada, é apenas porque a propaganda burguesa condicionou até os próprios africanos a acreditarem que a desnutrição e a fome eram seu destino *natural* desde tempos imemoriais. Uma criança negra com uma caixa torácica transparente, cabeça enorme, estômago inchado, olhos salientes e braços e pernas finos como galhos era o cartaz favorito da grande operação de caridade britânica conhecida como Oxfam. O pôster representava um caso de *kwashiorkor* – desnutrição maligna extrema. A Oxfam convocou os povos europeus a salvarem as crianças africanas e asiáticas famintas do *kwashiorkor* e de males semelhantes. Mas a organização nunca constrangeu a consciência dos europeus dizendo a eles que, para início de conversa, o capitalismo e o colonialismo geraram a fome, o sofrimento e a miséria da criança.

Há um excelente estudo sobre o fenômeno da fome em escala mundial feito por um cientista brasileiro, Josué de Castro, que incorpora dados consideráveis sobre as condições de alimentação e saúde entre os africanos em seu estado pré--colonial independente ou em sociedades intocadas pelas pressões capitalistas. O autor, então, faz comparações com as condições coloniais, indicando, de forma convincente, que a dieta africana anterior era mais variada, baseando-se em uma agricultura mais diversificada do que era possível sob o colonialismo. Em termos de deficiências nutricionais específicas, aponta os africanos que mais sofreram na economia colonial: ou seja, os trabalhadores urbanos.

Em consideração aos céticos, várias das observações de Castro estão listadas abaixo, às vezes complementadas por outros dados.

1) Pesquisadores que estudaram as condições nutricionais de africanos "primitivos" na África tropical são unânimes em afirmar que não apresentam sinais clínicos de deficiência alimentar. Um dos indícios mais marcantes da superioridade da dieta indígena africana é a magnífica condição dos dentes. Entre seis grupos étnicos do Quênia, um pesquisador não conseguiu encontrar um único caso de cárie, tampouco alguma deformação da arcada dentária. Mas quando essas mesmas pessoas foram transferidas e colocadas na dieta "civilizada" disponível sob o colonialismo, seus dentes de imediato começaram a se deteriorar.

2) No Egito, os camponeses, ou *fellahin*, sempre sofreram com ondas periódicas de fome, mas, sob o colonialismo, isso se agravou e a fome se tornou crônica. Foi a intervenção dos ingleses que perturbou o equilíbrio da dieta dos camponeses, e a comparação com antigos relatos mostra que havia uma variedade muito maior de legumes e frutas.

3) A *kwashiorkor* (dos cartazes da Oxfam) é perceptível onde quer que o contato do africano com o europeu tenha sido prolongado. Um Comitê de Nutrição no Império Colonial encontrou evidente ausência de gordura e proteína animal na Gâmbia. A deficiência de proteínas de boa qualidade é uma das principais causas da *kwashiorkor*. Novamente, a comparação com o que os europeus viram na Gâmbia desde o século XV indicaria que houve mudança após a chegada dos brancos. A Gâmbia não só cultivava vários alimentos,

como era, também, um país de criação de gado onde a carne era consumida em quantidade considerável. Ao longo dos séculos XVII e XVIII, as peles de gado eram vendidas aos milhares a compradores europeus todos os anos, e a população local comia a carne. Então, como poderiam ser acometidos de deficiência de gordura animal?

4) Estudos na África equatorial revelaram sinais frequentes de deficiência alimentar causada pela falta de alimentos frescos entre os africanos que trabalhavam para os colonizadores. Entre essas deficiências estão beribéri, raquitismo e escorbuto. O raquitismo é uma doença típica do clima temperado, que tem uma das causas na falta de sol. Mas, depois que o colonialismo destruiu tanto o padrão de consumo criterioso de alimentos na África tropical, nem mesmo o sol foi suficiente para manter os ossos das crianças retos. Já o escorbuto está diretamente associado ao marinheiro inglês, apelidado de "Limey", por comer limões para prevenir a doença enquanto não tem acesso a alimentos frescos nas longas viagens marítimas. No entanto, uma epidemia de escorbuto eclodiu em plena Tanganica na época colonial – entre os trabalhadores das minas de ouro, cujos salários e condições de trabalho não lhes permitiam adquirir frutas cítricas e outros alimentos frescos.

5) Na África do Sul, a colonização branca e o capitalismo transformaram a dieta africana de carne e cereais em dependência de farinha (de milho). A pelagra, ou "pele áspera", era desconhecida na África do Sul até 1914. Depois, tornou-se um flagelo entre os africanos, porque decorre da ausência de leite e farinha.

6) Um relatório oficial sobre Basutolândia (atual Lesoto) dizia o seguinte:

> De acordo com moradores antigos, o físico e a saúde dos soto hoje não são o que costumavam ser. A desnutrição é vista em todas as aldeias, consultórios, escolas e escritórios de recrutamento. O escorbuto leve e condições de pré-escorbuto não são infrequentes; a pelagra está se tornando cada vez mais frequente, e a menor resistência à doença, mais aparente. Também vem sendo aceito que, em geral, a ocorrência de hanseníase está associada a uma dieta falha.

Para encerrar o argumento de que o colonialismo teve efeito prejudicial sobre a existência física (e, portanto, mental) dos africanos, é útil indicar aqueles povos africanos que até hoje conseguiram manter seu próprio padrão de existência no que diz respeito à alimentação. Os povos pastores massai, gala, ancole, tutsi e somali estão todos nessa categoria. Seu físico é geralmente tão soberbo, sua resistência e força tão grandes, que eles se tornaram objeto de pesquisa científica para descobrir por que são mais saudáveis que os capitalistas "bem alimentados" que estão sendo arruinados pelas doenças cardíacas.

Ainda sob o prisma do conceito de balanço colonial, resta observar as inovações europeias na África, como medicina moderna, cirurgia clínica e imunização. Seria absurdo negar que essas foram características objetivamente positivas, por mais limitadas que se mostrassem quantitativamente. No entanto, devem ser avaliadas em relação aos numerosos contratempos vividos pela África em todas as esferas devido ao colonialismo – e também em relação a todas as contribuições da África para a Europa. A ciência europeia atendeu às necessidades de sua própria sociedade, particularmente às da burguesia, que não sofria de fome e inanição. A ciência burguesa, portanto, não considerou a necessidade de solucionar e superar esses problemas – nem mesmo entre seus próprios trabalhadores e muito menos em nome dos africanos. Essa é apenas uma aplicação específica do princípio geral de que a exploração da África estava sendo usada para criar uma lacuna maior entre os continentes. A exploração e a desvantagem comparativa são os ingredientes do subdesenvolvimento.

Educação para o subdesenvolvimento

Em qualquer tipo de sociedade, a educação é fundamental para a preservação da vida de seus membros e para a manutenção da estrutura social. Sob certas circunstâncias, a educação também promove a mudança social. A maior parte da educação é informal, sendo adquirida pelos jovens a partir do exemplo e do comportamento dos mais velhos. Em circunstâncias normais, brota do ambiente, e o processo de aprendizagem está diretamente relacionado ao padrão de trabalho da sociedade. Entre os bemba da então Rodésia do Norte, crianças de seis anos podiam nomear de cinquenta a sessenta espécies de plantas arbóreas sem hesitação, mas sabiam muito pouco sobre flores ornamentais. A explicação é simplesmente o conhecimento das árvores ser útil em um ambiente de agricultura "de corte e queima" e em uma situação em que inúmeras necessidades domésticas eram supridas por produtos das árvores. As flores, por sua vez, eram irrelevantes para a sobrevivência.

Aliás, o aspecto mais crucial da educação africana pré-colonial era sua *relevância* para os africanos, em nítido contraste com o que foi introduzido mais tarde. Destacam-se as seguintes características da educação indígena africana: vínculos estreitos com a vida social, tanto no sentido material quanto espiritual; natureza coletiva; multiplicidade e desenvolvimento progressivo em conformidade com os sucessivos estágios de desenvolvimento físico, emocional e mental da criança. Não havia separação entre educação e atividade produtiva ou qualquer divisão entre educação manual e intelectual. No geral, por meios predominantemente informais, a educação africana pré-colonial correspondia às realidades da sociedade africana e formava pessoas que se ajustavam a ela.

Alguns aspectos da educação africana eram formais; ou seja, havia um programa específico e uma divisão consciente entre professores e alunos. A educação formal na África pré-colonial também se via diretamente ligada aos propósitos da sociedade, assim como a educação informal. Os programas de ensino restringiam-se a determinados períodos da vida de cada indivíduo, em especial o período da iniciação ou "passagem à maturidade". Muitas sociedades africanas tinham cerimônias de circuncisão para homens ou para ambos os sexos, e algum tempo antes da cerimônia era organizado um programa de ensino. O tempo envolvido variava de algumas semanas a vários anos. Um exemplo famoso desse último caso era a escola de iniciação mantida pela irmandade poro em Serra Leoa. A educação formal também estava disponível em fases posteriores da vida, como na passagem de uma faixa etária a outra ou no ingresso em uma nova irmandade. Funções especializadas como caça, organização de rituais religiosos e prática da medicina envolviam a educação formal dentro da família ou do clã. Todas essas práticas remontavam às eras do modo de produção comunal na África, mas foram conservadas nas sociedades feudais e pré-feudais africanas mais desenvolvidas e encontradas às vésperas do colonialismo.

Quando o modo de produção se aproximou do feudalismo, novas características surgiram dentro do padrão educacional da África. Houve, por exemplo, mais especialização formal, porque a proporção entre educação formal e informal está ligada ao avanço tecnológico. Além da caça e da religião, a divisão do trabalho tornou necessária a criação de guildas para transmitir as técnicas de siderurgia, fabricação de couro, fabricação de tecidos, moldagem de cerâmica, comércio profissional, e assim por diante. A ênfase na força militar também levou à educação formal nessa esfera, comos nos casos de Daomé, Ruanda e Zulu, já citados. Estruturas estatais com classe dominante bem definida sempre encorajaram o uso da história como forma de glorificar a classe no poder. Assim, no Estado iorubá de Quetu, no século XIX, existia uma escola de história em que um mestre inculcava nas memórias de estudantes uma longa lista de nomes de reis de Quetu e suas realizações. É claro que a dependência apenas da memória impunha limites severos a esse tipo de educação, e é por isso que a educação era muito mais avançada nos países africanos onde o uso da escrita havia surgido.

Ao longo do Nilo, no norte da África, na Etiópia, no Sudão ocidental e ao longo da costa leste africana, uma minoria de africanos se alfabetizou, produzindo uma situação comparável à da Ásia e da Europa antes do fim do século XIX. Como em outras partes do mundo, a alfabetização na África estava ligada à religião, de modo que, nos países islâmicos, era uma educação corânica; e, na Etiópia cristã, a educação era destinada à formação de padres e monges. A educação muçulmana era particularmente extensa no nível primário, mas também estava disponível nos níveis secundário e universitário. No Egito, havia a Universidade Al-Azhar; no Marrocos, a Universidade de Fez; no Mali, a Universidade de Timbuctu – todas demonstrações do padrão de educação alcançado na África antes da intromissão colonial.

Os colonizadores não introduziram a educação na África: eles inseriram um novo conjunto de instituições educacionais formais que complementaram parte do que havia antes e substituíram outra parte. O sistema colonial também estimulou valores e práticas que resultaram em uma nova educação informal.

O principal objetivo do sistema escolar colonial era treinar africanos para atuar nos escalões mais baixos da administração colonial e nas empresas capitalistas privadas de propriedade dos europeus. Na prática, isso significou selecionar alguns africanos para participar da dominação e da exploração do continente como um todo. Não era um sistema educacional que nascia do ambiente africano ou projetado para promover o uso mais racional dos recursos materiais e sociais. Não era um sistema educacional criado para dar aos jovens confiança e orgulho como membros das sociedades africanas; na verdade, procurava incutir neles um senso de deferência diante de tudo o que era europeu e capitalista. A educação na Europa era dominada pela classe capitalista. O mesmo preconceito de classe foi automaticamente transferido da Europa para a África; para piorar, o racismo e a arrogância cultural do capitalismo foram incluídos no pacote da educação colonial. O ensino colonial estava voltado para a subordinação, a exploração, a ausência de clareza e o estímulo ao subdesenvolvimento.

Um sistema escolar do tipo europeu mal funcionou durante os primeiros quarenta anos de colonialismo. Nesse período, os missionários ministravam aulas com o objetivo de cristianizar; na década de 1920, as potências colonizadoras realizaram uma série de investigações sobre as possibilidades educacionais na África. A partir de então, a educação colonial tornou-se sistemática e mensurável, embora só tenha alcançado sua expansão máxima após a Segunda Guerra Mundial.

A educação colonial consistia num conjunto de limitações no interior de outras limitações. A primeira delas era político-financeira: eram as diretivas políticas, não a disponibilidade real de dinheiro, que determinava os gastos financeiros. Os governos metropolitanos e sua administração africana afirmavam que não havia dinheiro suficiente para a educação. Em 1958, o Escritório Colonial Britânico alegou, sobre a Rodésia do Norte:

> Até que mais dinheiro esteja disponível para a construção de escolas, nenhum progresso rápido pode ser esperado e, na prática, as perspectivas de fornecer educação primária completa para todas as crianças, portanto, permanecem bastante remotas.

É inacreditável que a Rodésia do Norte, com sua imensa riqueza em cobre, não tivesse dinheiro suficiente para educar os africanos! Não se pode ter certeza se os colonialistas tentavam enganar os outros ou enganavam a si mesmos; confusos, a maioria dos colonos brancos nas duas Rodésias provavelmente se enquadrava no segundo caso, pois argumentava insistentemente que os africanos não pagavam tantos impostos *per capita* quanto os europeus e, portanto, não podiam esperar receber educação e outros serviços pagos com impostos dos colonos brancos. Encontra-se aí o erro fundamental de não compreender que a riqueza de um país não vem dos impostos, e sim da produção. O solo e o trabalho africanos da Rodésia do Norte produziam vasta riqueza que, sob a colonização, não era revertida em escolarização das crianças.

Conforme observado, a maior parte do superávit da África era exportada e, da pequena porção que restava como receita do governo, a porcentagem canalizada para a educação era pequena. Em todas as colônias, o orçamento para educação era incrivelmente pequeno se comparado aos valores gastos na própria Europa capitalista. Em 1935, da receita total arrecadada com a tributação dos africanos na África ocidental francesa, apenas 4,03% foram utilizados na educação. Na colônia britânica da Nigéria, apenas 3,4%. No Quênia, em 1946, apenas 2,26% da receita foram aplicados na educação africana. Em 1960, esses percentuais duplicaram, triplicaram ou quadruplicaram, mas, por serem tão pequenos no início, permaneciam insignificantes.

Com somas tão ínfimas, seguiu-se outra limitação básica quantitativa: poucos africanos conseguiam entrar nas escolas. Em toda a África equatorial francesa (Chade, República Centro-Africana, Gabão e Congo Brazzaville), havia apenas

22 mil alunos matriculados em 1938 – e isso representou um grande salto em relação aos números dos cinco anos anteriores. No mesmo ano, na África ocidental francesa, os franceses possibilitaram a educação de 77 mil alunos de uma população de pelo menos 15 milhões. Um fato que deve ser observado é que em 1945 havia mais de 80 mil alunos frequentando escolas islâmicas independentes na África ocidental francesa – número não muito inferior aos que frequentavam escolas construídas pela França naquela data. Em outras palavras, foi apenas nos estágios finais do colonialismo que o poder dominante europeu começou a oferecer aos africanos dos antigos Estados islâmicos da África ocidental instituições educacionais com mais vagas que as oferecidas antes.

No oeste e no norte da África, o governo francês às vezes dava algum apoio financeiro às escolas primárias corânicas e às madraças, ou escolas secundárias islâmicas. Geralmente, no entanto, o sistema escolar africano pré-colonial foi ignorado, tendendo ao declínio. Na Argélia, as instituições árabes islâmicas de aprendizado sofreram severamente durante as guerras de conquista francesas, enquanto outras foram deliberadamente suprimidas quando os franceses obtiveram o comando. Em toda a África setentrional francesa, as antigas universidades islâmicas estabelecidas foram privadas da base econômica que antes lhes dava sustentação. Tal como em tantos outros âmbitos da vida africana, o que os colonialistas investiram pode ser comparado ao que eles impediram e destruíram em termos reais e potenciais.

Em média, as colônias britânicas se saíam um pouco melhor que as francesas em relação às atividades educacionais, em grande parte graças às iniciativas missionárias, não ao próprio governo britânico. Gana, Nigéria e Uganda estavam muito bem no que diz respeito à educação colonial. Isso, é claro, em sentido puramente relativo, e os números absolutos envolvidos nunca foram grandes. Serra Leoa estava em melhor situação educacional que a África ocidental francesa, porque sete em cada cem crianças frequentavam a escola antes da última guerra; na África ocidental francesa esse número era de cinco em cada cem. Quanto aos britânicos, seus registros ligeiramente superiores em algumas colônias também se compensam pelas péssimas instalações educacionais oferecidas aos africanos no Quênia, em Tanganica, nos territórios da África central e na própria África do Sul, que foi, por muito tempo, território sob responsabilidade britânica.

Uma limitação do sistema educacional da África no colonialismo obscurecida pelas médias estatísticas é a grande discrepância de oportunidades entre regiões da mesma colônia. Em muitos casos, apenas os africanos que viviam nas principais cidades ou perto delas tinham oportunidade de estudar. Antananarivo, capital de Madagáscar, por exemplo, tinha mais instalações escolares; na Gâmbia, a alfabetização era alta apenas na cidade de Bathurst; e em Uganda, a região urbanizada de Buganda praticamente monopolizava a educação. De modo geral, a desigualdade nos níveis educacionais refletia a desigualdade da exploração econômica, e as variações nas taxas em localidades diferentes da mesma colônia estavam integradas à economia monetária. Assim, na Costa do Ouro, os territórios do norte foram negligenciados em termos educacionais porque não ofereciam aos colonialistas nenhum produto para exportação. A imensa região sul do Sudão estava em situação semelhante. Em Tanganica, o mapa que mostra as principais áreas de produtoras de algodão e café coincide, na prática, com o mapa que mostra áreas em que a educação colonial estava disponível. Isso significa que aqueles que os colonialistas não podiam explorar de imediato não recebiam sequer migalhas de educação.

Quanto mais se examina a contribuição educacional do colonialismo, ainda que em termos puramente quantitativos, mais ela se reduz à insignificância. Deve-se observar, por exemplo, que houve uma taxa extremamente alta de "desistências". É alta a porcentagem dos matriculados que nunca terminaram a escola. Nos grandes países capitalistas como os Estados Unidos, há muita desistência nos níveis universitários; na África colonial, as desistências estavam ocorrendo no nível primário, as taxas eram tão altas que chegavam a 50%. Para cada aluno que completava o ensino fundamental, um ficava no caminho. As desistências se davam nas escolas primárias porque quase não havia outro tipo de escola – sendo a ausência de ensinos médio, técnico e universitário mais um obstáculo.

Os africanos estavam sendo educados dentro das escolas coloniais para se tornarem escriturários e mensageiros dos escalões inferiores. Muito conhecimento seria supérfluo e perigoso para eles. Portanto, o ensino médio era raro, e níveis de ensino ainda mais altos praticamente inexistiam durante a maior parte da época colonial, oferecidos ocasionalmente apenas para não africanos. Em um período mais recente, 1959, Uganda gastava cerca de 11 libras por aluno africano, 38 libras por aluno indiano e 186 libras por criança europeia – a diferença se deve em grande parte à disponibilidade de educação secundária para os filhos dos capitalistas e dos intermediários. No Quênia, a discriminação era pior, e o número de crianças europeias matriculadas era alto. Em 1960, mais de 11 mil crianças europeias frequentavam a escola no Quênia, e 3 mil delas estavam na escola secundária.

A colônia da Argélia apresentava características semelhantes. Apenas 20% dos alunos do ensino médio em 1954 eram denominados "muçulmanos", o que significava, na verdade, "argelinos" em distinção aos europeus. Outras minorias também se saíam melhor que a população originária. Por exemplo, os judeus no norte da África, especialmente na Tunísia, desempenharam os papéis de intermediários, e seus filhos eram todos educados até o nível secundário. Os países africanos sem uma grande população de colonos brancos também tinham estruturas educacionais racistas no que diz respeito a oportunidades em todos os níveis, sobretudo no ensino superior. No Senegal, em 1946, a escola secundária tinha 723 alunos, dos quais 174 eram africanos. Mais tarde, uma universidade foi criada em Dacar (para atender a toda a África ocidental francesa); e mais recentemente, na década de 1950, às vésperas da independência, mais da metade dos estudantes universitários eram franceses.

Os portugueses não foram discutidos até agora porque quase não há educação a ser discutida em seus territórios coloniais. Durante muitos anos, os dados estatísticos nunca foram disponibilizados e, quando publicados, no fim do período colonial, os números eram muitas vezes inflacionados. O inegável é que a criança africana que cresceu em territórios coloniais portugueses tinha uma chance em cem de receber instrução além do segundo ou terceiro anos. As escolas secundárias que surgiram eram para europeus e indianos, estes últimos oriundos principalmente de Goa. As potências coloniais com menores territórios na África eram Espanha e Itália; como Portugal, elas também eram atrasadas do ponto de vista capitalista europeu e forneciam a seus súditos coloniais poucas vagas na educação primária e nenhuma na secundária.

A Bélgica estava em uma categoria especial no que dizia respeito à educação colonial. Embora pequeno, o país era relativamente desenvolvido e industrializado e governava uma das áreas mais ricas da África: o Congo. Pelos padrões coloniais, o povo do Congo e de Ruanda-Urundi tinha acesso justo à educação primária, mas era quase impossível obter escolaridade mais elevada, em razão de uma política deliberada do governo belga e da Igreja católica. O "nativo" africano deveria ser gradualmente civilizado. Dar a ele uma educação secundária era como pedir a uma criança que mastigasse carne quando deveria estar comendo mingau. Além disso, os belgas eram tão interessados no bem-estar das massas africanas que argumentavam que nenhum africano com formação de níveis mais altos seria capaz de servir ao próprio povo! Por isso, só em 1948 uma comissão belga recomendou que se estabelecessem escolas secundárias para africanos nas colônias. Não surpreende que, no momento da recuperação da independência política, o Congo tivesse apenas dezesseis graduados em uma população de mais de 13 milhões.

Os educadores muitas vezes se referem à "pirâmide educacional" compreendendo o ensino fundamental como base e subindo até o ensino médio, a formação de professores, o técnico superior e o nível universitário – este último tão irrisório que poderia ser representado como o ponto no topo da pirâmide. Em toda a África, a base primária era estreita, e, no entanto, a pirâmide tinha uma inclinação rasa porque pouquíssimos alunos primários podiam continuar além desse nível. Somente em certas colônias britânicas a pirâmide era realmente completa, com significativa educação superior e universitária. A África ocidental tinha as faculdades de Achimota e Yaba, além de Fourah Bay, que era de nível universitário. As universidades de Ibadan e Gana também surgiram alguns anos antes do fim do regime colonial. No Sudão, havia a faculdade Gordon, que evoluiu e se tornou a Universidade de Cartum, e na África oriental havia a Universidade Makerere.

Os dados a seguir são do ano 1958 e podem ser usados para ilustrar a pirâmide educacional na Rodésia do Sul, onde a educação africana não era apoiada. O total de matrículas no jardim de infância foi de 227 mil. Nas escolas primárias, 77 mil entraram no primeiro ano e 10 mil chegaram ao sexto ano. O ensino secundário começou com 3 mil alunos, dos quais apenas treze chegaram ao 12º ano. Naquele ano, não havia graduados africanos da universidade na Salisbúria, mas em 1960 havia três.

A palavra final sobre a educação fornecida pela Europa à África pode ser expressa nas estatísticas do início dos novos Estados africanos. Alguns estudiosos elaboraram um índice estatístico sobre educação em que as instalações educacionais são avaliadas com números de zero a cem, passando dos mais pobres aos mais avançados. Nesse índice, a maioria dos países africanos está abaixo de dez. Nações exploradoras desenvolvidas e os Estados socialistas costumam ficar acima de oitenta. Uma publicação da Unesco sobre educação na *África negra independente* afirmou:

> Dessa população (de cerca de 170 milhões), pouco mais de 25 milhões estão em idade escolar e destes, quase 13 milhões não têm oportunidade de ir à escola – e entre os 12 milhões de "privilegiados", menos da metade completam a educação primária. Apenas três em cada cem crianças conhecem uma escola secundária por dentro, enquanto nem duas em cada mil têm a chance de receber algum tipo

de ensino superior na própria África. A taxa global de analfabetismo, estimada entre 80% e 85%, é quase o dobro da média mundial.

Os brancos imperialistas usam os dados apresentados para zombar dos africanos por serem "nativos analfabetos" e poderiam argumentar que o analfabetismo faz parte do "círculo vicioso da pobreza". No entanto, as mesmas pessoas se gabam orgulhosamente de terem educado a África. É difícil compreender como as duas coisas seriam verdadeiras. Se a África independente ainda não tem os benefícios da educação moderna (como é o caso), com certeza os 75 anos de exploração colonial têm algo a ver com esse estado das coisas; o absurdo é ainda maior quando se analisa quanto a África produziu no mesmo período e quanto dessa produção foi destinada ao desenvolvimento de todos os aspectos da sociedade capitalista europeia, incluindo suas instituições educacionais. Cecil Rhodes pôde deixar um legado de bolsas de estudo generosas para que estudantes brancos cursassem a Universidade de Oxford depois de fazer fortuna explorando a África e os africanos.

Os povos locais com acesso à educação se depararam com uma qualidade de ensino ruim para os padrões europeus vigentes. Os livros, os métodos de ensino e a disciplina foram todos levados para a África no século XIX; em geral, as escolas coloniais permaneceram indiferentes ao século XX. Novas ideias incorporadas nas metrópoles capitalistas nunca chegaram às colônias. As fantásticas novidades da ciência, em especial, eram estranhas às salas de aula africanas, pois havia poucas escolas onde as disciplinas de ciências eram ensinadas. Da mesma forma, a África colonial não teve uma evolução do ensino técnico superior equivalente à europeia.

Houve inúmeros absurdos na transferência de uma versão da educação europeia para a África. Quando as crianças bemba, mencionadas anteriormente, foram para a escola, elas não tinham nenhum programa de instrução relacionada à flora com que estavam familiarizadas. Mas aprenderam sobre flores e rosas europeias. Há alguns anos, o dr. Koli Busia fez a seguinte confissão:

No fim do meu primeiro ano na escola secundária (Mfantsipim, na Costa do Cabo, em Gana), voltei para casa em Wenchi para as férias de Natal. Eu não ia para casa havia quatro anos e, nessa visita, fiquei dolorosamente ciente de meu isolamento. Eu compreendia nossa comunidade muito menos que os meninos da minha idade que nunca tinham ido à escola. Ao longo dos anos, à medida que passei pela faculdade e universidade, senti cada vez mais que a educação que recebi me ensinou cada vez mais sobre a Europa e cada vez menos sobre minha própria sociedade.

Com o tempo, Busia sabia tão pouco sobre a sociedade africana que propôs que os africanos independentes deveriam "dialogar" com a minoria branca fascista/racista que mantém o *apartheid* na África do Sul*.

Algumas das contradições entre o conteúdo da educação colonial e a realidade da África eram, de fato, incompatíveis. Em uma tarde quente, em alguma escola tropical africana, uma turma de rostos negros brilhantes assistia à aula de geografia sobre as estações do ano. Aprenderiam sobre os Alpes e o rio Reno, mas nada sobre as montanhas do Atlas do norte da África ou o rio Zambeze. Se esses estudantes estivessem em uma colônia britânica, anotariam obedientemente: "Derrotamos a Armada espanhola em 1588" – em uma época em que Hawkins estava roubando africanos e sendo condecorado pela rainha Elizabeth I pelo feito. Se estivessem em uma colônia francesa, aprenderiam que "os gauleses, nossos ancestrais, tinham olhos azuis" e ficariam convencidos de que "Napoleão foi nosso maior general" – o mesmo Napoleão que reinstituiu a escravização na ilha caribenha de Guadalupe e só foi impedido de fazer igual no Haiti porque suas forças foram derrotadas por um estrategista ainda maior, o africano Toussaint L'Ouverture.

Até certo ponto, os europeus aplicaram sem pensar seus próprios currículos sem referência às condições africanas, mas muitas vezes o fizeram deliberadamente com a intenção de confundir e enganar. Em 1949, um diretor de educação em Tanganica detalhou como os africanos daquela colônia deveriam ser bombardeados na escola primária com propaganda sobre a família real britânica. "O tema do rei [britânico] como pai deve ser enfatizado em todo o programa e mencionado em todas as aulas", disse ele. E ainda recomendou que fossem mostradas às crianças africanas inúmeras fotos das princesas inglesas e seus pôneis em Sandringham e no castelo de Windsor.

O pouco que se discutia sobre o passado africano nas escolas coloniais estava relacionado às atividades europeias na África. Essa tendência está agora suficientemente revertida para permitir que a atual geração de alunos africanos

---

* As negociações para acabar com o sistema de segregação sul-africano conhecido como *apartheid* tiveram início em 1990 e se estenderam por um período de transição que incluiu a realização de eleições com a participação de candidatos representantes da população negra em 1994 e a redação de uma nova constituição em 1995. (N. T.)

sorria diante da ideia de que os europeus "descobriram" o monte Quênia ou o rio Níger. Mas, no período colonial, o paradoxo era que as crianças que tinham a oportunidade de serem desviadas do sistema educacional poderiam se considerar com sorte, porque esse desvio era um meio de avanço pessoal dentro da estrutura criada pelos capitalistas europeus na e para a África.

Franceses, portugueses e belgas deixaram claro que a educação em qualquer nível havia sido projetada "para civilizar o nativo africano", e, é claro, apenas um nativo civilizado poderia esperar obter um emprego digno e reconhecimento dos colonialistas. Segundo os franceses, um africano, depois de receber educação francesa, tinha a chance de se tornar um *assimilée* – alguém a ser assimilado ou incorporado à cultura francesa superior. Os portugueses usavam a palavra "assimilado" e a lei colonial portuguesa distinguia bem entre um "nativo" e um "assimilado". Este último às vezes era chamado de "*civilizado*" por saber ler e escrever em português. Esses africanos eram recompensados com certos privilégios. Grande ironia era que em Portugal, até 1960, quase metade da população era analfabeta e, portanto, se tivessem sido submetidos ao mesmo teste, teriam sido julgados não civilizados! Enquanto isso, os belgas ostentavam o mesmo sistema. Eles chamavam seus "bantu educados" do Congo de *évolués* ("aqueles que evoluíram" da selvageria para a civilização, graças aos belgas).

De alguma maneira, os britânicos evitaram distinções legais rígidas e apressadas entre os africanos instruídos e incultos, mas encorajaram a imitação cultural da mesma forma. Na década de 1920, o governador Cameron de Tanganica era conhecido como "progressista". Mas, ao ser atacado por tentar preservar a personalidade africana no sistema educacional, ele negou a acusação e declarou que sua intenção era de que o africano deixasse de pensar como africano e se tornasse "um inglês sem preconceitos". Os estudantes que saíam de Livingstonia ou Blantyre, no Malawi, eram conhecidos como escoceses negros devido à ação dos missionários escoceses. Em Serra Leoa, a influência cultural branca remonta ao século XVIII, e seus krio se opunham até mesmo ao restante da população negra sem educação formal. Os krio não se satisfaziam com um nome cristão inglês ou mesmo com um sobrenome europeu: quiseram escolher dois sobrenomes europeus e conectá-los com hífen. É claro que, em termos práticos, a educação de valores distorcidos significava que o grupo instruído ia tão longe quanto o colonialismo permitia aos africanos chegarem no serviço público ou em cargos nas empresas capitalistas privadas. Durante o período colonial e depois, as críticas dirigidas ao sistema educacional colonial eram justamente no sentido de não produzir mais estudantes com ensino médio e grau universitário. E, no entanto, pode-se dizer que, entre os mais instruídos, encontravam-se os africanos mais alienados do continente. Foram eles que evoluíram e foram assimilados. A cada grau adicional de educação, eram bombardeados e sucumbiam aos valores do sistema capitalista branco e, depois de receberem salários, poderiam sustentar um estilo de vida importado. O acesso a facas e garfos, ternos de três peças e pianos transformou ainda mais sua mentalidade. Há um famoso compositor de calipso das Índias ocidentais que, ao satirizar seus dias de escola colonial, observou que, se tivesse sido um aluno brilhante, teria aprendido mais e se tornado um tolo. Infelizmente, o sistema escolar colonial educou muitos tolos e palhaços, fascinados pelas ideias e pelo modo de vida da classe capitalista europeia. Alguns chegaram a um total distanciamento das condições africanas e do modo de vida africano e, como Blaise Diagne, do Senegal, cantaram alegremente que eram e sempre seriam "europeus".

Não há como fugir da conclusão do educador africano Abdou Moumouni de que "a educação colonial corrompeu o pensamento e a sensibilidade do africano e incutiu nele de complexos anormais"*. Consequentemente, aqueles europeizados foram, na mesma medida, destituídos da africanidade como resultado da educação e da atmosfera geral da vida colonial. Muitos exemplos são mencionados hoje na África acerca do tratamento desrespeitoso reservado a aspectos da cultura africana no período colonial, devido ao imperialismo cultural e ao racismo branco. O que raramente se comenta é que muitos africanos foram vítimas do fascismo nas mãos dos portugueses e dos espanhóis; nas mãos de italianos e do regime francês de Vichy por um breve período no fim dos anos 1930 e início dos anos 1940; e nas mãos dos britânicos e dos bôeres na África do Sul ao longo deste século XX. As potências coloniais fascistas eram Estados capitalistas atrasados, onde a máquina policial do governo se uniu à Igreja católica e aos capitalistas para conter trabalhadores e camponeses portugueses e espanhóis e mantê-los ignorantes. É compreensível que os colonialistas fascistas quisessem fazer o mesmo com os trabalhadores africanos e, além disso, descontar seu racismo neles, assim como Hitler havia feito com os judeus.

Como a maioria das administrações coloniais, a dos italianos na Líbia desconsiderou a cultura dos africanos. No entanto, depois que o fascista Mussolini

---

* Abdou Moumouni, *Education in Africa* (Nova York, Praeger, 1968), p. 45. (N. T.)

chegou ao poder, o descaso deu lugar à hostilidade ativa, especialmente em relação à língua árabe e à religião muçulmana. Os portugueses e os espanhóis sempre mostraram desprezo pelas línguas e religiões africanas. As escolas de educação infantil e primária para africanos nas colônias portuguesas não passavam de agências de difusão da língua portuguesa. A maioria das escolas era controlada pela Igreja católica, como reflexo da unidade da Igreja e do Estado português fascista. Na pouco conhecida colônia espanhola da Guiné, região do rio Muni, a pouca educação dada aos africanos baseava-se na eliminação do uso das línguas locais pelos alunos e em incutir em seus corações "o santo temor a Deus". As escolas na África colonial geralmente eram abençoadas com nomes de santos ou agraciadas com nomes de governantes, exploradores e governadores do poder colonizador. Na Guiné espanhola, essa prática foi seguida e resultou no fato de crianças da região do rio Muni terem de passar pela Escola José Antonio – equivalente a dizer Escola Adolf Hitler se a região fosse alemã, pois a escola recebeu esse nome em homenagem ao fundador do partido fascista espanhol.

Outro aspecto dos padrões colonialistas de educação e cultura que precisa ser investigado é a maneira como o racismo e o desprezo europeus eram expressos não apenas pela hostilidade à cultura africana, mas pelo paternalismo e pelo elogio de características sociais negativas e estáticas. Havia muitos colonialistas que desejavam preservar para sempre tudo o que era africano, desde que lhes parecesse curioso ou intrigante. Tais pessoas apenas conseguiram isolar a vida africana dos aspectos potencialmente benéficos das relações internacionais. Um excelente exemplo é o tipo de trabalho feito no Gabão por Albert Schweitzer, encarregado de um hospital sórdido e anti-higiênico com cães, gatos, cabras e galinhas correndo, sob o pretexto de se encaixar na cultura e no ambiente africanos. Ainda em 1959, um amigo e colega de Albert Schweitzer defendeu o ambiente não estéril do hospital nos seguintes termos:

> Quanto aos animais domésticos no hospital, as pessoas ficaram chocadas com a informalidade com que animais e pessoas se misturam e, embora talvez nem sempre seja defensável por motivos higiênicos, a mistura aumenta consideravelmente o charme do lugar.

O autor era um cirurgião-dentista de Nova York que obviamente teria tido um ataque se uma cabra ou uma galinha entrasse em seu consultório nos Estados Unidos. Ele sabia muito bem que no hospital de Schweitzer "as cabras, cães

Na esfera educacional, os belgas desenvolveram uma política linguística que poderia agradar aos nacionalistas contemporâneos, pois insistiam que o ensino primário deveria ser em uma das cinco principais línguas africanas do território. No entanto, na prática, eles usaram essa decisão aparentemente progressista para isolar um grupo étnico congolês de outro que recebia educação de um universo mais amplo de conhecimentos, porque os missionários traduziam para as línguas locais apenas o que julgavam desejável. A política de falso respeito pela cultura africana atingiu o auge na África do Sul, com a famigerada Lei de Educação Bantu de 1953, que procurou fomentar as diferenças entre os povos zulu, soto, xhosa, venda, entre outros – diferenças que fizeram parte de um estágio de desenvolvimento e que teriam sido superadas se não houvesse intervenção europeia ou se, sob o domínio branco, não fossem tomadas medidas específicas para preservar as anacrônicas entidades "tribais".

Nem todos os educadores e administradores coloniais adotavam de forma consciente a posição de que o africano deveria ser educado para melhor ser escravizado. Ao contrário, a maioria achava que estava fazendo um grande favor aos africanos, e havia alguns suficientemente esclarecidos para perceber que havia margem para a elaboração de um programa escolar menos divorciado da realidade africana. Em 1928, até o ministro da Educação francês ficou chocado ao saber que os africanos aprenderam que os gauleses, seus ancestrais, tinham olhos azuis. A partir da década de 1920, tanto a Grã-Bretanha quanto a França formaram educadores coloniais e comissões de educação que exigiam maior relevância dos programas de ensino na África. E foram apresentadas sugestões para o uso de línguas locais nas escolas primárias, ampliação da educação para as meninas e o fim da orientação do ensino para cargos de colarinho branco. No entanto, a natureza aparentemente progressista dessas recomendações não mudava o fato de que a educação colonial era um instrumento para atender à classe capitalista europeia em sua exploração da África. O que quer que os educadores coloniais pensassem ou fizessem não mudaria esse fato básico.

Recomendar que as meninas africanas frequentem a escola é mais que apenas uma política educacional. Tem grandes implicações sociais e pressupõe que a sociedade encontrará funções úteis para a mulher educada. A própria sociedade capitalista metropolitana falhou em libertá-las e oferecer a elas oportunidades iguais de ensino ou empregos de comando com salários iguais aos dos homens.

Nesse contexto, trata-se de ilusão imaginar que o sistema educacional da colônia levaria a sério qualquer interesse das mulheres africanas, especialmente porque os colonialistas teriam que transformar a consciência dessa questão, típica das sociedades feudais e pré-feudais. Em nenhum lugar a economia do cultivo comercial ou a exportação de minérios básicos precisava de mulheres instruídas. Como nas metrópoles capitalistas, supunha-se que o serviço público era para homens. Portanto, o setor de emprego extremamente limitado nas colônias não tinha nada a oferecer às mulheres educadas, e a educação moderna continuou sendo um luxo com que poucas africanas tiveram contato.

Outra sugestão progressista feita por alguns educadores coloniais foi a ampliação da formação agrícola e técnica. Mas a educação técnica genuína foi descartada, porque o propósito fundamental da economia colonial não permitia o desenvolvimento da indústria e das habilidades na África. Apenas em casos raros, como no Congo, havia uma necessidade objetiva de indivíduos tecnicamente treinados. Nos estágios posteriores do domínio colonial naquele território, a exploração mineral havia se desenvolvido a tal ponto que gerava necessidade de trabalhadores africanos com habilidades técnicas básicas. Alguns catanga e outros congoleses também receberam treinamento técnico equivalente ao segundo grau. Nesses casos, o que é significativo, as empresas privadas tomavam a iniciativa, pois seus lucros estavam em jogo, e as escolas técnicas eram extensões de seus processos produtivos. No entanto, na maioria das vezes, qualquer trabalho qualificado que precisasse ser feito dentro do campo restrito da mineração e da indústria na África era preenchido pela mão de obra vinda da Europa.

A agricultura não era administrada como indústria científica, como na Escandinávia ou na Nova Zelândia, onde os brancos cultivavam em uma base capitalista intensiva. Como observado, a produção dos cultivos comerciais na África foi estimulada pelo gasto mínimo por parte dos europeus e sem introdução de novas tecnologias. Portanto, quando os conselheiros educacionais sugeriram que a educação agrícola era relevante para as necessidades africanas, isso não significou nenhum acréscimo ao conhecimento africano. Em muitas escolas coloniais, a agricultura se tornou justificativa para uma formação. Fazia parte do trabalho penoso da instituição. Os professores não recebiam educação agrícola e, portanto, não podiam ensinar nada científico. As crianças não adquiriam nada além de desgosto pelo trabalho pesado nas *shambas* e, na prática, o ensino agrícola era usado como uma forma de punição.

As primeiras comissões educacionais também priorizavam a instrução religiosa e moral – algo então em desparecimento na própria Europa. O papel da

Igreja cristã no processo educacional obviamente precisa de atenção especial. Os missionários cristãos faziam parte das forças colonizadoras tanto quanto exploradores, comerciantes e soldados. Pode haver espaço para discutir se, em uma colônia específica, os missionários levaram as outras forças colonialistas ou vice-versa, mas não há dúvida de que os missionários eram agentes do colonialismo no sentido prático, quer se enxergassem ou não dessa maneira. O aventureiro imperialista Sir Henry Johnston não gostava de missionários, mas admitiu, elogiando-os, que "cada posto missionário é um exercício de colonização".

Na Europa, a Igreja deteve o monopólio da educação do feudalismo até a era capitalista. No fim do século XIX, essa situação começou a mudar na Europa; mas, no que dizia respeito aos colonizadores europeus, a Igreja ficou livre para lidar com o sistema educacional colonial na África. Os pontos fortes e fracos dessa educação eram em grande parte atribuídos à Igreja. Tanto dentro como fora da igreja e da escola, os religiosos contribuíram para determinar os valores do período colonial. Eles ensinaram uma ética das relações humanas que, por si só, poderia satisfazer os instintos mais refinados dos africanos, assim como havia feito antes com os europeus. Obviamente, havia uma enorme lacuna entre a conduta europeia e os princípios cristãos a que estava associada e, quanto aos africanos, os motivos para aceitar o cristianismo muitas vezes não tinham nenhuma relação com o conteúdo religioso. Na verdade, como educadora, a Igreja provavelmente era mais atraente para muitos convertidos como instituição de ensino que como instituição religiosa.

Tudo o que a Igreja ensinou pode ser considerado uma contribuição para a educação formal e informal na África colonial, e seus ensinamentos devem ser colocados dentro de um contexto social. O papel da Igreja era principalmente preservar as relações sociais do colonialismo, e isso era uma extensão do papel que ela desempenhava na preservação das relações sociais do capitalismo europeu. Por isso, a Igreja cristã enfatizava a humildade, a docilidade e a aceitação. Desde o período do escravismo nas Índias ocidentais, a Igreja se expandiu sob a condição de não incitar a mão de obra africana escravizada com doutrinas de igualdade diante de Deus. Naquela época, os religiosos ensinavam as pessoas escravizadas a cantar que todas as coisas eram radiantes e belas, que o senhor em castelo deveria ser aceito como obra de Deus, assim como a vida em um casebre miserável trabalhando vinte horas por dia sob o chicote. Na África colonial, as igrejas também podiam ser invocadas a pregar o "dar a outra face" diante da exploração e a transmitir a mensagem de que tudo ficaria bem no outro mundo. Apenas a Igreja reformada holandesa da África do Sul era abertamente racista, mas todas as outras o eram na medida em que seu pessoal europeu não era diferente de outros brancos que haviam absorvido o racismo e o imperialismo cultural como consequência dos séculos anteriores de contato entre europeus e o resto do mundo.

Servindo ao colonialismo, a Igreja muitas vezes assumiu o papel de árbitro do que era culturalmente correto. As crenças ancestrais africanas foram equiparadas ao diabo (que era negro, aliás), e demorou muito até que alguns clérigos europeus aceitassem as crenças africanas predominantes como religiões, não mera feitiçaria e magia. No entanto, mesmo com sua hostilidade em relação às manifestações culturais e religiosas africanas, a Igreja cristã realizou certas tarefas progressistas. Práticas como o assassinato de gêmeos e a ordália eram desaprovadas pelos missionários europeus e refletiam ideias supersticiosas enraizadas em um estágio inicial do desenvolvimento africano, quando algo como o nascimento de gêmeos não podia ser explicado cientificamente e, portanto, dava origem ao medo religioso.

Deve-se observar que na África ocidental, muito antes da disputa colonial, muitos párias da sociedade e pessoas que sofriam de preconceitos religiosos e sociais foram os primeiros a ser convertidos à Igreja cristã. O que era apoiado por uma parte da população era contestado por outra e, agora no século XX, o imperialismo cultural da Igreja despertou forte oposição. Os costumes africanos predominantes, como a poligamia, foram atacados sem referência à sua função socioeconômica. Na questão da monogamia, os missionários cristãos não estavam introduzindo um princípio religioso, mas uma faceta da sociedade capitalista europeia. Para que essa propaganda fosse efetiva, os europeus tinham de transformar os padrões das famílias ampliadas nas sociedades africanas. Isso se deu de forma muito lenta e muitos africanos aceitaram os aspectos religiosos, rejeitando os apêndices culturais e os próprios missionários europeus.

Muito tem sido escrito sobre a tendência na África colonial conhecida como movimento da Igreja independente, quando milhares de cristãos africanos romperam com as igrejas europeias, especialmente as protestantes, e estabeleceram seus próprios locais de culto sob a liderança cristã africana. Os motivos foram diversos. Algumas igrejas independentes eram altamente nacionalistas, como a estabelecida por John Chilembwe, líder de um levante nacionalista armado na Niassalândia, Malawi, em 1917. Outras se desenvolveram como uma resposta dos africanos que aspiravam a se tornar padres ou pastores à discriminação que sofriam por parte de missionários brancos. Um fator constante era o descontentamento com a forma como os europeus forçavam os africanos a se identificarem como europeus. Revoltando-se contra esse conceito, uma igreja independente zulu perguntou à população local: "Você é judeu ou zulu? Você estava lá quando eles crucificaram o Senhor deles?". No entanto, muitos africanos acabaram por aceitar o princípio desumanizante da alienação de si. A identificação africana com os europeus – fossem gentios, fossem judeus – foi um pilar da educação informal do colonialismo.

Em última análise, talvez o princípio mais importante da educação colonial fosse aquele do individualismo capitalista. Como muitos aspectos da superestrutura de crenças de uma sociedade, esse princípio tinha aspectos negativos e positivos, quando observado historicamente. A burguesia europeia foi progressista quando defendeu o indivíduo contra o controle excessivo do pai na família e contra as regulamentações coletivas da Igreja e da sociedade feudal. No entanto, o sistema capitalista passou a defender e proteger os direitos dos indivíduos proprietários contra os direitos da massa de trabalhadores e camponeses explorados. Quando o capitalismo exerceu seu impacto na África colonial, a ideia de individualismo já estava em sua fase reacionária. Não servia mais para libertar a maioria, e sim para escravizar a maioria a fim de beneficiar a minoria.

A aplicação do individualismo à terra significou que as noções de propriedade privada e a transferência de terra por meio da venda tornaram-se predominantes em algumas partes do continente. Mais difundida ainda foi a compreensão de que o trabalho individual deveria beneficiar a pessoa em questão e não algum coletivo mais amplo, como o clã ou o grupo étnico. Assim, a prática do trabalho coletivo e a distribuição social igualitária da produção cederam espaço a tendências de acumulação. Em termos superficiais, o individualismo parecia trazer progresso. Alguns indivíduos possuíam grandes *shambas* de café, cacau ou algodão, e outros alcançaram certo destaque na administração colonial por meio da educação. Individualmente, essas pessoas melhoraram seu destino e se tornaram modelos de realização social. Qualquer modelo de realização é um modelo educativo, que orienta os pensamentos e as ações de jovens e idosos na sociedade. O modelo de realização pessoal sob o colonialismo foi, na verdade, de ruína e de subdesenvolvimento da sociedade africana como um todo.

É um mito difundido, no pensamento capitalista, a concepção de que, por meio do esforço e do trabalho duro, o indivíduo pode se tornar capitalista. Nos Estados Unidos, é comum referir-se a um indivíduo como John D. Rockefeller como alguém que "passou da miséria à riqueza". Para completar a moral da história de sucesso nesse caso, seria necessário preencher os detalhes de milhões de pessoas que tiveram de ser exploradas para que um homem se tornasse multimilionário. A conquista da riqueza não se deve apenas ao trabalho duro, ou os africanos que trabalharam como mão de obra escravizada na América e nas Índias ocidentais teriam se tornado o grupo mais rico do mundo. O individualismo do capitalista deve ser visto contra o pano de fundo do trabalho duro e não recompensado das massas.

A visão individualista foi mais destrutiva na África colonial que na sociedade capitalista metropolitana. Nessa última, pode-se dizer que a ascensão da classe burguesa beneficiou indiretamente as classes trabalhadoras, promovendo a tecnologia e a elevação do padrão de vida. Na África, no entanto, o colonialismo não gerou benefícios, apenas intensificou a taxa de exploração da mão de obra africana e continuou exportando os excedentes. Na Europa, o individualismo conduziu ao empreendedorismo e ao espírito aventureiro que lideraram a conquista do resto do mundo pela Europa. Na África, tanto o sistema escolar formal quanto o sistema informal de valores do colonialismo destruíram a solidariedade social e promoveram a pior forma de individualismo alienado sem responsabilidade social. Isso atrasou o processo político pelo qual a sociedade tentou recuperar sua independência. Até aqui, tem sido consistentemente sustentado que o desenvolvimento está enraizado no ambiente material, nas técnicas de produção e nas relações sociais decorrentes do trabalho das pessoas. Existem as chamadas "teorias da conspiração da história", pelas quais acontecimentos de épocas inteiras são apresentados como sendo esquema secreto de um ou outro grupo. Tal abordagem não deve ser recomendada no estudo das relações da África com a Europa. No entanto, no que diz respeito à política educacional colonial, chega-se mais facilmente a elementos de planejamento consciente por um grupo de europeus para controlar o destino de milhões de africanos por um tempo considerável, que se estende no futuro. O planejamento da educação colonial para a subjugação da África foi mais plenamente demonstrado pelos franceses, porque os políticos e administradores da França tinham o hábito de expressar abertamente seus pensamentos sobre a África. Portanto, as palavras dos próprios colonialistas franceses serão citadas aqui para ilustrar como o sistema educacional colonial não abandonou as questões políticas vitais a obras do acaso, mas promoveu conscientemente políticas hostis à reconquista da liberdade pelos povos africanos.

Desde o período da disputa imperialista pela África, os líderes franceses perceberam ser imperativo instituir algumas escolas nas regiões colonizadas por eles reivindicadas, para que a língua e a cultura francesas fossem aceitas por alguns africanos, que então se identificariam com a França e não com a

Grã-Bretanha, Portugal ou outro rival europeu. Isso era válido principalmente para zonas fronteiriças disputadas. Eugène Etienne, ministro francês no início da era colonial, afirmou que a extensão da língua francesa era necessária como "medida de defesa nacional". Já em 1884, foi instituída a Alliance Française como instrumento do imperialismo educacional e cultural, reconhecido e apoiado pelo governo francês. Os relatórios da Alliance Française evidenciam que a instituição se considerava um braço do imperialismo, lutando para que a França se consolidasse. Sobre as escolas francesas na Alta Guiné no fim do século XIX, por exemplo, a Alliance Française escreveu:

> Elas precisam combater a terrível influência das escolas inglesas de Serra Leoa na região. A luta entre as duas línguas torna-se mais intensa à medida que se desloca para o sul, invadido por nativos ingleses e por seus pastores metodistas.

Como visto nos casos de Portugal e Espanha, a difusão da língua da potência colonizadora europeia era de grande importância. A Bélgica, por sua vez, encorajou as línguas locais como meio de divisão e atraso. Somente em Tanganica, sob domínio alemão, houve uma reação positiva às potencialidades do suaíli, impulsionando ainda mais essa língua, que já havia se espalhado pelo comércio, pelas relações políticas e pelos contatos pessoais.

Além da língua, o pilar do imperialismo cultural na maioria das colônias era a religião. A Igreja nunca desempenhou papel tão importante nas colônias francesas quanto em outras partes da África colonizadas por países predominantemente católicos; as igrejas protestantes, nas colônias britânicas, também tiveram um papel muito mais vital que a Igreja na África francesa. A explicação é que a revolução burguesa francesa do século XVIII foi mais completamente anticlerical que qualquer outra revolução burguesa e a Igreja católica foi de todo separada do governo na França em 1905, após muitos anos de relações precárias.

Ainda assim, quando percebeu que as escolas missionárias estavam ajudando a Inglaterra a se consolidar na África, o governo francês pediu a ajuda de sua própria Igreja católica para garantir os interesses nacionais.

Do ponto de vista dos colonizadores, uma vez decididas as fronteiras de uma colônia, o maior problema continuava sendo assegurar a conformidade africana na execução de políticas favoráveis às metrópoles. Sempre era possível usar a força com esse objetivo, mas a força bruta era mais eficaz preservada do que quando aplicada em assuntos cotidianos. Somente a educação poderia lançar as bases para uma administração colonial que operasse de forma livre e desimpedida.

Em primeiro lugar, havia o problema linguístico elementar da comunicação entre europeus e africanos. Na maioria das vezes, colonizadores usavam tradutores para repassar ordens, mas sabia-se que estes aproveitavam a situação para se promover e modificar ou mesmo sabotar tais ordens. Havia na África colonial francesa o ditado de que "tradução é igual a traição", e a única maneira de evitar isso era ensinar francês à massa.

Depois havia o aspecto prático de educar os africanos para serem melhores trabalhadores, assim como na Europa os trabalhadores recebiam educação para que fossem mais eficientes e produzissem excedentes extras para os capitalistas. Na África colonial, a burguesia europeia percebeu que certo grau de educação formal maximizaria o valor do trabalho. Albert Sarraut, um ministro colonial francês, destacou, em 1914, "a utilidade econômica de educar as massas [africanas]". Vários anos antes, os franceses haviam feito uma declaração específica no mesmo sentido, em Madagáscar. Uma portaria de 1899 apontou que o objetivo da escolarização era

> transformar os jovens malgaxe em súditos fiéis e obedientes da França e oferecer uma educação que seria industrial, agrícola e comercial, de modo a garantir que os colonos e diversos serviços públicos da colônia possam suprir suas necessidades de pessoal.

Na prática, não seria necessário educar as massas porque apenas uma minoria da população africana integrava a economia colonial de uma maneira tal que seu desempenho poderia ser aprimorado pela educação. Na verdade, os franceses se concentraram em selecionar uns poucos, que seriam completamente submetidos ao imperialismo cultural e ajudariam a França na administração de suas vastas possessões coloniais africanas. William Ponty, antigo governador-geral da África ocidental francesa, falava em formar "uma elite de jovens destinados a ajudar nossos próprios esforços". Em 1919, Henry Simon, então ministro colonial, traçou um programa de educação secundária na África, com o objetivo de "transformar os melhores elementos indígenas em franceses completos".

As implicações políticas das medidas educacionais do colonialismo francês chegaram à sua expressão máxima nos anos 1930, e, nessa época, algumas ações também correspondiam a essas palavras. Brevié, o governador-geral da África ocidental francesa em 1930, pediu a extensão dos níveis mais altos de escolaridade primária aos africanos "para nos ajudar em nosso trabalho de colonização". Brevié foi encorajado pelo fato de ter surgido antes "uma elite nativa, cujo zelo pela cultura francesa plena e exclusiva já dão visíveis sinais". Assim, com o apoio do inspetor-geral da Educação, Brevié passou a traçar planos para que os alunos africanos frequentassem o ensino secundário e integrassem os quadros coloniais. Qualquer sistema sociopolítico precisa de seus quadros. Esse era o papel desempenhado pelas faixas etárias mais jovens nos exércitos de Shaka e pelo Komsomol ou Juventude Comunista na União Soviética. Integrar um quadro envolvia não apenas treinamento para trabalho prático, mas também orientação política para servir como elemento de liderança no sistema. Os franceses e outros colonialistas entendiam isso muito bem. Brevié expressou isso nas seguintes palavras:

> Não se trata, de modo algum, de produzir apenas uma incubadora de aprendizes, escriturários e funcionários de acordo com as necessidades flutuantes do momento. O papel desses quadros nativos é muito mais amplo.

Só no norte da África, com grande população de colonos brancos, os franceses acharam desnecessário encorajar uma elite local a dirigir os negócios sob a direção da metrópole e do governador, embora mesmo na Argélia tenham surgido vários súditos chamados *Beni Oui Oui* – literalmente "homens sim, sim" –, sempre dispostos a cumprir as instruções francesas em oposição aos interesses da maioria de seus irmãos. Outro aspecto visionário das medidas políticas francesas na esfera da educação era a maneira como os filhos dos chefes acabavam forçados a adquirir educação. Tratou-se de uma tentativa deliberada de capturar a lealdade das pessoas que antes detinham o poder político na África independente e de dar continuidade à fase pré-colonial. Como disseram os próprios franceses, ao educar os filhos dos governantes tradicionais, "estabelece-se assim um vínculo entre os quadros nativos formados por nós e aqueles que a comunidade nativa reconhece".

Em 1935, uma equipe de educadores britânicos visitou a África francesa e admitiu, com um misto de inveja e admiração, que a França havia conseguido criar uma elite de africanos à imagem dos franceses — uma elite que estava ajudando a perpetuar o domínio colonial francês. Em maior ou menor grau, todas as potências coloniais produziram quadros semelhantes para administrar e reforçar seus impérios coloniais na África e em outros lugares.

Depois da Segunda Guerra Mundial, tornou-se óbvio que o domínio colonial não poderia ser mantido para sempre da mesma forma na África, pois a Ásia já havia se libertado e a África estava revoltosa. Quando a consciência de que o fim estava próximo se disseminou, as potências metropolitanas voltaram-se para seus quadros coloniais e entregaram-lhes as rédeas das ações na África politicamente independente. Deve-se enfatizar que a decisão de que o continente deveria ser livre não foi feita pelas potências coloniais, mas pelo povo africano. No entanto, a mudança do colonialismo para o que é conhecido como neocolonialismo teve certos elementos de conspiração. Em 1960, o então primeiro-ministro britânico, Harold Macmillan, fez a declaração frequentemente citada de que "um vento de mudança está soprando na África". Essa era a maneira burguesa de expressar o que o primeiro-ministro chinês Zhou Enlai logo afirmaria: que "a África estava madura para a revolução". A fim de retardar ou impedir a revolução africana, as potências colonizadoras recorreram a um grupo que já haviam criado para um propósito diferente: a elite dos africanos educados pelas colônias, entre os quais eram selecionados, sempre que possível, aqueles mais adequados para ser elevados à condição de liderança política; os aparatos administrativo e militar foram deixados nas mãos de quadros de confiança semelhantes.

Alguns europeus visionários sempre souberam que o sistema educacional colonial seria útil se e quando a independência política fosse recuperada na África. Por exemplo, Pierre Foncin, fundador da Alliance Française, afirmou no início deste século que "é necessário ligar as colônias à metrópole por um vínculo psicológico muito sólido, contra o momento em que a emancipação progressiva das colônias assumir a forma de federação como é provável – que elas sejam e permaneçam francesas na língua, no pensamento e no espírito". Ainda assim, foram os britânicos que primeiro perceberam que deveriam se curvar ao inevitável e conceder a independência aos africanos. Enquanto os franceses introduziam alguns representantes africanos em seu próprio parlamento na Europa, para tentar manter domínio sobre territórios, os britânicos preparavam-se para entregar o controle a certos africanos selecionados.

Nos países capitalistas metropolitanos, havia (e ainda há) escolas de elite que formam a maior parte dos líderes para a política e outras áreas. Escolas públicas inglesas como Eton, Harrow, Rugby e Winchester são bem conhecidas como campos de treinamento da classe dominante britânica e são consideradas por muitas autoridades mais importantes que as universidades para as quais os alunos dessas escolas secundárias invariavelmente vão. Na França, no nível secundário, era e ainda é comum descobrir que estudantes vindos de lugares como o Lycée Louis le Grand e a École Normal Supérieure da Rue d'Ulm serão os futuros ministros e altos executivos daquele país. Nos Estados Unidos, apesar do mito de que todos podem chegar ao topo, grande parte da classe dominante frequenta escolas exclusivas e particulares para meninos, como Groton, St. Paul's, St. Mark's e Philips Exeter.

Nas condições africanas, quem frequentava a escola no período colonial praticamente integrava a elite, porque aqueles que gozavam desse privilégio, mesmo no nível primário, eram poucos. Além disso, dentro de cada colônia a tendência era haver ao menos uma escola secundária ou instituto superior para desempenhar o papel de formar o pessoal político-administrativo da África na era da independência política. Os nomes dos ministros e secretários permanentes de cada país africano podem ser encontrados nas listas escolares de Gordon College (Sudão), Alliance High School (Quênia), King's College Budo (Uganda), Tabora Secondary School (Tanzânia), Livingstonia (Malawi), William Ponty (Senegal), Sierra Leone Grammar School, Mfantsipim (Gana), Lycée Gallieni (Madagáscar) e em algumas outras. Além disso, havia Makerere, Fourah Bay e Achimota como antigas instituições universitárias ou de nível equivalente.

De um ponto de vista retrospectivo, agora fica óbvio que um dos aspectos mais significativos do sistema educacional colonial foi representado pelas Forças Armadas e pela polícia. Exércitos coloniais como o Batalhão Africano do Rei, o Exército Francês Livre e a Força Pública Congolesa produziram sargentos que mais tarde se tornaram majores e generais da África independente e, em vários casos, os chefes de Estado. Os policiais também conseguiram uma promoção rápida semelhante, embora sua posição política fosse bem mais frágil que a dos militares propriamente ditos. Como seus colegas civis, a futura elite policial e militar foi treinada para ser apenas assistente de baixo escalão dos senhores coloniais, mas, quando a independência se aproximou, os colonizadores julgaram que eles tinham qualidades necessárias, entre os quadros coloniais, para fazer parte da classe dominante da África neocolonial. Em alguns casos, no fim do período colonial, as potências metropolitanas se apressaram em treinar alguns africanos nas instituições de violência científica europeias, em especial a Academia Militar de Sandhurst, a Escola de Polícia de Hendon, na Grã--Bretanha, e a Academia Militar de St. Cyr, na França. Os poucos selecionados para tal treinamento tornaram-se a nata da elite militar, correspondendo aos civis africanos que foram para a universidade na África ou no exterior.

Grande parte do que emergiu do sistema de educação colonial não tinha nada de singular. Os sistemas educacionais são projetados para funcionar como suportes para determinada sociedade, e os educados nas faixas etárias jovens automaticamente carregam seus valores quando chega sua vez de tomar decisões. Na África, os colonialistas estavam treinando administradores de baixo nível, professores, suboficiais e assistentes ferroviários visando à preservação das relações coloniais; e não surpreende que tais indivíduos tenham levado os valores coloniais para o período posterior à reconquista da independência. Os colonialistas, enquanto isso, agiam, sempre que possível, para assegurar que as pessoas mais favoráveis à sua posição continuassem a comandar as administrações africanas e assumissem novos poderes políticos e policiais nos Estados. Essa descrição dos acontecimentos poderia ser considerada unilateral por muitos europeus e também por africanos. Isso, em certo sentido, é verdade, porque a unilateralidade é deliberada. Trata-se de uma descrição do que o sistema educacional colonial alcançou *em termos do que se propôs a alcançar*. O outro lado da questão não é o bem que se pode creditar aos educadores coloniais, mas sim o que surgiu apesar dos esforços e das intenções dos colonizadores e graças às lutas dos povos africanos.

DESENVOLVIMENTO POR CONTRADIÇÃO

O único desenvolvimento positivo do colonialismo se deu com seu fim. O objetivo desta seção é esboçar brevemente como esse desenvolvimento ocorreu, tomando como referência específica o papel do segmento das pessoas com educação formal.

Em oposição a uma interpretação subjetiva do que era bom no colonialismo, por um lado, e do que era ruim, por outro, há a abordagem que segue de perto os objetivos e as realizações dos colonizadores e os objetivos e as realizações *contrários* do povo africano. Às vezes, os africanos se restringiam a manipular as instituições coloniais da melhor maneira possível, mas, além disso, certas contradições fundamentais surgiram na sociedade colonial, e elas só puderam ser resolvidas pelos africanos ao recuperarem sua soberania como povo.

A análise baseada na percepção das contradições é característica do marxismo. Assim, os historiadores soviéticos abordam a desintegração do colonialismo no seguinte quadro:

> O colonialismo impôs grilhões ao desenvolvimento dos povos escravizados. Para facilitar a exploração colonial, os imperialistas impediram deliberadamente o progresso econômico e cultural nas colônias, preservaram e restauraram formas obsoletas de relações sociais e fomentaram a discórdia entre nacionalidades e

tribos. No entanto, o esforço para obter superlucros ditou o desenvolvimento da indústria extrativa, dos latifúndios monocultores e das fazendas capitalistas e da construção de portos, ferrovias e estradas nas colônias. Como consequência, as mudanças sociais ocorreram nas colônias, independentemente da vontade dos colonialistas. Surgiram novas forças sociais – um proletariado industrial e agrícola, uma burguesia nacional e uma intelectualidade.

Entre os diferentes segmentos da população africana no setor moderno criado pela atividade capitalista, o campesinato do cultivo comercial era o mais numeroso. Os agricultores africanos de cultivos comerciais tinham profundas queixas contra os colonialistas, centrando-se no baixo preço dos produtos africanos e, por vezes, na alienação das terras. Assalariados agrícolas e trabalhadores urbanos haviam perdido suas terras de forma definitiva e resistiam à escravização assalariada. Fizeram isso organizando-se como o proletariado europeu vinha fazendo desde sua formação, e, por meio da organização compacta, os trabalhadores africanos fizeram sentir sua presença muito mais fortemente que seu número limitado teria possibilitado. Ao fim, registrou-se, nos partidos de massa, a preponderância numérica dos camponeses e dos que tinham um pé na agricultura de "subsistência". Mas, enquanto os camponeses dependiam de revoltas e boicotes esporádicos para expressar suas queixas, os assalariados estavam engajados em um processo mais contínuo de barganhas, petições e greves.

O menor dos agrupamentos sociais era o da elite educada. Como observado, o número de africanos que receberam educação no período colonial era tão pequeno que quem frequentava a escola era privilegiado e pertencia a uma elite. Havia apenas alguns advogados e médicos, concentrados principalmente no norte e no oeste da África. De modo geral, a intelectualidade era formada por estudantes, escriturários e professores. O grupo de pessoas instruídas também se sobrepunha ao da liderança sindical organizada, ao estrato dominante africano tradicional, aos ex-militares e policiais e a comerciantes e artesãos independentes.

Em conjunto, a parcela instruída da sociedade desempenhou um papel muito desproporcional a seu número nas lutas de independência africanas, porque assumiu a responsabilidade e foi convocada a articular os interesses de todos os africanos. Esse grupo também foi levado a construir uma organização política que combinasse todas as contradições do colonialismo e se concentrasse na principal delas, aquela entre a colônia e a metrópole.

A contradição entre as pessoas com educação formal e os colonialistas não era das mais profundas. Em última análise, foi possível aos colonizadores retirar-se e satisfazer as aspirações da maior parte da intelectualidade africana sem, de modo algum, desafogar a maioria camponesa e operária, mais explorada e mais oprimida. No entanto, enquanto perduraram, as diferenças entre os colonizadores e a população instruída africana foram decisivas.

Já se argumentou com certa profundidade que a educação colonial atingia um número limitado de africanos, que se restringia aos níveis elementares e que sua função pedagógica e ideológica era servir aos interesses da Europa e não da África. Mesmo assim, o número de matriculados teria sido muito menor não fossem os esforços dos próprios africanos. As oportunidades do ensino médio teriam sido mais restritas, e o conteúdo ideológico, mais negativo, se as atividades das massas africanas não estivessem em constante contradição com os objetivos dos colonizadores europeus. Acima de tudo, a educação para a escravização continuada nunca cumpriu seu propósito; pelo contrário, emergiram diferentes níveis de contradição, levando à independência e, em alguns casos, anunciando uma nova época socialista após o fim do colonialismo.

Se há algo de glorioso na história da educação colonial africana, não são as migalhas deixadas pelos exploradores europeus, mas o imenso vigor demonstrado pelos africanos em dominar os princípios do sistema que os subjugava. Na maioria das colônias, houve um período inicial de indiferença em relação à educação escolar, mas, assim que se compreendeu que a escolarização representava uma das poucas vias de avanço dentro da sociedade colonial, os africanos clamaram e *empurraram os colonialistas para muito além de onde eles pretendiam ir.*

Quando os africanos se esforçaram ao máximo para entrar na economia dos cultivos comerciais, isso em geral atendeu aos fins capitalistas europeus. Mas as iniciativas africanas na esfera da educação estavam produzindo resultados antagônicos, ao menos para alguns dos propósitos da exploração colonial. A educação na África colonial francesa foi mencionada várias vezes do ponto de vista da política francesa. Os administradores franceses também comentaram os esforços africanos para ir além do número limitado de quadros que os franceses tinham em mente e estavam dispostos a subsidiar com impostos africanos. Em 1930, o governador-geral da África ocidental francesa relatou:

> Cada nova escola aberta fica imediatamente lotada. Em toda parte, os nativos clamam, em massa, por serem educados. Aqui, um chefe quer uma escola própria, então ele a constrói; ou ainda, uma aldeia ou outra pode se oferecer para

cobrir o custo de equipar uma escola. Em certos lugares da Costa do Marfim, os aldeões pagam os professores do próprio bolso. Nossos alunos muitas vezes vêm de locais entre vinte e cinquenta quilômetros de distância.

O entusiasmo africano em buscar mais e mais educação superior não se limitou a nenhuma parte do continente, embora em alguns lugares tenha se manifestado mais cedo e com mais intensidade. A Costa do Ouro e Serra Leoa, por exemplo, tinham uma tradição de educação europeia que remonta ao século XVII. Portanto, não foi de todo surpreendente que, em 1824, o *Times Educational Supplement* comentasse que havia demanda geral por uma educação mais ampla e de mais qualidade na Costa do Ouro. É de lá J. E. K. Aggrey, distinto educador e nacionalista africano que incendiou a imaginação para muito além da Costa do Ouro no que diz respeito à educação formal.

Havia uma correlação definida entre o grau de exploração colonial e a quantidade de serviços sociais prestados. Isso se aplicava à educação em particular, de modo que as áreas urbanas, de mineração e de cultivo comercial tinham, na prática, o monopólio das escolas. Isso se devia, em parte, à política capitalista de aumentar a eficácia dos trabalhadores, mas também foi consequência dos esforços feitos pelos africanos dentro da economia monetária. Eles fizeram exigências à administração colonial e passaram por muito sacrifício e muita abnegação para conseguir mais vagas nas escolas. Assim, verifica-se que os igbo, que obtinham sua renda do óleo de palma, empregavam uma proporção significativa de seus pequenos ganhos na construção de escolas, geralmente em associação com a igreja. A propósito, deve-se notar, aqui, que o que era chamado de igreja ou missão muitas vezes era inteiramente financiado por africanos, que pagavam as taxas da igreja, faziam doações de colheitas para a igreja, às vezes contribuíam para um fundo de educação especial e muitas vezes pagavam as taxas escolares. Esse padrão predominou na Igbolândia e não foi incomum em outras partes da África colonial. A existência de escolas deveria ter sido identificada por meio da Igreja, na exploração do óleo de palma e do trabalho do povo. Na verdade, não se deve esquecer que missionários, administradores, colonos brancos – todos – viviam do trabalho e dos recursos africanos.

Nas áreas de cultivo comercial da África britânica, também se tornou prática tentar usar os conselhos de produção agrícola e instituições semelhantes para financiar a educação. Afinal, os conselhos agrícolas deveriam ter sido estabelecidos no interesse dos produtores camponeses. Eles se concentraram na exportação de excedentes na forma de reservas em dólares para a Grã-Bretanha, mas, no fim do domínio colonial, na época do governo autônomo, seria escandaloso evitar dar aos africanos uma pequena parte dos benefícios de seu trabalho; dessa forma, os conselhos de produção foram convencidos a disponibilizar alguns fundos para a educação. Em 1953, por exemplo, o Conselho Legislativo de Uganda votou para aplicar 11 milhões de libras do Fundo de Estabilização de Preços do Algodão em serviços de bem-estar social, com a educação agrícola recebendo grande fatia.

Entre os africanos que se saíram um pouco melhor que seus irmãos em termos financeiros, certa filantropia se manifestava, como na ajuda para que as crianças africanas frequentassem a escola. Os registros históricos da educação africana sob o domínio colonial revelam algumas curiosidades, como o fato de que a primeira escola secundária da Somália, em 1949, não foi fundada pela administração colonial nem por iniciativa da Igreja, mas por um comerciante somali. É claro que ainda se espera na África que qualquer pessoa que já seja educada e esteja ganhando um salário ajude a educar pelo menos mais um membro de sua família ampliada. Isso porque a família ampliada e a comunidade de sua aldeia muitas vezes fizeram sacrifícios para que ele fosse educado. Isso era válido tanto na Mauritânia como nas reservas da África do Sul – exemplos nesse sentido eram comuns.

Existem várias biografias de africanos que ganharam destaque no período colonial, em geral no movimento de reconquista da independência africana. A leitura dessas biografias revela, invariavelmente, a *luta* para ser educado nos tempos coloniais. Chega-se à mesma conclusão pela leitura dos romances africanos modernos, pois romancistas (embora escrevam o que se chama de "ficção") têm a preocupação de capturar a realidade. Defensores do colonialismo falam como se a educação fosse uma grande refeição entregue aos africanos de bandeja. Não foi. As migalhas educacionais caídas eram tão pequenas que os indivíduos lutavam por elas. Economizavam seus pequenos ganhos e mandavam seus filhos para a escola, e as crianças africanas caminhavam quilômetros para ir e voltar, sem se importar com isso.

Mas, além dos sacrifícios físicos e financeiros, os africanos, em algumas colônias, tiveram de travar uma batalha política para que o princípio da educação africana fosse aceito. As colônias em questão eram aquelas com uma população de colonos brancos.

No Quênia, os colonos brancos deixaram claro que, para eles, um africano sem instrução era melhor que um instruído, e aquele que tivesse apenas rudimentos de educação era preferível a um com alguns anos a mais de escolaridade.

O Relatório Beecher sobre a educação no Quênia (produzido em 1949) foi bastante influenciado pelos colonos brancos e afirmou, abertamente:

> Os analfabetos com a atitude correta em relação ao trabalho manual são preferíveis aos que saem das escolas e não estão prontamente dispostos a ingressar no trabalho manual.

Por estarem próximos ao centro do poder político no sistema colonial, os colonos brancos puderam aplicar os próprios princípios à educação no Quênia; o acesso dos africanos à educação foi muito pequeno. Na verdade, isso significou uma exceção à regra de que mais equipamentos sociais acompanhavam a exploração intensificada, mas os quicuio, que eram os mais explorados no Quênia, não aceitaram a situação com passividade. Uma tática foi bombardear o governo colonial com demandas, embora os africanos estivessem em uma posição muito menos favorável para fazê-lo que os colonos brancos. As demandas foram parcialmente bem-sucedidas. O Relatório Beecher, com relutância, cedeu aos africanos algumas escolas de nível primário e secundário, sugerindo vagas para 40% das crianças africanas nos primeiros anos do ensino primário, 10% nos últimos anos do ensino primário intermediário e 1% no nível secundário. Mas, em 1960, o número de escolas primárias era o dobro do que os brancos achavam que deveria ter sido alcançado até aquela data, e o número de instituições secundárias era três vezes o que os colonos brancos haviam recomendado.

Além disso, onde o governo relutava em construir escolas ou subsidiar com impostos africanos missionários para fazê-lo, houve um ímpeto ainda maior em lidar diretamente com questões educacionais. No Quênia, houve uma avalanche das chamadas escolas independentes, comparáveis às igrejas independentes e, aliás, em sua maior parte nascidas de igrejas independentes. As escolas independentes no Quênia formaram duas grandes associações: a Associação de Escolas Independentes Quicuio e a Associação de Educação Quicuio de Karinga, formadas em 1929.

Na prática, assim como as missões cristãs europeias usavam as escolas para atrair convertidos, as igrejas independentes davam grande importância à escolarização. John Chilembwe fez esforços notáveis nesse sentido, auxiliado por irmãos recrutados entre os descendentes de africanos nos Estados Unidos.

A religião muçulmana também foi uma grande incentivadora do avanço educacional durante o colonialismo. No norte da África, os muçulmanos muitas vezes acharam necessário canalizar esforços para outras escolas que não as construídas pelos colonialistas. A Sociedade de Reformistas Ulemá, na Argélia, iniciou um grande programa de escola primária em 1936. Em 1955, suas escolas primárias atendiam a 45 mil crianças argelinas e, a partir de 1947, a organização também passou a administrar uma grande escola secundária. Na Tunísia, a iniciativa popular financiou escolas primárias corânicas modernas, oferecendo vagas para 35 mil crianças – o equivalente a um em cada quatro estudantes frequentando o ensino básico.

No Marrocos, as escolas muçulmanas estabelecidas por esforço popular apresentavam a inusitada característica de almejar a emancipação das mulheres por terem uma alta porcentagem de meninas – muito mais alta que as escolas públicas. A administração colonial francesa deliberadamente manteve as menções a essas escolas fora de seus relatórios oficiais e tentou manter sua existência desconhecida por visitantes.

Outro exemplo marcante da ação autônoma dos africanos no que diz respeito à educação foi o projeto patrocinado pelo Congresso Geral de Graduados no Sudão. Fundado por estudantes, comerciantes e funcionários públicos em 1937, o Congresso de Graduados se envolveu em um programa de construção de escolas. Em quatro anos, cem escolas foram abertas com a ajuda de contribuições voluntárias. Uma experiência menor, mas igualmente empolgante, foi a da Associação de Colegiais Unidos Bugabo, fundada por dois estudantes em Mwanza, Tanganica, em 1947. Destinava-se à educação de adultos e, em pouco tempo, atraiu mais de mil pessoas de todas as idades. Os organizadores montaram um acampamento onde abrigavam e alimentavam aqueles que apareciam para aprender rudimentos da alfabetização.

Quando os camponeses quicuio, as mulheres ga dos mercados ou os pastores cabila economizavam para construir escolas e educar seus filhos, isso não estava inteiramente de acordo com o objetivo dos colonialistas, que queriam que os pagamentos pelos cultivos comerciais e outras formas de circulação de dinheiro em espécie retornassem como lucros às metrópoles através da compra de bens de consumo.

Em pequena escala, portanto, os africanos estavam estabelecendo uma ordem de prioridades diferente daquela dos colonialistas. Isso se intensificou nos últimos anos do colonialismo, quando a educação passou a ser vista pela importância política que teria na era do autogoverno.

Tendo recebido educação superior na África colonial após a Segunda Guerra Mundial, um africano francês poderia chegar à Assembleia Francesa em Paris, enquanto um súdito colonial inglês poderia chegar à Assembleia Legislativa local como membro eleito ou nomeado. Essas aberturas eram totalmente esvaziadas de poder e eram oportunidades que apenas um pequeno grupo poderia alcançar, mas estimulavam nos africanos a percepção de que uma considerável mobilidade vertical se seguiria à educação formal. Na África equatorial francesa, no fim da década de 1940, o governador africano Félix Éboué liderou as demandas por mais educação para os africanos e foi bem-sucedido até certo ponto em forçar a mão de seus mestres no Ministério da França Ultramarina. No mesmo período e também depois, foi o esforço africano nas Assembleias Legislativas que manteve a questão da educação em primeiro plano. Os britânicos haviam escolhido a dedo alguns africanos instruídos e alguns "chefes" para aconselhar o governador na Assembleia Legislativa. Em geral, essas pessoas tinham função tão decorativa quanto as plumas do capacete do governador, mas, na questão da educação, nenhum africano conseguia evitar expressar alguma insatisfação com o mau estado das coisas.

Em última análise, de um ponto de vista puramente quantitativo, os africanos pressionaram os colonialistas, em particular os britânicos, para ampliarem a educação oferecida além do permitido dentro do sistema colonial, e essa foi uma contradição importante e explosiva que ajudou os africanos a recuperar sua independência política.

Já foi observado que as colônias britânicas tinham uma inclinação a criar um setor instruído maior que o que a economia colonial poderia absorver. Isso se deve aos esforços do povo africano, embora seja verdade que os franceses foram mais rigorosos em rejeitar as demandas das colônias, mantendo em seu cronograma de treinamento apenas uma elite de quadros para servir aos interesses da metrópole. De certo modo, em uma colônia como a Costa do Ouro, os esforços africanos para ter acesso à educação foram, sem dúvida, além dos necessários para atender à economia. A Costa do Ouro foi uma das primeiras colônias a experimentar a "crise dos egressos da escola primária" ou o "gargalo do ensino médio". Ou seja, entre os egressos das escolas primárias, muitos se frustraram por não conseguir vagas nas escolas secundárias nem empregos condizentes com valores aprendidos na escola e associados à estratificação interna da sociedade africana provocada pelo capitalismo.

Diz-se, às vezes, que Kwame Nkrumah reuniu as pessoas iletradas na Convenção do Partido Popular. Essa foi uma acusação feita com desdém por outros ganenses de educação conservadora, que achavam que Nkrumah estava avançando depressa. Na realidade, as tropas de choque da brigada de jovens de Nkrumah não eram iletradas. Tinham frequentado a escola primária e podiam ler os manifestos e a literatura da revolução nacionalista africana, mas estavam extremamente descontentes porque, entre outras coisas, encontravam-se relativamente atrasadas no cenário educacional da Costa do Ouro e não tinham espaço no restrito *establishment* da monocultura do cacau.

As potências coloniais tinham o objetivo de conceder quantidade suficiente de vagas de ensino para manter o colonialismo funcionando; os africanos, por vários meios, exigiram aumento da educação nos níveis mais baixos, além da "cota" que lhes cabia, e esse foi um dos fatores a provocar uma profunda crise, forçando os britânicos a considerarem a ideia de retirar seu aparato colonial da Costa do Ouro. O processo de independência também foi acelerado contra a vontade dos britânicos. Como é sabido, a reconquista da independência em Gana não foi apenas assunto local, mas algo muito significativo para a África como um todo, pois ressalta a importância de pelo menos uma das contradições educacionais na independência política no continente.

A colônia da Costa do Ouro não foi a única a apresentar o problema do gargalo causado pela inadequação da pirâmide educacional. Na área que já foi a Federação das Rodésias e a Niassalândia, os educadores da década de 1950 comentavam sobre uma crise de egressos da escola primária. Segundo eles, havia número alto de alunos abandonando a sexta série. Um conjunto de colônias que estava educando um número insignificante de crianças africanas em idade escolar tinha excedente de egressos da escola primária! Isso significava apenas que o colonialismo estava falido e tinha conduzido a África a tal grau de subdesenvolvimento que já não precisava de mais que um punhado de instruídos. Além disso, os colonialistas haviam assegurado a cada africano batalhador que, se ele concluísse a educação missionária, obteria um emprego de colarinho branco e um passaporte para a civilização, mas, ao deixar a escola, os jovens africanos descobriam que as promessas eram falsas. Um egresso da sexta série da Federação Centro-Africana escreveu a seguinte carta a uma revista em 1960:

> Depois de terminar a sexta série primária, passei o ano inteiro em casa porque não consegui vaga para continuar minha educação. No início deste ano, fui procurar trabalho, mas, de janeiro até agora, não consegui. Se eu soubesse que minha educação seria inútil, teria dito a meu pai para não desperdiçar o dinheiro dele para me educar a partir do início até a sexta série.

Seria bastante razoável supor que o autor dessa carta se opunha aos colonos brancos da Federação Centro-Africana. Tendo ou não refletido conscientemente sobre o assunto, ele estava fadado a agir como produto das profundas forças contraditórias dentro do colonialismo – que haviam produzido a discrepância entre promessa e realização em termos de sua própria vida pessoal. Às vezes, os egressos da escola, frustrados, desabafam seus sentimentos de maneira não construtiva. Por exemplo, o problema do gargalo na educação e no emprego surgiu na Costa do Marfim em 1958 e, em um contexto de liderança africana confusa, a juventude da Costa do Marfim decidiu que seu inimigo era o grupo de daomeanos e senegaleses que estava empregado em seu território. No entanto, tomada em conjunto, a situação de frustração ajudou os africanos a perceberem mais claramente que o inimigo era a potência colonial e, portanto, acrescentou uma plataforma ao movimento de reconquista da independência africana.

Os colonizados entraram em confronto não apenas por quantidade de vagas educacionais, mas também pela qualidade. Um dos principais temas de desacordo foi a educação colonial agrícola, à qual já foi feita referência. Os colonialistas pareciam surpresos que um continente de agricultores rejeitasse a educação que supostamente pretendia elevar o nível de sua agricultura. É verdade que alguns africanos se manifestaram contra a educação agrícola e outras reformas para "africanizar" os currículos por razões aparentemente egoístas e elitistas. Por exemplo, um guineense exigiu que não houvesse uma única mudança no programa de ensino usado na França metropolitana. "Queremos um currículo metropolitano e os mesmos diplomas da França, pois somos tão franceses quanto os franceses das metrópoles", declarou. Em Tanganica, durante os dias de domínio alemão, também houve protestos contra a mudança do programa educacional formal e literário, que havia sido apresentado como inteiramente europeu. Um proeminente africano de Tanganica, Martin Kayamba, afirmou que "aqueles que pensam que a educação literária é inadequada para os africanos ignoram o fato de sua importância e indispensabilidade para qualquer tipo de educação e, portanto, negam aos africanos os próprios meios de progresso".

Declarações como essas devem ser vistas no contexto correto para entender que a reação africana foi perfeitamente justificada. O sistema de valores colonialista atribuía um valor baixo à atividade manual e um valor alto ao trabalho burocrático de colarinho branco. Ainda mais importante, a economia colonial oferecia compensações discriminatórias para aqueles que tinham educação literária ou "livresca", em oposição àqueles com habilidades manuais. Era extremamente difícil convencer qualquer africano sensato de que a educação que o faria cavar a terra para obter cem xelins no fim do ano era mais apropriada do que a educação que o qualificava para trabalhar no serviço público por cem xelins ao mês. Quando os europeus insistiam nesse tipo de raciocínio, os africanos desconfiavam.

Os africanos desconfiavam muito dos impostos na era colonial. Eles nunca queriam ser contados nem queriam que suas galinhas fossem contadas, porque sabiam, pela amarga experiência, que era assim que os colonialistas cobravam os impostos. Da mesma forma, em questões educacionais, não havia confiança nos planos coloniais de fornecer diferentes versões de educação, porque tais planos quase sempre significavam uma educação de qualidade muito inferior, abertamente voltada para o subdesenvolvimento. O exemplo mais extremo de um sistema de educação colonial projetado para treinar africanos para cumprir seu papel "natural" de trabalhadores manuais foi o da África do Sul após a introdução da Lei de Educação Bantu, em 1953. No entanto, as tentativas anteriores dos britânicos e dos franceses de estabelecer o que eles chamavam de "escolas agrícolas" ou "escolas de iniciação" seguiam as mesmas linhas que, desde então, têm sido impiedosamente praticadas pelos racistas na África do Sul. A educação não literária tinha a aparência superficial de ser mais relevante para a África, mas na verdade era uma educação inferior para um povo supostamente inferior, com o objetivo de fazê-lo aceitar sua própria exploração e opressão. Como disse Abdou Moumouni, "a educação colonial era uma educação de baixo custo". Ela oferecia, segundo os padrões europeus, substitutos de baixa qualidade para atender ao que foi descrito como a capacidade intelectual limitada dos africanos. Na África colonial francesa, os diplomas raramente eram iguais aos das metrópoles em níveis comparáveis; na África oriental britânica, um funcionário pediu aos educadores que tivessem em mente a lacuna entre eles e os "selvagens sujos" que a Grã-Bretanha estava tentando civilizar. Foi nesse contexto que a educação agrícola se revelou uma prática enganosa.

Consequentemente, a luta contra as escolas agrícolas ou rurais foi uma das lutas mais amargas travadas pelos nacionalistas africanos e promoveu a conscientização em todos os níveis da sociedade africana em relação à natureza fundamentalmente exploradora e racista do colonialismo. Na África ocidental francesa, por exemplo, as escolas agrícolas sofreram uma oposição decidida após a última guerra, e o governo colonial francês teve de aboli-las. Em Tanganica e Niassa, o confronto entre os colonialistas e o povo africano foi muito maior, porque a oposição à educação agrícola estava associada à oposição às inovações agrícolas coloniais (como o terraceamento) que foram impostas às pessoas sem consulta e sem levar em conta as diferentes condições de cada localidade.

Na África oriental, os britânicos fizeram alguns esforços determinados para introduzir o que consideravam uma educação agrícola relevante. Um esquema piloto foi em Nyakato, Tanganica, que envolveu a transformação de uma escola secundária em uma escola agrícola em 1930. Durou nove anos, com tutores recrutados na Grã-Bretanha e na África do Sul, mas no fim a tentativa fracassou devido ao protesto dos estudantes e da população local. Embora a escola alegasse oferecer novas habilidades agrícolas, foi prontamente reconhecido que fazia parte de um programa que definia as "atitudes corretas" e o "lugar natural" que os europeus achavam adequado para os nativos.

Na década de 1940, à medida que os africanos buscavam mudar as características do sistema educacional, eles naturalmente tiveram que exigir uma voz nos conselhos que formulavam a política educacional. Essa foi em si uma exigência revolucionária, porque o povo colonial deveria ser governado, não participar da tomada de decisões. Além disso, na questão da formulação de políticas educacionais, os africanos não apenas assustaram os administradores, como pisaram nos calos dos missionários, que se sentiam como se, durante a partilha da África, tivessem herdado a educação. Todos esses embates apontavam na direção da liberdade dos povos coloniais, pois, em segundo plano, sempre havia a questão do poder político.

Seria errôneo sugerir que os africanos instruídos se moveram com a intenção de recuperar a independência africana. Na verdade, havia muito poucos que, já em 1939, se juntariam ao chefe Essien de Calabar para afirmar: "Sem educação, será impossível chegarmos ao nosso destino, que é a independência econômica da Nigéria e a independência política da Nigéria".

No entanto, a educação – formal e informal – foi uma força poderosa que transformou a situação do continente africano do pós-guerra de forma a trazer a independência política para a maior parte da África colonizada em duas décadas.

Havia também alguns europeus que previam o que se chamava de "perigo" de oferecer aos africanos uma educação moderna, ou seja, a possibilidade de conduzi-los à liberdade. Certamente, os europeus não estavam nada satisfeitos com nenhuma escola que fosse do tipo europeu, mas não estivesse sob controle colonialista direto. Por exemplo, as escolas independentes do Quênia não eram apreciadas pelos colonos brancos naquela colônia e por outros europeus fora do Quênia. Um relatório da missão católica da vizinha Tanganica, em 1933, advertiu contra permitir que africanos estabelecessem escolas controladas por eles mesmos, observando: "Escolas independentes estão causando dificuldades no Quênia. Essas escolas podem facilmente se tornar focos de revolta".

Quando a revolta dos mau-mau pela terra e pela libertação estourou no Quênia, uma das primeiras coisas que o governo britânico fez foi fechar as 149 escolas da Associação de Escolas Independentes Quicuio e 21 escolas da Associação de Educação Quicuio de Karinga, além de 14 outras escolas independentes, pois foram consideradas "campos de treinamento para a rebelião" – um termo que essencialmente captura o medo expresso no relatório da missão católica que acabamos de citar. Os europeus sabiam muito bem que, se não controlassem a mente dos africanos, logo deixariam de controlar as pessoas, física e politicamente. Da mesma forma, no norte da África, o poder colonial francês e os colonos brancos, ou *colons*, não aceitaram com bons olhos as escolas autônomas dos argelinos e tunisianos colonizados. O objetivo da Sociedade de Reformistas Ulemá na Argélia era criar escolas que fossem modernas e científicas e, ao mesmo tempo, apresentassem o aprendizado no contexto da cultura árabe e argelina. Os alunos das escolas Ulemá começaram suas aulas entoando juntos: "O árabe é minha língua, a Argélia é meu país, o Islã é minha religião". Não admira, portanto, que os colonialistas hostilizassem alunos e pais e tomassem medidas repressivas alegando que essas escolas também eram focos de revolta.

Os missionários pediam o controle das escolas porque essa era uma forma de atrair atenção para a própria igreja e porque se consideravam especialistas em imperialismo cultural, o que eles chamavam de "civilizar". No entanto, havia outros europeus dentro e fora das colônias que se opunham taxativamente às escolas – fossem elas cristãs, independentes, governamentais ou islâmicas. Partindo de uma posição racista, afirmavam que oferecer educação aos africanos era como jogar pérolas aos porcos; e algumas das expressões mais violentas de racismo eram dirigidas contra africanos instruídos. Desde o tempo de indivíduos como Lord Lugard e até os dias dos últimos administradores coloniais, como Sir Alan Burns, muitos colonialistas demonstraram hostilidade aos africanos que obtinham educação formal. Os africanos instruídos deixavam os colonialistas extremamente inquietos, porque não se conformavam com a imagem que os europeus gostavam de acalentar do "selvagem africano intocado".

Mas, se formos ao cerne da questão, pode-se perceber que os racistas brancos não acreditavam de verdade que os africanos não pudessem dominar o conhecimento que, então, estava de posse dos europeus. Pelo contrário, a evidência de africanos educados estava diante de seus olhos, e os colonos brancos temiam que, dada uma oportunidade, muitos africanos dominariam o conhecimento burguês branco plenamente. Esses africanos, portanto, se recusariam a atuar como trabalhadores agrícolas por doze xelins por mês, competiriam com os europeus em categorias semiqualificadas e, acima de tudo, desejariam governar a si mesmos.

Nos registros do colonialismo, não é incomum encontrar o seguinte tipo de observação: "Qual é a necessidade de educar os nativos? Dão-se a eles as armas para nos destruírem!". Em certo sentido, aqueles europeus eram sonhadores, porque dar educação aos africanos não era uma opção a evitar; era uma necessidade objetiva para manter o colonialismo funcionando. P. E. Mitchell, que mais tarde se tornou governador de Uganda, observou em 1928 que

> *por mais que venha a se arrepender*, nenhum diretor de Educação pode resistir à demanda por escriturários, carpinteiros, sapateiros e assim por diante – treinados em métodos europeus para atender às necessidades europeias. Esses homens não estão sendo treinados para se encaixar em qualquer lugar na vida de seu próprio povo, mas para atender às necessidades econômicas de uma raça estrangeira.

Ao mesmo tempo, a educação disponível também era consequência das ações irreprimíveis do povo africano, que esperava avançar dentro do sistema estrangeiro. Assim, aqueles europeus que de fato se opunham a oferecer educação aos africanos não entendiam as contradições de sua própria sociedade colonial. Mas em outro sentido, eles estavam defendendo os interesses do colonialismo. Em primeiro lugar, por mais que os colonialistas tentassem, não conseguiram moldar a mente de *todos* os africanos que recebessem educação em suas escolas. As exceções eram aquelas que se mostrariam mais perigosas para o colonialismo, o capitalismo e o imperialismo. Em segundo lugar, mesmo os africanos educados mais tímidos e mais sujeitos à lavagem cerebral guardavam alguma forma de desacordo com os colonialistas, provando que, na busca de seu próprio grupo ou interesses individuais, a elite educada ajudou a expor e a minar a estrutura do domínio colonial.

Tendo em mente essa distinção, podem-se considerar tanto aquelas contradições que surgiram entre os colonizadores e os africanos educados como um todo quanto aquelas que surgiram entre os colonizadores e cada indivíduo africano educado.

Como já observado, instalações educacionais insuficientes e empregos inadequados eram as principais queixas da base da população educada na África durante o período colonial. Os que frequentavam o ensino secundário ou as instituições de ensino superior encontravam pouco acesso a cargos remunerados e de responsabilidade, porque se destinavam a preencher os escalões inferiores da administração civil e empresarial. Depois de vinte anos de trabalho, um africano no serviço público teria muita sorte em se tornar "escriturário chefe" ou, na polícia, de se tornar sargento. Enquanto isso, para piorar, qualquer europeu que fizesse o mesmo trabalho que um africano recebia salários mais altos, e os brancos menos qualificados e experientes eram colocados acima dos negros, que faziam os trabalhos que seus superiores eram pagos para fazer. No serviço civil colonial, bastava ser europeu. Não importava se o branco era ignorante e estúpido, ele teria a garantia de receber um salário alto e desfrutar de amplos privilégios. O líder da Guiné-Bissau, Amílcar Cabral, deu um exemplo desse tipo.

> Eu era um agrônomo trabalhando com um europeu que todos sabiam ser um dos maiores idiotas da Guiné; eu poderia ter ensinado a ele seu trabalho de olhos fechados, mas ele era o chefe; isso é uma coisa que conta muito, esse é o confronto que realmente importa.*

Questões como salários, promoções, licenças e subsídios eram de interesse primordial para a maioria das associações africanas de funcionários públicos e associações de bem-estar ou de "aperfeiçoamento". Não deve haver ilusões quanto à existência de interesses próprios. Mas as queixas eram justificadas pela discrepância entre seus padrões de vida e os dos expatriados ou colonos brancos, bem como pela ideologia da própria burguesia que colonizou a África. O processo educacional equipou alguns africanos com uma compreensão da comunidade internacional e da democracia burguesa, e havia uma lacuna de credibilidade muito insatisfatória entre os ideais democratas burgueses e a existência do colonialismo como um sistema que negava a liberdade. Inevitavelmente, os instruídos começaram a gravitar na direção das reivindicações de independência nacional, assim como os indianos instruídos haviam feito muito antes no subcontinente indiano.

Segundo fontes oficiais espanholas, diz-se que o sistema escolar na Guiné espanhola conseguiu tudo o que os colonizadores esperavam dele. Produziu africanos que adoravam os espanhóis mais que os espanhóis adoravam a si mesmos, mas não produziu oponentes ao regime colonial. É difícil acreditar na veracidade de tal afirmação; os espanhóis tiveram cuidado para que

---

* Amílcar Cabral, "Brief Analysis of the Social Structure in Guinea", em *Revolution in Guinea: An African People's Struggle* (Londres Stage 1, 1969), p. 52. (N. T.)

ninguém de fora ficasse sabendo como eram as coisas em suas pequenas colônias na África. No entanto, se fosse verdade que o sistema educacional colonial na Guiné espanhola criou apenas africanos cordatos, de acordo com o plano, isso representaria uma notável exceção à regra geral. Onde quer que haja evidência adequada, ela mostra que o imperialismo cultural da educação nas colônias foi, em grande medida, mas nunca inteiramente, bem-sucedido. Produziu, *de acordo com o plano*, muitos "quicuios leais", "capicornists", "anglófilos" e "francófilos", mas também, à revelia, africanos que os colonialistas chamavam de arrivistas, descontentes, agitadores, comunistas, terroristas.

Do ponto de vista dos colonialistas, os problemas com os estudantes africanos muitas vezes começavam antes que terminassem os estudos. O Sudão, por exemplo, tem um histórico de protestos estudantis nacionalistas, e Madagáscar se destacou nesse aspecto. Desde os primeiros anos deste século, um movimento estudantil politizado estava crescendo em Madagáscar, apesar de medidas específicas tomadas por dois governadores franceses. Em 1816, estudantes malgaxe organizaram a sociedade Vy Vato, buscando expulsar os franceses. Quando a Vy Vato foi descoberta, os alunos foram brutalmente reprimidos. No entanto, como tantas vezes acontece, outros estudantes se inspiraram no martírio de seus companheiros e ressurgiram posteriormente no cenário nacionalista. Estudantes que eram levados para universidades nas metrópoles eram os mais favorecidos e privilegiados dos africanos selecionados pelos senhores coloniais brancos para se europeizarem, e ainda assim eles estavam entre os primeiros a argumentar verbal e logicamente que a liberdade, a igualdade e a fraternidade sobre as quais aprendiam deveriam ser aplicadas à África. Os estudantes africanos na França nos anos do pós-guerra foram colocados com cuidado nas fileiras do então corpo estudantil conservador nacional francês, mas logo se rebelaram e formaram a Federação de Estudantes da África Negra (Feanf), que se afiliou à União Internacional de Estudantes comunista. Na Grã-Bretanha, os estudantes africanos formaram várias organizações étnicas e nacionalistas e participaram do movimento pan-africano. Afinal, a maioria deles foi enviada para lá a fim de estudar a Constituição e o direito constitucional britânicos – a quem possa interessar, a palavra "liberdade" aparece nesses contextos com bastante frequência! Os fascistas que governaram os africanos em alguns pontos durante a época colonial tentaram evitar completamente os ideais democráticos burgueses. Por exemplo, enquanto os fascistas italianos estavam no comando da Somália, entre 1922 e 1941, eles tiraram dos livros de história todas as referências a Mazzini e Garibaldi, dois líderes-chave da ala democrática do movimento nacionalista italiano do século XIX. No entanto, escriturários e suboficiais que receberam essa educação entraram na Liga da Juventude Somali e lutaram pela independência como chefes das forças populares.

Fato é que não era realmente necessário tirar a ideia de liberdade de um livro europeu. O que o africano educado extraiu da escolarização europeia foi uma formulação particular do conceito de liberdade política. Mas não foi preciso muito para obter uma resposta de sua própria tendência instintiva para a liberdade, e, como acabamos de notar no caso somali, essa tendência universal de buscar a liberdade se manifestou entre os africanos mesmo quando os passos mais cuidadosos eram dados para evitar isso.

Não havia nenhum setor da vida colonial em que africanos educados apareecessem e permanecessem totalmente leais aos colonialistas. Os professores deveriam estar imersos na cultura da dominação para transmiti-la a outros africanos, mas, no fim, muitos deles estavam na linha de frente dos movimentos de independência nacional. Os padres e os pastores africanos deveriam ter sido os servos leais de Deus e seus tenentes europeus, mas a Igreja deu à luz na Niassalândia John Chilembwe já na Primeira Guerra Mundial. Pouco depois, no Congo, quando Simon Kimbangu começou sua Igreja independente, ele ameaçou os colonialistas de introduzir o bolchevismo!

É particularmente interessante notar que os colonialistas não podiam estar seguros da lealdade de suas tropas africanas. Já foi argumentado que o exército e a polícia eram instituições educacionais e socializadoras para perpetuar o poder e os valores colonialistas e capitalistas. O sucesso que obtiveram nessa função pode ser visto no número de veteranos da Birmânia e da Indochina que retornaram ao continente para executar lealmente as políticas da Grã-Bretanha e da França, respectivamente. O coronel Bokassa da República Centro-Africana e o coronel Lamizana do Alto Volta são bons exemplos, ambos formados no combate aos vietnamitas e chegando ao ponto de estar prontos a dialogar com o Estado fascista do *apartheid* da África do Sul. No entanto, os soldados que retornaram também desempenharam um papel muito positivo nas lutas pela independência nacional após ambas as guerras. Perto do fim do domínio colonial, as tropas e a polícia africanas se amotinaram, como na Niassalândia, em 1959.

Os sindicalistas africanos também frequentaram a "escola" sob o colonialismo. Para início de conversa, a organização e a atividade do pequeno setor assalariado na África incomodavam muito os colonialistas, que inicialmente desejavam subjugar a dissidência dos trabalhadores e, quando o sucesso pareceu improvável, cooptá-los e guiá-los por canais "aceitáveis".

O Conselho Sindical Britânico [TUC, na sigla em inglês] patrocinou vários sindicatos africanos e tentou levá-los a aceitar uma separação rígida entre questões industriais – como salários e horas de trabalho – e questões políticas. Mas o TUC estava, nesse contexto, agindo em nome da burguesia britânica e não conseguiu conter a classe trabalhadora na África. Os trabalhadores africanos perceberam que não havia diferença entre os empregadores privados e a administração colonial. Aliás, a própria administração colonial era um dos maiores empregadores, contra os quais os trabalhadores tinham muitas acusações. Como consequência, nas décadas de 1940 e 1950, era comum haver greves especificamente ligadas à luta pela independência, em especial na Costa do Ouro, na Nigéria e no Sudão. A contradição entre trabalhadores franceses e trabalhadores africanos nas colônias francesas foi muito incisiva. O movimento sindical francês (e, notavelmente, a União Comunista, a CGT) insistiu que os africanos não deveriam ter sindicatos separados, mas integrar sindicatos franceses – assim como quaisquer outros trabalhadores franceses. Esse arranjo deu suporte à ficção política jurídica de que lugares como Daomé e ilhas Comoro não eram colônias, apenas porções ultramarinas da França. Sékou Touré da Guiné foi um dos primeiros a romper com os sindicatos franceses e estabelecer um sindicato africano independente. Ao fazê-lo, evidenciou que a principal contradição da situação colonial era aquela entre os povos colonizados, por um lado, e a nação colonizadora, por outro. Enquanto os trabalhadores africanos permanecessem colonizados, teriam de pensar em si mesmos primeiro como trabalhadores africanos, não como membros de um proletariado internacional. Essa interpretação, condizente com a realidade, levou o movimento sindical a assumir um papel altamente politizado e nacionalista na África ocidental francesa. Foi uma conquista que derrotou o chauvinismo dos trabalhadores brancos franceses, bem como os interesses de classe burguesa francesa.

A atitude da classe trabalhadora metropolitana branca em relação a seus pares africanos foi influenciada pelos valores racistas predominantes da sociedade capitalista. De fato, o fator racismo acentuou a principal contradição entre colonizadores e colonizados. Métodos e medidas racistas discriminatórios eram encontrados em todas as colônias – variando entre a franqueza e a hipocrisia. Às vezes, o racismo branco era cruel; outras vezes, paternalista. E não refletia necessariamente o desejo da Europa de explorar em termos os africanos. Na Rodésia do Sul, a discriminação racial estava muito ligada aos colonos brancos que mantinham seus empregos e as terras roubadas, mas, quando algum inspetor branco semialfabetizado insultava um serra-leonês educado, isso poderia ser considerado "desnecessário". O racismo em tal contexto prejudicava a exploração econômica e era apenas a manifestação de preconceitos que cresceram ao longo dos séculos.

A contradição racial se estendia muito além das costas da África, devido à antecedência histórica do comércio escravista. Não surpreende que as ideias pan-africanas tenham sido expressas com mais força nas Índias ocidentais por Garvey e Padmore e nos Estados Unidos por W. E. B. Du Bois e Alphaeus Hunton. Esses indivíduos foram todos educados dentro da estrutura capitalista internacional de exploração com base em classe e raça. Tendo percebido que sua posição inferior nas sociedades da América se devia ao fato de serem negros e à fraqueza da África, os pan-africanistas foram forçados a lidar com o problema central da exploração e da opressão europeias no continente africano. Desnecessário dizer que as potências metropolitanas nunca poderiam ter previsto que humilhar milhões de africanos no Novo Mundo acabaria por ricochetear e ajudar a África a se emancipar.

O processo pelo qual a África produziu mais de trinta Estados soberanos foi extremamente complexo, caracterizado por uma interação de forças e cálculos por vários grupos de africanos, pelas potências coloniais e por parte de grupos de interesse dentro das metrópoles. A independência do continente foi afetada por eventos internacionais como a Segunda Guerra Mundial, a ascensão da União Soviética, a independência da Índia e da China, o movimento de libertação popular na Indochina e a Conferência de Bandung. No próprio continente africano, a "teoria do dominó" funcionou, de modo que o ressurgimento do Egito sob Nasser, a independência precoce de Gana, Sudão e Guiné e as guerras nacionalistas no Quênia e na Argélia ajudaram a derrubar as colônias ainda de pé. No entanto, deve-se ressaltar que o movimento de reconquista da independência foi *iniciado* pelo povo africano e, na medida em que esse objetivo foi alcançado, deve-se levar em conta a força motriz do povo.

Em uma conferência realizada pelos franceses em Brazzaville, em 1948, presidida pelo general de Gaulle, declarou-se que "o estabelecimento, *mesmo em um futuro distante*, do autogoverno nas colônias deve ser evitado". Como se sabe, os franceses acabaram por considerar a ideia de conceder a independência aos povos africanos depois de receberem uma lição salutar do povo argelino. Além disso, quando a Guiné escolheu a independência, em 1958, em vez de aceitar ser um escabelo permanente da França, os administradores da metrópole enlouqueceram e se comportaram como porcos selvagens antes de partir da colônia. Eles simplesmente não conseguiam lidar com a ideia da independência africana.

Além dos portugueses, os belgas foram os colonialistas mais relutantes em recuar diante do nacionalismo africano. Em 1955, um professor belga sugeriu a independência do Congo em trinta anos e foi considerado um radical! É claro que o Congo acabou sendo um dos lugares onde o imperialismo conseguiu sequestrar a revolução africana. Mas a ordem dos eventos ainda assim deve ser analisada. Em primeiro lugar, foi a intensidade das reivindicações congolesas e africanas que tornou a independência concebível para os belgas; em segundo lugar, foi precisamente a força e o potencial do movimento nacionalista sob Lumumba que obrigou os imperialistas a recorrerem ao assassinato e à invasão.

Os britânicos valorizam muito o fato de terem admitido a ideia de autogoverno imediatamente após a última guerra, mas o autogoverno estava longe da independência, e a noção de treinar pessoas para a independência não passava de um artifício político. Lady Margery Perham, uma verdadeira voz do colonialismo paternalista, admitiu que o cronograma de independência do Escritório Colonial tinha que ser descartado diante do povo africano mobilizado. Por sinal, nem os líderes africanos esperaram alcançar a soberania nacional tão rapidamente, até os partidos de massa começarem a emergir.

O fato de que esta análise se concentrou no papel dos africanos instruídos no interior dos movimentos de independência não pretende diminuir a atividade vital das amplas massas africanas, incluindo o sacrifício de vidas e membros. Em suma, basta dizer que o povo africano, como coletivo, desestabilizou os planos colonialistas e avançou rumo à liberdade. Tal posição pode parecer mero ressurgimento de certa visão cor-de-rosa, bastante comum no início dos anos 1960, da independência africana. Mas, pelo contrário, trata-se de uma visão plenamente consciente da realidade miserável da África neocolonial. É preciso afirmar (de uma perspectiva revolucionária, socialista e centrada nas pessoas) que até a "independência da bandeira" representou um desenvolvimento positivo que emergiu do colonialismo.

Assegurar os atributos da soberania é apenas uma etapa do processo de reconquista da independência africana. Em 1885, quando a África foi dividida política e juridicamente, os povos e as políticas já haviam perdido muita liberdade. Em suas relações com o mundo externo, a África havia perdido quantidade considerável de controle sobre sua própria economia desde o século XV. No entanto, a perda da soberania política na época da disputa foi decisiva. Seguindo o mesmo raciocínio, fica claro que a recuperação da soberania política na década de 1960 constitui um primeiro passo necessário para recuperar o máximo de liberdade de escolha e desenvolvimento em todas as esferas.

Além disso, o período da revolução nacionalista deu origem a certas tendências ideológicas minoritárias que representam as raízes do futuro desenvolvimento africano. A maioria dos líderes africanos da intelectualidade e mesmo do movimento operário eram francamente capitalistas e compartilhavam plenamente a ideologia de seus mestres burgueses. Houphouët-Boigny já foi chamado de "comunista" pelos colonizadores franceses! Ele se defendeu veementemente da falsa acusação em 1948:

> Temos boas relações com o Partido Comunista [francês], isso é verdade. Mas é óbvio que não significa que nós mesmos somos comunistas. Pode-se dizer que eu, Houphouët-Boigny – chefe tradicional, doutor em medicina, grande proprietário, católico –, sou comunista?

Seu raciocínio se aplicava a muitos outros líderes africanos da época da independência, com exceção daqueles que rejeitaram por completo a visão capitalista do mundo ou ao menos se apegaram honestamente aos princípios idealistas da ideologia burguesa, como a liberdade individual – que, através da experiência, descobriram ser mitos em uma sociedade baseada na exploração do homem pelo homem. Fica claro que todos os líderes de tipo não conformista entraram em contradição direta com os objetivos da educação colonial formal e informal; e suas diferenças com os colonizadores eram profundas demais para ser resolvidas apenas pela "independência da bandeira".

A independência africana foi saudada com pompa, cerimônia e um ressurgimento da música e dança tradicionais africanas. "Amanheceu um novo dia", "estamos no limiar de uma nova era", "agora entramos no reino político" – foram frases repetidas até se tornarem lugares-comuns. Mas não se pode dizer que todo o vaivém de Cotonou a Paris e de Londres a Lusaka e todo o abaixamento e o hasteamento de bandeiras tenham sido desprovidos de significado. A retirada do aparato militar e jurídico diretamente controlado pelos colonizadores era essencial antes que quaisquer novas alternativas de organização política, estrutura social e desenvolvimento econômico pudessem emergir.

Essas questões foram apresentadas com seriedade pela minoria dos líderes africanos que individualmente embarcaram em um caminho de desenvolvimento não capitalista em seu modo de pensar, e os problemas foram considerados a partir das desigualdades e das contradições existentes não só entre a África e a Europa, mas também *no interior* da África como reflexo de quatro séculos de um sistema de escravização e mais um século de colonialismo. No que diz respeito à massa de camponeses e trabalhadores, o fim do domínio estrangeiro livre efetivamente abriu caminho para uma avaliação mais radical da exploração e do imperialismo. Mesmo em territórios como Camarões, onde os imperialistas esmagaram brutalmente camponeses e trabalhadores e instalaram seus próprios fantoches testados e aprovados, houve avanço na medida em que as massas já haviam participado da tentativa de determinar seu próprio destino. Esse é o elemento da *ação consciente* que significa a capacidade de fazer história lutando com as condições materiais objetivas e as relações sociais herdadas.

POSFÁCIO

A. M. Babu

Existem atalhos que levem a economia subdesenvolvida rumo ao desenvolvimento econômico? Na última década, essa pergunta tem recebido a atenção de muitas partes interessadas. Entre elas, professores universitários, economistas internacionais, as Nações Unidas e suas agências, a Organização da Unidade Africana (OUA), agências de planejamento e ministros da Economia. Muitas conferências internacionais, com diferentes patrocínios, aconteceram nos últimos dez anos, e foram publicados volumes de resoluções, diretrizes, documentos de orientação e teses. O resultado tem sido negativo. Os países em desenvolvimento continuam subdesenvolvidos – e cada vez piores em comparação com os países desenvolvidos.

De modo geral, a pergunta permanece sem resposta. Será que vamos repetir a mesma prática outra vez ao longo desta década? Parece que vamos. A ONU já deu início à Segunda Década do Desenvolvimento com o mesmo zelo e alarde que dedicou à primeira. O mesmo apelo foi dirigido aos países desenvolvidos: sejam caridosos e contribuam com "1% de sua renda nacional" para ajudar os países em desenvolvimento, como se a população mundial pudesse continuar a tolerar a pobreza para que os ricos possam ser caridosos! Se a experiência passada serve de exemplo, os anos 1970 experimentarão as mesmas decepções que chegaram ao auge no fim dos anos 1960.

Podemos nos perguntar: o que deu errado? Há algo inerente à própria natureza do subdesenvolvimento que torna o desenvolvimento tão impossível? Entre os muitos conselhos oferecidos – culturais, sociais, psicológicos e mesmo econômicos –, nenhum produziu resultados animadores. Na verdade, quase todos tiveram resultados negativos e tornaram situações ruins ainda piores. Devemos continuar com as mesmas experiências à custa do povo, que, convenhamos, suportou todo o peso das que foram feitas ao longo da última década? Essa é a pergunta à qual todos os países em desenvolvimento, especialmente os da África, devem se fazer. E quanto antes a fizerem, melhor, porque resta pouco tempo para que nossas economias se tornem perpetuamente distorcidas e, talvez, arruinadas, incapazes de serem reconstruídas de forma significativa no futuro.

Neste livro esclarecedor, o dr. Walter Rodney apresenta um ponto de partida bastante atual para discussões que podem muito bem levar à descoberta da resposta certa. Ele está levantando as questões mais básicas e fundamentais sobre a natureza do subdesenvolvimento e do atraso econômico. Ao contrário de muitos trabalhos da mesma natureza que, na prática, se aproximaram do problema a partir de algum tipo de perspectiva metafísica (envolta, é verdade, em terminologia científica), este segue o método do materialismo histórico, que diz: "Para conhecer o presente, devemos olhar para o passado, e para conhecer o futuro, devemos olhar para o passado e o presente". Essa é uma abordagem científica. Podemos, no mínimo, ter a certeza de que as conclusões não são marcadas por distorções subjetivas.

Fica claro, ainda mais depois da leitura da explicação de Rodney, que, ao longo da última década, temos feito as perguntas erradas sobre o atraso econômico. Nós não "olhamos para o passado para conhecer o presente". Disseram-nos, e nós aceitamos, que nossa pobreza foi *causada* pela famosa teoria do "círculo vicioso da pobreza"; e giramos em círculos buscando formas e meios de romper esse processo. Se tivéssemos feito as perguntas fundamentais que o dr. Rodney levanta nesta obra, não teríamos exposto nossa economia à pilhagem implacável provocada pelos "investimentos estrangeiros", algo que os expoentes da teoria do círculo vicioso nos exortaram a fazer. Pois, está claro, o investimento estrangeiro é a *causa* de, não a solução para, nosso atraso econômico.

Não estamos subdesenvolvidos agora porque fomos colonizados no passado? Não há outra explicação para o fato de que praticamente todo o mundo subdesenvolvido foi direta ou indiretamente colonizado pelas potências ocidentais. E o que é o colonialismo se não um sistema de "investimentos estrangeiros" das potências metropolitanas? Se isso contribuiu para nosso subdesenvolvimento no passado, não é provável que o faça agora, mesmo que as rédeas políticas estejam em nossas mãos? Colocada dessa forma, a questão do subdesenvolvimento torna-se de imediato mais inteligível, mesmo para os não iniciados. E é assim que o dr. Rodney está nos orientando a fazer perguntas.

A conclusão inevitável é a de que o investimento estrangeiro não apenas ajuda a solapar nossa economia, extraindo dela enormes lucros, mas causa danos mais sérios às economias ao distorcê-las criando assimetria. Se o processo não for detido a tempo, a distorção pode ser permanente. Enquanto continuarmos, como temos feito ao longo de séculos, a produzir para o assim chamado mercado mundial, fundado sobre a base sólida da escravização e do colonialismo, nossas economias permanecerão coloniais. Qualquer desenvolvimento será fortuito, deixando a grande maioria da população totalmente excluída da atividade econômica. Quanto mais investimos em ramos de exportação para atrairmos o "mercado mundial", mais nos *desviamos* do investimento no desenvolvimento das pessoas e, portanto, menos eficaz é nosso esforço de desenvolvimento.

Como esse tipo de investimento não contribui muito para o desenvolvimento material e técnico interno, nossas economias só respondem ao que o mundo ocidental está disposto a comprar e vender, dificilmente atendendo às nossas necessidades de desenvolvimento interno. É por isso que, embora a maioria de nossos planos de desenvolvimento estipulem alocações de recursos para "projetos rurais", a maioria desses recursos invariavelmente encontra o caminho de volta para projetos urbanos, acentuando assim as disparidades rural-urbano. Favelas, desemprego, inadaptação social e instabilidade são nossas características mais marcantes.

Quase sem exceção, todos os países que já foram colônias ignoram a exigência básica do desenvolvimento, ou seja, ignoram que, para ser realmente eficaz, o processo de desenvolvimento deve começar transformando uma estrutura econômica colonial que responde ao contexto externo em uma que responda ao contexto interno. Nosso erro é seguir de olhos fechados os princípios que nos foram transmitidos por nossos exploradores. Tais princípios podem ser brevemente expostos da seguinte maneira: o crescimento de países subdesenvolvidos é impedido pelo aumento inadequado das exportações e pela insuficiência de recursos financeiros, e isso se agrava diante da "explosão populacional" nesses países. Já a solução é prescrita da seguinte maneira: intensificar as exportações, aumentar a ajuda e os empréstimos de países desenvolvidos e deter o crescimento populacional.

Ao longo da última década, temos nos esforçado em seguir religiosamente a prescrição apresentada e, mesmo que nossa própria experiência continue a refutá-la, nos aferramos a ela com fanatismo ainda maior! A maior necessidade parece ser a de um processo de descolonização, já que nem o bom senso nem a ciência econômica sensata, tampouco nossa própria experiência, têm nos ajudado nisso.

As experiências de outros países, que escolheram um caminho diferente, o da reconstrução econômica, são muito esclarecedoras aqui. Tomemos os exemplos da Coreia do Norte ou da Albânia, subdesenvolvidos até os anos 1950. A razão pela qual foram capazes de registrar um progresso econômico impressionante é que optaram por não produzir para o chamado mercado mundial e desviaram seus recursos para o desenvolvimento de uma base material e tecnológica interna.

O relatório da Comissão Pearson – *Partners in Development* – tem sido aclamado, mesmo por países em desenvolvimento, como a inauguração de uma nova era, uma espécie de ponto de virada na cooperação para o desenvolvimento. Mesmo que suas recomendações fossem adotadas e implementadas em sua totalidade, é questionável que houvesse qualquer impacto no abismo cada vez maior entre os países desenvolvidos e aqueles em desenvolvimento. Isso porque o relatório evitou abordar a questão mais fundamental, ou seja: "Será que pode haver desenvolvimento quando nossa estratégia de produção é influenciada pelas exigências do mercado mundial, que é quase exclusivamente determinado pelo padrão de produção e consumo dentro da Europa e dos Estados Unidos capitalistas?". Em outras palavras, ao distorcermos nossas economias para atender às exigências do mercado mundial – nem sempre compatíveis com as demandas do nosso próprio desenvolvimento –, não estaríamos, ao mesmo tempo, privando nossas economias da capacidade de crescimento autossustentável que é uma pré-condição do desenvolvimento?

Ao colocar a questão dessa maneira, é possível enxergar através da cortina de fumaça de filantropos internacionais e começar a entender a verdadeira causa do nosso subdesenvolvimento. Obviamente, é esperar demais da Comissão Pearson e de pessoas que compartilham de sua inclinação liberal que colocassem a questão desse modo, já que suas formações e perspectivas consideram quase moralmente pecaminoso e economicamente subversivo um questionamento nesse estilo.

No entanto, como líderes dos países em desenvolvimento, temos a obrigação de adotar essa maneira de colocar a questão, uma vez que assumimos a responsabilidade de orientar o curso de um desenvolvimento cujo sucesso ou fracasso afetará, de uma forma ou outra, o bem-estar de centenas de milhões de pessoas que compreendem mais de dois terços da raça humana. Por muito tempo, deixamos que o destino delas fosse determinado por um tipo de produção que não se baseia na satisfação de suas necessidades, mas nos interesses externos, como formulados pelas leis aceitas de oferta e demanda do chamado mercado mundial. Nós distorcemos a educação dessas pessoas de tal maneira que as "habilidades" que as orientamos a desenvolver são voltadas também para atender aos objetivos do mercado mundial, não para o desenvolvimento de uma base material interna, resultando em retrocesso, tanto em termos tecnológicos como em comparação ao mundo desenvolvido, não em avanço. Em nome de nossas massas, aceitamos obedientemente a assim chamada divisão internacional do trabalho e, ao fazê-lo, as condenamos a se especializarem em mercadorias primárias cuja produção não é propícia ao desenvolvimento de habilidades tecnológicas nem à invenção de maquinaria avançada, outras precondições para o verdadeiro desenvolvimento econômico.

A importância do livro do dr. Rodney é que ele se dirige, muito apropriadamente, às massas, não aos líderes, e espera-se que seja um instrumento para despertar uma ação popular das massas. Na ausência de líderes comprometidos, muitos países africanos foram vítimas da exploração militar, a ponto de, hoje, os generais constituírem a maioria na cúpula. Teria de ser assim, pois, quando os líderes políticos perdem o sentido de orientação interna, quando, desnorteados, desistem de seus esforços em encontrar soluções para os problemas do povo e começam a acumular riquezas para uso próprio, tendem a agir, cada vez mais, como "comandantes" em suas operações estatais. A lógica e o raciocínio tornam-se subversivos. E quando os políticos se tornam comandantes também se tornam redundantes, pois quem está mais qualificado a comandar do que o Exército?

Com poucas exceções, é triste ter de admitir que a África está mal atendida pelo atual grupo das pessoas que se passam por líderes em todo o continente. Enquanto a Ásia e a América Latina produzem gigantes – como Mao Tsé--tung, Ho Chi Minh e Che Guevara, que inspiram e despertam a imaginação não apenas de seus compatriotas, nos limites de suas fronteiras, mas no resto do mundo, incluindo o mundo desenvolvido –, a África produziu e manteve no poder apenas Julius Nyerere, enquanto assassinamos Patrice Lumumba e prendemos ou exilamos líderes como Ahmed Ben Bella e Kwame Nkrumah, atendendo aos desejos dos imperialistas – nossos filantropos, nossos agiotas, nossos patrocinadores, nossos mestres, nossos parceiros comerciais.

Com todo o respeito, é difícil imaginar, além de uma ou duas honrosas exceções, qualquer um dos atuais governantes que seria capaz de defender os direitos verdadeiros de seu povo, sabendo que esses direitos correspondem a necessidades diametralmente opostas aos interesses do imperialismo. E, ainda assim, essa é uma postura fundamental se queremos de fato cumprir nossa obrigação como governantes; caso contrário, não temos o direito de impor nossa liderança ao povo. Embora a maioria dos líderes do continente não tenha noção da urgência na resolução dos problemas da miséria da população, pois não são eles que carregam o peso da miséria, as massas, que o carregam, já não podem esperar. É por isso que se espera que o livro do dr. Rodney seja lido por tantas pessoas quanto possível, pois a obra chega quando é mais necessária para a ação.

Depois de ler a angustiante descrição das brutalidades da escravização, da subjugação, da privação e da humilhação, sob as quais civilizações inteiras foram esmagadas em prol dos interesses do imperialismo ocidental e sociedades estabelecidas foram desintegradas pela força das armas imperialistas para que os proprietários dos latifúndios do "novo mundo" pudessem obrigar a mão de obra, arrancada de sua terra e, portanto, permanente, a construir o que é hoje a mais avançada economia capitalista, evidencia-se que a única saída do nosso atual impasse é um caminho revolucionário – uma ruptura completa com o sistema que é responsável por todas as nossas misérias, do passado e do presente.

Nosso curso futuro deve ser guiado dialeticamente. Se, ao olhar para o passado, conhecemos o presente, para conhecer o futuro devemos olhar para o passado e para o presente. Nossa ação deve estar relacionada a nossa experiência concreta, e não devemos abrir caminho a esperanças e desejos metafísicos – esperando e desejando que o monstro que tem nos perseguido ao longo de nossa história um dia se transforme em cordeiro, ele não se transformará. Como afirma Engels: "A liberdade não reside na tão sonhada independência em relação às leis da natureza, mas no conhecimento dessas leis [...] a liberdade da vontade nada mais é que a capacidade de decidir com conhecimento de causa"*. Conhecemos a causa muito bem, ela é um monstro. Será que temos a capacidade de decidir, agora que dr. Rodney nos apresentou o conhecimento de causa? O povo deve responder.

Dar es Salaam, Tanzânia
dezembro de 1971
M. Babu

---

* Friedrich Engels, *Anti-Dühring: a revolução da ciência segundo o senhor Eugen Dühring* (trad. Nélio Schneider, São Paulo, Boitempo, 2015), p. 145-6. (N. E.)

GUIA DE LEITURAS RECOMENDADAS

Capítulo 1

Existe uma variada literatura sobre "desenvolvimento" e "subdesenvolvimento", embora menos do que se poderia esperar diante da importância dos temas. A maior parte do que está disponível tenta justificar o capitalismo. Por isso, há um enfoque estreito no "desenvolvimento econômico" e, em especial, nas economias capitalistas, em vez de análises sobre o desenvolvimento social humano. Tal abordagem é contestada por autores marxistas nas metrópoles e, cada vez mais, por estudiosos originários do mundo subdesenvolvido.

Friedrich Engels, *The Origin of the Family, Private Property and the State* (Chicago, C. H. Kerr and Co., 1902) [ed. bras.: *A origem da família, da propriedade privada e do Estado*. Trad. Nélio Schneider, São Paulo, Boitempo, 2019].

Karl Marx, *Preface to a Contribution to a Critique of Political Economy* [ed. bras.: "Prefácio", em *Contribuição à crítica da economia política*. Trad. Florestan Fernandes, São Paulo, Expressão Popular, 2008, p. 45-50].

Karl Marx, *Pre-Capitalist Economic Foundations* (Nova York, International Publishers, 1965) [ed. bras.: *Formações econômicas pré-capitalistas*. Trad. João Maia, 4. ed., Rio de Janeiro, Paz e Terra, 2009].

Essas três obras são exemplos da escrita dos fundadores do que hoje se chama marxismo. A maioria das publicações de Marx e Engels tem relevância para o tema do desenvolvimento, com ênfase nos períodos feudal e capitalista.

Richard Thomas Gill, *Economic Development: Past and Present* (Englewood Cliffs, Prentice-Hall, 1963).

Ragnar Nurske, *Problems of Capital Formation in Underdeveloped Countries* (Londres, Oxford University Press, 1953).

Esses são típicos exemplos de visões burguesas e metropolitanas sobre desenvolvimento e subdesenvolvimento – sendo o primeiro um texto para estudantes universitários estadunidenses escrito por economista canadense; e o segundo, uma obra com frequência reimpressa de um dos mais proeminentes defensores burgueses da teoria do "círculo vicioso da pobreza". Infelizmente, esses também são exemplos do tipo de livro que domina as prateleiras de qualquer universidade ou biblioteca pública na África. O leitor está convidado a desafiar essa generalização.

Jonh Desmond Bernal, *Science in History* (Cambridge, MIT Press, 1972), 4 v. [ed. port.: *Ciência na história*. Trad. António Neves Pedro, Lisboa, Horizonte, 1975-1978, 7 v.].

Joseph Needham, *Science and Civilization in China* (Cambridge, Cambridge University Press, 1954).

Ambos são longos, mas devem ser explorados. Ciência e tecnologia derivam do esforço para compreender e controlar a natureza. A familiaridade com a história da ciência é essencial para a conscientização sobre o desenvolvimento da sociedade. O livro de Needham é citado aqui como uma correção da visão, bastante comum, de que a ciência é algo peculiar à Europa.

Celso Furtado, *Desenvolvimento e subdesenvolvimento* (5. ed., Rio de Janeiro, Contraponto/ Centro Internacional Celso Furtado de Políticas para o Desenvolvimento, 2009).

Andre Gunder Frank, *Capitalism and Underdevelopment in Latin America* (Nova York, Monthly Review, 1967).

Tamás Szentes, *The Political Economy of Underdevelopment* (Budapeste, Akadémiai Kiadó, 1971).

O primeiro autor é do Brasil, país com longa história de dependência e exploração pelas metrópoles da Europa e da América do Norte. O livro de Frank reflete o pensamento de muitos intelectuais progressistas latino-americanos e tornou-se agora bem estabelecido como uma visão dos marxistas das metrópoles. Szentes é um economista húngaro que aplica sistematicamente as ideias marxistas aos dados e processos reais do mundo subdesenvolvido e do imperialismo como um todo.

Samir Amin, *The Class Struggle in Africa* (Cambridge, Africa Research Group, 1977).

Samir Amin é norte-africano. Ele se destaca tanto no que diz respeito ao volume de sua produção quanto à qualidade de suas ideias. O texto citado é muito genérico – cobre, em linhas gerais, o período das raízes do desenvolvimento na África antiga até o presente e o projeto socialista futuro. É provável que mais de sua obra seja traduzida para o inglês (sendo o francês sua língua de trabalho).

Capítulo 2

Faltam estudos sobre a história da África antiga por muitas razões. A mais óbvia é que a história africana foi, por muito tempo, considerada tão pouco valiosa pelos colonialistas que não valeria a pena reconstruí-la. Outro fator decisivo é que os estudos da África foram realizados principalmente por antropólogos burgueses europeus, cuja

Guia de leituras recomendadas 325

visão filosófica sobre "as sociedades primitivas" fez com que separassem a sociedade africana de seu contexto. Houve uma concentração em microunidades e nenhuma referência a padrões gerais. O novo sistema de financiamento de pesquisas africano está em curso há muito pouco tempo para apresentar qualquer avanço significativo. Os poucos livros citados a seguir fazem parte da nova abordagem.

Basil Davidson, *Africa in History: Themes and Outlines* (Nova York, Macmillan, 1968).

Henri Labouret, *Africa before the White Men* (Trad. Francis Huxley, Nova York, Walker and Co., 1963).

Margaret Shinnie, *Ancient African Kingdoms* (Nova York, St. Martin's, 1965).

K. Madhu Panikkar, *The Serpent and the Crescent: A History of the Negro Empires of West Africa* (Nova York, Asia, 1963).

Os livros citados são avaliações de não africanos com base em uma perspectiva solidária e com valor suficiente para que sejam respeitados e amplamente utilizados na África. K. M. Panikkar é um exemplo incomum de um estudioso asiático com um interesse no continente africano.

Jacob Festus Adeniyi e I. Espie (orgs.), *A Thousand Years of West African History* (Nova York, Humanities, 1969).

Bethwell Allan Ogot e J. A. Kieran (orgs.), *Zamani, a Survey of East African History* (Nova York, Humanities, 1968).

Intelectuais da África começaram a elaborar sínteses da história do continente reunindo coleções relevantes – geralmente sobre alguma parcela do continente, como nos dois exemplos referenciados. Infelizmente, a qualidade varia de uma seleção para outra, e os autores africanos ainda não forneceram nenhum panorama coerente das regiões com as quais supostamente estão lidando.

G. J. Afolabi Ojo, *Yoruba Culture, a Geographical Analysis* (Londres, University of London Press, 1967).

Brian Murray Fagan, *Southern Africa during the Iron Age* (Nova York, Praeger, 1965).

O que esses dois livros diferentes têm em comum é uma consciência do ambiente material. Afolabi Ojo é um geógrafo nigeriano, e B. M. Fagan é um arqueólogo inglês.

Capítulo 3

O tema da contribuição de África para o desenvolvimento europeu revela vários dos fatores que limitam a representação da realidade por um autor. Língua e nacionalidade, por exemplo, são barreiras eficazes à comunicação. Obras em inglês raramente levam em consideração os efeitos que a participação na escravização e em outras formas de comércio que exploraram a África no período pré-colonial tiveram na França, na Holanda ou em Portugal. O abismo ideológico é responsável pelo fato de que a maioria dos estudiosos burgueses escreve sobre fenômenos como a Revolução Industrial na Inglaterra sem mencionar sequer uma vez o comércio escravista como fator de acumulação primitiva de capital. O próprio Marx deu grande ênfase às fontes de acumulação de capital no exterior. Mas mesmo marxistas proeminentes (como Maurice Dobb e E. J. Hobsbawm), que se dedicaram por anos a analisar a evolução do capitalismo europeu desde o fim do feudalismo, fazem referência apenas marginal à exploração massiva de povos originários da África, da Ásia e das Américas.

Eric Williams, *Capitalism and Slavery* (Chapel Hill, University of North Carolina Press, 1944) [ed. bras.: *Capitalismo e escravidão*. Trad Denise Bottman, São Paulo, Companhia das Letras, 2012].

Oliver Cromwell Cox, *Capitalism as a System* (Nova York, Monthly Review Press, 1964).

Cox, estadunidense de ascendência africana, levanta o argumento básico de que o capitalismo tem sido, desde muito cedo, um sistema internacional. Eric Williams, das Índias ocidentais, é preciso e atento aos detalhes que ilustram a conexão entre o capitalismo britânico e a escravização dos africanos.

William Edward Burghardt Du Bois, *The Suppression of the Atlantic Slave-Trade to the United States of America – 1638-1870* (Nova York, Social Science Press, 1954).

Richard Pares, *Yankees and Creoles: The Trade between North America and the West Indies before the American Revolution* (Londres, Longmans Green, 1956).

As duas obras fornecem dados sobre a contribuição da mão de obra africana ao desenvolvimento dos Estados Unidos no período da escravização.

Leo Huberman, *Man's Worldly Goods: The Story of the Wealth of Nations* (Nova York/Londres, Harper Bros., 1936) [ed. bras.: *História da riqueza do homem: do feudalismo ao século XXI*. Trad. Waltensir Dutra, 22. ed., Rio de Janeiro, LTC, 2019].

Frederic Clairemonte, *Economic Liberalism and Underdevelopment* (Nova York, Asia, 1960).

O livro de Huberman é uma excelente abordagem geral do desenvolvimento do capitalismo a partir do feudalismo na Europa, incluindo uma seção em que o papel da escravização é ressaltado. O estudo de Clairemonte reconhece o papel desempenhado pelo subcontinente indiano na formação da Europa.

Philip Dearmond Curtin, *The Image of Africa: British Ideas and Action, 1780-1850* (Madison, University of Wisconsin Press, 1964).

Winthrop Jordan, *White Over Black: American Attitudes towards the Negro, 1550-1812* (Chapel Hill, Institute of Early American History and Culture in Williamsburg, 1968).

Esses dois textos são relevantes para o tema da ascensão do racismo branco, embora nenhum dos dois estabeleça suficientemente uma conexão explícita entre racismo e capitalismo.

Capítulo 4

A seção deste capítulo que aborda a sociedade africana é uma continuação do capítulo 2 e os livros lá indicados também são relevantes nesse contexto. Um número maior de autores africanos se dedicou no período colonial recente o que é, obviamente, um dos aspectos de um esforço nacional. Também existem estudos melhores e mais numerosos em determinadas áreas e temas. Mas o surgimento do imperialismo ainda não é seriamente abordado do ponto de vista africano, e há uma ausência marcante de teorias que associem os inúmeros fatos que hoje são bem aceitos em relação a acontecimentos que se deram entre 1500 e 1885.

James Bertin Webster e Albert Adu Boahen, *History of West Africa: The Revolutionary Years – 1815 to Independence* (Nova York, Praeger, 1967).

Basil Davidson e J. E. Mhina, *History of East and Central Africa to the Late Nineteenth Century* (Nova York, Doubleday Anchor Book A 677, 1967).

Esses dois estudos devem ser acrescentados à lista geral dos textos que apresentam pesquisas regionais sobre períodos de tempo extensos. Eles têm a vantagem de ser interpretações coerentes, não apenas coletâneas de artigos.

Walter Rodney, *West Africa and the Atlantic Slave Trade* (Nairóbi, East African, 1969).

Edward Alpers, *The East African Slave Trade* (Nairóbi, East African, 1967).

Isaac Adeagbo Akinjogbin, *Dahomey and Its Neighbours 1708-1818* (Londres, Cambridge University Press, 1967).

Os dois primeiros são descrições curtas sobre o impacto do comércio escravista nas regiões africanas mencionadas. O terceiro é uma descrição detalhada de intelectual da Nigéria sobre o envolvimento de Daomé com os europeus.

Jacob Uwadiae Egharevba, *A Short History of Benin* (4. ed., Ibadan, Ibadan University Press, 1968).

Bethwell Allan Ogot, *History of the Southern Luo*, v. 1: *Migration and Settlement, 1500-1900* (Nairóbi, East Africa, 1967, série Peoples of East Africa).

Isaria N. Kimambo, *A Political History of the Pare of Tanzania* (Nova York, International Publications, 1971).

Jan Vansina, *Kingdoms of the Savanna* (Madison, University of Wisconsin Press, 1966).

Os três primeiros são bons exemplos dos aprofundados estudos africanos sobre os desenvolvimentos históricos que começaram antes do contato com Europa. Eles são caracterizados pelo uso de tradições orais africanas como base de interpretação. A quarta obra (escrita por um europeu) foi um trabalho pioneiro que se baseou fortemente em tradições orais para reconstituir a história da África central.

Jacob Festus Adeniyi Ajayi, *Christian Missions in Nigeria, 1845–1891* (Nova York, International Publications, 1971).

Emannuel Ayandele, *The Missionary Impact on Modern Nigeria* (Nova York, Humanities Press, 1967).

Uma característica do período imperialista investigado por historiadores africanos (e muitos não africanos) é o da ação de missionários cristãos, exposta nas obras citadas.

Capítulo 5

Poucos estudiosos trataram o capitalismo e o imperialismo como um sistema integral que envolve a transferência de excedentes e outros benefícios das colônias para as metrópoles. E onde há uma consciência da unidade do sistema, ela não é, necessariamente, seguida por uma análise detalhada. Na verdade, nos vemos diante das limitações típicas do ponto de vista metropolitano. Assim, marxistas europeus ou estadunidenses brancos que expõem a natureza voraz do capitalismo moderno dentro de seus próprios países em geral não a associam à exploração da África, da Ásia e da América Latina – exceto no que se refere ao período neocolonial muito recente.

George Padmore, *Africa: How Britain Rules Africa* (Londres, Wishart, 1936).

Kwame Nkrumah, *Africa Must Unite* (Nova York, International Publishers, 1970).

Kwame Nkrumah, *Neo-Colonialism, the Highest Stage of Imperialism* (Londres, Heinemann Educational, 1968).

William Alpheus Hunton, *Decision in Africa* (Nova York, International Publishers, 1957).

As observações mais contundentes sobre a contribuição da África para a Europa foram feitas por intelectuais panamericanos politicamente engajados, como os três citados.

Grover Clark, *The Balance Sheets of Colonialism: Facts and figures on Colonies* (Nova York, Russel & Russel, 1967).

David Kenneth Fieldhouse, *The Colonial Empires: A Comparative Survey from the Eighteenth Century* (Nova York, Delacorte, 1966).

Esses dois textos afirmam que o colonialismo não foi essencialmente econômico e que os colonizadores não obtiveram ganhos. O segundo livro é recente e essa visão ainda está muito viva.

U.S.S.R. Institute of History, *A History of Africa 1918–1967* (Moscou, "Nauka", 1968).

Pierre Jalée, *The Pillage of the Third World* (Nova York, Monthly Review, 1970).

Esses textos (marxistas) específicos sobre a África e a parcela explorada do mundo capitalista sustentam que as metrópoles extraíram enormes excedentes das colônias.

Capítulo 6

O domínio colonial gerou uma extensa bibliografia que pode servir como uma das bases para a reconstituição histórica. Mesmo aos não especialistas na história africana, seria aconselhável consultar algumas fontes originais, como os dados compilados por Lord Hailey. Abordados com atenção, vários dos textos de estudos antropológicos também fornecem informações e ideias sobre mudanças detalhadas nas estruturas sociais africanas. Mas sobretudo as gerações que sofreram sob o colonialismo ainda são repositórios vivos da história do continente. O conhecimento coletivo do povo africano que derivou da experiência é a base mais autêntica da história do período colonial. Infelizmente, grande parte dela ainda não foi escrita, mas vislumbres podem ser obtidos em biografias de africanos proeminentes, como Nnamdi Azikiwe, Kwame Nkrumah, Oginga Odinga e Kenneth Kaunda, além dos escritos políticos desses e de outros líderes – principalmente Mwalimu Nyerere e Sékou Touré. Os livros de Padmore e Hunton mencionados na bibliografia do capítulo 5 são ainda mais relevantes nesse contexto.

Jack Woddis, *Africa, the Roots of Revolt* (Londres, Lawrence and Wishart, 1960).

Jack Woddis, *Africa, the Lion Awakes* (Londres, Lawrence and Wishart, 1961).

Lewis Henry Gann e Peter Duignan, *The Burden of Empire: An Appraisal of Western Colonialism in Africa South of the Sahara* (Nova York, Praeger, 1967).

O primeiro autor e suas obras são conhecidos por apoiar a resistência anticolonialista africana. O segundo exemplo é uma interpretação colonialista que serve como contraste.

Abdou Moumouni, *Education in Africa* (Nova York, Praeger, 1968).

Helen Kitchen (org.), *The Educated African: A Country-by-Country Survey of Educational Development in Africa* (Nova York, Praeger, 1962).

Para dados, o segundo livro é útil. Do ponto de vista da análise, o livro de Moumouni é excelente.

Frantz Fanon, *Black Skins, White Masks* (Nova York, Grove, 1967 [ed. bras.: *Pele negra, máscaras brancas*. Trad. Raquel Camargo e Sebastião Nascimento, São Paulo, Ubu, 2020].

Frantz Fanon, *The Wretched of the Earth* (Nova York, Grove, 1963) [ed. bras.: *Os condenados da terra*. Trad. António Massano, Juiz de Fora, Editora UFJF, 2006].

Frantz Fanon, *Towards the African Revolution* (Nova York, Monthly Review, 1967).

Esses estudos são únicos em revelar os aspectos psicológicos de escravização e da colonização no que diz respeito aos africanos, seja nas Américas, seja no continente africano. Fanon é inigualável ao analisar as últimas etapas do colonialismo africano e o advento do neocolonialismo.

ÍNDICE REMISSIVO

A. Baumann (empresa) 184

Abeocutá (Estado) 142-5, 167

Abidjan, Costa do Marfim 57, 261

Abomei, Daomé 147, 167

Abrom 63

Acã (Estado) 63, 86, 131, 135-6, 138, 146

Achimota, faculdade 277, 293

Acra, Gana 57, 123, 136-7, 261

Açúcar
  cana de; 109
  refino de; 133

Adamaua, Camarões 87

Adandozan, rei de Daomé, 133

Administração colonial 192-202

Afeganistão 62

Afrescos 79

África
  como lar originário do homem; 33
  feudalismo na; 35-6, 39, 62-5, 73-9, 88-
  -9, 97, 105-6, 114
  neocolonial; 57, 293, 313, 328

África austral 156, 164, 179-80, 191, 205-6,
  221, 249

África Central 217

África do Sul 46, 50, 57, 116, 178-9, 191,
  195-6, 200, 210, 221-2, 227, 230-1, 245,
  247-8, 259, 264, 269, 281, 285, 298,
  304-5, 310
  durante o colonialismo; 57, 207, 235-6
  educação colonial na; 274, 279, 283

África equatorial 269

África equatorial francesa 184, 190, 194, 218,
  301

África ocidental britânica 190, 198

África ocidental francesa 183, 190, 198, 218,
  272-6, 290, 296, 304, 311
  educação colonial na; 272-6, 290, 296-7,
  304

África oriental 46, 72, 75, 90-1, 98, 102, 119-
  -36, 138, 149-52, 165, 172-87, 191-4
  britânica; 191, 194, 196, 217, 235, 239, 304
  comércio escravista a partir de; 119, 121,
  131, 165-6
  durante o colonialismo; 151-2, 165-6,
  172, 178, 219, 221, 232
  indianos na; 181-2, 217
  papel no exército europeu; 217, 219
  ver também Zona dos grandes lagos

África setentrional francesa 274

African Mercantile 184,

African Trading Company 221, 240

Aggrey, J. E. K. 297

Agiotas 83, 182, 321

Agricultores (lavradores) 65, 77-83, 88, 90,
  93, 150
  hauçá; 72, 87, 259
  hutu; 153
  kaffa; 60
  mandinga; 69, 72

Agricultura 35, 45-8, 66-7, 84, 124, 249, 251,
  266
  na África; 66-8, 84, 92-6, 101-4, 251,
  264, 270
  na China; 68, 108
  na Europa; 84
  não científica; 45
  sistemas de; 66

332 Como a Europa subdesenvolveu a África

Agricultura africana 66-8, 92, 142, 197, 217, 243-7

Aiúbida, dinastia 77

Ajauas, povo 252

Ajayi, Jacob Festus Adeniyi 325, 327

Akhamme, classe 83

Akinjogbin, Isaac Adeagbo 327

Akron, Ohio, 224

Aladá 146-7

Alafim de Oió 147

Albânia 320

Alcácer-Ceguer 102

Alemanha 43, 112-4, 145, 163, 196-205, 210, 227, 230-1, 239

Alemanha ocidental 54

Alemanha oriental 46

Alexandria 77

Algodão, tecido 84

Alliance Française 289, 292

Alliance High School (Quênia) 293

Almoáda, dinastia 82

Almorávida, dinastia 81

Alpers, Edward 327

Alpes 279

Alta Guiné 131, 136-7, 140, 289

Alto Senegal 85

Alto Volta 84-5, 170, 194, 310

Amadu, Amadu, 161

Ama-nguni, clã 156-7, 160

Amárica
    cultura; 77
    classe dominante; 96
    dinastia; 60, 77-8

Amazonas de Daomé 148

Ama-Zulu, clã 156-60

Ambiente natural 51

América do Norte 43, 46, 50, 55, 60, 171-2, 176, 179, 206-7, 209-10, 225, 262, 264, 266, 324
    comércio africano com a; 52-3, 101-3, 112-6

América Latina 43-5, 47, 53, 110, 157, 188, 205-9, 224-5, 230 , 246, 263-6, 321

Amin, Samir 324

Amsterdã, Holanda 98-9, 111

Ancole, pastores 269

Ancole, região 90, 149, 151-3

Angola 73, 107, 124-5, 135-7, 140, 156, 173, 195, 216, 221
    durante o colonialismo; 221, 234, 239, 241

Angolan Diamond Company 199

Aníbal 156

Antananarivo, Madagáscar 275

Antissemitismo 116

Antonio, José, 282

Antropólogos europeus
burgueses; 63, 255, 324

Apartheid 50, 57, 178, 231, 236, 279, 310

Aquedutos 77, 94

Árabes
    comerciantes; 95-7
    comércio escravista; 119-21
    domínio no Egito; 76
    em Zanzibar; 171, 181
    língua; 168, 282, 306
    na Núbia; 79
    sistema de escrita; 168

Arábia 76, 168, 172

Arado 89

Argel, Argélia 262

Argélia 82, 216, 231, 235, 256, 274, 291, 300, 306, 312
    durante o colonialismo; 235, 274
    educação colonial na; 300

Arianos 91 -2

Aristocratas 35, 91, 144, 190

Armada espanhola 279

Armaduras 35, 78

Armas de fogo 103, 108, 132-4, 145, 147, 148, 165, 209

Armas nucleares 208, 229-30

Arte
    africana; 61, 141-3, 216
    egípcia; 61
    etíope; 61

Artesãos 34, 38, 78, 91, 262
    egípcios; 77
    europeus; 38
    feudais; 36, 65

Arusha, Declaração de 237

Arzila 102

Ásia 45-6
    feudalismo na; 34, 64-5, 68, 74
    modo de produção comunal na; 34, 64--5, 74, 143

Índice remissivo · 333

Askaris 172, 217,
Assembleia Francesa 300
Assembleia Nacional Francesa 101
Assimilados e *assimilées* 280
Associação de Colegiais Unidos Bugabo 300
Associação de Comerciantes da África Ocidental 199
Associação de Educação Quicuio Karinga 299, 306
Associação de Escolas Independentes Quicuio 299, 306
Assuã, represa de 134
Atavismo 258
Attucks, Crispus 118
Audagoste 85
Austrália 46, 62, 169
Áustria 77, 210
Axanti (Estado) 127, 133, 146, 173, 256-7, 267
    Axantiene de; 147, 256
Axim 137
Axum, reino de 77, 79
Ayandele, Emannuel 328
Azagaia 158, 160
Azikiwe, Nnamdi 329

Babito, dinastia 149-50
Babito, reino 149, 151-2
Babu, A. M. 13
Bachvezi 90-2
    estados; 92, 96-7, 149
    povo; 90-2, 149, 151-2
Baga, povo 107-8
Baganda, povo 69, 126, 151, 260
Bahima, pastores 90, 149-52
Bahinda, pastores 149-52
Baía da Lagoa 160
Bairu, agricultores 90-1
Balante, povo 122
Bambuque, minas de ouro 86
Banco di Napoli 191
Banco di Roma 191
Banco Internacional para Reconstrução 224
Banco Ultramarino 191
Bandung, Conferência 321
Bank of British West Africa 190
Bank of Indochina 190

Bank of West Africa 190, 198
Banque commerciale de l'Afrique (BCA) 190
Banque de l'Afrique Occidentale (BAO) 190
Banque de Senegal 190
Barclay, Alexander 113
Barclay, David 113
Barclays Bank 113, 190-1, 239, 244
Barclays DCO 190
Barotselândia (sul da Zâmbia) 126
Bases aéreas 229
Basuto, povo 269
Basutolândia 269
Bathurst, cidade (Gâmbia) 275
Bechuanalândia 191
Beecher, Relatório 299
Beira (forte), Moçambique
Bélgica 166, 179-80, 201, 210, 216, 221, 225-5, 239, 241, 276, 289
Bemba, povo 63, 122, 270, 278
Ben Bella, Ahmed 321
Benda, medida 86
Benguela (forte), Angola 173
Benin (Estado) 97-9, 107, 127, 129, 135-6, 141, 148, 159
    bronzes; 61
    guildas; 70
Benin, *oba* do 107, 148
Bens comerciais africanos (mercadorias) 85, 103, 113, 137
Bens comerciais europeus 125, 170
Benué, rio 88
Berberes 66, 81-2, 85, 96, 176
Beribéri 269
Berlim, Alemanha 216
Berlim, Conferência 163, 173
Bernal, Jonh Desmond 324
Bessemer, processo de 207
Bevin, Ernest 243
Bíblia 51
Bigo 90
Bilad al-Sudan (Terra dos Negros) 83
Birmânia 64, 78, 259, 310
Biru 154
Bizantinos, impérios 81
Blantyre 280
BNCI 190
Boahen, Albert Adu 327

Boêmia 214
Bôeres, colonos 125, 222, 227, 281
Bokassa, coronel 310
Bomba atômica 208
Bordeaux, França 113, 182, 187
Bosquímanos 95
Boston, Massachusetts 115, 211
Bourbon 73
Bouré, minas de ouro 86
Bovill, E. W. 86
Bozo, pescadores 60
Brasil 36, 109, 123, 171, 206, 324
Brazzaville 195, 238, 273, 312
Brevié, governador-geral (África ocidental francesa) 290-1
British and French West Africa Bank 190-1
British Cotton-Growing Association 198
Bronze, indústria 70
Bronzes 61, 105, 141, 148
Brooke Bond 187
Brutalidade 44, 118, 120, 148
Bruxelas 216, 248
Budistas 34, 78
Buganda, reino 90, 126, 151-2, 256-7, 260, 275
Buhan & Teyssere 182
Bunioro (Estado) 90, 92-3, 149, 151-2
Bunioro-Quitara 90, 149, 152, 153
Burguesia 36, 39, 66, 99, 118, 196, 228, 230, 234, 244-5, 270, 295, 308, 311
europeia; 287, 290
Burns, Alan 306
Burocratas chineses 34, 38, 76
Burundi, reino 151-3, 155
Busia, Kofi 278-9
Busoga, 150
Búzios 70, 103, 108, 136-7

Cabaca (de Buganda) 152, 186, 256
Cabo da Boa Esperança 102, 109, 111, 121
Cabo Lahou 137
Cabo Três Pontos 137
Cabo Verde 109, 136-7
Cabral, Amílcar 261, 308
Caça 33, 36-7
Caçadores 35, 40, 60, 72, 95, 124, 197

Cacau 175, 181, 185-7, 189, 199-200, 206, 222, 247, 250, 265, 267, 287, 302
africano; 197
Conselho de controle da África ocidental; 197-9
"retenção do cacau"; 197
Cadbury Brothers 199
Cadbury, John 198
Café 181, 185, 189, 198, 201, 204, 231, 238, 250, 265, 275, 287
Cairo, Egito 77
Calabar 133, 305
Calorias por dia 46
Campanha do Vietnã 218
Câmara Britânica de Comércio 196
Câmaras de Comércio 242
Camarões 47, 87-8, 218, 315
Cambridge, Universidade 213
Camelos 85, 87-8
Cameron (governador de Tanganica) 280
Camina 229
Campala, Uganda 184
Campesinato europeu 114, 134, 155
Camponeses 35-7, 44, 48-9, 55, 57, 65-6, 76, 78-80
Camponeses africanos 134, 182-3, 185-7, 189, 196, 249-51
Canadá 46, 169, 210, 220
Canem-Bornu, império 87-8
Capetianos 98
Capitalismo 36, 39, 57-63, 66, 79, 134, 163, 206, 219-28
aspectos militares do; 202-8
desenvolvimento na Europa; 109-14
internacional; 53-4
males sociais do; 163
relações de classe do; 66
Capitalismo britânico 110, 219, 243, 326
Capitalismo e escravidão (Williams) 113, 326
Capitalismo europeu 40, 109, 119, 167, 174, 202-4, 210, 228, 242, 246, 285, 326
Capitalismo francês 113
Capitalistas japoneses 221
Captura para escravização 123, 162
Caragué, região 90-3, 149, 152-3
Caravelas 112
Caribe 17-25, 40, 109, 114, 225, 279
Carijita 82

Carlos II, rei da Inglaterra 111
Carlos Magno 156
Cartago 81
Casamento 60, 155
Casely-Hayford, J. E. 59
Castas 71, 90, 152, 155, 170
Castelos 79, 194
Catanga, cobre 69-70, 180
Catanga, Congo 69-70, 126, 180, 236
Catanga, povo 284
Cavaleiros europeus 35
Ceilão 68
Centra 211, 215
Cerâmica 67, 69, 71, 79, 83, 95, 148, 262, 271
Cerimônias 25, 60, 63, 271
Ceuta 87, 102, 136
Chade 47, 170, 183, 194, 212, 237, 249, 251, 273
Chefes guerreiros 143
Cheshire, Inglaterra 183, 214
Chifre da África 72
Chilembwe, John 219, 286, 299, 310
China 10, 33-4, 38, 40-1, 64, 68, 73, 76, 78, 96, 108, 134, 168, 254, 312
    artesãos na; 38
    desenvolvimento da; 40
    escravização na; 64, 73
    feudalismo na; 73, 76, 78
    homens pré-históricos na; 33
    mandarim; 148
Chunya 248
Ciência 39, 202
Ciências biológicas 125
Cincinnati, Ohio 213
Cinturão de cobre da Rodésia 180
Circassianos, invasores do Egito 76
Circuncisão 64, 271
Civilizado 280
Clairemonte, Frederic 326
Clark, Grover 328
Clãs 60, 63, 72-4, 82, 85, 89-90, 96, 149-50, 152, 154, 156-8, 160-1
Classe capitalista 104, 129, 132, 237, 272, 281, 283
Classe proprietária de terras (senhores feudais, latifundiários) 37, 65, 76, 230
Classe sem-terra 76, 83, 88

Classes 35, 37, 42, 65-7, 71, 82
Clyde, rio 266
Cobre 50, 69-71, 83, 85, 95-6, 98, 126, 178, 180, 208-9, 273
Cobre da Zâmbia 50, 69
Cochrane, vice-almirante (Marinha dos EUA) 223
Coisã, caçadores-coletores 60, 95
Cólera 127
Colônia do Cabo 191
Colonial Bank 190
Colonial Development and Welfare (CD&W) 228
Colonialismo 52, 57, 60, 65, 145-51, 163-81, 216, 219, 265
    alemão; 151, 240
    belga; 195-6, 201, 226, 241, 256-9
    britânico; 173-90
    desenvolvimento do; 163-72
    português; 195-6
    serviços socioeconômicos durante o; 233, 245, 251
Colônias
    britânicas; 177, 183, 196, 210, 243, 274, 277, 289, 301
    subjugação das; 170
Colônias britânicas na América do Norte 114-5
Colônias escravistas nas Índias ocidentais 115
Comerciantes africanos 170
Comerciantes escravistas 119-20, 159, 172
Comerciantes escravistas europeus 120, 172
Comerciantes europeus 107, 129, 169, 188
Comerciantes portugueses 89
Comércio africano
    com a Europa; 52, 131-9
    externo; 52, 95, 134, 138-9, 141, 267
    interno; 73, 95-6, 106-7, 132, 134, 146, 243, 255
Comércio escravista africano 102, 104, 106-11, 119-23, 127, 162, 182-3, 262, 327
Comércio escravista europeu 104, 114, 119-28, 131, 134, 137, 169-70, 182, 240, 262, 267
Comércio escravista nos Estados Unidos 115
Comércio indiano 129
Comércio internacional 45, 102-4, 116, 118, 137, 140, 165
Comércio transaariano 87, 138

336   Como a Europa subdesenvolveu a África

Comissão de desenvolvimento (Uganda) 246
Comissão Econômica para a África 225
Comissões reais 242, 260
Comitê de Nutrição no Império Colonial 268
Compagnie de Katanga 180
Compagnie du Niger Français 183
Compagnie Française d'Afrique Occidentale (CFAO) 182-6, 240
Compagnie Française de la Côte d'Ivoire 183
Compagnie Générale du Maroc 186
Companhia Holandesa das Índias Ocidentais 109, 137
Companhias de navegação 188, 205, 221, 267
Comunal, modo de produção 36, 41, 62-71, 74-9, 88-106, 141
    na África; 64-71, 74-9, 88, 97-8, 106
    na Ásia; 34, 64, 68, 73
    na Europa; 34, 64
Comunidades familiares 65, 81
Comunista, teoria da ameaça 229
Concessões de terras 76, 91, 154, 211
Confederação Fante 169
Conferência de Linhas Marítimas 189
Conferência de Linhas Marítimas da África Ocidental 221
Congo 46, 124, 137, 179-80
    durante o colonialismo; 194-5, 201, 226, 238
    educação colonial no; 280-4
    independência do; 277, 310
    produção de cobre no; 180
Congo belga 208
Congresso Geral de Graduados no Sudão 300
Conhecimento científico 67, 204
Conquistas africanas 61
Consciência de classe 37, 97
Conselho de controle do cacau na África ocidental 197
Conselho de Produtos da África Ocidental 198
Conselho Monetário da África Oriental 200
Conselho Monetário da África Ocidental 200
Conselho Sindical Britânico 311
Conselhos de comercialização de produtos 198
Conselhos Monetários 203
Constantine, Argélia 262
Constituição dos Estados Unidos 118

Constituições 39, 253
Contas, indústria 70, 87, 102-3, 127, 135-6
Contradição de classe 66, 78
Convenção do Partido Popular 301
Convenção Internacional sobre Trabalho Forçado 194
Copenhague, Dinamarca 103
Coptas 78
Coreia 40-1
Coreia do Norte 254, 320
Corveia 73-4
Costa da Guiné 69, 111
Costa do Marfim 46, 86, 129, 137, 195, 231, 247, 261, 265, 297, 303
    durante o colonialismo; 195
    educação colonial na; 297, 303
Costa do Ouro 59, 104, 109, 123, 135, 137, 169, 171, 173, 177-8, 186, 197, 200, 206--7, 211, 222, 237, 261, 265, 267, 275, 297, 301-2, 311
    comércio; 123, 135
    durante o colonialismo; 177-8, 207
    educação colonial na; 171, 275, 297, 301
    fortes; 104, 173
    minas; 86, 235
    moedas; 200
Costa Rica 266
Cotonou 314
Couro 71, 77, 83, 85, 87, 160, 209, 271
Couro marroquino 69
Cox, Oliver 326
Crédit Lyonnais 190
Creech-Jones, Arthur 201
Crenças ancestrais 286
Crenças religiosas 62, 92, 153
Criação de gado 94, 151, 160, 162, 249, 269
Criadores de gado 72, 155
Cristianismo 61, 78-9, 92, 140, 245, 285
    na Etiópia; 77-8
    na Núbia; 79-80
Cruzamento de animais 85
Cuango, rio 107
Cuba 104
Cultivo
    comercial; 181, 184, 187, 193-4, 237, 245, 250-1, 261, 264, 284, 295, 297
    conjunto; 63
    controlado em áreas alagadas; 67

ÍNDICE REMISSIVO   337

irrigado; 68
misto; 67, 94
Cultivo de algodão 84, 194
Cultivo de cereais 67, 78
Cultivos comerciais 187, 193-4, 198, 236, 249-50, 264, 266, 284, 295-6, 300
Cultos religiosos 142, 148
Cultura
Cultura indiana 91
Culturas africanas 61
Curtin, Philip Dearmond 326
Custo de vida 177, 185, 231

Dacar, Senegal 171, 229-30, 244, 276
Dalgety, Leslie & Anderson 184
Dalmas & Clastre 182
Dança africana 60-1, 314
Daomé (Estado) 48, 63, 66, 108, 123-4, 127, 133, 135, 142, 146-9, 161, 166-7, 173, 183, 237, 256, 265, 271, 311, 327
Dar es Salaam, Tanganica 10, 14, 19-20, 184, 322
Davidson, Basil 325, 327
De Beers Consolidated Mines 179, 200
De Brazza 169
De Castro, Josué 268
De Gaulle, general 218, 312
Década do Desenvolvimento, Segunda 317
Deficiência de proteínas 268
Delamere, lorde 178, 180-1
Democracia ocidental 39, 41
Dengel, Lebna (imperador da Etiópia) 132
Dependência econômica 55-6
Desenvolvimento
    capitalista; 41-2, 130-4
    crescimento sem; 265
    econômico; *ver Desenvolvimento econômico*
    humano; 15, 21, 38, 42, 166, 232
    social; 32, 39, 42-3, 66, 80, 93-4, 323
    teoria do; 31-42, 59-61, 75, 80, 97
Desenvolvimento agrícola africano 67
Desenvolvimento capitalista 41, 101-18
Desenvolvimento econômico 32-3, 42, 48, 68-9, 115, 124, 144, 314, 317, 321, 323
Desenvolvimento econômico dos Estados Unidos 115
Desenvolvimento econômico europeu 69-70, 115, 122, 124-5

Desenvolvimento humano 15, 21, 38, 42, 166, 232
Desenvolvimento militar africano 141, 149, 156
Desenvolvimento político africano 80, 160-2, 257
Desigualdade na distribuição 34, 44, 65, 91, 151
Desigualdade da propriedade 34
Desnutrição 47, 267-9
Detroit, Michigan 224
Diagne, Blaise 281
Diamang (empresa) 241
Diamantes 179-81, 191, 200, 222, 236, 241, 247-8
Dinastias vietnamitas 98
Dinheiro 49, 63, 70-1, 184-6, 190,192-3, 199-200, 203, 225, 239, 241, 242, 244-5, 250, 252, 267, 273, 300, 302
Direito internacional 103
Direito natural 32, 37, 322
Disputa pela África 165, 179
Distribuição de terras na China 34, 38
Distribuição igualitária 41, 141
Diúla mandinga, comerciantes 136
Diúla 86, 136
Diúla, povo 86, 136
Divisão do trabalho 70-1, 75, 89-90, 144, 203, 271
    internacional; 206-9, 249, 263, 321
    na sociedade chinesa; 34
Djenné 85, 87
Djibuti 229
Dobb, Maurice 326
Doenças europeias 104
Dokpwe 63, 66
Domínio colonial europeu 172, 176
Donatismo 81
Dravidianos 91
Du Bois, W. E. B. 115, 205, 312, 326
Duignan, Peter 252, 329
Durham, Universidade 169

East African Estates Ltd. 181
East African Syndicate 181
East African Trading Company 221
Eastern and African Trading Company 240

338 Como a Europa subdesenvolveu a África

Éboué, Félix 218, 301
École Normal Supérieure da Rue d'Ulm 292
Ecologia 66, 125
Economia
    agrícola; 45, 47, 71, 123, 172, 207
    capitalista; 39, 55, 175, 223, 225, 322
    das monoculturas nas Américas; 109,
    172, 223
    industrial; 45, 47, 223
    internacional; 48
    russa; 41
Economia africana 53, 55, 103, 107, 128-39,
    261, 266
Economia capitalista europeia 104-13
Economia monetária 104, 111, 181, 193, 236-
    -7, 245, 253, 262, 264-5, 267, 275, 297
Economias 43, 45, 53-5, 70, 132, 134
Economias de mercado 54
Economias monocultoras, 121
Economistas 44, 54, 110, 188, 248, 251, 265,
    317
Economistas burgueses 251
Economistas europeus 110
Educação 168
    agrícola; 284, 298, 303-5
    britânica; 291
    colonial; 22, 272-6, 279, 281, 283, 287-
    -8, 293, 296, 303-4, 314
    corânica; 272
    cristã; 274, 302
    europeia; 98, 171, 278, 297
    missionária; 274, 302
    muçulmana; 272
    pré-colonial; 270
    universidade; 275, 277
Educação colonial 270-94
    argelina; 300
    belga; 276
    britânica; 273-4, 279-81, 289
    francesa; 274, 276, 279-83
    portuguesa; 276, 280-2
    resultados da; 297
Efeito multiplicador 134
Egharevba, Jacob Uwadie 327
Egito 37, 87, 92, 167-8, 200, 256, 268
    desenvolvimento do; 75-7
    invasores circassianos; 76
Egito, domínio turco 76
Elder Dempster Lines 189-90, 198

Embakasi, aeroporto (Nairóbi) 238
Empresários asiáticos 182
Empresas comerciais holandesas 112, 183,
    211, 220
Enciclopédia Britânica 111
Energia nuclear 203
Engaruka 91, 94
Engels, Frederick 322-3
Empresas comerciais europeias 181-8, 267
Enugu 177
Enxada 67, 70, 138, 249, 266
Equipes de trabalho 63
Era da eletricidade 202, 208
Era do vapor 208
Eritreia italiana 229
Escambo, silencioso ou tolo 85-6
Escambo, sistema 70-1, 151
Escandinávia 62, 104, 114, 284
Escoceses negros 280
Escolas autônomas 306
Escolas independentes 299, 305-6
Escravização 60, 64, 73, 86
    cubana; 105
    em sociedades muçulmanas; 64
    francesa; 112
    na China; 64, 73
    na Europa; 35-7, 60, 64-5
    na Índia; 64
    nas Índias ocidentais; 114, 118
    no oceano Índico; 118, 240
    nos Estados Unidos; 115, 239, 326
Escritório colonial britânico 273
Escultura 61, 141, 149
Espanha 81, 109, 163, 227, 266, 276, 289
Esparta 147
Especialização 34, 42, 69-70, 75, 84, 89, 133,
    155, 209, 247, 266, 271
Espie, I. 325
Estado Livre do Congo 195, 221
Estados Adjá 146
Estados da zona dos grandes lagos 149-52
Estados-nação 82, 174, 252, 263
Estados-nação europeus 174
Estratificação 71-3, 75, 83, 90, 95, 133, 143,
    301
Estreito de Gibraltar 81
Estruturas políticas 32, 71, 74, 162

Estudiosos burgueses 54, 111, 128, 326

Étienne, Eugène 289

Etiópia 46, 61, 71, 75, 77-80, 91-2, 94, 96-7, 132-3, 140, 143, 152, 161, 227, 229, 256, 272

    cristianismo na; 77-80, 92, 140

    feudalismo na; 75, 77-9, 97, 143

    hamitas da; 152

    modo de produção comunal na; 75, 78, 97

    papel no exército europeu; 229

    sistema monetário da; 71

Eton 292

Europa

    agricultura na; 66

    modo de produção comunal na; 34, 64

    monoculturas da; 36

Evolução

    dialética; 60

    interna; 65, 73

    padrão de; 68

Évolués 280

Exército alemão 232

Exército britânico 188, 216-9

Exército etíope 78

Exército feudal japonês 205

Exército francês 173, 201, 217

    africanos no; 173, 193, 201, 217, 228

Exército Japonês 205

Exército Vermelho 228

Expansão territorial 85

Exploração econômica 10, 192, 258, 275, 312

Exportações de cobre 126, 208

Exportações europeias 109, 115, 123-4

Fabre & Fraissinet 186

Fabricação de papel 77

Fabricação de tecidos 90-1, 271

Fagan, Brian Murray 325

Faixas etárias 64, 71, 160, 291, 293

Falémé, rio 85

Família 63, 69

Família ampliada 63, 245, 298

    ver também Clãs

Família real britânica 279

Fanon, Frantz 21, 26-9, 57, 260, 329

Fante 63, 169

Faraós 75

Farrell Lines 177, 223

Farrell, James 222-3

Fascismo 60, 227-8, 231-2, 242, 281

Fatímidas, dinastia dos 77

Fatores de produção 42, 63, 122

Fazedores de chuva 66, 96

Fazendeiros capitalistas 67

Federação Centro-Africana 302

Federação das Rodésias 302

Federação de Estudantes da África Negra (Feanf) 309

Fellahin 268

Ferreiros 71, 74, 85, 160

Ferro 41, 67, 69-71, 80, 83-5, 87, 90-1, 93, 103, 130, 133-4, 149, 151, 160, 164, 180, 186, 206-7, 262-3

Ferry, Jules 253

Festivais do inhame 144

Feudalismo 35-6, 39-40, 62-5, 73-9, 88-9, 97, 105-6, 114, 143-5, 150, 163, 176, 253, 271, 285, 326

    na África; 35-6, 39, 62, 65, 74

    na Ásia; 73, 143

    na China; 73, 76

    na Etiópia; 77-9, 97, 143

    na Europa; 35-6, 39, 62, 64, 73, 143, 176, 326

    no Egito; 75-7

    no Sudão ocidental; 75, 88-9, 97, 146

Fez, Marrocos 87, 272

Fides 228, 242-4

Fieldhouse, David Kenneth 328

Filipinas 197, 224

Filósofos budistas 34

Filósofos confucionistas 34

Firestone Rubber Company 181, 223

Firestone, Harvey 224

Fodio, Usmã Dã 161

Fome 46, 73, 124, 127, 195, 266-8, 270

Foncin, Pierre 292

Força de Fronteira da África ocidental 217

Força Pública Congolesa 293

Ford, Henry 224

Formação técnica 277, 284

Formações sociais 60, 65, 72, 75, 82, 88, 92, 156

Fourah Bay College 169

França 41, 43, 46, 49, 53-4, 64, 73, 81, 101, 112-4, 116, 118, 159, 163, 168, 173, 183, 187, 190, 193, 196, 201, 205, 216-9, 224--5, 227-8, 230-2, 239, 247, 251, 266, 274, 283, 288-93, 301, 303, 309-12, 325
feudalismo na; 114, 325
Vichy; 218, 227, 231, 281
Frelimo 233
Fry (manufatureiro inglês) 187
Fuga de cérebros 47
Fula, criadores de gado 72, 84
Fundo de Estabilização de Preços do Algodão 298
Furtado, Celso 324
Futa Djalom 85, 87-8

G. B. Ollivant (empresa) 211
Gabão 49, 195, 273, 282
Gado 72-3, 90-1, 93-4, 124, 150-1, 154-5, 157, 159, 160, 162, 194, 209, 214, 249, 269
Gahindiro Mwami of Ruanda, 154
Gailey and Roberts 184
Galla, pastores 60, 269
Gâmbia 86-7, 109, 182, 265-6, 268, 275
Gâmbia, rio 86, 136, 266
Gana 46, 63, 84-9, 134-5, 180, 186, 234
educação colonial em; 274, 277-8, 293
independência de; 302, 312
Gann, L. H. 252, 329
Gao 87
Garibaldi Giuseppe, 309
Garvey,Marcus, 312
Gasolina 77, 265
Gauleses 64, 279, 283
Gaza, Moçambique 167
Gênova, Itália 114
Geólogos 95, 248
German East African Bank 191
German West Africa Line 189
Guezô, rei de Daomé 167
Gill, Richard T. 323
Glasgow, Escócia 183
Glelê, rei de Daomé 167
Goa, Índia 276
Godding, Robert 201
Gordon College (Sudão) 277, 293

Gordon, general 169
Gorée 171
Governos coloniais 177, 192-4, 196, 233-4, 247
Grã-Bretanha
Exército, 197, 205, 216-7
Grande Zimbábue 93-4, 96
Grandes Antilhas 109
Grandes lagos, Estados dos 75, 89-90, 149-52, 256
Gregos, textos 86
Grogan, Coronel 193
Groton 293
Grupos 18-20, 23, 25, 31-3, 35-6, 38-9, 43-4, 49, 54-5, 57, 60, 62-4, 66, 71-5, 82, 84, 86, 88, 92-6, 106, 124, 131-2, 143, 152--3, 161-2, 167, 170, 172, 180, 187, 222, 228, 235, 246, 252, 254, 258, 260, 268, 280, 283, 287-8, 301, 303, 307, 321
Grupos humanos 33, 38, 153
Guadalupe 279
Guatemala 266
Guerra 11, 36, 56, 60, 64, 85, 96, 106-8, 120, 123, 133, 135, 141-8, 151, 156-8, 172, 177-8, 183-4, 189, 195, 197-201, 205, 208, 217-9, 221-2, 224-5, 227-32, 234-5, 240, 242, 248, 255, 258-9, 273-4, 291, 300, 304-5, 309-10, 312-3
Guerra civil dos Estados Unidos 116, 250
Guerra de Independência dos Estados Unidos 118, 253
Guerra do Imposto sobre Cabanas 217
Guevara, Che 31, 321
Guildas 70, 271
Guiné 19, 69, 84, 87-8, 107, 111, 119, 131, 136-7, 140, 180, 201, 216, 234, 248, 311
educação colonial na; 72, 282, 289, 303, 308-9
independência da; 312
Guiné espanhola 282, 308-9
Guiné portuguesa 183
Guiné-Bissau 106, 122, 234, 308
Guinéu, moeda 111
Gulf Oil 259
Guptas da Índia 73

Haféssida, dinastia 82
Hailey, lorde 329

Haiti 19-20, 279

Hamburgo, Alemanha 103, 114, 232

Hamita 152

Harlem, Holanda 98

Harratine 83

Harrow 292

Hauçá, agricultores 69, 72, 87

Hauçá, povo 88, 161, 259

Hauçálândia 161

Hawkins, John 110, 119, 279

Hendon Police School

Herero, povo 232

Hidráulica, obras 68

Hidrogenação 213

Hidrólogo 95

Hinduísta 78

Hispaniola 104

História
   africana; 9, 89, 98, 324, 329
   chinesa; 34, 38
   europeia; 97, 147, 156
   teorias de conspiração da; 288, 292

História oral 90, 92

Historiadores 20, 80, 84, 139, 145, 154, 204, 218, 253, 260, 266, 328
   da arte; 61
   soviéticos; 292

Hitler, Adolf 227, 231, 281-2

Ho Chi Minh 321

Hobsbawm, E. J. 326

Hohenzollern 73, 98

Holanda 47, 99, 104, 113-4, 137, 211, 213, 223, 266

Holland West Africa Line 189

Holt, John 183, 197

Home and Colonial 214

Houphouët-Boigny, Félix 314

Huberman, Leo 326

Hunton, W. Alphaeus 175, 312, 328-9

Hutu, agricultores 152-3, 155

Ibadan 235

Ibadan, Universidade 277

Ibérica, península 81

Id, dinastia vietnamita 98

Ifé (Estado) 61, 141-2, 147-8

Igbo, povo 74, 259, 297

Igbolândia 297

Igreja católica 78, 227, 276, 281-2, 289, 297, 314

Igreja ortodoxa 78

Igreja Reformada Holandesa 227, 285

Igrejas cristãs 56, 118, 285-6

Igrejas independentes 56, 287, 299, 310

Igrejas protestantes 286, 299

Igualdade 35-6, 41, 65, 98, 118, 148, 227, 254, 286, 309

Igualdade econômica 36, 41

Igualitarismo 38, 41, 65, 89, 141, 151, 287

Ijaiye (Estado) 142-3, 145

Ijebu (Estado) 142

Ilhas Britânicas 37, 109, 126, 234

Ilhas Canárias 109

Ilhas Comoro 311

Imperialismo
   aspectos militares do; 205

Imperialismo capitalista 163

Imperialismo cultural 281, 289

Império Romano 36, 81

Impostos 49, 74, 76, 79, 150, 181, 176, 184, 198, 201, 215, 249-50, 273

Impostos coloniais 192-3, 304

Imprensa capitalista 179, 258

Idade Média europeia 64

Independência
   africana; 18, 25, 57, 114, 139, 144, 166-7, 179, 209, 219, 232, 234, 252, 255, 259, 262, 276-7, 288, 295, 298, 301, 303, 305, 308, 310-4
   da bandeira; 313, 314

Índia 64, 68, 73, 78, 91-2, 95-6, 102-3, 112, 129, 164, 168, 184, 187, 191, 205, 312

Indianos 17, 102, 128-9, 173, 181-2, 185-6, 216, 235, 246, 275-6, 308, 326

Índias ocidentais 18, 20, 110, 113, 115, 172, 206, 217, 239, 242, 250, 253, 281, 285, 288, 312, 326
   papel no exército europeu; 216
   retorno africano das; 171

Índias ocidentais britânicas 114

Índias ocidentais francesas 114, 118, 169

Índias orientais 103

Índias orientais holandesas 197, 220

Indígenas das Américas 110, 118, 225, 264

Individualismo 22, 287-8

Indochina 64, 76, 218, 310, 312
Indonésia 96
Indústria
    artesanal; 84, 129-30
    base tecnológica da; 114
    britânica; 129, 220
    de automóveis; 208-9, 212, 224
    de borracha; 223-4
    de bronze; 61, 70, 74, 105, 141, 148
    de ferro; 70, 80, 83, 85, 87, 91, 103, 130, 133, 151, 164, 180, 186, 202, 206-7, 262-3
    de latão; 70, 74, 80, 83, 262
    europeia; 69, 129, 263
    química; 202, 213
    têxtil; 112, 136
Infraestrutura 194, 235, 237, 243
Inglaterra, Grã-Bretanha, Reino Unido 25, 41, 43, 46-7, 104, 110-4, 116, 123, 126, 129-31, 163, 165, 168-9, 173, 183, 190, 192-3, 197-201, 205, 210-1, 216-7, 220, 222-8, 234, 239, 243, 245, 266, 283, 289, 297, 304-5, 309
Ingombe Ilede 95
Ingome Maconde 61
Iniciação 60, 64, 271
Iniciação escolar 271, 304
Instalações militares 229
Instrumentos
    de ferro; 41, 67, 70, 90
    de pedra; 33-4, 41, 67
Intelectuais burgueses 42
Intermediários 129, 131, 136-7, 170, 182, 186, 246, 275-6
Investimento 53-5, 129, 164, 168, 179, 184, 189-90, 199, 203-4, 206, 221-5, 237-9, 241, 246, 319
Investimentos capitalistas 54, 205
Investimentos estadunidenses 224-5
Investimentos estrangeiros 52, 224, 318
Iorubá, povo 141-7, 256, 271
Iorubá, Estado/terra 69, 141, 145
Iorubá de Ifé 142
Iorubalândia 97, 129, 142-5, 161
Irlanda 163, 217
Irrigação 37, 50, 68, 82, 89, 91, 94, 249
Isandhlwana batalha, 157
Islã 61, 79-82, 87, 92, 140, 142, 161, 272, 274, 306

Islamismo carijita 82
Itália 47, 148, 163, 219, 227, 276
Italianos 47, 128, 219, 227, 256, 281, 309-10
Izanusi (advinhos) 158
Izimpi (regumento militar zulu) 158

Jaja 166
Jalée, Pierre 54, 328
James, C. L. R. 18-20, 23, 117
Japão
    comércio da África com o; 50-1, 53-5, 133, 207, 221
Jesus (navio) 110
João III, rei de Portugal 132
John Holt (empresa) 183, 197
John Walken & Co. Ltd. 183
Johnston, Henry 285
Jones, Alfred 198
Jordan, Winthrop 326
Jos-Hansen (empresa) 184
Judeus 118, 227, 232, 276, 281, 287
Juju 263
Júlio César 156
Jurgens 211, 214-5
Juventude comunista 291

Kaffa, agricultores 60
Kalahari, deserto 60
Kamakuras do Japão 73
Kante, clã 85
Kaunda, Kenneth 329
Kayamba, Martin 303
Kente, tecido africano 133
Khaldun, Ibn 80-1
Khoi-khoi 156
Kieran, J. A. 325
Kigeri IV, Muami de Ruanda 154
Kimambo, Isaria 327
Kimbangu, Simon 310
King's African Rifles/Regimento Africano do Rei 217, 219
King's College Budo (Uganda) 293
Kinshasa 57
Kipande, passe 178
Kitchen (autor) 329
Komsomol 291
Kraals 94

Krio de Serra Leoa 169, 280
Kurunmi 143
Kush (Estado) 79-80
Kwashiorkor 268

L'Ouverture, Toussaint 19-21, 117, 279
Labouret, Henri 325
Laços familiares 73, 246
Laços patrilineares 62
Lagos 144
Lagos Albert, Edward, George e Victoria 90
Lamizana, coronel 310
Lancashire, Inglaterra 113, 187, 262
Latão, indústria 70, 74, 80, 82, 262
Leão Conquistador da Tribo de Judá 77
Leão X, papa 132
Lei de Educação Bantu 283, 304
Leis de navegação 112
Lênin 205
Leopoldo II, rei da Bélgica 166, 179, 195, 221
Lesieur, grupo 187
Leslie & Anderson 184
Lesoto 157, 269
Leventis 246
Lever Bros. 211-5, 240
Lever, William H. 210-1, 215
Libaneses na África ocidental 181-2, 185, 246-7
Liberdade de imprensa 39, 253
Liberdade, Igualdade, Fraternidade 118, 253, 309
Libéria 72, 86, 180-1, 183, 204, 207, 211, 223-4, 229-30, 256, 265
Líbia 191, 227, 229, 281
Lifebuoy, sabão 210
Liga da Juventude Somali 310
Liga das Nações 218
Limpopo, rio 93, 96, 156
Língua bantu 92, 94-5, 152, 156, 252
Línguas africanas 283
Linhagens 72, 149, 154, 258
Lipton Tea 215
Lisboa, Portugal 114, 324
Liverpool, Inglaterra 103, 112-3, 183, 187, 189, 210-1
Livingstone, David 169, 252
Livingstonia (Malawi) 280, 293

Livros, iluminuras 78
Lloyds 113, 190, 239
Loango 129
Londres 18-20, 57, 105, 112, 133, 169, 171, 183, 191-2, 201, 212, 222, 243, 248, 261, 308, 314, 323, 325-9
Lourenço Marques (forte) 173
Lozi 256
Luanda (forte), Angola 173
Luba-Lunda (Estados) 162
Lubedu do Transvaal 257
Lugard, lorde 306
Lumumba, Patrice 321
Luo, povo 149, 151-2
Lupa, minas de ouro 235
Lusaka 314
Lux, sabão 210
Lycée Gallieni (Madagáscar) 293
Lycée Louis le Grand 292
Lyons, França 262
Lyttleton, Oliver 201

Mac Fisheries 215
Mackinnon e Mackenzie 183
Macmillan, Harold 292
Madagáscar 162, 168, 218, 240, 256, 275, 290, 309
    educação colonial em; 290, 293
    reino de Merina; 162, 168
Madhvani 44, 246
Madraças 274
Magreb 80-3, 87, 92, 96, 102, 136, 143
    Islã no; 80-2, 87, 92, 143
    latão no; 83
    modo de produção comunal no; 82
Mailo (Uganda) 260
Maji Maji, guerra 184, 232
Malásia 200, 223
Malawi 46, 125, 138, 219, 280, 286, 293
    ver também Niassalândia
Malgaxe, povo 162, 168, 290, 309
Mali 69, 84-9, 97, 170, 182, 257, 272
Mamelucos, dinastia dos 77
Manchester, Inglaterra 69, 183
Mandija, povo 193
Mandinga, agricultores 69, 72
Manganês 179-80, 206-7, 222, 228, 238

Manuel I, rei de Portugal 132
Manufaturas europeias 193
Mão de obra escravizada africana 94, 109, 121, 250
Mão de obra escravizada egípcia 94
Mão de obra familiar 63, 78, 83, 90
Mão de obra rural 76, 176, 247, 250
Mao Tsé-tung 321
Maomé, profeta 34, 80-1
Maori 62
Maquinaria 69, 112, 129, 131, 204, 211, 222, 238, 244, 249, 263, 321
Mar Mediterrâneo 81, 87, 102, 112-3, 126, 227
Mar Vermelho 77
Maratha, dinastia 73
Marco Polo 128
Marfim 96, 102, 104, 112, 114, 131-2, 138-9, 141, 160, 165, 170, 179, 216
Marrocos 16, 75, 82-5, 102, 129, 186, 228-9, 272
    bases aéreas no; 229
    durante o colonialismo; 256, 300
    sultão do; 256
Marselha, França 182-3, 187
Martinica, Índias ocidentais 216
Marx, Karl 35, 65, 110, 230, 250, 323, 326
Marxismo 294, 198, 323
Marxistas 65, 117, 323-4, 326, 328
Massai, pastores 269
Matabelelândia 256
Matamba (Estado) 107
Matérias-primas 49, 164, 169, 183, 185, 187-8, 199, 202, 204, 206-14, 223, 227, 229, 248
Mau-mau, revolta dos 306
Mau-mau, povo 238
Maurel & Prom 182
Maurel Brothers 182
Maurício 121
Mauritânia 81, 84, 129, 136, 182, 298
Maury, bispo 101
Mazzini 309
McIver, W. B. 211
Meca 92, 97
Medicina 62, 78, 270-1, 314
Meio ambiente 32, 38, 62, 70, 87, 93, 140, 142

Meios de produção 35, 52-3, 91, 144, 147, 150, 229-30, 245
Memmi, Albert 255, 260
Mercado protegido 188
Mercados europeus 109
Merina, reino de 162, 168
Meroë (Estado) 79-80
Mersey, rio 214
Metrópoles 44, 55-8, 108, 184, 190-1, 196, 198, 200, 203-9, 216, 220-8, 230-6, 240-2, 244-9, 251, 253, 265-7, 278, 284, 289, 300, 303, 312, 323-4, 328
Mfantsipim (Gana) 278, 293
Mhina, J. E. 327
Michael Cons 184
Mill, John Stuart 110, 206
Minas de ouro 235, 269
Mineração 80, 83, 85-6, 94-6, 103, 123, 138, 179-80, 190, 193, 199, 206-9, 214, 221, 231, 235, 239, 246-8, 263, 267, 284, 297
    de antimônio; 83
    de bauxita; 248
    de chumbo; 83
    de cobre; 83, 85, 95, 180, 208
    de columbita; 207-8
    de cromo; 207
    de estanho; 208
    de ferro; 80
    de manganês; 207
    de sal; 85
Mineração de ouro
    na África; 85-6, 95, 123, 138, 179, 248
    na América Central; 103
    na América do Sul; 103
Mines de Zellidja 225-6
Ming, dinastia 73
Ministério da Alimentação britânico 198-9
Ministério da Educação francês 228
Ministério das Colônias francês 228
Missionários 302
Mitchell, P. E. 307
Mobilização da mão de obra 89
Moçambique 93, 95, 104, 125, 131, 138, 156, 161, 167, 173, 179, 191, 216, 221, 233-4, 239, 257
Modo de produção asiático 65
Modo de produção comunal europeu 35, 64
Modos de produção 36, 40, 65, 257

ÍNDICE REMISSIVO

Moeda de ouro britânica 111
Moeda de ouro holandesa 111
Moinhos de vento 77
Moisés 78
Mombasa, Quênia 184
Monastérios 78
Monges 272
Monoculturas escravistas em Cuba 104-5
Monoculturas escravistas francesas 112, 195, 197
Monoculturas nas Américas 109
Monomotapa, império 93
Montanhas do Atlas 279
Monte Quênia 280
Montejo, Estaban 105
Montgomery, general 219
Morgan, J. P. 226
Mossi, reino 85, 88
Moumouni, Abdou 281, 304, 329
Mouros 73
Movimento de libertação da Argélia 218
Movimento pan-africanista 115, 117, 205, 233, 309, 312
Mpororo (Ancole) 153
Muçulmanos 64, 78, 80-2, 125, 276, 299
Muhamed Ali, Dusé 205
Muhammad Ali do Egito 167, 172
Mujiques 76
Mulheres
    educação; 257, 283-4, 300
    na África colonial; 257-8
    na África pré-colonial; 257
Mussolini, Benito 281
Mutapa (Estado) 93, 96, 161
Mwene Mutapa 96
Mỹ Lai, massacre de 118

Nacionalismo
africano; 82, 252, 254, 313
marroquino; 82
Nações desenvolvidas 43-5, 53-5, 317
Nações em desenvolvimento 43-4, 54, 317-8, 320
Nairóbi 184, 230, 238
Namíbia 232, 248
Nana 166
Napoleão 156, 279

Nasser, Gamal 312
Natal 156-7
National & Grindlays 191
National Bank of Belgium 201
National Provincial Bank, 193
Navegação 189, 204-5, 221
Navios europeus 102-5, 108-13, 148, 156, 165, 196
Navios negreiros 107-8, 111, 124, 133, 137, 148, 171
Nazistas 118, 231
Needham, Joseph 324
Neocolonialismo 57, 267, 292, 329
Nguni, línguas 158
Nguni, povo 161, 167, 257
Ngungunhane (governante nguni) 167
Niassalândia 217, 219, 234, 286, 302, 310
Níger 47, 84, 170, 249
Niger Company 211-2, 214, 240
Níger, rio 84, 88, 142, 161, 280
Nigéria 69-70, 74, 84, 105, 124, 133, 135, 142, 166, 168, 247, 258-9, 263, 265, 311, 327
    durante o colonialismo; 177, 180, 183, 185-6, 195, 199, 208, 211, 222, 234-5, 237, 243
    educação colonial na; 273-4, 305
Nigéria ocidental 142
Nilo, rio 79-80, 83, 105, 149, 272
Nkrumah, Kwame 134, 186, 224, 301, 321, 328-9
Nômades 66, 88
Norte da África 66-70, 81-7, 89, 102, 136, 161-7, 172-8, 180, 204, 207, 219, 225, 229-30
Noruega 53
Nosoco 183
Nova Inglaterra 115, 239
Nova Oió 142
Nova York 24, 57, 115, 175, 189, 216, 282
Nova Zelândia 169, 220, 284
NSCA 183
Núbia 75, 79-81
Nurkse, Ragnar 323
Nyamwezi, povo 131, 138
Nyerere, Mwalimu 329
Nzinga, rainha de Matamba 107

Obrigações 63-4, 144, 253
Oceano Índico 96, 102, 109, 118, 121, 138, 227, 240, 262
Odinga, Oginga 329
Odonko-ba 146
Ogboni (culto religioso) 144
Ogot, Bethwell Allan 325, 327
Oió (Estado) 97, 127, 141-7
Ojo, G. J. Afolabi 325
Óleos e Gorduras, Divisão de 199
Oligarquia militar no Egito 76
Ologuns 143
Omar, Alhaje 161
Operários 39-40, 42, 47, 55, 57
Ópio, Guerra do 108
Oppenheimer, Harry F. 200, 205
Oran 262
Ordem de autoridade sobre os nativos 194
Ordem de crédito para os nativos 182
Organização do Tratado do Atlântico Norte (Otan) 229-30
Organização humana 36, 209
Oriente Médio 172, 204
Ouro
    africano; 104, 111, 138, 181, 236, 241, 248
    brasileiro; 123
Oxfam 268
Oxford, Universidade 82, 278

Padmore, George 233, 312, 328-9
Padres 272
Países metropolitanos 55-8
Países socialistas 45-6, 53-4, 249
Palácios 93
Pan-africanistas 115, 117, 205
Panikkar, K. M. 325
Parentesco 73, 246
Pares, Richard 326
Paris, França 57, 216, 261, 300, 314
Parlamento britânico 48, 196
Parlamento francês 49
Parlamentos 39
Partilha da África 166, 221-4, 305, 313
Passagem Atlântica 120
Pastores 60, 65, 72, 82-4, 88, 90-1, 93, 149, 151, 153, 156, 269, 286, 289, 300, 310
Pátria-mãe 196, 216, 235

Pelagra 269
Perham, Margery 313
Período colonial 57, 61, 106, 117, 124, 159, 171, 175-233, 236, 238, 247-8, 251, 261-3, 276, 280-1, 285, 293, 295, 298, 307, 327, 329
Período pré-colonial 128-39
Pernambuco, Brasil 109
Pérsia 77
Pescadores 72
Pesquisa científica 203-5, 251
Pesquisa científica militar 205
Pessoas escravizadas tratadas como bens móveis 261
Peters, Carl 151, 169
Philips Exeter 293
Pigmeus 60, 153
Pirâmide educacional 277, 302
Pirâmides 94
Plano Marshall 225
Plano quadrienal 228
Planos decenais (britânicos) 244
Pobreza, teoria do círculo vicioso da 318
Poder militar 57, 105, 144, 225
Pointe-Noire, ferrovia 195, 238
Poligamia 286
Política das "canhoneiras" 209
Ponty, William 290, 293
População 42, 49, 84, 121-2
Poro, irmandade 271
Port Sunlight 210
Porto Rico 224
Porto-Novo, Daomé 167
Portugal 81, 104, 107, 109, 113-4, 132, 135, 163, 166-7, 216, 221, 227, 232, 234, 241, 266, 276, 280, 289, 325
Postlethwayt, Malachi 101
Potencial africano 50
Prata da América Central 104, 111
Primeira Guerra Mundial 172, 183, 191, 198, 205, 217, 227, 310
    África na; 217
Princípio da contradição 269
Princípio da mudança quantitativa/qualitativa 33-5, 69, 163
Princípios revolucionários 42
Processo de mudança 66

Procter & Gamble 213
Produção 66, 131-2
Proletariado 66, 295
Propaganda estadunidense 56
Proteínas 46, 57, 153, 268
Província do Cabo 116
Prússia 77, 104, 143
Punjabis 217

Quênia 46, 74, 91, 178, 180, 184, 189, 192-3, 195, 235, 237-8, 260, 264, 268, 273-5, 280, 293, 298-9, 305-6, 312
Quetu (Estado iorubá) 271
Quicuio, povo 74, 193, 299-300, 306, 309

Racismo
 antissemita; 116, 227, 231, 281
 branco; 39, 116-8, 169, 222, 231, 260, 272, 281, 282, 286, 306, 311, 312, 326
Raeeah 246
Rainha Elizabeth I 110, 279
Rainha irmã 257
Rainha mãe 88, 257
Ralli Bros. 184
Rand Corporation 236, 241
Ras (príncipes) 79
Recrutamento 120, 160, 217, 269
Recursos africanos 55, 175, 180, 210
Recursos energéticos 49
Recursos minerais 49-50, 52, 229
Recursos naturais 43, 49-50, 150, 180
Redes comerciais africanas 137
Refino de açúcar 77, 114, 133
Regimento da África ocidental 217-8
Regimento das Índias ocidentais 216-7
Reino Unido 46-7, 111
Reinos da zona dos grandes lagos 256
Relação proprietários de terras/servos 38, 65, 76
Relações de classe 31, 35, 37, 42, 65-6,
 do capitalismo; 38-9, 65-6, 71-5
 do feudalismo; 38
Relações sociais 35-9, 42, 62, 68, 88, 95, 154, 162, 222, 245, 263, 285, 288, 294, 315
 capitalistas; 35-9,
 de produção; 35-9
 proprietários/servos; 37-8

Relações sociais escravistas 36, 253, 285
Relatório da Comissão Pearson 320
Religião 61-2, 73, 78-81, 92, 140
Religião muçulmana, *ver* Islã
Religiões africanas 61-2, 92
Religiões ancestrais africanas 61-2, 92
Renascimento italiano 148
Renda 44-50
Renda nacional 44-8
Renda *per capita* 44, 46, 50, 57
Reno, rio 279
República Centro-Africana 273, 310
República da Guiné 107, 119
República Democrática Alemã 130
República do Sudão 83
Reunião 121
Reverse lend-lease 199
Revolta carijita 82
Revoltas camponesas 76, 295
Revoltas escravas 37
Revolução 37, 140, 148
 social; 89, 97
 socialista; 40, 220
Revolução Francesa 118, 148, 253
Revolução Industrial 113, 208, 326
Revolução tecnológica europeia 204
Rhodes, Cecil 94, 179, 191, 278
Rio Muni 282
Riqueza 49-50
 africana; 50, 52-5, 58, 78, 80-1, 126, 200, 236, 241, 273
 asiática; 43
 latino-americana; 43
 produção de; 73
 transferência de; 101
Riqueza das nações, A (Smith) 43
Rockefeller, John D. 287
Rodésia 93, 180, 191, 193, 229-30, 264
Rodésia do Norte 178-80, 208, 270, 273
Rodésia do Sul 161, 178-9, 206-7, 277, 311
Rodney, Walter 327
Estrada 51, 174, 194, 236-8, 262, 295
Roma, Itália 94, 216
Romanov 73
Romênia 53
Rommel, Field, marechal 219
Rothschilds 226

Rozwi, clã 96
Ruanda 150, 152-5, 271
Ruanda-Urundi 276
Rucart, Marc 198
Rufisque 171
Rugby 292
Rujugira, *mwami* de Ruanda 154
Runciman, Walter 196
Rússia 10, 40-1, 230, 243, 254
Rwabugiri, *mwami* de Ruanda 154

Saara, deserto 60, 70, 73, 83, 85-9, 104, 138, 219
    papel no exército europeu; 219
    rotas comerciais no; 70, 138
Sabão 156, 187, 199, 210-4
Sabi, rio 93
Sacrifício humano 148
Sal 70-1, 85-6, 136-8, 151, 250, 262
Salário digno 176
Salazar, Antonio 227, 232
Salomônica, dinastia 77-8
Samurai 35
Sandhurst, Academia Militar 293
Sandringham 279
Sangue real 72, 257
São Tomé 109
Sarraut, Albert 290
Satélites econômicos 103
Savana 84, 138
Schieht (empresa) 210
Schweitzer, Albert 282
Scott, Francis 180
SDOM 244
Segunda Guerra Mundial 36, 56, 177-8, 184, 195, 201, 205, 208, 217-8, 224, 227-8, 234, 248, 273, 291, 300, 312
    fronte africano na; 219, 227
    fronte asiático na; 227
    papel africano na; 217-9
Senegal 81, 84, 88-9, 104-5, 125, 162, 168, 170, 182-3, 190, 247, 249, 265, 276, 281, 293
Senegal, rio 85, 88, 124, 136
Senegâmbia 129, 136
Senghor, Léopold 162
Senhores feudais 37-8, 67, 76-7, 79-80, 96, 99

Serra Leoa 47, 69, 72, 86, 136, 169, 171, 180, 194
    africanos que voltaram da escravização; 171
    durante o colonialismo; 180, 194, 198, 206-7, 211, 217, 246, 248
    educação colonial em; 271, 274, 280, 297
    papel no exército europeu; 217
    povo krio de; 169, 280
Serviço militar 144
Serviços bancários coloniais 189-92
Serviços públicos de saúde 47, 235-7
Servos 35-7, 63, 65, 76, 89, 143-5, 150, 172, 263
Sevilha, Espanha 113-4
Seychelles, ilhas 121, 256
Shaka 156-60, 291
Shambas 176, 185, 284, 287
Shell Oil 259
Shinnie, Margaret 325
Siemens, sistema 207
Sierra Leone Grammar School 293
Sikhs no Exército britânico 217
Simon, Henry 290
Sins of the Fathers [Pecados dos pais] 108-9
Sírios 181, 246
Sistema de câmbio internacional 102
Sistema fabril 70
Sistemas monetários 71
Smith Mackenzie 183, 240
Smith, Adam 43
Socialismo 36, 40-2, 54, 62, 150, 211, 226-9, 243, 254, 257
    desenvolvimento do; 62
    na Ásia; 40-1, 226
    na Europa oriental; 41
Sociedade chinesa 34
Sociedade da Idade do Ferro 91
Sociedade de Reformistas Ulemá 300, 306
Sociedade humana 31, 33, 39, 60, 64, 254
    superestrutura da; 34, 38, 61, 162
Sociedade matrilinear 62-3
Sociedades africanas 43, 63-5, 67-8, 71, 73, 83, 95, 97, 122, 133, 138, 162, 202, 245, 257, 264, 271-2, 286
Sociedades asiáticas 43
Sociedades cooperativas 185

Sociedades muçulmanas, escravidão nas 64
Sociedades pré-feudais 62, 95, 271, 284
Sociedades secretas 71, 74
Sofala 95
Sokoto, sultão de 256
Somali, pastores 269
Somalilândia 227
Songai 84-5, 87-9, 97, 161
Soto, povo 259, 269, 283
Standard Bank of South Africa 191
Stanley 169, 252
Suaíli, povo 131, 136
Suazilândia 157, 256
Sudão 61, 92, 94, 119, 149, 168, 200, 217, 237, 247, 264-5, 275, 277, 293, 300, 309, 311-2
    independência do; 312
    papel no exército europeu; 217
Sudão francês 184, 194
Sudão madista 256
Sudão ocidental 60, 75, 83-9, 92, 96-7, 136, 138, 142, 146, 151, 159, 161, 256, 272
    desenvolvimento do; 60,75
    feudalismo no; 75, 88
Suécia 46, 159, 206, 226
Suez, canal de 164, 168
Suíça 31, 112, 210, 220
Sukumalândia (Tanganica) 185
Sunita 82
Swiss Trading Company 211
Szentes, Tamás 324

Tabora Secondary School 293
Tang, dinastia 34, 73
Tanganica 138, 178, 180, 184-5, 191-2, 195, 217, 232, 235, 237, 248, 265, 269, 274-5, 279-80, 289, 300, 303-5
Tânger, Argélia 102
Tanzânia 13, 19, 21-2, 46, 90-1, 94, 122, 125, 134, 138, 150-1, 237, 293, 322
Tchecoslováquia 47, 53
Tecido
    africano; 69-71, 84, 87, 128-9, 133, 136, 142
    asiático; 56, 129
    confecção de tecidos; 69-84, 144, 262, 271
    de casca de árvore africano; 69, 90-1

    de *kente* africano; 133
    de palma africano; 136
    egípcio; 87
    indiano; 102, 128
Tecnologia 32, 42, 89, 128-30, 134, 202
    africana; 37, 45, 61-2, 65, 71, 77, 89, 112, 118-9, 122, 124, 130, 202-3, 229, 264, 280
    armamentista; 132-4, 144
    chinesa; 38, 134, 324
    desenvolvimento; 37-9, 42, 65, 77
    europeia; 63, 65, 71, 77, 80, 89-90, 99, 112, 128, 131-4, 144, 206
    transferência de; 128, 132
Teoria do dominó 312
Terra dos Negros 83
Terraplanagem 90-1, 94, 238
Terras da Coroa 180
Thompson, Thomas 171
Tigré 77
Timbuctu, Mali 70, 87, 272
Tlemcen, Argélia 262
Togo 124, 135, 218
Tokugawa do Japão 73
Tomba (líder Baga) 107-8
Touré, Ahmed Sékou 119, 311, 329
Turé, Samori 161
Trabalhadores agrícolas 180, 306
Trabalho
    africano; 55, 110-1, 113, 117, 121, 172-7, 193, 196, 240, 244, 249, 254, 260, 273, 288, 297, 326
    agrícola; 76, 176, 247, 250
    assalariado africano; 175, 187, 189, 245
    corveia; 73-4
    divisão do; 34, 70-1, 75, 89-90, 144, 203
    em monoculturas; 36, 171, 176
    escravo;94, 108-9, 121
    familiar; 63, 78, 83, 90
    forçado; 166, 185, 194-9
    organização do; 66
    sob o colonialismo; 52, 146, 150, 163, 165-6, 172, 177
Tribalismo 258-9
Trudo, Agaja 108, 133
Tua, povo 153, 155
Tuaregue, povo 73, 88
Tuberculose, Comissão de 236
Tudor 73

Tunísia 47, 82, 168, 256, 300
    educação colonial na; 276, 300
Turquia 76
Tutsi, clã 153-5
    pastores; 153, 155, 269
Twentsche Bank 221
Twentsche Overseas Trading Co. 184

Uidá (Daomé) 123, 146-7
União Comunista (CGT) 311
União Internacional de Estudantes 309
União Soviética 11, 40-1, 46, 53, 134, 226-8, 230, 291, 312
Unilever House, Londres 212
Unilever Ltd. 175, 183, 189, 199, 210-5, 220, 240, 248
Union Minière du Haut-Katanga 180
United Africa Company (UAC) 182-7, 189, 197, 199 211-2, 214, 223, 240
United States Steel Export Company 222
Universidade Al-Azhar 77, 272
Universidade de Cartum 277
Universidade de Fez, 272
Universidade de Gana 277
Universidade de Timbuctu 272
Universidade Makerere 277, 293
Universidades
    africanas; 56, 128, 274
    britânicas; 128, 274, 292
    estadunidenses; 56, 128
    islâmicas; 274
Urânio 179, 208, 229

Van der Bergh (empresa) 211, 214-5
Vansina, Jan 327
Varíola 104, 121
Veículos com rodas 89
Velho Oeste 115
Venda, povo 283
Vichy, França 218, 227, 231, 281
Vidro, indústria 70, 167

Viet, povo 64, 201, 310
Vietnã 78, 118, 216, 218, 259
Vietnã do Sul 57
Viking 62
Violência social na África 97, 120, 123
Visram 246
Volta, represa no rio 134
Von Lettow, Coronel 232
Vy Vato, sociedade 309

Ware, Opoku 133
Watt, James 113
Webster, J. B. 327
Westminster (banco) 190
Wigglesworth and Company 184
William Ponty (Senegal) 290, 293
Williams, Eric 113, 326
Winchester (escola pública) 292
Windsor (castelo) 279
Woddis, Jack 329
Worms et Compagnie 239

Xangamir 161
Xangô (culto religioso) 144
Xhosa, povo 259, 283
Xona 96

Yaba (faculdade) 277

Zagué, dinastia 78
Zambese, rio 93, 279
Zâmbia 46, 50, 63, 69, 125-6, 134, 138
Zanzibar 121, 171-2, 181
    árabes em; 171, 181
Zhou Enlai 292
Zimbábue 25, 75, 93-7, 138, 161-2
Zona dos grandes lagos 75, 89-92, 149-52
Zulu, exército 158-61
Zulu, povo 259, 283
Zululândia 157-61
Zwide 160

SOBRE O AUTOR

Nascido em Georgetown, Guiana, em 1942, filho de um sapateiro e uma costureira, Walter Rodney formou-se em história na Universidade West Indies da Jamaica, em 1963. Premiado pelas notas altas e pela aplicação nos estudos, partiu diretamente para o doutorado na Universidade de Londres, obtendo esse grau em 1966, aos 24 anos, na área de estudos africanos e orientais. Sua dissertação sobre o tráfico de escravos na costa da Alta Guiné, publicada em 1970 com o título *A History of the Upper Guinea Coast 1545-1800*, foi internacionalmente aclamada.

Lecionou na Tanzânia – onde apoiou o governo socialista de Julius Nyerere – e também na Jamaica, na Alemanha, na Inglaterra e na própria Guiana. Sua deportação da Jamaica, em outubro de 1968, catalisou a rebelião mais significativa do século XX naquele país. Em 1973, ajudou a fundar a organização multirracial Aliança dos Trabalhadores e emergiu como um dos principais pensadores e ativistas da revolução anticolonial.

Líder teórico do pan-africanismo, Rodney militou nos movimentos black power e rastafári. Em 1974, retornou à sua terra natal, mas foi proibido de dar aulas na universidade. Com ainda mais engajamento político, aumentou sua oposição ao governo do Congresso Nacional do Povo (CNP). Depois de passar um tempo preso em 1979, foi assassinado em um atentado à bomba no ano seguinte, aos 38 anos.

Em 2006 sua família criou a Walter Rodney Foundation, organização sem fins lucrativos empenhada em divulgar a vida e as obras de Rodney a estudantes, acadêmicos e ativistas de todo o mundo.

Walter Rodney e membros do W. P. A (Working People's Alliance – Aliança do Povo Trabalhador) saem do Ministério do Trabalho e Previdência Social, na Guiana durante a década de 1970.

Publicado no Brasil em novembro de 2022, ano em que Walter Rodney completaria oitenta anos, este livro foi composto em Adobe Garamond Pro, corpo 11/14,3, e impresso em papel Avena 70 g/m^2 pela gráfica Rettec, para a Boitempo, com tiragem de 4 mil exemplares.